JULIANA
WEINBERG

ELIZABETH TAYLOR
DIE GRÖSSTE LIEBENDE HOLLYWOODS

Roman

Ullstein

Besuchen Sie uns im Internet:
www.ullstein.de

Wir verpflichten uns zu Nachhaltigkeit
- Papiere aus nachhaltiger Waldwirtschaft und anderen kontrollierten Quellen
- ullstein.de/nachhaltigkeit

Originalausgabe im Ullstein Taschenbuch
1. Auflage Oktober 2023
© Ullstein Buchverlage GmbH, Berlin 2023
Wir behalten uns die Nutzung unserer Inhalte für Text und Data Mining
im Sinne von § 44b UrhG ausdrücklich vor.
Umschlaggestaltung: bürosüd° GmbH, München
Titelabbildung: © mauritius images / SOTK2011 / Alamy /
Alamy Stock Photos (Elizabeth Taylor); www.buerosued.de
Gesetzt aus der Albertina powered by *pepyrus*
Druck und Bindearbeiten: ScandBook, Litauen
ISBN 978-3-548-06815-2

I feel very adventurous. There are so many doors to be opened, and I'm not afraid to look behind them.

Ich fühle mich sehr abenteuerlustig. Es gibt noch so viele Türen, die zu öffnen sind, und ich habe keine Angst, dahinterzuschauen.
Elizabeth Taylor

Prolog

Die kleine Prinzessin

April 1939

Die Sterne flimmerten am schwarzen Himmel wie silberne Kreuzstiche im Mantel der Nacht, mal leuchteten sie auf, dann schienen sie wieder schwächer, ein stetiger Wechsel. Elizabeth wurde nicht müde, das Spektakel zu bestaunen und zugleich fasziniert den hohen Wellen zu lauschen, die gegen den Bug des Ozeanriesen schlugen, im immer gleichen, beruhigenden Rhythmus. Seit einigen Tagen bereits war die *SS Manhattan* ihr Zuhause, trug sie über den Atlantik von der Alten in die Neue Welt. Ihr Zuhause in London, wo Vater die Filiale einer prosperierenden New Yorker Galerie leitete, hatten die Taylors verlassen, um sich wieder in ihrer ursprünglichen Heimat Amerika anzusiedeln; Vater war der Meinung, dies sei sicherer, denn obwohl in Europa noch ein brüchiger Frieden herrschte, brodelte es unter der Oberfläche wie in einem Dampfkessel, jederzeit bereit zu explodieren.

»Sara, du reist mit den Kindern vor, Großvater wird euch in Pasadena beherbergen, bis ich nachkomme. Der Verkauf der Galerie wird einige Zeit in Anspruch nehmen, aber ich versuche, alles so rasch wie möglich unter Dach und Fach zu bekommen«, hatte Vater, die Stirn sorgenvoll gefurcht, zu Mutter gesagt, nicht ahnend, dass Elizabeth in der Ecke des Salons kauerte, ein Puzzle legte und aufmerksam zuhörte; vielleicht dachte er aber auch, dass sie mit ihren sieben Jahren kaum die Bedeutung dessen, was er Mutter so eindringlich darlegte, verstand. Doch sie verstand sehr wohl. Das unbeschwerte Leben in London mit den kostspieligen Ballettstunden, den idyllischen Picknicks im Park, den Ausflügen nach Kent und Sussex, den herrlichen Urlauben an der Küste Norfolks, den Teepartys mit Mutters adligen Bekannten, zu deren Welt sie durch Beharrlichkeit Zugang gefunden hatte – all das gehörte nun der Vergangenheit an. Am schmerzlichsten war der Abschied von ihrem Pony; es in England zurückzulassen war, wie einen treuen Freund zu verlieren, und zwar für immer.

»Wo bleibst du denn, Liebes?« Mutters Stimme übertönte das Dröhnen der Schiffsmotoren und das klatschende Geräusch der Wellen, die sich am Schiffsrumpf brachen. »Wir sollten uns sputen, die Kinovorstellung beginnt gleich.«

Elizabeth hatte noch nie einen Film gesehen, sie wusste gar nicht, was ein Kino war, besaß lediglich eine vage Vorstellung eines dunklen, höhlenartigen Raumes, aber es musste etwas Besonderes sein, denn Mutter hatte sich herausgeputzt und trug ein figurbetontes, lindgrünes Kleid mit spitzem Kragen und eng geschnürtem Gürtel, der ihre schmale Taille betonte. »Ich komme ja schon, Mommy«, rief Elizabeth der Mutter zu.

Ihr Bruder Howard, der mit seinen zehn Jahren drei Jahre älter war als sie, hielt ein Papierflugzeug in der Hand, das er, von Brummlauten begleitet, über das Deck fliegen ließ. »Müssen wir uns die Vorstellung anschauen? Sie ist bestimmt langweilig. *Die kleine Prinzessin*, das klingt nach einer Geschichte für Mädchen, das ist nichts für mich.«

»Du schaust es dir trotzdem an, du kannst nicht allein in der

Kabine bleiben.« Mutter klang unerbittlich. »Der Film ist in aller Munde, es schadet nicht, wenn du mitreden kannst.«

Bald darauf reihten sie sich in die Schlange der anderen Passagiere ein, die ebenfalls dem Bordkino entgegenstrebten, und wurden in den Saal eingelassen, der tatsächlich fast so dunkel war, wie Elizabeth sich das vorgestellt hatte – lediglich einige trübe Lampen an den Wänden spendeten etwas Helligkeit. Es roch stickig und nach zuckrigen Süßigkeiten. Elizabeth sank tief in den purpurroten Samtsessel und baumelte abwartend mit den Beinen, denn ihre Füße berührten noch nicht den Boden.

Einige zu spät kommende Gäste drängten sich an ihnen vorbei, um ebenfalls ihre Plätze einzunehmen, und ein ums andere Mal verharrte jemand, den Elizabeth flüchtig aus dem Restaurant oder vom Sonnendeck her kannte, vor ihr, betrachtete sie mit einem schwärmerischen Blick und flüsterte Mutter Dinge zu wie: »Das Kind ist solch eine Schönheit, einfach allerliebst. Diese violetten Augen – wie blühender Lavendel.«

»Nicht wahr?«, antwortete Mutter stolz und strich Elizabeth über das dunkle, weiche Haar sowie die kinderzarte, milchweiße Haut. Sie selbst verstand nicht, wieso die Leute immer über ihr Aussehen sprachen, es war, als lobten sie sie für etwas, für das sie gar nichts konnte.

Howard verdrehte verdrießlich die Augen. »Geht's endlich los?«

»Leise jetzt«, wies Mutter ihn zurecht, dann, an ihre Tochter gewandt: »Hör auf, mit den Füßen zu schlenkern, das ist nicht damenhaft. Du bist kein Kleinkind mehr.«

Elizabeth hielt augenblicklich die Beine still, sie wusste, welch großen Wert Mommy auf gutes Benehmen legte.

Die Lichter zu beiden Seiten des kleinen Saals erloschen, die

Leinwand erstrahlte, erst zuckten helle Lichtpunkte darüber, dann begann der Film.

Die kleine Prinzessin. Shirley Temple spielte die Rolle der Halbwaisen Sara, der im Mädchenpensionat von Miss Minchin übel mitgespielt wurde, mit rührendem Ernst. Selbst Howard, der am Anfang noch gegähnt hatte, schaute nun gefesselt zu, während Elizabeth vollends dem Zauber der bewegten Bilder verfiel. Ihr war, als würde sie in eine völlig fremde Welt hineingezogen, mit unbekannten Orten, Menschen, die sie nie zuvor gesehen hatte und deren Schicksal ihr doch so nah ging, als kenne sie sie seit langer Zeit. Wie aufregend, das Leben für eineinhalb Stunden mit den Augen der kleinen Sara zu sehen, sich so in sie hineinzufühlen, als verschmelze sie mit ihr, könne ihre Traurigkeit darüber spüren, ihre privilegierte Stellung zu verlieren, ihren Mut, sich nicht geschlagen zu geben, ihre unbändige Freude, ihren verschollenen Vater wiederzufinden. Filme waren anscheinend wie Bücher, für eine Weile entführten sie einen aus der Wirklichkeit, mit dem kleinen Unterschied, dass sie einen in den Sog schwarz-weißer, über eine Leinwand wirbelnder Bilder zogen, während man sich das Geschehen in Büchern selbst vorstellen musste. Hoffentlich würde sich bald wieder die Gelegenheit ergeben, solch eine Vorstellung zu besuchen!

Als Shirley Temple in der Schlussszene noch einmal zu sehen war und das Publikum mit ihren verschmitzten Augen in dem kindlich pausbackigen Gesicht anlächelte, wirkte selbst Howard endgültig begeistert.

Dann gingen die Lichter im Kinosaal wieder an, und Elizabeth wurde jäh aus der Filmwelt, in der sie außer Zeit und Raum geschwebt hatte, gerissen.

»War ganz in Ordnung, der Schmachtschinken. Aber vielleicht können wir das nächste Mal was mit Cowboys und Indianern sehen.« Howard gab sich wieder großspurig, um älter zu erscheinen, als er war. Seit sie sich auf der *SS Manhattan* aufhielten, versuchte er, Vater zu vertreten, auch wenn Mutter sich davon nicht sehr angetan zeigte. Diese saß noch immer mit im Schoß gefalteten Händen auf ihrem Samtsessel, der Blick wie verschleiert, so als befinde sie sich noch in der Epoche des zweiten Burenkriegs, in der der Film spielte.

»Wir sollten gehen«, flüsterte Elizabeth ihr zu, als bereits das Personal erschien, um die inzwischen fast leeren Reihen aufzufegen.

»Hm?« Mutter sah sie an, als erwache sie aus einem tranceartigen Zustand, doch dann nickte sie. »Ja, lasst uns gehen und noch eine Kleinigkeit essen, bevor wir uns in die Kabine zurückziehen. Ich freue mich, dass euch der Film gefallen hat, Kinder. Die Akteure waren exzellent.«

Elizabeth wusste natürlich, dass niemand die Darstellungskunst der Mitwirkenden so gut zu beurteilen vermochte wie Mommy, war sie doch selbst einmal Schauspielerin gewesen, wenn sie auch nur auf Theaterbühnen, nicht vor Kameras gestanden hatte. Sie erzählte ihrer Tochter gerne von diesen längst vergangenen Zeiten, Howard hingegen interessierten die alten Geschichten nicht, er tobte lieber auf Bäumen herum und ließ winzige Flöße, die er aus Rindenstücken bastelte, im Fluss schwimmen.

»Aber das war, bevor ich deinen Daddy kennenlernte«, schloss Sara Taylor jedes Mal seufzend und küsste Elizabeth auf das dunkle Haar. »Dann war es mit der Schauspielerei vorbei.«

Es versetzte Elizabeth stets einen Stich, den wehmütigen, fast bedauernden Klang in der Stimme ihrer Mutter wahrzunehmen, und so fügte sie rasch hinzu: »Und dann hast du Daddy geheiratet, und zuerst Howard und dann mich bekommen.«

Damit brachte sie Mutter stets zum Lächeln.

Als letzte Familie verließ das Dreiergespann nun das Kino, um zum Bordrestaurant zu gelangen. Der Himmel hing finster vor den Bullaugen, über dem tiefen Meer schien er endlos. Bunte Glühlampen säumten die Gänge des Schiffes und verbreiteten eine fröhliche Stimmung. Während Howard laut überlegte, ob er lieber einen Hamburger oder ein Steak essen wollte, war Mutter noch immer tief in Gedanken versunken.

»Shirley Temple war reizend«, murmelte sie. »Ein begabtes junges Ding. Weißt du, Liebes, Kinderstars stehen in Amerika hoch im Kurs, allerdings habe ich den Eindruck, dass Shirleys Zeit bald ablaufen wird – immerhin ist sie schon elf, wie ich vorhin in einer dieser Klatschzeitschriften gelesen habe. Bald wird sich ihr Körper verändern, dann kann sie ihrem Image nicht mehr gerecht werden. Genauso erging es auch Judy Garland, die mittlerweile bereits siebzehn ist.«

Sie sprach ausschließlich zu Elizabeth, da Howard sich gar nicht erst die Mühe machte, vorzugeben, er höre zu. Ungestüm stieß er die Flügeltüren zum Restaurant auf, in dem es brummte wie in einem Bienenstock. Der Geruch nach köstlichen Speisen und den schweren Parfums der Damen lag in der Luft.

Plötzlich fixierte Mutter Elizabeth mit einem festen Blick. »Ich frage mich, wer der nächste Kinderstar sein wird?«

Elizabeth wusste nicht, was sie darauf erwidern sollte, aber vielleicht erwartete Mutter auch keine Antwort. Auch als sie ihren Tisch erreicht hatten und sich setzten, ruhte Mutters Blick noch auf ihr, so als denke sie angestrengt über etwas nach. Verwirrt und verlegen, im Fokus von Mutters Aufmerksamkeit zu stehen, ohne zu wissen, wieso, griff sie nach der Speisekarte.

»Eine Portion Würstchen mit Bratkartoffeln«, bat sie, woraufhin Sara Taylor sie anlächelte, als habe sie genau die richtige Wahl getroffen.

»Natürlich, meine kleine Prinzessin«, sagte sie sanft.

Teil I

Im goldenen Käfig
1940–1942

Erfolg zu haben heißt, dass man eine Gefangene wird.
Elizabeth Taylor

I

Los Angeles, 1940

»Mommy!« Die Glocke der Hawthorne Elementary School hatte gerade geläutet, und Elizabeth rannte mit dem Pulk der anderen Kinder hinaus auf den in der heißen, kalifornischen Sonne brütenden Schulhof, wo bereits eine stattliche Anzahl gut gekleideter Mütter und ebenso vieler Nannys wartete.

»Elizabeth, mein Schätzchen.« Sara Taylor, die ein maßgeschneidertes, karmesinrotes Kostüm mit einem dazu passenden flachen Hut trug, der keck auf ihren kurzen, sorgfältig zu Wellen frisierten dunkelbraunen Haaren saß, breitete die Arme aus, fing ihre Tochter auf und küsste sie liebevoll auf den Scheitel. »Ach, und da ist ja auch Howard. Komm her, mein Junge.«

Elizabeths großer Bruder kam weitaus weniger begeistert über den mütterlichen Empfang angeschlendert, in seinem Alter hielt man sich mit Gefühlsäußerungen doch lieber zurück. »Hi, Mom.«

»Howard, die Sinclairs nehmen dich heute in ihrem Auto mit nach Hause, denn deine Schwester und ich haben noch einen Termin«, ordnete Sara an und deutete mit dem Zeigefinger auf einen am Straßenrand parkenden Wagen, in den gerade Anthony Sinclair, Howards Klassenkamerad, stieg; die Bekanntschaft mit der Familie war Mutter sehr wichtig, wie Elizabeth wusste, denn Mr Sinclair arbeitete im Filmgeschäft und konnte ihnen nützlich sein. Wozu, vermochte sie mit ihren acht Jahren nicht zu sagen, aber sie musste ja auch nicht alles verstehen, wie ihr Vater Francis immer betonte.

»Was denn für einen Termin?«, fragte sie, während sie an Mutters Seite zu ihrer Familienlimousine ging, deren schwarzes Blech in der Hitze glühte. »Gehe ich heute nicht zum Ballettunterricht?«

Jeder ihrer Nachmittage war verplant, selten fand sie die Zeit, im Garten der mediterranen Villa zu spielen, in der sie wohnten, seit Vater endlich aus London nachgekommen war, und ihren Puppen im Schatten der Olivenbäume und Palmen imaginären Tee zu servieren oder sich mit Howard auf die Suche nach Salamandern und Eidechsen zu begeben, die katatonisch in den aufgewärmten Spalten des Mauerwerks saßen. Tanzunterricht, Gesangsstunden, Reiten – diese Tätigkeiten füllten die Stunden, die ihr zwischen Schule und Abendessen blieben. Doch all das bereitete ihr Spaß, außerdem gingen die meisten ihrer Schulkameradinnen ähnlichen Dingen nach. Pacific Palisades, der Stadtteil, in dem sie wohnten, war bevölkert von Mitarbeitern der Filmindustrie, Studiobossen, Regisseuren, Drehbuchautoren und natürlich von Schauspielern, und deren Nachwuchs wurde bereits früh darauf vorbereitet, einmal in die Fußstapfen der Eltern zu treten.

Der Chauffeur – wie jede andere wohlhabende Familie hatten sie Angestellte – fuhr los, an prächtigen pastellfarbenen Villen mit Swimmingpools und gepflegten Gärten vorbei, in denen farbenprächtige, exotische Blumen blühten, und Sara lächelte, als könne sie es kaum erwarten, ihrer Tochter Details über die Nachmittagsplanung zu verraten. »Den Ballettunterricht lässt du heute ausnahmsweise sausen, Liebes. Ich habe etwas anderes für dich arrangiert – Mrs Hedda Hopper wird uns in ihrer Villa empfangen.«

Elizabeths Stirn kräuselte sich. Wer war Mrs Hopper? Sicherlich eine der wechselnden Damen aus dem Filmbusiness, mit denen Mutter regelmäßig Kontakt aufnahm, mit dem Ziel … Mit welchem Ziel eigentlich? Das war Elizabeth nicht so ganz klar, es schien aber damit zu tun zu haben, dass Passanten sie noch immer oft auf ihr Äußeres – vor allem auf ihre ungewöhnlichen blaulila Augen mit den langen, seidig schwarzen Wimpern – ansprachen und Mutter entzückt rieten, ihre Tochter doch beim Film unterzubringen. Sara glühte dann jedes Mal vor Stolz und nickte gewichtig. »Mrs Hedda Hopper?«

»Ganz genau.« Da es im Wagen stickig und heiß war, ließ Sara die Scheibe ein wenig herunter, und ein leichter Luftzug strich über ihre Gesichter, die sich sehr ähnelten. »Ich habe die Dame angeschrieben, und sie hat uns eingeladen, das heißt, eigentlich gilt die Einladung in erster Linie dir. Sie ist Schauspielerin, außerdem schreibt sie eine Kolumne für die Zeitung. Ihre Meinung ist von äußerster Bedeutung, mein Kind!«

»Was soll ich tun?« Beklommen umklammerte Elizabeth ihren Tornister. Sie wünschte sich plötzlich fort aus dem Taxi, nach Hause oder zu der ruhigen Palomino-Stute Indian Summer mit dem fuchsfarbenen Fell, die sie in den Reitstunden ritt.

»Du wirst ihr vorsingen.« Sara sah sie erwartungsvoll an, so als erwarte sie Begeisterungsstürme. »Ich dachte an *When the saints go marching in*, das hast du doch im Gesangsunterricht geübt, nicht wahr? Ich bin sicher, Mrs Hopper wird es lieben und dich mit ein bisschen Glück in ihrer Gesellschaftsspalte erwähnen. So kommt hoffentlich eins zum anderen, und irgendein Studio wird endlich auf dich aufmerksam werden, Schätzchen.«

»Mhm.« Elizabeths Kehle war wie zugeschnürt, die Angst, einer völlig Fremden vorsingen zu müssen, rauschte ihr kalt durch die Adern. Sie wollte nur noch heim, doch Sara schien so in ihrer Vorfreude gefangen, dass sie es nicht wagte, sich zu sträuben. Wie ein Häufchen Elend kauerte sie in ihrem Sitz, bis der Chauffeur vor einer herrschaftlichen Villa im maurischen Stil vorfuhr, die sich hinter hohen, bonbonrosa blühenden Oleanderhecken verbarg. Ein Springbrunnen plätscherte sanft und ließ feine Wassertröpfchen durch die Luft schweben, als sie an Mutters Hand zur bogenförmigen Haustür ging.

Ein Dienstmädchen mit weißer Rüschenschürze öffnete ihnen und führte sie zur Dame des Hauses. Sie saß im Salon, der mit wuchtigen, dunklen Möbeln vollgestellt war, stirnrunzelnd über einigen Papieren. Elizabeth schmiegte sich schutzsuchend an Sara und musterte Mrs Hopper verstohlen. Sie mochte Mitte fünfzig sein und wirkte gleichzeitig energiegeladen und abgeklärt, so als dulde sie es nicht, dass man ihre Zeit verschwendete.

»Ach, die kleine Elizabeth.« Hedda Hopper erhob sich und strich ihr smaragdgrünes Kleid glatt, in dessen Ausschnitt eine teure Perlenkette schimmerte. »Du bist gekommen, um mir vorzusingen, nicht wahr? Du möchtest gerne eine Rolle beim Film ergattern, habe ich gehört.«

Elizabeth fühlte sich so eingeschüchtert, dass sie es nicht über sich brachte, zu widersprechen. Nie hatte sie dergleichen geäußert. Unsicher spielte sie mit der Schnalle ihres Tornisters, bis Sara ihn ihr resolut wegnahm und neben das mit weinrotem Stoff bespannte Sofa stellte. »Na los, Liebling. Stell dich aufrecht, Brust heraus, und los geht's.«

Mrs Hopper forderte Sara mit einer Handbewegung auf, sich neben sie zu setzen, dann ruhten die Augen der beiden auf Elizabeth, gespannt, erwartungsvoll, in Mutters Fall hoffnungsfroh leuchtend.

»Du musst nicht nervös sein, wir sind ja unter uns«, beruhigte Mrs Hopper sie und legte den Kopf schief, um sie besser beobachten zu können.

Elizabeth öffnete den Mund und wusste doch bereits im selben Moment, dass kein Ton herauskommen würde. Es ging einfach nicht. In der Singstunde, wo sie, angeleitet von der jungen, etwas verhuschten Miss Dotty, fröhliche Lieder zum Besten gab, die diese schwungvoll auf dem Klavier begleitete, fiel es ihr nicht schwer, aus sich herauszugehen, ja, dort genoss sie das Singen geradezu. Doch hier fühlte sie sich wie versteinert, ihre Stimmbänder wie in Blei gegossen.

»Schätzchen?« Mutters eben noch weicher Blick wurde schärfer, und sie nickte ihr auffordernd zu. »Keine Scheu, fang einfach an.«

»Oh when the saints …« Mit belegter Stimme, krächzend wie ein Rabe, brachte Elizabeth die erste Zeile hervor, doch noch bevor sie sie zu Ende gesungen hatte, füllten sich ihre Augen mit Tränen. Obwohl sie die Fingernägel in die Handflächen bohrte, ließen sie sich nicht aufhalten, quollen nur so hervor und rannen ihre hochroten Wangen herab.

Vor ihr verschwamm alles zu einem barmherzigen Nebel, das Einzige, was sie noch sah, war Mutters entsetztes Gesicht, deshalb presste sie die Lider zusammen und unternahm einen letzten verzweifelten Versuch, zu singen, alles zu tun, um Mommy eine Freude zu bereiten. » … go marching in … oh, when … Ich kann das nicht.«

Sie wandte sich ab und drehte den beiden Frauen den Rücken zu, zu groß war die Schmach, zu versagen. Ihr fehlte einfach der Mut, sich vor die fremde Dame, so einflussreich sie auch sein mochte, zu stellen und ein Lied zum Besten zu geben. Eine Rolle beim Film wollte sie auch nicht, wozu denn? Sie wollte auf Indian Summer reiten, sich an ihrer borstigen Mähne festkrallen und den warmen kalifornischen Wind auf ihren Wangen spüren, sie wollte mit ihren Puppen spielen und mit den Nachbarmädchen auf dem Gehweg Springseil hüpfen.

»Versuche es noch mal, Elizabeth, gib nicht auf«, hörte sie Sara, deren Tonfall nun leicht panisch klang. Sie hasste es, Mutter zu enttäuschen, aber sie vermochte nicht, aus ihrer Haut zu schlüpfen.

»Mrs Taylor.« Hedda Hopper, die erkannt zu haben schien, dass aus Elizabeth nicht mehr das leiseste Maunzen hervorzupressen war, erhob sich. »Es tut mir leid, aber Sie merken selbst, dass es für Ihre Tochter noch ein bisschen früh ist, ins Rampenlicht zu treten, nicht wahr?«

»Aber nein, normalerweise singt sie wie ein Vogel«, wandte Sara aufgelöst ein, nicht bereit, sich geschlagen zu geben. »Schätzchen, versuch es ein letztes Mal.«

Zu Elizabeths Erleichterung beharrte die Kolumnistin jedoch darauf, sie in Ruhe zu lassen. »Ich denke, das führt zu nichts. Versuchen Sie nicht allzu verbissen, aus Ihrer Tochter einen Star zu machen, lassen Sie sie einfach Kind sein.«

»Ich ... ich werde es versuchen«, murmelte Sara. Sie begriff offensichtlich, dass sie zumindest heute nichts mehr erreichen würde, und griff mit fahrigen Bewegungen nach dem Tornister. »Danke für Ihre Zeit, Mrs Hopper.«

Kopflos stolperte Elizabeth ihrer Mutter hinterher über den gepflasterten Weg, der am Springbrunnen vorbei zur Straße führte. Das sanfte Gluckern des Wassers vermittelte den Eindruck, es sei ein ganz normaler, ereignisloser Tag unter der Sonne Kaliforniens, doch Elizabeth wusste, dass sie etwas, das Mutter immens wichtig war, in den Sand gesetzt hatte.

2

Los Angeles, 1941

»Mann, bin ich froh, dass ich auf der Hawthorne Elementary bleiben darf.« Howard schaufelte zum Frühstück ein Stück Cremetorte in sich hinein, das noch von Elizabeths Geburtstag am Vortag übrig war. Die neun Kerzen hatte sie unter dem lebhaften Applaus ihrer Familie, Großeltern und Nachbarn alle auf einmal ausgepustet, doch auf Saras Anweisung hin, sich etwas zu wünschen, hatte sie erschrocken aufgeblickt. Was sollte sie sich nur wünschen? Die neue Puppe, die sie in einem Schaufenster am Sunset Boulevard entdeckt hatte, hatte hübsch verpackt neben dem Kuchen gelegen, nach etwas anderem verlangte ihr Herz nicht. Seltsam war, dass, obwohl es ihr Geburtstag gewesen war, nun ausgerechnet Mommys Traum in Erfüllung ging: Elizabeth hatte endlich einen Studiovertrag ergattert.

Sara zuckte lediglich die Achseln über Howards vorlaute Äußerung. »Dich werde ich auch noch beim Film unterbringen, mein Junge, dann wirst du wie deine Schwester auf dem Filmgelände unterrichtet.« Sie spießte eine Traube mit der Gabel auf und führte sie zufrieden zum Mund; morgens aß sie immer nur Obst, die Gewohnheit, auf ihre Figur zu achten, hatte sie aus ihrer kurzen Zeit als Theaterschauspielerin mit in ihr Leben als Hausfrau und Mutter genommen. »Ich kann es noch gar nicht glauben, Schätzchen – hundert Dollar pro Woche für die Dauer von fünf Monaten! Das ist ein ungeheuer großzügiger Vertrag.«

»Vor allem angesichts der Tatsache, dass Elizabeth das Geld durch Nichtstun verdient«, wandte Francis Taylor, Elizabeths Vater, trocken ein, über seine Zeitung gebeugt. Er war Anfang vierzig, und mit seinen klassisch geschnittenen Zügen, der geraden Patriziernase und dem dichten gewellten Haar ein attraktiver Mann. Sara bemerkte zuweilen scherzhaft, er könne mit Leichtigkeit die Hauptrolle in einem Hollywood-Blockbuster spielen, woraufhin Francis stets unwillig das Gesicht verzog. Außer seiner Kunstgalerie, die er nahe des Familienwohnsitzes am Elm Drive in einigen gemieteten Räumen des Beverly-Hills-Hotels führte, interessierte ihn wenig, selbst seine Tochter nicht. Elizabeth verspürte trotz ihres jungen Alters das dumpfe Gefühl, dass es ihm bei dem Gespräch mit Sara lediglich ums Prinzip ging – was Elizabeth im Endeffekt wirklich umtrieb, war ihm egal. »Was hat die Kleine von einem Vertrag, wenn sie keine Rolle bekommt?«

Elizabeth leckte die Sahne von ihrer Kuchengabel. Mmh, wie zuckrig süß! Sie selbst war nicht sehr erpicht darauf, unbedingt eine Rolle in einem Film zu ergattern, denn die Arbeit im Studio erschien ihr undurchsichtig und kompliziert, sicher würde sie sich ungeschickt und unbeholfen anstellen. Ihren Kummer behielt sie für sich, denn Mutter sprühte geradezu vor Glück, und sie wollte sie nicht enttäuschen. Wie jedes kleine Mädchen strebte sie danach, Mommy zu gefallen.

»Das kommt schon noch.« Sara wischte Francis' Einwand mit einer ungeduldigen Handbewegung zur Seite. »Zumindest Mr Cowdin ist schon mal auf Elizabeth aufmerksam geworden, das ist die halbe Miete. In null Komma nichts wird man ihr eine Rolle anbieten.«

Mr Cowdin, so viel wusste Elizabeth inzwischen, war einer der Vorsitzenden von Universal Pictures und Kunde in Vaters Galerie. Als sie kürzlich mit Mutter zusammen nach der Ballettstunde dort aufgeschlagen war, war dessen Frau, Mrs Cowdin, zugegen gewesen, um ein neues Gemälde für den Salon ihrer Villa auszusuchen. Mrs Cowdin war eine elegante Frau in einem eng anliegenden Kleid, das ihre schmale Silhouette betonte, das blonde Haar steif vor Haarspray. Ohne Scheu hatte Mutter sie angesprochen, ein Wort ergab das andere, und zwanzig Minuten später hatten sie sich wie alte Freundinnen verabschiedet, Mrs Cowdin mit der Adresse der Taylors auf einem Zettel in der Handtasche. Eine Woche später war sie tatsächlich zum Tee erschienen, und Elizabeth hatte zu ihrer Unterhaltung ein Gedicht aufsagen müssen. Sie war ausstaffiert gewesen wie eine Puppe, hatte ihr bestes Kleid und eine rote Schleife in den dunklen Haaren getragen, das Gesicht rot vor Verlegenheit. Mrs Cowdin hatte sich begeistert gezeigt von dem kleinen Mädchen, ihr Aussehen gar mit Schneewittchen verglichen, und versprach, sie ihrem Mann gegenüber zu erwähnen. Elizabeth bekam nur wenige Tage nach dem Teekränzchen einen Vertrag zugeschickt, und Sara schwebte seitdem wie auf einer Wolke.

»Wir werden sehen, wie sich die Dinge entwickeln«, brummte Francis düster. »Wenn du mich fragst, ist die Schauspielerei eine Schnapsidee.«

»Ich frage dich aber nicht«, konterte Sara hitzig. »Unsere Elizabeth hat das Zeug dazu, groß rauszukommen, warum sollten wir uns diese Chance entgehen lassen?«

»Ob sie das Zeug hat, sei mal dahingestellt.« Gereizt blätterte Francis in seiner Zeitung.

Elizabeth traf es wie mit feinen Nadelspitzen, dass Vater nicht so recht an sie glauben mochte, nicht so wie Mutter, die ihr jeden

Abend vor dem Einschlafen von dem glamourösen Leben vorschwärmte, das sie würde führen können – Ruhm, nicht enden wollender Beifall, wunderschöne Kleider, Reisen zu entlegenen Drehorten, das Zusammensein mit faszinierenden Persönlichkeiten, ja Stars, dies alles könnte bald ihr Dasein bestimmen.

»Auf jeden Fall wäre es mir lieber, sie würde weiterhin eine ganz normale Schule besuchen. Was ist an der Hawthorne Elementary School falsch? In diesem Klassenzimmer bei den Universal Pictures, wo Kinderschauspieler aller Altersklassen zusammengepfercht werden, lernt sie gewiss nur einen Bruchteil dessen, was auf dem Lehrplan steht. Mr Cowdin hat angedeutet, dass die Kinder ständig aus dem Unterricht gerissen werden, weil sie eine Kostümprobe oder ein Casting haben.«

»Ich bin mir sicher, sie wird genügend lernen«, entgegnete Sara in einem Tonfall, der verdeutlichte, dass die Diskussion hiermit zu Ende war. »Außerdem will sie ja auch keine Wissenschaftlerin, Ärztin oder Anwältin werden, sondern Schauspielerin.«

Wollte sie das wirklich? Elizabeth vermochte sich nicht vorzustellen, jemals erwachsen zu werden, wie sollte sie also jetzt schon wissen, welchen Beruf sie ergreifen wollte? Aber wenn Mommy sagte, dass Filmschauspielerin zu sein toll war, dann würde das sicher stimmen, denn niemand wusste so viel wie sie.

»Gib bloß acht, dass du deine eigenen Karriereziele, die du begraben musstest, nicht auf Elizabeth projizierst«, wagte Francis scharf einzuwenden, doch der eisige Blick seiner Frau ließ ihn verstummen.

»Bist du fertig, Schätzchen?« Sara wandte sich liebevoll an ihre Tochter. »Dann lass uns aufbrechen, der Wagen wartet schon, und du willst doch an deinem ersten Tag nicht zu spät ins Studio kommen.«

...

Elizabeth hasste die Studioschule. Sie verabscheute den kargen Raum mit nur einem Fenster, durch das gleißend das Sonnenlicht fiel und helle Kringel auf die Tische malte, sie verabscheute die Leere an den Wänden. In ihrer alten Schule hatten von den Schülern gemalte Bilder die Säle geschmückt, es gab Landkarten, einen Globus, ein klappriges Plastikskelett, anhand dessen man sich die Knochen des menschlichen Körpers einprägen konnte, und Bücher, unendlich viele Bücher in den Regalen. Hier gab es so gut wie nichts, doch die Lehrerin, eine ältere, pensionierte Dame, erzählte ihr und den anderen Kindern ohnehin am liebsten von den Filmen, die sie gesehen hatte, mit Mathematik, Biologie, Geschichte und Englisch hielt sie sich wenig auf.

Die anderen Schüler empfand Elizabeth als ein bisschen unheimlich. Viele drehten gerade einen Film, andere hatten eine Rolle in Aussicht, vielleicht umgab sie deshalb dieses überbordende Selbstbewusstsein wie eine goldene Aura.

»Und welche Rolle hast du?«, fragte an einem der ersten Tage ein etwa fünfzehnjähriges Mädchen namens Jane Withers, dessen Haare auf Lockenwickler gedreht waren, weil sie gleich für einen Auftritt in einem Film abgeholt werden sollte.

»Noch keine«, stammelte Elizabeth, während ihr die Röte in die Wangen kroch. Sie fühlte sich absolut fehl am Platz in dieser merkwürdigen Klasse, in der es nicht vorrangig ums Lernen zu gehen schien. Sie gehörte einfach nicht hierher.

»Wirklich?« Die geschminkten Augen ihrer Klassenkameradin weiteten sich ungläubig. »An deiner Stelle würde ich mich dahinterklemmen, eine Rolle zu kriegen, sonst entlässt Universal Pictures dich am Ende noch.«

Dies war auch Elizabeths heimliche Angst. Ihr selbst hätte es nichts ausgemacht, hinausgeworfen zu werden und wieder mit Howard die Hawthorne Elementary zu besuchen, aber Mutter würde unendlich enttäuscht sein und sie wochenlang mit diesem traurigen Blick anschauen, so wie damals nach dem Vorsingen bei Hedda Hopper.

Gloria, eine der Mitarbeiterinnen des Studios, die für die Betreuung der jugendlichen Schauspieler zuständig war, kam herein und unterbrach Elizabeths geflüstertes Gespräch mit dem Mädchen sowie die Ausführungen der Lehrerin, die von *Vom Winde verweht* schwärmte. Ihre Augen schweiften suchend über die Tischreihen, sie schien ein bestimmtes Kind zu suchen, um es für Probeaufnahmen oder ein Vorsprechen abzuholen.

Als sich Glorias Kopf in ihre Richtung wandte, wurde Elizabeth so heiß, dass ihre Haut prickelte. Ohne zu überlegen, rutschte sie von ihrem Stuhl und verbarg sich unter dem Tisch. Fieberhaft gab sie vor, ihren Schnürsenkel zu binden, bis sie merkte, dass ein Schatten auf sie fiel. Beschämt hob sie den Kopf und blickte hoch, in Glorias amüsierte Miene.

»Kleine Miss Lizzy«, sagte die Mitarbeiterin belustigt. »Du musst keine Angst haben, wir fressen hier doch keine Kinder! Steh auf, und sag mir, was dein Problem ist. Heute ist nicht das erste Mal, dass du am liebsten in einem Mauseloch verschwinden möchtest, ich beobachte dich die ganze Woche schon.«

Langsam erhob Elizabeth sich, wobei ihr Herz in ihrem Brustkorb trommelte wie die Schüsse eines Maschinengewehrs. Diese Schmach, von der gesamten Klasse beobachtet zu werden, neugierig, gespannt, schadenfroh, sie hielt es kaum aus. »Ich ...«, druckste sie herum.

»Na, sag schon.« Gloria stützte die Hände auf dem Tisch ab und beugte sich vertraulich zu ihr herunter, sodass sie ihre Mitschüler auszublenden vermochte.

»Ich mag die vielen Fremden um mich herum nicht«, flüsterte Elizabeth.

...

Sie hielt durch, trotz des Drucks, dem sie sich ausgesetzt sah. In Mutters Welt war Aufgeben keine Option. Tatsächlich erhielt sie in diesem Sommer ihre erste, winzige Nebenrolle, und zwar in dem Streifen *There's one born every minute*. Eine Woche lang trat sie vor die Kamera, von der vor Stolz überschäumenden Sara, die sich im Hintergrund hielt, bewacht. Zu Mutters Verdruss erwies sich der Film als nicht sehr erfolgreich, und kurz darauf entließ man Elizabeth aus ihrem Vertrag.

»Ihre Kleine ist keine Schauspielerin«, setzte Dan Kelly, der Casting-Direktor, ihrer völlig fassungslosen Mutter ungerührt auseinander. »Und obwohl sie bildhübsch ist – ihr Aussehen ist nicht für den Film geeignet. Sie hat ein zu erwachsenes Gesicht, zu alte Augen. Als ob sie schon Dinge gesehen hätte, die nicht für ein Kind gedacht sind.«

3

Los Angeles, 1942

»Ich gebe dir meine schöne rote Murmel mit den Glitzerpunkten, dafür gibst du mir deine blaue mit den silbernen Streifen.« Elizabeth und ihre Freundin Mary-Ann, deren Familie einige Häuser weiter wohnte, beugten sich über das Samtsäckchen, das voller Murmeln war.

»Okay.« Mary-Ann, ein weizenblondes Mädchen im matrosenblauen Kleid mit weißem Kragen, kramte die gewünschte Murmel aus ihrer Rocktasche und reichte sie Elizabeth. »Mir fehlt noch eine gelbe in meiner Sammlung, Frederic hat eine, aber morgen kann ich nicht mit ihm tauschen, ich muss meinen Vater ins Studio begleiten, er möchte mir alles zeigen.«

»Oh.« Elizabeth hielt die heiß ersehnte Murmel nah an ihr Auge und schaute in den durchsichtigen Kugelkörper mit den blauen Glasflocken, die durch ihn hindurchzuwirbeln schienen. Wie wunderschön sich das Licht darin brach! »Weil du auch bald Schauspielerin wirst?«, fragte sie ihre Freundin dann.

In Pacific Palisades war es etwas völlig Alltägliches, dass Kinder der Schule fernblieben, weil sie ihre Eltern, die beim Film arbeiteten, in die Studios begleiteten oder an einem Vorsprechen teilnahmen.

»Genau.« Mary-Ann schulterte ihren Tornister, und mit schlenkernden Armen setzten sie ihren Heimweg fort. Die Häuser am Rand des Gehwegs lagen still, beinahe verlassen da, in den prächtig angelegten Gärten mit den Schwimmbecken, deren Wasser azurblau in der Sonne glitzerte, rührte sich nichts, so als sei der Stadtteil unbewohnt. Elizabeth wusste natürlich, dass die Einwohner allesamt wichtigen Geschäften nachgingen und sich nicht oft zu Hause aufhielten.

»Und was willst du werden, wenn du groß bist?«, fragte Mary-Ann und kickte mit ihrem zierlichen Riemchenschuh einen Kieselstein aus dem Weg.

Elizabeth überlegte kurz, dann leuchtete ihr Gesicht auf. »Krankenschwester würde ich gerne werden ... oder Feuerwehrfrau ... Am liebsten aber Tierärztin, dann kann ich Pferden helfen. Indian Summer, die Stute, die ich in den Reitstunden reite, hatte letztens wieder so schlimme Koliken, es wäre schön, wenn ich sie heilen könnte.«

Seit sie wieder die Hawthorne Elementary besuchte, war zu Hause nur noch selten die Rede von einer möglichen Karriere als Kinderschauspielerin. Sara war es seit ihrem unrühmlichen Abgang bei Universal Pictures nicht gelungen, sie erneut bei einer Filmgesellschaft unterzubringen. Einerseits belastete Elizabeth der traurige Blick in den Augen ihrer Mutter, der manchmal auf ihr ruhte, andererseits genoss sie es, wieder eine ganz normale Schülerin zu sein, Spaß an den Reit-, Sing- und Tanzstunden zu haben, ohne den Druck zu verspüren, Glanzleistungen vollbringen zu müssen. Trotz ihrer anfänglichen Schüchternheit hatte sie Freundinnen wie Mary-Ann gefunden. In England, ihrer alten Heimat, tobte ein erbitterter Krieg, doch die Taylors hatten sich zeitig genug nach Amerika abgesetzt, um hier ein unbeschwertes, friedliches Leben führen zu können.

Mary-Ann zeigte sich beeindruckt von Elizabeths Berufswunsch. »Wow, das klingt toll. Ich wette, du schaffst es, Tierärztin zu werden.«

Elizabeth senkte den Blick auf ihre Schuhspitzen. »Meine Noten müssen nur noch ein bisschen besser werden.«

An ihrem Elternhaus angekommen, winkte sie der Freundin zum Abschied zu und trat durch das kleine Tor. Der Garten, den sie durchquerte, war kleiner als bei den meisten Nachbarhäusern und -villen, doch mit den Olivenbäumen und blühenden Beeten voller wolkenweißer Buschanemonen und pflaumenlila Iris, buttergelber Sonnenblumen und purpurfarbener Affenblumen stellte er ein Paradies dar, in dem Elizabeth am Abend, wenn ihre Kurse beendet waren, gerne mit Howard herumtobte.

Sara erwartete sie im Schaukelstuhl auf der schattigen Veranda, nahm ihr ungeduldig den Tornister ab und scheuchte sie ins Wohnzimmer, wo Vater saß, tief über die Buchhaltung der Galerie gebeugt, die er von daheim aus zu erledigen pflegte. Was gab es denn so Wichtiges, dass Mutter sie nicht wie sonst anhielt, erst einmal ihre Hände zu waschen und sich die Sandalen auszuziehen, die staubig vom Spielen auf dem Schulhof waren? Statt dem Becher Milch und den Keksen, die täglich als Nachmittagssnack für sie bereitstanden, drückte Sara ihr lediglich ein Glas Fruchtsaft in die Hand.

»Du wirst es nicht glauben, Schätzchen.« Kaum hatte Elizabeth zwischen den Eltern auf dem Sofa Platz genommen, da schäumte Sara bereits über vor Mitteilungsdrang. »Du hast eine Filmrolle in Aussicht.«

»Was?« Über den Rand des Glases hinweg flog Elizabeths Blick zwischen Mutter, die ihre Begeisterung kaum zu zügeln vermochte, und Vater, der nur kurz stirnrunzelnd von seinen Unterlagen aufsah, hin und her. »Wieso ... woher ...?«

Sara schien nur auf ihr Stichwort gewartet zu haben. »Einer unserer Nachbarn, Mr Samuel Marx – er ist Produzent bei Metro Goldwyn Mayer, hat Daddy gegenüber erwähnt, dass er für eine Produktion ein ungefähr zehnjähriges Mädchen sucht, das mit englischem Akzent spricht. Welch großartiger Zufall, nicht wahr?«

Elizabeth hatte es zu ihrem Leidwesen noch immer nicht geschafft, sich den britischen Akzent gänzlich abzugewöhnen, auch wenn sie in der Schule manchmal deswegen gehänselt wurde. Dieser Makel sollte ihr nun zum Vorteil gereichen?

»Daddy hat dich für die Rolle vorgeschlagen.« Saras Wangen glühten, als leide sie unter Fieber, der trübe Gemütszustand, in dem sie sich seit einem Jahr befunden hatte, schien hinter ihr zu liegen.

Elizabeth starrte ihren Vater an. Er sollte sie vorgeschlagen haben? Ihn hatte es doch noch nie besonders interessiert, was sie tat, im Gegenteil, ihre nachmittäglichen Zeitvertreibe wie Gesangs- oder Reitstunden entlockten ihm nie mehr als ein müdes Schnauben. Flüchtig erwiderte Francis ihren Blick, bevor er ihn weiterschweifen ließ; er wirkte verstimmt.

»Aber ... warum?«, wandte sie sich unsicher an ihre Mutter.

Sara lächelte so wegwerfend, als sei Vaters Meinung nicht von Bedeutung. »Jaja, es stimmt schon, dass Daddy nicht allzu begeistert davon ist, dass du in einem Film mitspielst, Schätzchen. Aber da er weiß, wie sehr ich mir wünsche, dass du deine Chance erhältst, ist er über seinen Schatten gesprungen, nicht wahr, Francis?«

Vater knurrte und notierte weiterhin verbissen Zahlen in eine Tabelle. »Nur fürs Protokoll, Sara, das war das erste und einzige Mal, dass ich die Flausen, die dir im Kopf herumspuken, unterstütze, hast du mich verstanden?«

Sara schenkte ihm einen zuckersüßen Blick und blinzelte Elizabeth verschwörerisch zu. *Wir bekommen Vater auch weiterhin rum,* bedeutete das. Elizabeth lehnte sich zurück und trank ihren Saft aus, der mit einem Mal einen bitteren Geschmack hinterließ. Vielleicht kam das aber auch von den Tränen, die sich in ihrer Kehle zu einem salzigen Klumpen sammelten. Sie konnte nicht abschätzen, was auf sie zukam, doch düstere Vorahnungen verengten ihr die Brust. Musste sie von nun an wieder in eine dieser abscheulichen Studioschulen gehen, statt bei Universal Pictures nun bei Metro Goldwyn Mayer? Was wäre mit ihren Freundinnen, mit Mary-Ann – hätte sie weiterhin Zeit, mit ihr zu spielen und Murmeln zu tauschen? »Kann ich noch weiter auf die Hawthorne gehen?«, fragte sie bang.

»Das wird nicht klappen.« Sara trommelte mit den Fingerspitzen auf die Tischplatte. »Wie sollte das funktionieren? Du kannst wohl kaum bis nachmittags deine alte Schule besuchen und nebenher den Film drehen, die Dreharbeiten werden eine ganze Menge deiner Zeit beanspruchen. Aber du hast ja bereits Erfahrungen gesammelt, was den Unterricht in einer Studioklasse betrifft, nicht wahr, Schätzchen?«

Elizabeth nickte beklommen. »Aber es hat mir dort nicht gefallen.«

»Ach was.« Mutter wischte ihren Einwand beiseite, als zähle er nicht. »Du wirst ja hauptsächlich mit Drehen beschäftigt sein, die Schule ist Nebensache. Zumindest im Moment«, fügte sie mit einem Seitenblick auf Francis hinzu, dessen Stirn sich erneut verdrossen in Wellen legte. »Metro zahlt dir auch hundert Dollar pro Woche, das ist doch famos, findest du nicht?«

»Sie wollen dir die Haare färben«, bemerkte Francis unbeteiligt, als Sara eine Atempause einlegte. »Marx sagte, falls deine Haare bei diesem Screentest, den sie noch vorhaben, zu dunkel wirken, wollen sie sie rot oder blond färben. Die haben nichts als Unsinn im Kopf.«

Erschrocken fasste Elizabeth sich in ihr dunkelbraunes, fast schwarzes Haar, das sich in großzügigen Wellen um ihre Schultern legte. Der Gedanke, dass sie ihr Aussehen ändern musste, um sich für die Rolle zu eignen, hinterließ ein mulmiges Gefühl in ihr. War sie denn nicht gut genug, so wie sie war? Die Leute betonten doch immer, welch eine Schönheit sie sei mit ihren dunklen Haaren, den lavendellila Augen und der milchig weißen Haut.

»Deinen Schönheitsfleck auf der Wange wollten sie entfernen, aber das geht nun wirklich zu weit«, erklärte Vater so scharf, dass er jeglichen Widerspruch Saras im Keim erstickte. »Hundert Dollar pro Woche hin oder her.«

...

Elizabeth kam in dem Film *Heimweh* recht gut an, was vielleicht daran lag, dass der Hund, der den Helden Lassie verkörperte, ein zutraulicher Collie mit weichem braun-weißem Fell, ihr in diesen Tagen ein treuer Gefährte war und ihr das nötige Selbstvertrauen verlieh, den einstudierten Text zu sprechen, auch wenn ihre Stimme noch etwas dünn klang. Liebenswürdig und diszipliniert, wie sie dank ihrer Mutter war, die jedem einzelnen Drehtag beiwohnte und sie keinen Schritt alleine gehen ließ – sie begleitete sie sogar zur Toilette –, wurde sie bald von der ganzen Crew geschätzt, sodass Metro Goldwyn Mayer ihren Vertrag auch nach Abschluss der Dreharbeiten weiterführte. Ein Folgeauftrag fand sich vorerst nicht, sodass Elizabeth wie ein Jahr zuvor lediglich die Studioschule besuchte.

»Komm raus, du Trantüte«, rief ihr Howard eines Abends im September übermütig zu, als er sie vom Garten aus am Fenster ihres Zimmers entdeckte. »Mit dir ist gar nichts mehr anzufangen, du bist zu einer richtigen Stubenhockerin geworden!«

Die brüderliche Verachtung schmerzte, genauso sehr, wie es ihr tief in die kindliche Seele schnitt, Howard mit einem der Nachbarsjungen, Pete, in der Krone eines Baumes mit weit ausladenden Ästen sitzen zu sehen, die nackten Knie unter den kurzen Hosen vom Klettern zerschrammt, die bloßen Füße dunkel vor Schmutz.

»Ich würde ja gerne rauskommen«, murmelte sie, aber zu leise, als dass Howard sie hätte verstehen können. Der hangelte sich ohnehin gerade wie ein Affe von Ast zu Ast und sprang die letzten anderthalb Meter herab, bis er wie ein Vierbeiner im Gras landete, ohne weiter auf sie zu achten. Wie sie sich danach sehnte, die warme Abendsonne auf ihrer Nase und ihren Haaren zu spüren, die raue Rinde der Bäume unter ihren Handflächen, auch wenn sie sich diese dabei aufschürfte. Vielleicht sollte sie es einfach wagen, mutig zu sein, nicht immer nur dieses artige Mädchen darzustellen, das alle lobten. Sie könnte sich heimlich nach draußen stehlen. Wenn Vater sie erwischen würde, hätte sie nichts zu befürchten – es interessierte ihn wenig, ob sie in ihrem Zimmer oder im Garten spielte –, nur Mutter würde sie natürlich schnurstracks wieder nach drinnen beordern.

Leise zog sie die Tür ihres Kinderzimmers hinter sich zu, dieser Oase pastellfarbenen Plüschs und anmutiger Puppen, und schlich die mit Teppichen ausgelegten Treppenstufen hinab, die jeden ihrer Schritte schluckten.

Sie schaffte es gerade bis zur Hintertür.

»Elizabeth! Was hast du vor?«

Die Stimme ihrer Mutter, nicht gerade scharf, aber wachsam, ließ sie herumschnellen und rot anlaufen, als habe sie etwas ausgefressen. Dabei hatte sie sich doch nichts zuschulden kommen lassen, war es nicht ihr Recht, wie jedes andere Kind auch draußen zu spielen?

»Ich ... ich wollte zu Howard und Pete ...«, stammelte sie.

»Schätzchen.« Sara legte das Klatschmagazin aus den Händen, in dem sie gerade geschmökert hatte, und nahm sie in die Arme, um sie zärtlich an sich zu drücken. »Ich habe nichts dagegen, wenn du vor dem Schlafengehen noch ein bisschen in den Garten gehst. Aber klettern und herumtollen darfst du nicht, das weißt du.«

Elizabeth nickte, während sie die Tränen herunterschluckte, die sich in ihrer Kehle sammelten.

»Ich weiß, Mommy, aber ...«

»Es geht einfach nicht.« Sara strich ihr sanft eine dunkle Haarsträhne aus der Stirn. »Wir können das Risiko, dass du dich verletzt, nicht eingehen. Stell dir vor, du verstauchst dir den Fuß oder brichst dir das Bein – Metro wäre nicht begeistert, ja, in einer Verletzung würden sie einen Vertragsbruch sehen! Verstehst du? Wir müssen jederzeit damit rechnen, dass sie dir eine neue Rolle anbieten. Du musst ihnen vollumfänglich zur Verfügung stehen. Gerade jetzt, wo dir deine Rolle in *Heimweh* so schön gelungen ist und du gezeigt hast, dass du schauspielern kannst. Und für ein bisschen Berühmtheit und eine großartige Gage kann ein kleines Mädchen wie du schon mal auf eine Stunde Toben verzichten, nicht wahr?« Sara blinzelte ihr verschwörerisch zu, und Elizabeth rang sich ein Lächeln ab, war sie doch dazu erzogen, nicht zu widersprechen und Mommy glücklich zu stimmen.

»Okay«, seufzte sie, »dann setze ich mich in den Schaukelstuhl und schaue den Jungs ein wenig zu.«

»Tu das, Schätzchen.« Sara küsste sie auf den Scheitel und zog sich mit ihrer Zeitschrift zurück, um wieder in das Leben der Schönen und Reichen Hollywoods einzutauchen.

Elizabeth ließ sich in den Schaukelstuhl fallen und starrte über das weiß gestrichene Geländer der Veranda hinweg in den Garten, der ihr mit seinen Beeten voller süßlich duftender Blüten, den raschelnden Büschen und den hochgewachsenen Bäumen mit ihren dichten, Schatten spendenden Blätterdächern wie ein geheimnisvolles Labyrinth erschien, ein Ort, an dem es so viel zu erkunden gab, in der Luft sirrende Insekten, Mäuse, die in der Erde wühlten, Vögel, die von Zweig zu Zweig hüpften. Es drängte sie, sich an einen der dicken Äste zu hängen und die Beine in die Luft zu werfen, sich an der Mauer hochzuhangeln, die ihr Grundstück vom Nachbargarten abtrennte, oder sich flach auf die staubige Erde zu legen, um mit der Hand zu graben, bis sie auf einen Regenwurm stieß. Doch sie tat nichts davon, sondern schaukelte in ihrem Stuhl nur vor und zurück, vor und zurück, während die Sonne glühend über dem Villenviertel unterging.

Teil II

Verliebt in die Liebe
1949–1952

Die Ehe ist eine wunderbare Einrichtung.
Elizabeth Taylor

4

Lake Tahoe, 1949

Sara war nach Beendigung der Dreharbeiten in den beschaulichen Ort Incline Village geeilt, um einige Kleinigkeiten, unter anderem ihre geliebten Klatschzeitschriften, zu besorgen. Elizabeth wünschte, sie würde möglichst lange fortbleiben, um die stille Zweisamkeit mit ihrem Filmpartner, Montgomery Clift, auszukosten, so wie man eine süße Frucht genoss, von der man noch nie genascht hatte, deren Aroma nun aber explosionsartig alle Sinne erweckte.

»Ich hoffe, wir bekommen die Szenen morgen gut in den Kasten«, murmelte Montgomery – oder Monty, wie ihn seine Freunde nannten, zu denen Elizabeth sich nun stolz zählte, hing ihr Herz doch an dem jungen, attraktiven Schauspieler – düster. »Heute hatte ich einige Texthänger, es war einfach nicht mein Tag.«

»Aber das macht doch nichts«, beruhigte ihn Elizabeth. Sie saßen auf einem Holzsteg am Lake Tahoe und ließen die Beine über dem Wasser baumeln, das sich dunkel und tief unter ihnen in kleinen Wellen kräuselte. Eigentlich war es zu kalt, um abends am See zu sitzen – es war Oktober –, aber das Farbenspiel der leuchtend roten, glühend orangefarbenen und gelben Laubwälder, die das Gewässer umschlossen wie ein Schutzwall, war zu verführerisch, um in den Hütten zu sitzen, die die Filmgesellschaft für die Schauspieler gemietet hatte. Der Indian Summer stand in voller Blüte, flammend und feurig, und bildete die ideale Kulisse für den Film *Ein Platz an der Sonne*. Metro Goldwyn Mayer hatte Elizabeth für eine stattliche Summe an Paramount Pictures ausgeliehen, sie selbst erhielt tausend Dollar pro Woche für ihr Mitwirken.

»Ich denke, wir beide kommen als Paar beim Publikum gut an.« Montgomery beobachtete einen Haubentaucher, der seinen Schnabel tief ins Wasser steckte, um nach Futter zu suchen. Elizabeth musterte Montys Profil von der Seite. Mit seinen dunklen, vollen Haaren, der römisch geschnittenen Nase und den nachdenklichen Gesichtszügen war er der Inbegriff des begehrten Hollywoodstars, doch im Gegensatz zu seinen Kollegen umgab ihn stets etwas Trauriges, Niedergeschlagenes, das man nicht zu fassen bekam. »Mit etwas Glück werden wir das neue Film-Traumpaar«, fügte er jetzt hinzu.

»So wie Ingrid Bergman und Cary Grant.« Elizabeth legte ihre Hand auf die raue Holzplanke des Stegs, direkt neben Montgomerys, und hoffte, er würde sie ergreifen. Wie schön es wäre, wenn er näher rücken und den Arm um sie legen würde, sie seine Körperwärme durch sein kariertes Flanellhemd spüren könnte. Sie war siebzehn Jahre alt, hatte den ganzen Kopf voll schwärmerischer Ideen von der Liebe und eine Vorliebe für solch schwermütige Männer wie Monty. Wie gern sie ihn aufheitern würde, ein Lächeln auf sein Gesicht zaubern, wenn er sie nur ließe.

Zu ihrer Enttäuschung griff er nicht nach ihrer Hand, ja, er rutschte sogar ein Stück von ihr weg, als sich in der Ferne Sara näherte, die energischen Schrittes den Waldweg entlangmarschierte, trotz der ländlichen Umgebung in einem eleganten Kostüm und Absatzschuhen. Elizabeth sank das Herz; musste Mutter sie noch immer auf Schritt und Tritt überwachen, als sei sie ein kleines

Mädchen? Was konnte ihr in der Abgeschiedenheit des Sees schon passieren? Fürchtete sie um Elizabeths Unschuld? Darüber brauchte sie sich keine Sorgen zu machen, Montgomery unternahm ja keine Anstalten, ihr näherzukommen, sosehr sie sich es auch wünschte.

»Deine Mutter ist ja der reinste Schießhund«, bemerkte der Filmpartner. Er beugte sich über das Wasser und zog mit einem Stöckchen kleine Kreise. »Ich habe dich selten ohne sie gesehen. Stört dich das nicht?«

Natürlich stört es mich!, hätte Elizabeth am liebsten erbittert ausgerufen, doch sie bewahrte die Fassung und nickte lediglich heftig. Montgomery war zwölf Jahre älter als sie, also Ende zwanzig, und ein Mann, er begriff einfach nicht, dass für sie andere Regeln galten. »Sie meint es nur gut, sie ist sehr um mich besorgt. Selbstverständlich wäre ich froh über ein bisschen mehr Freiraum – ich meine, ist es nötig, dass sie von morgens bis abends am Set ist und mir sogar folgt, wenn ich mir nur eine Cola hole?« Sie biss sich auf die Lippen, augenblicklich beschämt. Sie wollte nicht schlecht über Mutter reden, war sie doch eine glühende Verfechterin ihrer Schauspielkunst und ihre größte Anhängerin. Im Gegensatz zu Vater, der sich in den vergangenen Jahren immer mehr zurückgezogen hatte und sich ganz seiner Kunstgalerie widmete, lediglich von Ausflügen ans Meer unterbrochen, die er mit Howard unternahm. Ihr Bruder hatte sich bisher nicht überreden lassen, auch Filmrollen anzunehmen, seine Leidenschaft gehörte dem Ozean und seinen Lebewesen, er wollte Meereskundler werden.

»Nervtötend, das kann ich mir vorstellen.« Montgomery seufzte mitfühlend.

»Vielleicht ... vielleicht hat Mutter einfach nur Angst, dass ich beim Film nicht gut behandelt werde«, murmelte Elizabeth zu Saras Ehrenrettung. »Sie war früher auch Schauspielerin, deshalb weiß sie, was in dem Business vor sich geht, und möchte mich einfach beschützen.«

»Du bist aber schon ein großes Mädchen, das selbst auf sich aufpassen kann, Bessie Mae, oder nicht?« Ein Lächeln, ein wenig spöttisch, aber auch voll freundschaftlicher Zuneigung, umspielte Montys Lippen. Sie mochte den Spitznamen, den er ihr verpasst hatte, denn Freunde riefen sich mit scherzhaften, selbst ausgedachten Namen, nicht wahr?

»Ja.« Sie lächelte zurück, angetan von seiner entwaffnenden Art.

Inzwischen hatte Sara sie erreicht und blieb am Fuß des Steges stehen. Die untergehende Sonne, deren sanftes Licht mit rosa gefärbten Wolkenschlieren verschwamm, ließ einige Reflexe auf ihrem dunklen Haar aufleuchten, sodass es warm schimmerte. »Kommst du, Schätzchen? Es ist Zeit, in die Hütte zurückzukehren, es wird empfindlich kühl, und dein Drehtag beginnt morgen früh um sechs.«

»Ich komme. Bis morgen früh, Monty.« Elizabeth schwang sich auf die Füße und warf einen bedauernden Blick auf ihren Freund. In gedämpfter Stimmung schloss sie zu Sara auf, und sie gingen den Weg entlang zu den Hütten, die unter dichten Bäumen standen. Rinde und kleine Zweige knirschten unter ihren Füßen, es roch würzig nach Tannennadeln und Erde. Die Gegend um den See herum war ein wunderschönes Fleckchen; zu schade, dass sie nicht länger mit Monty auf dem Steg sitzen oder mit den anderen Schauspielern nach Feierabend in geselliger Runde Karten spielen oder etwas trinken durfte. Ihr war, als rausche das Leben nur so an ihr vorbei, außer Arbeit war ihr kein Vergnügen vergönnt, aber sie war es ja nicht anders gewohnt.

»Ich möchte, dass du dich von diesem Montgomery Clift fernhältst.« Sara schritt energisch voraus, wobei sie einen Ahornast beiseitewischte, dessen feuerrote Blätter ihre Wangen zu streifen drohten. »Er ist nichts für dich.«

»Aber wieso denn?« Empört stolperte Elizabeth hinter ihrer Mutter her.

»Er ist einfach nichts für dich, glaub mir, Schätzchen.«

»Er ist sehr nett und liebenswürdig, ein richtiger Gentleman! Beim Drehen unterstützt er mich unheimlich und gibt mir Tipps, die mir weiterhelfen …! Er hat doch viel mehr Erfahrung als ich. Vor der Kamera wirke ich nur deshalb so gut, weil er vorher jede Szene mit mir durchspricht und mir erklärt, wie ich mich geben soll.«

»Das mag sein. Trotzdem möchte ich nicht, dass du privat mit ihm anbandelst. Mal davon abgesehen, dass er um einiges älter ist als du, würde er auf Dauer keinen guten Einfluss auf dich ausüben. Seine depressive Ader zieht doch jeden runter. Außerdem bechert er ganz schön.«

Darauf wusste Elizabeth nichts zu erwidern. Natürlich war ihr nicht unbemerkt geblieben, dass Monty dem Whiskey öfter zusprach, als ihm guttat. Aber tranken nicht alle Schauspieler gelegentlich einen über den Durst? Der Job war so anstrengend, vereinnahmte einen mit Haut und Haaren, irgendwie musste man ja Dampf ablassen.

...

Die Dreharbeiten zu *Ein Platz an der Sonne* verliefen gut, alle waren mit Elizabeths Leistung zufrieden, allen voran der Regisseur George Stevens. Seiner Meinung nach haftete dem Zusammenspiel der beiden dunkelhaarigen Schönheiten Elizabeth und Montgomery etwas Magisches an. Während des Drehens ließ er das Skript mehrmals umschreiben, um den Zauber, der das Paar umgab, noch stärker einzufangen. Elizabeth genoss die Zeit am Set, Stevens stellte eine Vaterfigur für sie dar – er verstand, stets das Beste aus ihr herauszuholen –, und auch mit den Schauspielern war sie ein Herz und eine Seele. Am engsten war sie natürlich mit Monty. Wenn sie abends in ihrem Bett lag und durch das Fenster die Sterne betrachtete, die am schwarzen Himmel funkelten – hier am See war die Dunkelheit tiefer und undurchdringlicher als in der Stadt, wo Straßen und Gebäude mit ihren Lichtern die Finsternis aufweichten –, dachte sie an ihn, erinnerte sich an ihre gemeinsamen Kusssszenen, spürte seinen sanften Lippen nach. Ob sie ihm so viel bedeutete wie er ihr? Vor Mutter hielt sie ihre Empfindungen geheim, noch immer lehnte Sara Montgomery ab, mochte er ein noch so aufstrebender, vom Publikum umschwärmter Schauspieler sein.

Auch wenn sich die Drehtage äußerst zufriedenstellend gestalteten, hatte Elizabeth doch einige sehr aufreibende Szenen zu spielen, die auch körperlich alles von ihr forderten. Die Herbstsonne, die sich wie Goldpuder über die Kronen der Bäume stäubte, vermochte nicht darüber hinwegzutäuschen, dass die Temperaturen immer mehr fielen; morgens lag watteweißer Nebel über dem See und den Wäldern, Tautropfen perlten von den Gräsern, und auch wenn die Sonne gegen Mittag die dunstigen Schleier durchbrach, wärmte es sich kaum auf.

Und diese Wasserski-Szene! Elizabeth verfluchte sie, während Sara außer sich war vor Sorge, sie könne sich den Tod holen. Ein ums andere Mal ließ Stevens sie in den eisigen See steigen, weil er mit winzigen Details der Szene nicht zufrieden war. Es fiel ihr schwer, zu lächeln, während sie versuchte, sich an dem Seil festzuhalten, an dem das über die Wellen schießende Boot sie hinter sich herzog, und sich gleichzeitig abmühte, nicht von den Skiern zu kippen.

Nicht noch eine weitere Wiederholung, bitte nicht zum hundertsten Mal, betete sie sich vor, doch ehe sie sichs versah, landete sie wieder seitwärts im Wasser, das frostig über ihr zusammenschlug.

Prustend und keuchend wurde sie vom Bootsführer und den Kameramännern ins Boot gehievt, um an Land gebracht zu werden.

Monty stand mit Stevens, den anderen Schauspielern, deren Szenen bald dran waren, und Sara am Ufer und eilte ihr entgegen. Dass seine Schuhe und Hosenbeine nass wurden, störte ihn nicht.

»Hier, trockne dich erst mal ab.« Er schlang das Handtuch, das er bereithielt, um ihre Schultern und rubbelte sie, so gut es ging, trocken. Sie zitterte wie Espenlaub.

»Da…danke, Monty.« Ihre Lippen waren taub vor Kälte.

»Du Armes. Die Szene ist die Hölle, was?« Er hielt sie fest in seinen Armen und tupfte ihr einen Wassertropfen von der Wange, und sie lehnte sich an ihn. Über seine Schulter hinweg sah sie, wie sich Sara mit argwöhnischem Blick näherte.

»Danke für Ihre Hilfe, Montgomery, aber nun bin ich ja da und werde mich um Elizabeth kümmern. Müssen Sie sich nicht auf Ihre nächste Szene vorbereiten?« Sara zog ihre Tochter an sich und strich ihr wie einem kleinen Mädchen, das sich die Knie aufgeschürft hatte, tröstend über das nasse Haar.

Monty verbiss sich ein Schmunzeln, was seine für gewöhnlich so ernsten, fast niedergeschlagenen Züge erhellte, amüsiert über Saras übertriebene Fürsorge. Vielleicht fand er es auch lustig, dass sie ihm nicht über den Weg traute. »Im Moment nicht, Mrs Taylor.«

»Wir machen eine halbe Stunde Pause«, ordnete Stevens an. »Elizabeth, wärm dich auf, damit du nachher wieder fit bist. Die

Szene gefällt mir noch nicht hundertprozentig, du musst noch mal ran.«

»Okay.« Elizabeth seufzte. Sie würde sich anstrengen, alles geben, um endlich nicht mehr ins Wasser zu müssen. »Mom, wärst du so lieb und würdest mir einen heißen Tee und meinen Bademantel bringen?« Vielleicht schaffte sie es auf diese Weise, den wachsamen Augen ihrer Mutter ein paar Minuten zu entkommen und mit Monty allein zu sein.

»Aber …« Sara schienen auf Anhieb Einwände einzufallen, doch dann sah sie wohl ein, dass sie Elizabeth in diesem Fall schwerlich eine Abfuhr erteilen konnte. Sie musterte Monty mit zusammengekniffenen Augen, wie um ihn vorsorglich in seine Schranken zu weisen, und ging in Richtung des Wohnwagens, in dem sich Elizabeths Garderobe befand.

»Die wären wir los.« Montys Worte klangen scherzhaft, aber sie spürte, dass ihn etwas belastete. Wie so oft. Hatte er seinen Kummer, woraus auch immer er bestehen mochte, wieder in Alkohol ertränkt? So früh am Tag? Sie war sich nicht sicher, ob sie einen leicht scharfen Geruch an ihm wahrnahm. Wagte er es vielleicht aus Angst vor Sara nicht, ihr näherzukommen?

»Mutter darf sich meinetwegen gern Zeit beim Teekochen lassen. Fühlst du dich nicht gut, Monty? Du wirkst so abwesend und traurig.«

Sie setzten sich auf eine Bank am Ufer, Elizabeth in das Handtuch gewickelt.

»Ich fühle mich nie gut, das weißt du doch, Bessie Mae.« Er lachte bitter, was eher wie ein heiseres Schnauben klang.

»Aber warum?« Betroffen legte sie ihre Hand auf seinen Arm, am liebsten hätte sie ihn umschlungen und gewärmt, obwohl doch sie diejenige war, die fror bis auf die Knochen.

Montgomery starrte über den See. Ein Boot glitt über das Wasser, auf dem sich das flammende Rot und das leuchtende Gelb der Bäume spiegelten, mit gleichmäßigen Bewegungen pflügten die Ruder die Wellen beiseite.

»Wegen allem und jedem. Es gibt so viele Dinge in meinem Leben, die unerreichbar sind für mich, und so viele Menschen.«

Ihr Puls schlug heftiger. Sprach er von ihr, fehlte ihm tatsächlich der Mut, ihr seine Gefühle zu offenbaren? Aber wieso sollte sie für ihn unerreichbar sein, sie war doch bis über beide Ohren in ihn verschossen und wünschte sich nichts mehr, als dass er sie küssen möge?

»Welche Menschen?« Sie sprach leise, ein knackender Ast über ihnen sowie ein Specht, der an einen Baumstamm klopfte, übertönten ihre Worte fast.

»Menschen, die ich … die ich mag. Es gibt da jemanden.« Er wandte ihr sein Gesicht zu, und sie sah ihm forschend in die grünen Augen, die tief wie der Lake Tahoe schienen. Wie von selbst näherte sich ihr Gesicht dem seinen, und plötzlich berührten ihre Lippen seinen Mund, kosteten von seiner Weichheit. Sie wagte kaum, zu atmen, schmeckte den flüchtigen Geschmack von scharfem Whiskey und atmete seinen Geruch nach Wald, See und Herbstluft ein. Doch der Kuss dauerte nicht lange. Montgomery wich zurück, und für einen Moment war sie wie gelähmt, bevor sie ein Stück von ihm abrückte. Scham stieg wie eine Feuersäule ihre Luftröhre hoch. Mit dem Menschen, den er mochte, hatte er nicht sie gemeint.

»Es tut mir leid, so leid, Elizabeth.« Stöhnend vergrub er das Gesicht in den Händen, so unglücklich, dass sie ihn am liebsten in ihre Arme gezogen hätte, um ihn zu trösten, obwohl doch eigentlich sie diejenige war, die Zuspruch bedurfte.

»Ist nicht schlimm«, flüsterte sie. »Wirklich, das macht nichts.«

»Doch, es ist schlimm.« Seine Kiefermuskeln waren angespannt. »Weißt du, ich habe mich in jemanden verliebt, zu Hause in L. A. Ich vermisse ihn schrecklich.«

»Ihn?« Der Schreck fuhr ihr in alle Glieder. »Es ist ein … Mann?«

Montgomery nickte und verfolgte mit dem Blick gedankenversunken eine Entenfamilie, die mit majestätisch gereckten Köpfen über den See zog. »Ja, ein Mann. Ich fühle mich ausschließlich zu Männern hingezogen, es tut mir leid, Elizabeth, ich hoffe, ich habe dir keine falschen Hoffnungen gemacht, das wäre mir ein Gräuel.«

»Nein, nein, schon gut.« Sie ergriff seine Hand und drückte sie beruhigend. Das Bedürfnis, ihm in seinem Elend beizustehen, war stärker als die eigene Enttäuschung; ihren eigenen Emotionen würde sie sich widmen, wenn sie in der Nacht ihren Tränen freien Lauf lassen konnte. »Ist dieser … Mann auch in dich verliebt?«

Monty schnäuzte sich in ein blütenweißes Taschentuch. »Ich weiß es nicht, ich kann nur hoffen. Aber auch wenn ich ihn von mir überzeugen kann, es ist so schwer, so unendlich schwer, wenn man sich jede Sekunde seines Lebens verstecken muss. Niemand darf erfahren, dass ich homosexuell bin, das käme beim Publikum nicht gut an. Es würde meine Karriere zerstören.«

»Das ist so ungerecht. Du solltest nach deinem Können beurteilt werden, nicht nach deinem Privatleben.«

»Ich weiß. Aber so tickt unsere Gesellschaft nun einmal. Ich muss es ertragen, mein wahres Ich zu verbergen, wahrscheinlich bis an mein Lebensende.«

»Schätzchen, dein Tee. Steh auf, damit ich dir den Bademantel umlegen kann.« Sara war geräuschlos hinter sie getreten, vielleicht war Elizabeth aber auch zu sehr mit ihren eigenen Gedanken beschäftigt gewesen, um zu hören, wie sie über den laubbedeckten Weg zu ihnen gekommen war.

Sie seufzte; das Gespräch war beendet. »Danke, Mutter.« Sie

ließ sich dabei helfen, den flauschigen, weißen Bademantel überzuziehen, und legte ihre Hände um den heißen Teebecher.

»Und nun komm, Liebes, wir wollen uns wieder zu den anderen gesellen. Es gefällt mir gar nicht, wenn du so einsam am Waldrand sitzt.«

»Aber ich sitze doch nicht allein hier, Monty ist bei mir«, protestierte Elizabeth, doch sie wusste, wann sie sich zu fügen hatte. Sie warf dem Freund einen mitfühlenden Blick zu und trottete hinter ihrer Mutter her.

5

Los Angeles, 1949

Nach Abschluss der Szenen am Lake Tahoe wurden die Dreharbeiten in Los Angeles weitergeführt. Elizabeth erholte sich rasch von der Zurückweisung durch Montgomery, zumal er ihr noch genauso geschwisterlich-zärtlich zugetan war wie am See. Auch sie blieb ihm in emotionaler Hinsicht treu, denn wer einmal ihr Herz erobert hatte, den stieß sie nicht wieder von sich. Außerdem benötigte Monty aufgrund seiner unglücklichen Schwärmereien für junge Männer stets Zuspruch und Aufmunterung, und Elizabeth fungierte gerne als platonische Freundin, Schwester, Seelenverwandte, manchmal auch Mutterersatz, wenn ihn danach verlangte. Gelegentlich gingen sie auf Wunsch der Filmgesellschaft zu Publicityzwecken aus, eine von Montys Neueroberungen im Schlepptau, ein seltsames Dreiergespann bildend. Auch Sara war immer zugegen, wenn sie sich für die Paparazzi-Fotos auch diskret im Hintergrund hielt, sodass Elizabeth das beklemmende Gefühl, immer unter Beobachtung zu stehen, nicht loswurde.

»Miss Taylor?« Es klopfte an ihrem Wohnwagen, in dem sie gerade geschminkt worden war; in ihren Haaren steckten noch Lockenwickler, die einen seltsamen Kontrast zu ihren dunkelroten Lippen und dem perfekten schwarzen Lidstrich bildeten.

»Verzeihen Sie, dass ich einfach so aufschlage, obwohl ich keine Erlaubnis habe, mich auf dem Gelände aufzuhalten.« Der junge Mann, der vor der Tür stand, grinste keck, es schien ihn nicht im Geringsten zu bekümmern, dass er gegen Vorschriften verstieß. Wie er es wohl geschafft hatte, die strengen Sicherheitsvorkehrungen der Paramount-Gesellschaft zu überlisten?

»Was wollen Sie?« Sie presste sich die Hände gegen die Brust und sah in seine blitzenden Augen. Die Unverfrorenheit, mit der er sich das Recht herausnahm, sie anzusprechen, obwohl Fremden der Zutritt zum Filmgelände untersagt war, verwirrte sie, beängstigte sie einen Moment lang. Er wirkte so selbstbewusst, als gehöre ihm das Studio.

»Ich habe Sie im *Mocambo* gesehen.« Er musterte sie.

»Tatsächlich?« Sie zog ihren Bademantel enger zusammen, darunter trug sie nur Unterwäsche, da sie noch nicht für die nächste Szene angekleidet war. Suchend blickte sie sich nach Mutter um, diese wollte ihr als Nachtisch zu ihrem kargen Mittagessen im Wohnwagen – es hatte nur Tomatensalat gegeben – einen Donut besorgen, doch sie war nicht in Sicht. »Ich kann mich nicht an Sie erinnern.« Den bekannten Nachtklub *Mocambo* hatte sie mit Monty und einem seiner Freunde besucht, eigentlich hatten sie dort eher für die Kameras der Reporter posiert, als sich zu amüsieren.

»Aber ich mich an Sie. Ich kenne einen der Vorstände der Paramount Pictures, der mir versprochen hat, mich mit Ihnen bekannt zu machen. Aber ich war zu neugierig und wollte nicht darauf warten, deshalb habe ich heute schon mal auf eigene Faust mein Glück versucht.« Der Fremde grinste sie entwaffnend charmant an. Er mochte Anfang zwanzig sein, das braune Haar gepflegt und glänzend, die Haut makellos hell, fast wie die eines Mädchens, und sein Anzug wirkte sehr edel. Um das Handgelenk trug er eine Rolex Oyster Perpetual, eine sündhaft teure Uhr, wie Elizabeth wusste.

»Ich würde Sie gerne näher kennenlernen, ich habe eigens die Sicherheitsmänner mit ein paar Scheinen bestochen, um zu Ihnen durchzudringen. Sie werden ja besser bewacht als die Queen«, schob er jetzt hinterher.

Dass er so offen zugab, mit Bestechung gearbeitet zu haben, so als handele es sich dabei um eine jugendliche Torheit, brachte sie wider Willen zum Lachen. »Und warum haben Sie das getan? Wieso wollen Sie mich kennenlernen?«

»Ich finde Sie bildhübsch, und sicher sind Sie auch äußerst unterhaltsam.«

Noch nie hatte ein Mann derart direkte Worte an sie gerichtet, allerdings beschränkten sich ihre Kontakte zum anderen Geschlecht dank Sara noch immer auf ein Minimum. Mutter war ohnehin niemand gut genug für ihre Goldtochter.

»Tatsächlich?«, wiederholte sie und errötete so stark, dass ihr am Haaransatz der Schweiß ausbrach. Hoffentlich musste sie nicht noch einmal neu geschminkt werden, sie hatte bereits eine Stunde bei der Make-up-Artistin gesessen.

»Ja, und deshalb möchte ich Sie zu einem Rendezvous einladen. Freitagabend? Wir könnten an der Bar des Bel-Air-Hotels einen Drink einnehmen, ich bin der Manager des Ladens.«

Die Vorstellung, sich mit diesem völlig Unbekannten in einem Hotel zu treffen, verunsicherte sie. Da sie nicht wusste, wohin mit ihren Händen, zupfte sie am Gürtel ihres Frotteebademantels herum. »Wer sind Sie überhaupt? Ich kenne noch nicht einmal Ihren Namen.«

Er reagierte so erstaunt, als könne er es kaum fassen, dass jemand nicht wusste, wer er war. Wahrscheinlich stellte er eine bedeutende Persönlichkeit dar, über genug Geld schien er ja zu verfügen. »Ich bin Conrad Nicholson Hilton, aber nennen Sie mich Nicky. Sie haben gewiss von meiner Familie gehört, meinem Vater, Conrad Hilton senior, gehört die berühmte Hotelkette. Wir besitzen Hotels auf der ganzen Welt.«

Ein Hauch Arroganz schwang in seinen Worten mit, wurde jedoch sogleich von seinem liebenswürdigen Lächeln abgemildert. »Also, wie sieht's aus, schöne Lady? Freitagabend um acht? Ich schicke Ihnen eine Limousine vorbei.«

»Das könnte Ihnen so passen, junger Mann.« Mutter.

Elizabeth stöhnte innerlich. Das Gespräch mit Nicky Hilton hatte sie so gefangen genommen, dass sie nicht auf Sara geachtet hatte, die mit einem mit rosa Zuckerguss überzogenen Donut von der Seite her aufgetaucht war. »Wer eine Verabredung mit meiner Tochter möchte, muss, ob er will oder nicht, erst an mir und ihrem Vater vorbei. Elizabeth ist erst siebzehn, Sie werden verstehen, dass wir uns die Kandidaten, die mit ihr ausgehen möchten, sehr genau ansehen.«

Elizabeth glaubte, vor Scham im Boden versinken zu müssen, und wich Nickys Blick aus. Er musste sie für ein Baby halten, das vollkommen unter der Kontrolle der Mutter stand. Womit er natürlich recht hatte.

Doch Nicky Hilton schien sich nicht abschrecken zu lassen, im Gegenteil, er wirkte äußerst guter Dinge. »Natürlich, Mrs Taylor, natürlich. Darf ich mich auch Ihnen vorstellen? Nicky Hilton ist mein Name.«

»Von *den* Hiltons?«, fragte Sara, nun schon weniger argwöhnisch.

»Von eben denen.« Noch immer grinste Nicky von einem Ohr zum anderen, natürlich ahnte er wie Elizabeth auch, dass Sara mit seiner Familie Säcke voller Goldtaler verband, so wie sie in den Comics um Dagobert Duck abgebildet waren.

»Oh.« Sara straffte sich, und Elizabeth krümmte sich innerlich vor Verlegenheit, die Gedanken ihrer Mutter waren allzu offensichtlich. »Wie nett, Mr Hilton! Sehr erfreut, Ihre Bekanntschaft zu machen. Doch auch in Ihrem Fall gilt: Wenn Sie meine Tochter ausführen möchten, muss ich Sie zuerst auf Herz und Nieren prüfen.« Sie lächelte ihm schelmisch zu, um ihren Worten die Schärfe zu nehmen, doch Elizabeth wusste, dass sie sie genau so meinte. »Kommen Sie doch am Donnerstag auf ein Tässchen Tee zu uns in den Elm Drive, Nummer 703.«

...

Am Donnerstag stand Elizabeth auf der Veranda, an das weiß gestrichene Holzgeländer gelehnt, und hielt Ausschau nach Nicky Hilton. Sie hatte sich viel Mühe mit ihrem Erscheinungsbild gegeben, trug eine weiße Bluse mit gerüschtem Carmen-Ausschnitt und einen in fröhlichen Farben gestreiften Rock, Mutter hatte ihr das kurze dunkle Haar sorgfältig zu Wellen frisiert.

Vögel raschelten in den Gebüschen, und eine leichte Brise strich durch die Olivenbäume im Garten. Ein Motorengeräusch erklang – ob das Nicky war? Der angekündigte Besuch fühlte sich aufregend an – einerseits war ihr bange vor dem jungen Mann mit seiner äußerst unerschrockenen Art, und auch das angedrohte Verhör durch ihre Eltern erfüllte sie mit Grauen, andererseits war die Aussicht, vielleicht tatsächlich mit ihm ausgehen zu dürfen, verheißungsvoll. Zu einem *echten* Rendezvous konnte Mutter nun wirklich nicht mitkommen! Würde es nicht einem Befreiungsschlag gleichkommen, mit Nicky allein ein Restaurant oder eine Bar zu besuchen, ohne Sara, die sich wie eine Klette an sie heftete?

»Schätzchen, was stehst du hier draußen herum wie ein Dienstmädchen, das darauf wartet, die Tür öffnen zu dürfen? Das sieht bedürftig aus. Komm rein.« Sara legte ihr eine Hand auf die Schulter, um sie sanft ins Haus zu dirigieren, doch in diesem Moment schlug auf der Straße, von den dichten Büschen verdeckt, eine Automobiltür zu, und kurz darauf erschien Nicky Hiltons Kopf über dem Gartentor.

»Guten Tag, Ladys.« Er verbeugte sich übertrieben schwungvoll, so als parodiere er die Umgangsformen, die in einem uralten Film gezeigt wurden, und hielt sowohl Sara als auch Elizabeth einen üppigen Strauß Rosen hin.

»Welch wundervolle Blumen.« Mutter wirkte äußerst angetan von Nickys Auftritt und führte ihn ins Esszimmer, wo bereits Vater saß. Elizabeth lief hinterher und fühlte sich wie so oft wie ein kleines Mädchen, das man nicht besonders wichtig nahm. »Setzen Sie sich, Mr Hilton.«

»Nicky«, bat er charmant und zwinkerte Elizabeth derart ungeniert zu, dass sie errötete. Der junge Hotelerbe verwirrte sie, war er doch so ganz anders als der in sich gekehrte, ruhige Montgomery.

Als die Rosen in Vasen standen und alle am Tisch saßen, servierte Sara Tee und englische Biskuittörtchen. Nicky begutachtete derweil neugierig die dunkle Holzeinrichtung vor den rosa Stuckwänden und sah aus dem riesigen Rundfenster, das den Blick auf die Olivenbäume im Garten freigab, als wolle er einordnen, aus welchem Stall Elizabeth stammte.

»Gemütlich haben Sie es hier.« Er grinste Sara an, die geschmeichelt zu einer Antwort ansetzen wollte, doch Francis schnitt ihr unverblümt das Wort ab.

»Sie wollen also mit meiner Tochter ausgehen, wurde mir zugetragen. Dann erzählen Sie mal was über sich, damit wir Sie einschätzen können«, sagte er mit fester Stimme.

Elizabeth wand sich innerlich, sie fühlte sich, als wohne sie einem Schauspiel bei, jedoch lediglich als Zuschauerin. Aber diese

Farce war wohl nötig, um die Erlaubnis zu erhalten, mit Nicky ausgehen zu dürfen. Wie sie sich danach sehnte, einen Abend lang alle Fesseln abzustreifen und wie ein ganz normales Mädchen ihres Alters die Gesellschaft eines attraktiven Mannes genießen, mit ihm tanzen zu dürfen!

»Aber gerne, Mr Taylor.« Nicky strich sich lässig durch das braune Haar, betupfte sich mit der Serviette den Mund und legte die Gabel ab. »Wie Sie wissen, stamme ich aus der Hilton-Dynastie. Ich habe selbst einen ziemlich hohen Posten, ich manage das Bel-Air-Hotel.«

Francis runzelte die Stirn, wie Elizabeth schien auch ihm der prahlerische Unterton, der in Nickys Worten lag, nicht entgangen zu sein, allerdings machte der junge Erbe dies durch sein entwaffnendes Lächeln wett. Elizabeth gefielen seine leuchtend blauen Augen, die die Farbe des Meeres an einem sonnigen Tag hatten, sie verhießen eine bunte Welt voller Cocktails und Strandpartys und Küsse im warmen Sand.

»Beeindruckend für so einen jungen Burschen«, sagte Francis trocken. »Und Ihr Vater, was macht er?«

»Oh, er dirigiert von seiner Zentrale aus alle Hotels, die uns gehören, nebenbei vergnügt er sich mit Hollywoodstars, er kennt eine Menge davon.«

Sara lächelte beeindruckt und gab dem Gast ein weiteres Stück Kuchen auf den Teller. »Ist er nicht mit Zsa Zsa Gabor liiert?«

Nicky winkte mit vollem Mund ab. »Das ist passé. Die Ehe hielt nur fünf Jahre, vor zwei Jahren wurde sie geschieden. Für mich war es kein Verlust, als Stiefmutter taugte Zsa Zsa nicht viel. Und mit über zwanzig Jahren noch eine kleine Schwester zu bekommen war auch nicht gerade die Ekstase für mich. Zum Glück habe ich mit dem kleinen Schreihals im Moment nicht viel Kontakt.«

»Das kann ich durchaus verstehen.« Sara gab sich mitfühlend, wahrscheinlich hätte sie alles abgenickt, was Nicky von sich gab, stellte er für ihre Tochter doch neben der Arbeit beim Film eine weitere Möglichkeit dar, in der schillernden Welt der Reichen und Berühmten gesellschaftlich aufzusteigen. Elizabeth wurde langsam ungeduldig. Alles, was sie wollte, war, die Erlaubnis für ein Rendezvous zu erhalten. Wieso musste jetzt Nickys gesamte Familiengeschichte erörtert werden?

»Ihr Vater ist ein hart arbeitender Mann.« Francis beäugte den Gast forschend, was diesen nicht im Geringsten zu verunsichern schien; immer wieder zwinkerte er Elizabeth zu oder zog gar lustige Grimassen.

»Über Sie habe ich übrigens so einiges gehört, Nicky.« Vater räusperte sich vielsagend.

Nanu, hatte Nicky womöglich Dreck am Stecken? Elizabeth vergaß ihren Kuchen und starrte den Gast an.

»Ach, das meinen Sie.« Nicky lachte und ließ sich von Sara Tee nachgießen. »Ja, ich habe es früher ein bisschen krachen lassen.«

»Früher?« Sara lachte ein wenig künstlich. »Das klingt, als wären Sie steinalt, mein Lieber. Wie alt sind Sie denn?«

»Dreiundzwanzig. Ja, Mr Taylor, ich muss gestehen, dass ich in den vergangenen Jahren nicht gerade als Paradebeispiel an Tugendhaftigkeit und Disziplin gegolten habe, und ich gebe ganz offen zu, dass man mich von der Schweizer Hotelfachschule geschmissen hat, die ich besucht habe.«

Ein dumpfes Gefühl schwappte durch Elizabeths Magen. Nach diesem Geständnis brauchte sie wohl nicht mehr darauf zu hoffen, mit Nicky ausgehen zu dürfen, Mutter fürchtete gewiss, er würde einen schlechten Einfluss auf sie ausüben, und Vater fand ihn ohnehin unsympathisch, was sie unschwer an seiner gerunzelten Stirn erkannte. Wie so oft scherte Francis sich nicht um ihre Gefühle, je älter sie wurde, desto stärker keimte in ihr der Verdacht auf, dass es ihm gleichgültig war, ob sie glücklich war oder nicht.

»Ich hatte einfach keine Lust, zu lernen und mich an Regeln zu halten, das war mir zu langweilig. Trotzdem habe ich es zu etwas gebracht. Es ist schwer, es zu nichts zu bringen, wenn man der Sohn von Conrad Hilton ist.« Wieder lachte er, gespielt zerknirscht, wirkte mit seinem offenen Gesicht wie ein kleiner Junge, der etwas ausgefressen hatte, dem man aber unmöglich böse sein konnte. »Doch ich glaube, nun habe ich genug von mir erzählt. Wie sieht es aus, sind Sie bereit, mir Ihre Tochter für einen Abend anzuvertrauen, auch wenn ich kein Musterknabe bin?« Heißhungrig schob er sich den Rest seines Törtchens in den Mund.

Elizabeth sah zwischen ihren Eltern hin und her, als verfolge sie ein Tennismatch. Francis' Züge schienen wie versteinert, doch Sara lächelte.

»Wir gehen das Wagnis ein, nicht wahr, Francis?«, hörte Elizabeth ihre Mutter sagen.

Sie wusste, dass Sara Vater nur pro forma fragte, war sie doch diejenige, die im Haus am Elm Drive die Entscheidungen traf. Grummelnd gab Vater seine Zustimmung.

»Dann habe ich die Ehre, Sie morgen Abend abzuholen.« Nicky beugte sich zu Elizabeth, ergriff ihre Hand und hauchte einen Kuss darauf. Unter ihrer Haut kribbelte es, die Berührung ging ihr ebenso nah wie die Filmküsse, die Monty und sie ausgetauscht und die sich für sie so echt angefühlt hatten. Vielleicht würde Nicky sie morgen auf den Mund küssen, unbeobachtet von Mutter. Bei der Vorstellung daran stoben in ihrem Inneren Tausende von Schmetterlingen auf.

»Ich freue mich auf Sie«, flüsterte sie und überlegte bereits, welches Kleid sie tragen und wie sie sich frisieren sollte. Mutter würde ihr bei der Entscheidung helfen.

...

»Wir denken uns irgendetwas aus«, raunte Elizabeth Montgomery beschwörend zu. Das Streichorchester im Hintergrund spielte traurige, die melancholische Stimmung untermalende Musik. »Wir werden eine wundervolle Zeit zusammen haben, nur wir zwei.« Er blickte tief in ihre violetten Augen, hielt ihre Hand, seine attraktiven Züge angespannt vor Sorge, dass sie niemals glücklich werden würden, schließlich hatte er in seiner Rolle als George Eastman eine Affäre mit der jungen Arbeiterin Alice begonnen, die ein Kind von ihm erwartete. Dabei gehörte sein Herz längst der wohlhabenden Angela.

Es fiel Elizabeth unerwartet leicht, Angela zu spielen, die Gefühle für Monty füllten sie ohnehin bis obenhin aus, so wie ein Krug, der bis zum Anschlag mit Blütenblättern vollgestopft war. Montgomerys liebenswürdige und hilfsbereite Art, seine Intelligenz, mit der er jede Szene sezierte, um die Quintessenz an Emotionen herauszufiltern und anschließend darzustellen, lehrten sie so viel. Nie zuvor hatte sie bei einem Filmdreh unter dem Eindruck gestanden, ihre Figur aus dem tiefsten Innern ihrer selbst heraus zu spüren. Der Film würde gewiss ein Erfolg werden, den Kritiken sah sie bereits jetzt erwartungsvoll entgegen.

»Schnitt!«, rief Stevens und schlug die Regieklappe, einen zufriedenen Ausdruck im Gesicht. »Das war wunderbar, ihr beiden! Wir machen eine Viertelstunde Pause.«

Montgomery lächelte Elizabeth zu, dann holten sie sich im Vorraum ein paar Kekse und verschwanden wie übermütige Teenager nach draußen, um sich auf einer freien Fläche zwischen zwei Studiogebäuden ins vertrocknete Gras zu werfen und sich das Gebäck in den Mund zu stopfen.

»Elizabeth, steh auf, dein Kleid bekommt Grasflecken! Deine

Stylistin wird nicht sehr erfreut sein, wenn du den Stoff verdirbst.« Sara, Elizabeths unvermeidlicher Schatten, war ihnen gefolgt und setzte sich auf eine Bank an der ruhigen Straße des Filmgeländes. Mitarbeiter des Studios, manche in altertümlichen Kostümen, fuhren auf klapprigen Fahrrädern an ihnen vorbei, um rasch von einem Drehort zum nächsten zu gelangen.

»Schon gut, Mutter.« Verdrossen stand Elizabeth auf und sah sich suchend nach einer anderen Sitzgelegenheit um, doch Monty hatte bereits sein Jackett ausgezogen und breitete es im sonnenwarmen Gras aus, damit sie sich daraufsetzen konnte. »Danke, Monty«, flüsterte sie ihm zu, »ich befürchtete schon, uns bliebe nichts anderes übrig, als uns zu Mutter auf die Bank zu setzen. Das wäre ihr natürlich am liebsten gewesen, um jedes Wort unserer Unterhaltung mitzubekommen.«

Montgomery unterdrückte ein Grinsen, Sara beobachtete ihn nämlich argwöhnisch, bevor sie sich in ihre Frauenzeitschrift vertiefte, den Kopf noch immer halb in ihre Richtung gewandt, um ein paar Worte zu erhaschen.

Dass Mutter aber auch so neugierig, ja geradezu übergriffig sein musste! War es zu viel verlangt, in ihrem Alter ein ungestörtes Gespräch mit einem Freund führen zu dürfen, zugegeben dem einzigen Freund, den sie hatte? Nie hatte sie anhaltende Kontakte zu gleichaltrigen Mädchen knüpfen dürfen, immer hatte die Karriere im Vordergrund gestanden.

»Ich liebe sie, und sie ist meine wichtigste Beraterin in allen Dingen des Lebens, aber sie erstickt mich!«, tuschelte Elizabeth hinter vorgehaltener Hand.

»Ich weiß.« Monty überließ ihr den letzten Keks und strich ihr tröstend über den Arm. »Nur noch wenige Jahre, dann bist du volljährig und entkommst der Enge deines Elternhauses.«

»Vielleicht schon früher.« Elizabeth strahlte über das ganze Gesicht. »Ich muss dir unbedingt von meinem Rendezvous mit Nicky Hilton erzählen. Es war spektakulär.«

»Tatsächlich?« Irrte sie sich, oder klang Monty mit einem Mal etwas reserviert? Hegte er Vorbehalte gegen Nicky? Er kannte ihn doch gar nicht. Und Eifersucht verspürte er mit Sicherheit auch nicht, außer er wollte sie aus brüderlichem Beschützerinstinkt heraus vor einer möglichen Enttäuschung mit dem ersten Mann, für den sie sich ernsthaft interessierte – außer ihm natürlich –, bewahren. »Hat er große Geschütze aufgefahren?«, hakte Montgomery jetzt nach.

Elizabeth überhörte geflissentlich den leicht spöttischen Unterton in seiner Stimme, lehnte sich zurück und stützte sich auf die Ellenbogen. »Das kann man wohl sagen. Er hat das gesamte Restaurant des Bel-Air-Hotels für uns reserviert, und in jeder Ecke, auf jedem Tisch standen Vasen voll üppiger Rosen – es müssen Tausende gewesen sein. Blaue Scheinwerfer verbreiteten ein märchenhaftes Licht. Ich habe mich wie eine Prinzessin aus Tausendundeiner Nacht gefühlt, Monty! Eine ganze Parade an Obern marschierte auf, um uns ein Fünf-Gänge-Menü zu servieren. Es war ein unvergesslicher Abend.«

Elizabeth warf den Kopf in den Nacken und hielt ihr Gesicht der kalifornischen Herbstsonne entgegen, die mild ihre Haut liebkoste. Die Erinnerungen an jenen Abend waren noch frisch, wirbelten ihre Gefühle auf, ließen ihr Herz Purzelbäume schlagen. Wovon sie Montgomery nichts erzählte, war der Kuss, den Nicky ihr nach dem Dessert, einem köstlichen Kokos-Sahne-Kuchen, gegeben hatte. Noch immer spürte sie den süßen Geschmack des Backwerks auf ihren Lippen, vermischt mit dem des starken Kaffees und Likörs, die dazu gereicht worden waren. Nicky hatte ihr gegenübergesessen und sich plötzlich zu ihr gebeugt, den Arm um ihren Nacken geschlungen. Der Kuss hatte zärtlich begonnen, war dann aber immer fordernder und leidenschaftlicher geworden. Zum Glück hatte sie mit Montgomery und anderen Filmpartnern bereits zur Genüge Küsse geübt, um sich nicht wie das unbedarfte junge Ding zu fühlen, das sie eigentlich war.

»Du hast so unglaublich viele Wimpern«, hatte Nicky gemurmelt, als er sich von ihr löste und seinen Mund nur ein paar Fingerbreit vor ihrem schweben ließ. Er berührte die obere Wimpernreihe ihres rechten Auges, so wie man vorsichtig einen Schmetterling anfasste, der einem auf der Hand gelandet war. »Sind die falsch?«

»Nein, ich habe aufgrund einer genetischen Besonderheit doppelt so viele Wimpern wie andere Menschen«, flüsterte sie, während sie kaum wagte, zu atmen. »Mutter sagt, das ist ein großer Vorteil im Filmgeschäft, ich brauche kaum Mascara und sehe schon geschminkt aus, wenn ich morgens aufstehe.« Himmel, was redete sie da? Musste sie unbedingt in einem solch romantischen Moment ihre Mutter aufs Tapet bringen? Hoffentlich reagierte Nicky nicht verschnupft, denn welcher junge Mann wollte schon über die Mutter seines Schwarms sprechen, vor allem, wenn es sich um eine derart dominante Frau wie Sara handelte!

Zu ihrer Erleichterung hatte Nicky jedoch nur belustigt gegrinst, ihre Hand ergriffen und auf jede ihrer Fingerspitzen einen weiteren Kuss gedrückt.

»Du bist über beide Ohren in ihn verschossen.« Montgomerys nüchterne Stimme riss sie aus ihren Erinnerungen in die Gegenwart zurück. Sie öffnete die Augen und blickte in sein besorgtes Gesicht.

»Ist das schlimm?« Sie setzte sich wieder auf und schlang ihre Arme um die angezogenen Knie. »Ich bin siebzehn, alt genug.« Mit dem Alter war es eine seltsame Sache – manchmal fühlte sie sich noch wie ein Kind, vielleicht, weil sie nie ein echtes Kind hatte sein dürfen, es ihr nie erlaubt gewesen war, draußen herumzutoben, zu rennen, sich mit Gleichaltrigen zu treffen; dann wiederum kam sie sich unheimlich alt vor, schließlich hatte sie bereits als Neunjährige gearbeitet, musste Tag für Tag Disziplin und Fleiß beweisen.

»Nein, natürlich nicht.« Montgomery drehte Sara, die sich von ihrer Bank erhoben hatte und demonstrativ auf ihre Armbanduhr tippte, den Rücken zu. »Aber ... um ehrlich zu sein: Dieser Nicky Hilton ist mir nicht geheuer.«

»Ich stelle ihn dir vor, du wirst ihn mögen!«

Montgomery kaute nachdenklich auf seiner Unterlippe herum. »Er ... er genießt keinen guten Ruf, Bessie Mae.«

»Ich weiß, dass er von der Hotelfachschule geflogen ist, das hat er offen gestanden. Wir alle machen Fehler, Monty.« Elizabeth warf Sara, die immer ungeduldiger wurde und ihnen zurief, sie sollten ins Studio zurückkehren, einen trotzigen Blick zu. »Gleich, Mutter!«

Sara schnaufte. »Man lässt den Regisseur nicht warten, Schätzchen!«

»Natürlich machen wir alle Fehler.« Montgomery ignorierte Sara. Hoffentlich kam sie nicht gleich auf die Wiese, um sie beide am Arm zu packen und wie zwei unartige Kinder nach drinnen zu schleifen.

»Nicky Hilton ist als rechter Playboy bekannt; er unterhält Frauengeschichten, trinkt und spielt, Bessie Mae.«

Elizabeth riss einen Grashalm ab und verknotete ihn. Sollte Nicky wirklich derart oberflächlich sein? War er ihr gegenüber nicht sehr charmant und zuvorkommend, überschüttete sie mit Komplimenten? Außerdem – würde Mutter sie mit solch einem Hallodri ausgehen lassen?

»Das glaube ich nicht«, murmelte sie steif. »Das sind Gerüchte.

Und auch wenn etwas daran sein sollte – Menschen können sich ändern.«

Montgomery schwieg, vielleicht sah er, dass er sie aufgewühlt hatte. Mit einem Satz war Elizabeth auf den Beinen, klopfte seine Jacke aus und gab sie ihm. »Mutter hat recht. Wir müssen uns sputen, um pünktlich wieder im Studio zu sein.«

Lake Arrowhead, 1950

Elizabeth nippte an der heißen Schokolade mit dem kakaobestreuten Sahnehäubchen und versuchte, sich auf ihr Drehbuch zu konzentrieren. Aber wer war schon in der Lage, Texte auswendig zu lernen, wenn vor den großen Fenstern des Hilton-Hotels Unmengen an Schnee vorübergetrieben wurden und sich bereits gut einen Meter hoch vor dem imposanten Gebäude türmten? Seit gestern wütete ein vom Pazifik heranfegender Wintersturm und verwandelte die Landschaft um den Lake Arrowhead in ein wildes, weißes, fast unbeherrschbares Chaos aus Eis, Wind und Schnee. Elizabeth fühlte sich, als schaue sie geradewegs in ein Schüttelglas, das kräftig durcheinandergewirbelt wurde.

»Eine Debatte? So nennt man das? Soll ich dir sagen, was es ist? Er liebt eine andere Frau, er muss eine Geliebte haben ...«, murmelte sie in einem neuen Versuch, sich ihre Rolle einzuprägen, vor sich hin. *Der Vater der Braut* war ihr neues Filmprojekt, die Dreharbeiten nahmen den ganzen Januar in Anspruch. Sie spielte die Tochter von Spencer Tracy, der seine Schwierigkeiten damit hatte, seinen Liebling in die Ehe zu entlassen.

Nun, mit Nicky war es noch nicht so weit, dass sie wie im Film gemeinsame Pläne schmiedeten, aber dem ersten stürmischen Date im Bel-Air-Hotel waren viele weitere gefolgt, Elizabeth vermochte sie gar nicht mehr zu zählen. Zu Mutters Freude vergaß der junge Millionenerbe nie, auch die Familie gelegentlich miteinzubeziehen, das Wochenende am See, das er den Taylors spendiert hatte, war nicht das erste seiner Art. Sara imponierte es natürlich, dass Nicky es sich etwas kosten ließ, um sie alle zu beeindrucken, genauso wie seine hohe gesellschaftliche Stellung ihr ein fortwährendes Leuchten in den Augen bescherte. In England hatte sie sich gerne mit Adeligen umgeben – der Wohlstand, den Francis' Galerie abwarf, sowie ihre geschliffenen Umgangsformen hatten ihr die Tür zur Welt der Hochwohlgeborenen geöffnet –, in Amerika stellten Erfolg und Reichtum die höchste gesellschaftliche Ebene dar, die man erklimmen konnte. Francis machte sich aus alldem viel weniger als seine Frau, dennoch ließ er sie aus Gewohnheit gewähren, wenn sie wieder einmal davon träumte, ihre Tochter würde in das Hotel-Imperium einheiraten.

»Da steckst du ja, schöne Miss Elizabeth.« Nun war sie doch so in ihr Drehbuch vertieft gewesen, dass sie nicht bemerkt hatte, wie Nicky an ihren Tisch getreten war. Statt seines üblichen maßgeschneiderten Anzugs trug er einen dick gestrickten, königsblauen Pullover mit Rollkragen bis zum Kinn, der ihn auf lässige Art höchst attraktiv wirken ließ und mit seinen hellen Augen harmonierte. »Pack deine langweiligen Papiere weg und komm mit nach draußen! Lass uns eine Schneeballschlacht machen, es ist herrlich im Freien.«

Elizabeth lächelte. Sie legte ihre Finger um die Tasse mit der heißen Schokolade, nach draußen in die Kälte zog es sie nicht gerade. »Lieber nicht, Nicky, ich werde zum Eiszapfen, wenn ich nur nach draußen schaue. Außerdem muss ich wirklich meine Rolle lernen. Am Montag gehen die Dreharbeiten weiter, du weißt, wir haben nur den Januar, dann muss der Film im Kasten sein.«

»Sei keine Spaßbremse.« Nicky glitt auf einen Stuhl ihr gegenüber und gab dem Ober, der durch den zu dieser Tageszeit leeren Saal huschte, um dem Juniorchef auch den kleinsten Wunsch von den Augen abzulesen, ein Zeichen. »Es ist Wochenende, auch du brauchst ein bisschen Spaß und Entspannung, oder? Selbst dein Vater, der anscheinend mit seiner Galerie verheiratet ist, sitzt im Kaminzimmer und ruht sich aus.« Er zog das Drehbuch zu sich heran und verabreichte Elizabeth einen spielerischen Klaps auf die Hand, als sie es sich wieder angeln wollte. »Finger weg, heute und morgen gehörst du mir, nicht MGM.«

Elizabeth kicherte und zwickte ihn in den Arm, um ihre Unterlagen zurückzubekommen, und so entspann sich eine kleine Balgerei, bis der Ober Nickys Getränk brachte.

Schon wieder Whiskey? Elizabeths Heiterkeit verflog, und jetzt fiel ihr auch der glasige Ausdruck in Nickys Augen auf. Wann war er eigentlich einmal nüchtern? Sicher, auch am Filmset wurde viel getrunken, aber keinen ihrer Partner umgab dieser ständige, scharfe Alkoholgeruch; außer Monty natürlich – dieser schien dauernd Nachschub an Whiskey zu benötigen, um seine Schwermut zu ertränken. »Vor meinen Eltern verbirgst du besser, wie viel du trinkst.«

»Wie meinst du das?« Nickys Miene verdüsterte sich, und sofort biss Elizabeth sich auf die Zunge und bereute, etwas gesagt zu haben. Sie sollte den Freund nicht kritisieren, er mochte das nicht, außerdem war sie mit ihren noch nicht mal achtzehn Jahren wohl kaum in der Position, eine fundierte Aussage darüber abzugeben, wie viel ein Mann trinken durfte.

»Ich meine nichts im Speziellen, es ist nur so, dass meine Eltern es nicht mögen, wenn …« Sie schob ihr Drehbuch auf dem Tisch hin und her und rang nach Worten, doch er unterbrach sie.

»Wieso sollte es deine alten Herrschaften stören, wenn ich ein

Gläschen trinke? Es ist Samstag, und unter der Woche arbeite ich hart.«

»Schon gut«, beruhigte sie ihn und schlug ihr Drehbuch wieder auf. »Lass mich noch ein bisschen lernen. Mutter bringt mich um, wenn ich am Montag im Studio stehe wie ein verstocktes Kind und kein Wort herausbekomme. Lass uns heute Abend etwas Schönes unternehmen, nur wir beide, einverstanden?«

»Wir könnten ins Casino gehen«, flüsterte Nicky und beugte sich so weit über den Tisch, dass seine Lippen nur noch eine Handbreit von ihren entfernt waren. »Ich habe das Gefühl, ich habe heute eine Glückssträhne.«

Elizabeth wollte erwidern, dass er selten etwas anderes tat, als das Casino zu besuchen, stellte das Glücksspiel doch seine ganze Leidenschaft dar, aber seine Nähe brachte sie aus dem Konzept. Wie bei einem Feuerwerk schienen sich winzige Funken in ihrem Bauch zu entzünden und durcheinanderzusprühen, dass es in ihr kribbelte. Trotz des Geruchs nach Whiskey war sein Mund so weich und sinnlich, dass sie gar nicht anders konnte, als ihm ihr Gesicht noch weiter entgegenzustrecken, in aufgeregter Erwartung des Kusses, der nun unweigerlich folgen würde.

»Mutter lässt mich nicht in ein Casino, außerdem bin ich noch gar nicht volljährig, ich dürfte gar nicht hinein«, stammelte sie mit glühenden Wangen. Sie befand sich so dicht vor ihm, dass sie sich als Spiegelbild in seiner Iris sah.

»Ach so?« Er lächelte sie anzüglich an, und sie spürte seinen Atem, der ihre Haut streifte. »Dann müssen wir uns wohl etwas anderes Nettes ausdenken, das wir unternehmen können.«

Dann küsste er sie endlich, sie kostete von der Zartheit seiner Lippen und genoss das innige Gefühl, das sie von innen her aufwärmte, stärker, als die heiße Schokolade es je vermocht hätte. Ihre Finger verflochten sich ineinander. Elizabeth war völlig in ihn vernarrt. Oh ja, sie würden heute Abend etwas Schönes unternehmen, alles war schön, wenn sie nur mit ihm zusammen war, mit ihm allein. Nicky versprach Freiheit, ein Entkommen aus dem engen Käfig, der sie gefangen hielt. Bei Nicky durfte sie so sein, wie sie war, oder: wie sie zu sein glaubte, sobald man ihr erlaubte, die starren Regeln, die Elternhaus und Metro Goldwyn Mayer für sie entworfen hatten, für einen Abend aufzuweichen.

»Ach du Schreck.« Er schnappte plötzlich nach Luft und spähte über Elizabeths Schulter in Richtung der breiten Flügeltüren. »Deine Oldies sind im Anmarsch. Nichts wie weg hier.«

Elizabeth ließ sich von ihm auf die Füße ziehen und folgte ihm. Natürlich kannte Nicky das Hotel wie seine Westentasche, deshalb führte er sie durch eine Seitentür geradewegs in den Küchentrakt, dessen Zutritt für Gäste verboten war. Atemlos liefen sie an den Kochstellen vorbei, auf denen die in weiße Kittel gehüllten Köche bereits Speisen für das Abendessen in riesigen Töpfen und Pfannen erhitzten. Dampf schwebte wie weißer Nebel in der Luft und legte sich wie eine feuchte Schicht auf ihre Gesichter, durchdrang ihre Kleider. Die Angestellten kommentierten Nickys und Elizabeths Auftritt mit keinem Wort, wahrscheinlich waren sie derlei Eskapaden vom Juniorchef gewöhnt, außerdem mischte man sich nicht in die Angelegenheiten eines Hiltons ein.

»So, das wäre geschafft.« Sie entkamen durch eine schwere Stahltür nach draußen, und Nicky drückte Elizabeth gegen die Hauswand, die sich eiskalt in ihren Rücken bohrte. Ihre Füße mit den dünnen Pumps – woher hätte sie wissen sollen, dass Nicky sie nach draußen entführte? – sanken tief im federweichen Schnee ein, und Schneeflocken wischten feucht über ihre geröteten Wangen, blieben als Tautropfen an ihren Wimpern haften. Trotzdem war es ein herrliches Abenteuer, umso mehr, da sie Mutter ein Schnippchen geschlagen hatte; sicherlich hatte sie Elizabeth gesucht, um ihr Anweisungen zu erteilen oder um über ihre moralische Unversehrtheit zu wachen.

»Es ist hier draußen nur ein bisschen klamm auf Dauer«, murmelte sie ihm nach etlichen Minuten voller Liebkosungen und Küsse ins Ohr, am ganzen Körper zitternd. Ihr schmaler Bleistiftrock und die Beine waren feucht vom Schnee, ihre Haut brannte vor Kälte. Wenn sie sich doch nur wärmer angezogen und eine Jacke mitgenommen hätte, denn eigentlich war ihr die Lust am Textlernen nun endgültig vergangen. Viel lieber hätte sie sich mit Nicky weggestohlen und wie ein Kind Schneebälle geformt und jauchzend auf ihn geworfen.

»Ich wärme dich.« Er schlang seine Arme in dem dicken Pullover aus kratziger und doch so gemütlicher Wolle um sie und presste sie an sich, so fest, dass sie seinen Herzschlag hörte. »Ich lasse dich nicht mehr gehen, Elizabeth. Du gehörst zu mir.«

Ihr wurde ganz friedlich, fast feierlich zumute. Er sprach nicht nur vom jetzigen Moment, von der Tatsache, dass sie Saras Habichtsblick entkommen waren, um ganz für sich zu sein. Nein, es schwang so viel mehr in seinen Worten mit, dass in ihrem Herzen ein überwältigendes Glücksgefühl hochsprudelte. Ja, sie gehörte zu ihm, in seiner Gegenwart war sie freier und gelöster und authentischer als jemals sonst in ihrem Leben.

6

Los Angeles, 1950

Vor Aufregung war Elizabeths Hand feucht, doch Nicky hielt sie fest in seiner. Im Gegensatz zu ihr wirkte er ruhig und gefasst. Eng beieinander, ihre Oberschenkel berührten sich, saßen sie auf dem Sofa im Salon am Elm Drive, Francis und Sara gegenüber. Vor den hohen Bogenfenstern nieselte es, die Olivenbäume im Garten wurden von ihrem üblichen Staub befreit. Ein bleigrauer Januarhimmel hing schwer über Pacific Palisades.

Zunächst hatten sie über das Wetter, dann über die Fortschritte des Films *Der Vater der Braut* geplaudert, nun räusperte sich Nicky bedeutungsschwer. Das Blut rauschte in Elizabeths Ohren, sie wünschte, der belanglose Small Talk würde noch ein bisschen andauern, um ihr noch einen Moment der Ruhe zu gönnen. Ahnte Vater etwas? Er hatte die Arme vor der Brust verschränkt und betrachtete sie und Nicky misstrauisch.

Dieser schlug lässig die Beine übereinander. »Mr Taylor ... Ich möchte um die Hand Ihrer Tochter anhalten«, brachte er mit fester Stimme hervor.

Elizabeth hielt die Luft an, die sich in ihrer Brust staute, als würde sie sie gleich sprengen. Nun war es heraus. Wie würden ihre

Eltern reagieren? Nickys Hand umklammernd, forschte sie in ihren Gesichtszügen nach einer Reaktion.

Die ihrer Mutter erfolgte rasch. Ein strahlendes Lächeln breitete sich auf ihren Zügen aus, und sie presste die Hände aneinander wie ein Kind, dem man eine besondere Überraschung bereitet, ja, einen Herzenswunsch erfüllt. »Das … das ist wundervoll …«, stieß sie hervor und wollte bereits hochschnellen, um Elizabeth und Nicky zu umarmen, doch Francis hielt sie am Bund ihres Rockes fest, sodass sie auf das Sofa zurücksank.

»Nun mal langsam, meine Liebe.«

Elizabeth stöhnte innerlich auf. Natürlich, Vater gelang es nicht, der Heirat einfach zuzustimmen, so kompliziert, wie er gestrickt war, würde er mit Sicherheit einige Einwände vorbringen, die gegen eine Ehe sprachen. Doch was konnte er schon dagegen sagen? Sie liebte Nicky, und er trug sie auf Händen, ja, es war, als hätten sie einander seit Jahren gesucht, um eins zu werden.

»Du bist noch recht jung, Elizabeth. Dessen sind Sie sich doch bewusst, Nicky? Sie ist erst siebzehn!« Streng blickte Vater Nicky an, doch der lächelte nur unbekümmert.

»Mag sein, aber Ende Februar wird sie achtzehn, alt genug zum Heiraten, wenn Sie mich fragen. Wieso warten, wenn man die Richtige bereits gefunden hat?«

»Hm.« Francis runzelte die Stirn und legte grübelnd den Zeigefinger an die Lippen, während es Sara kaum noch auf dem Sofa hielt.

»Francis …! Das ist eine entzückende Neuigkeit! Wir müssen den beiden einfach die Erlaubnis geben, zu heiraten. Sie sind das Traumpaar schlechthin, erkennst du das nicht?«

»In den Augen der Klatschreporter auf jeden Fall«, gab Francis mürrisch zurück. »Erfolg und Schönheit paaren sich mit Geld und einem millionenschweren Erbe, ich sehe die Schlagzeilen bereits bildlich vor mir. Aber passen die beiden auch zueinander? Sie kennen sich erst ein paar Monate, Sara …! Es mag eine gewisse körperliche Anziehung bestehen, aber …«

Elizabeth hätte sich am liebsten die Ohren zugehalten, Vaters Zweifel anzuhören war unerträglich. Warum musste er ständig nach dem Haar in der Suppe suchen und konnte ihr nicht einfach ihr Glück gönnen? Sie war fast achtzehn, sie wusste selbst, wonach sie strebte im Leben!

»Wir haben in den vergangenen Monaten viel Zeit mit Nicky verbracht, und ich denke, wir kennen ihn inzwischen gut genug, um zu wissen, welch angenehmer junger Mann er ist.« Sara beschwor ihren Mann sanft, doch ein stählerner Unterton schlich sich in ihre Stimme.

»Bitte, Vater! Erteile uns deine Zustimmung. Ich weiß, dass wir sehr glücklich miteinander werden können«, flehte Elizabeth. Mit bebenden Fingern drehte sie am Knopf ihres Kleides, er hing nur noch lose an einem dünnen Faden.

Am vergangenen Wochenende hatte Nicky ihr in seiner Suite im Bel-Air-Hotel, inmitten eines Blütenmeeres roter Rosen und einem Lichtersee aus unzähligen flackernden Kerzen, einen Heiratsantrag gemacht, auf Knien hatte er zu ihr hochgesehen und sie gefragt, ob sie den Rest ihres Lebens mit ihm verbringen wollte, und sie war so überwältigt gewesen, dass sie es kaum noch geschafft hatte, ihr Jawort zu murmeln. Er hatte sie geküsst, leidenschaftlicher und verlangender denn je, und sie hatte ein brennendes Begehren in ihrem Unterleib verspürt, dem sie am liebsten sofort nachgegeben hätte. Nicky, der Ähnliches im Sinn hatte, war bereits dabei, ihr mit bebenden Fingern das Kleid aufzuknöpfen, doch sie hatte ihn im letzten Moment abgewehrt. Sie würde als Jungfrau in die Ehe gehen, dank ihrer Mutter wusste sie sehr genau, was sich schickte und was nicht.

Seitdem lag sie nachts wach in ihrem Mädchenzimmer am Elm Drive und träumte von den innigen Berührungen Nickys, die sie nach ihrer Hochzeit täglich würde erfahren dürfen, von einem eigenen Haus, in dem sie schalten und walten konnte, wie es ihr beliebte … Mit ein bisschen Glück würde sie bald eine verheiratete Frau sein, eine Erwachsene. Niemand würde ihr mehr Vorschriften machen, zum ersten Mal in ihrem Leben würde sie ihre eigenen Entscheidungen treffen. Dieser Gedanke war so ungeheuerlich und beflügelnd zugleich, dass ihr ganz flau zumute war.

»Angenommen, ich würde Elizabeth erlauben, zu heiraten.« Francis hob beschwichtigend die Hand, um voreilige Begeisterungsausbrüche von Frau und Tochter abzuwehren. »Ein Problem gibt es noch, das gelöst werden muss.«

»Welches?«, flüsterte Elizabeth mit geweiteten Pupillen.

»Nun, du hast keinen Schulabschluss, meine Liebe.« Francis sah sie mit diesem unnachgiebigen, harten Blick an, den sie nur zu gut kannte.

Schulabschluss? Wen interessierte denn ein Schulabschluss? Sie arbeitete als Schauspielerin, seit sie ein Kind war, sie hatte ein Dutzend Filme gedreht, und sie stand kurz davor, den Erben der Hilton-Dynastie zu ehelichen! Auch Sara verzog das Gesicht, als halte sie Vaters Einwand für lächerlich.

»Aber ich besuche doch noch die Studioschule«, entgegnete Elizabeth verunsichert. Plötzlich hielt sie den Knopf ihres Kleides in der Hand, der Faden war gerissen. »Reicht das nicht?«

»Nein, das reicht nicht, zumindest mir ist es nicht genug. Ich möchte doch gerne, dass meine Tochter einen richtigen Highschool-Abschluss vorweisen kann, Schauspielerei und Ehe hin oder her.«

Nicky unterdrückte ein Gähnen und schaute auf seine Rolex. »Wenn es weiter nichts ist, Mr Taylor, ich wende mich an das Studio, vielleicht kann die Lehrerin Elizabeth einen Wisch aushändigen, mit dem sie ihr ein Diplom bestätigt. Das sollte nun wirklich kein Problem sein.«

Sara nickte eifrig und rutschte nach vorn auf die äußerste Sofakante. »Das ist eine hervorragende Idee, so werden wir es handhaben.«

Francis schnaubte, in seinen Zügen lag die übliche Verachtung, wenn die Rede von der studioeigenen Schule war, die seine Tochter in den vergangenen Jahren eher sporadisch besucht hatte. Dreharbeiten gingen nun einmal vor, behaupteten die Vorstände von Metro stets, und Sara teilte diese Meinung.

»Versuchen wir es«, erwiderte Francis schroff. »Um das unleidliche Thema noch einmal zusammenzufassen: Ohne Highschool-Abschluss keine Heirat, haben wir uns verstanden?«

»Ja, Vater.« Elizabeth konnte nicht anders, als Francis anzulächeln, die Freude darüber, die Erlaubnis zur Eheschließung erhalten zu haben, sprudelte wie Kohlensäure in ihr hoch, in ihrem Brustkorb schienen kleine Glücksblasen zu zerplatzen. Über Francis' Stirnrunzeln sah sie einfach hinweg, Hauptsache, Mutter war so überwältigt wie sie selbst. Ein Highschool-Diplom zu erhalten wäre sicher mühelos zu bewerkstelligen.

»Mein Schätzchen«, flüsterte Sara, nahm sie in die Arme und küsste sie auf die Stirn. »Nun wirst du Mrs Conrad Nicholson Hilton, wer hätte das gedacht! Aber die Schauspielerei wird nicht vernachlässigt, hörst du?«

...

Tatsächlich nahm Metro Goldwyn Mayer die Sache in die Hand und schrieb Elizabeth pro forma für ein paar Kurse an der University-Highschool im westlichen Teil von Los Angeles ein, wo sie bereits wenige Tage nach der Anmeldung Prüfungen in Literatur, Staatsbürgerkunde und Töpfern ablegte, für die sie gute Noten erhielt. Das Getuschel ihrer Mitschüler, dass man sie lediglich aufgrund ihres Prominentenbonus derart wohlwollend bewertete, schmerzte, doch wie in der Studioschule biss sie die Zähne zusammen und ließ sich nichts anmerken.

»Wer hat dich denn zur Abschlussfeier begleitet?«, fragte eine ihrer Mitschülerinnen, ein dralles Mädchen, dessen Name ihr, wie der aller anderen auch, unbekannt war, als sämtliche Absolventen aufgereiht auf der Bühne der riesigen Aula standen, um ihr Diplom in Empfang zu nehmen.

»Nur meine Mutter«, murmelte Elizabeth und zupfte unbehaglich an ihrem schwarzen Talar, der streng nach Mottenkugeln roch. Wahrscheinlich hatte das Studio ihn in irgendeinem Kostümfundus aufgetrieben. Die gleichfarbige Kappe drückte ein bisschen auf ihrem Kopf, und die herabhängende Quaste baumelte ständig vor ihrem Gesicht.

Das Mädchen riss die Augen auf. »Wirklich? Ich kann's kaum glauben, ein Star wie du, und du tauchst fast allein auf deiner Abschlussfeier auf?«

»Nun ja …« Es half nichts, herumzudrucksen. Die traurige Wahrheit war, dass nur Mutter bereit gewesen war, sie zur University High zu begleiten, denn Vater hatte sich geweigert, an dieser Farce, wie er es nannte, teilzunehmen – so wichtig war sie ihm also, dachte sie bitter –, und Nicky schützte dringende Besprechungen im Bel Air vor. Die Enttäuschung darüber, dass selbst ihr Verlobter es nicht einrichten konnte oder wollte, an diesem bedeutsamen Tag bei ihr zu sein, trug sie wie ein Bündel Steine im Magen mit sich herum. »Mein Vater hat eine Kunstgalerie und muss arbeiten … Mein Bruder studiert …«

»Hast du keine Freunde, eine so beliebte Schauspielerin wie

du?« Der Tonfall des Mädchens wurde immer argwöhnischer. Sicherlich hielt sie Elizabeth für seltsam. Himmel, wenn sie wüsste, welches Leben Elizabeth führte, seit sie ein kleines Mädchen war! Ihr hatte schlicht die Gelegenheit gefehlt, gleichaltrige Freundinnen und Freunde zu gewinnen, eine normale Schule, alltägliche Freizeitvergnügen waren ihr doch verwehrt geblieben! Noch nie hatte sie ein Baseballspiel besucht oder war mit Mitschülern in eine Eisdiele gegangen, genauso wenig hatte sie sich jemals mit anderen Mädchen zum Einkaufen verabredet. Ihr einziger Freund war Montgomery, und der wurde derzeit von Dreharbeiten beansprucht, sodass auch er nicht anwesend sein konnte.

»Es ist alles ein wenig schwierig. Meine Freunde sind sehr beschäftigt«, flunkerte sie. Hoffentlich nahm das Kreuzverhör bald ein Ende, sie schwitzte bereits Blut und Wasser. Sie vermochte die Gedanken des Mädchens geradezu an dessen Stirn abzulesen: so umschwärmt und erfolgreich, und doch so einsam. Womit sie vollkommen recht hatte.

Der Schulleiter begann mit seiner Rede, und die Absolventen lauschten aufmerksam, ebenso das Publikum, das aus unzähligen Familienangehörigen und Bekannten der Schüler bestand. Elizabeth sah Sara in einer der mittleren Sitzreihen; die fahle Wintersonne warf einen Lichtstreif auf ihr makellos frisiertes dunkles Haar und ihr teures königsblaues Kostüm. Ihre Miene wirkte unbewegt. Hinter den Stühlen, nahe dem Eingang, drängte sich eine Traube von Reportern, die Kameras bereit. Sobald Elizabeth ihr Zeugnis in Empfang nehmen würde, ginge ein Feuerwerk an Blitzlichtern los, das alles andere in der feierlich geschmückten Aula überblenden würde. Metro Goldwyn Mayer hatte die Presse eigens herbeordert, um Elizabeths Schulabschluss auszuschlachten und eine Show für die Medien zu inszenieren. Die Fotos würde man später in allen Zeitungen Amerikas bewundern können.

Elizabeth fürchtete den Moment, in dem alle Augen auf ihr ruhen würden, sie fühlte sich wie eine Betrügerin. Dies war nicht *ihr* Tag, sondern der ihrer Mitschüler, welche diese Highschool jahrelang besucht hatten. Sie war lediglich eine Art Dekoration, hübsch ausstaffiert und von ihrer Maskenbildnerin geschminkt, als spiele sie eine Rolle.

Der Rektor kam ans Ende seiner Rede und verlas die Namen der Schüler; ein jeder bekam sein Zeugnis überreicht, errötete unter dem Applaus des Publikums und nahm, weit weniger befangen, die Glückwünsche und Umarmungen der Freunde entgegen. Schließlich trat Elizabeth nach vorne und ergriff die Hand des Schulleiters, der ihr etwas verhalten gratulierte. Wie erwartet ergossen sich die Blitze der Kameras gleißend hell über ihr, blendeten sie, und sie wandte sich den Reportern zu, lächelte ihnen entgegen, so wie sie es im Studio gelernt hatte. In ihrem Herzen war es leise und finster.

Doch sie hatte keine Zeit, sich Gedanken zu machen, denn kaum war das letzte Diplom verteilt, wurde sie von allen Seiten bestürmt und um Autogramme gebeten, und das aufgeregte Stimmengewirr zerriss die bedrückende Stille in ihrem Kopf.

...

»Willst du, Elizabeth Rosemond, mit dem hier anwesenden Verlobten, Conrad Nicholson Hilton, den heiligen Bund der Ehe eingehen?« Der katholische Priester sah sie erwartungsvoll über seine Brille hinweg an, doch Elizabeth war so nervös, dass sie seine Worte nur wie durch einen Wasserfall hindurch wahrnahm. Aber es war wirklich wahr: Sie stand mit Nicky in der Kirche zum Guten Hirten in Santa Monica vor dem Traualtar.

»Ja, ich will«, flüsterte sie und saugte sich an Nickys Blick fest, als würde sie darin den Halt finden, den sie dringend benötigte. In ihren Eingeweiden rumorte es. Überhaupt war ihr in den vergangenen Tagen die Euphorie abhandengekommen, die sie seit Januar wie ein champagnerseliger Taumel begleitet hatte.

»Hast du etwa Muffensausen?«, hatte ihr Bruder Howard am Vorabend noch gefragt, doch sie hatte empört den Kopf geschüttelt, bevor ihr aufgegangen war, dass er womöglich recht hatte. Egal, hatte sie sich selbst zu überzeugen versucht, als sie mit einer Wärmflasche auf dem Bauch und einem heißen Kräutertee zur Beruhigung der Nerven auf ihrem Bett gelegen hatte, während Sara vor den Toren des Hauses die Reporter abwimmelte. Die Hochzeit war vergleichbar mit einem Film; sie würde sie durchziehen und zu einem guten Ende bringen, so wie es ihr beigebracht worden war.

Die Zeremonie war schlicht und unspektakulär kurz; bald schon nahm Nicky – in seinem Smoking mit weißen Blümchen am Revers sah er höchst attraktiv aus – sie an der Hand und führte sie über den mit Marmorplatten ausgelegten Gang. Der goldene Ehering fühlte sich ungewohnt und kühl an Elizabeths Finger an, überhaupt erschien ihr alles wie ein Traum, oder eine Filmszene, für die sie in die Haut einer fremden, vom Drehbuchautor erfundenen Person schlüpfte. Wann würde es sich endlich echt anfühlen, erwachsen, verheiratet zu sein?

»Das Kleid ist wunderschön«, tuschelte es in den eng besetzten Holzbänken der Kirche, als sie zu den Klängen des Hochzeitsmarsches dem Ausgang entgegenstrebten.

Das Kleid, die Blumen, die Dekoration in der Kirche und im Bel-Air-Hotel, wo die anschließende Feier stattfinden sollte, waren das Hochzeitsgeschenk von Metro Goldwyn Mayer. Elizabeth trug nicht nur irgendeine weiße Robe, sondern eine exakte Kopie derer, die sie in *Der Vater der Braut* angehabt hatte, weiß wie Puderzucker, bodenlang, aufwendig bestickt, die zarten Schultern frei. Die Filmgesellschaft verwandelte die Hochzeit in ein gigantisches Medienspektakel, die Filmpremiere würde zwei Wochen später stattfinden, um Realität und Fiktion auf zauberhafte Weise miteinander verschmelzen zu lassen. Den Gedanken, dass MGM ihr privates Glück dazu benutzte, um Werbung für den Film zu machen, schob sie beiseite. Sie hatte den Filmleuten so viel zu verdanken.

Als die schweren Flügeltüren geöffnet wurden und sie an Nickys Seite in die helle Maisonne hinaustrat, schnürte ihr der Anblick der sie begeistert empfangenden Menge die Kehle zu. Tausende von Menschen bevölkerten die Treppenstufen vor dem Gotteshaus, drängten sich auf dem Rasen, der Straße, weithin sichtbar, skandierten ihren Namen, winkten ihr mit Blumen in den Händen zu, und Hunderte von Reportern richteten ihre Kameras auf sie und ihren Bräutigam, versuchten, den wichtigsten Moment in ihrem Leben für die Ewigkeit einzufangen. Die Polizei versuchte vergeblich, Ordnung in das lärmende Chaos zu bringen, die jubelnde Schar wogte auf und ab wie ein Getreidefeld im Wind.

Elizabeth war schwindlig, überall rief man nach ihr, applaudierte, jubelte. Die Menschen um sie herum verschwammen zu einer gesichtslosen Masse, sie nahm nur Sara wahr, die fast hysterisch rief: »So passen Sie doch auf ihr Kleid auf! Das Kleid …! Sie treten ihr auf den Saum und beschmutzen es …«

Eine Sekunde lang war Howard an ihrer Seite und grinste spitzbübisch. »Wer hätte das gedacht – mein Schwesterlein ist eine verheiratete Frau! Du hast es geschafft, dem Käfig zu entkommen!«

Und dann drückte ihr noch Montgomery einen raschen Kuss auf die Wange, bevor das eigens vom Studio abgestellte Wachpersonal sie zur Limousine schob, und verknüpfte seinen Blick mit ihrem. »Alles erdenklich Gute, Elizabeth«, murmelte er in ihr Ohr, doch sein Ton klang wehmütig, fast besorgt, sodass es ihr wie ein Rosendorn ins Herz schnitt.

»Sie sind noch so jung, denken Sie, Ihre Ehe wird halten?« Ein Reporter, dessen Namensschild ihn als Mitarbeiter des *Hollywood Tatler* auswies, streckte ihr ein Mikrofon entgegen.

Was sollte denn diese ungehörige Frage? Sie spürte, wie Nicky sich an ihrer Seite versteifte und zu einer barschen Antwort ansetzte. »Was glauben Sie denn, wer …?«

Rasch unterbrach sie ihn, um eine sanfte Klangfärbung ihrer Stimme bemüht, denn sie besaß wahrlich genug Erfahrung mit der Presse, um sich nicht provozieren zu lassen. Es war stets ratsam, ihrem Image als wohlerzogene Tochter aus gutem Hause treu zu bleiben, wollte sie niemanden vergrätzen, von klein auf war ihr dies eingebläut worden. »Natürlich glauben wir das, nein, wir wissen es. Nicky und ich passen so wunderbar zusammen, wir mögen beide dieselben Dinge, dicke Norwegerpullover, Hamburger und Schokoladeneiscreme … Finden Sie nicht, dass das gute Voraussetzungen für eine glückliche Ehe sind?«

Sie lächelte den Reporter liebenswürdig an, dann saß sie endlich in der Limousine, und die Tür schlug zu. Im Schritttempo setzte sich das Fahrzeug in Bewegung, um das Bel Air anzusteuern. Elizabeth starrte in das Gewühl der Menschen, die neben ihnen herliefen, winkten und riefen, während Nicky dem Trubel keinerlei Beachtung mehr schenkte. Stöhnend lockerte er seine Krawatte. »Mein Gott, Elizabeth, diese Reporter … Werden wir in unserer Ehe auch nur einen Schritt tun können, ohne dass sie uns an den Fersen kleben?«

7

Paris, 1950

»Voilà, Madame.« Der Oberkellner stellte einen dampfenden Milchkaffee und ein knuspriges, goldbraunes Croissant mit einem kleinen Schälchen Honig vor Elizabeth ab, bevor er beflissen dienerte. Auch in Paris erkannte sie ein jeder, wo sie auftauchte, verlangten die Menschen Autogramme, und egal, welche Sehenswürdigkeit oder welches Museum sie besuchte, standen die Reporter bereits Spalier.

»Merci.« Sie riss ein winziges Stück des Croissants ab und kaute es, ohne wirklich etwas zu schmecken. Düster starrte sie durch die bodentiefen Fenster des Speisesaals nach draußen auf die im Morgendunst ruhende Stadt. Die Stadt der Liebe – welch Ironie des Schicksals. Seit sie und Nicky zu ihrer dreimonatigen Hochzeitsreise aufgebrochen waren, war von Liebe nicht mehr viel zu spüren. Vielmehr schienen sie getrennte Wege zu gehen, so wie heute Morgen auch.

Elizabeth nippte an ihrem Kaffee, sich der mitleidigen Blicke der anderen Hotelgäste und des Getuschels sehr wohl bewusst. Obwohl sie kein Wort verstand, vermochte sie sich nur allzu gut vorzustellen, worüber diese flüsterten. *Auf der Hochzeitsreise vom ei-*

genen Ehemann im Stich gelassen, das arme Ding – dabei ist sie eine solch bildhübsche und erfolgreiche Schauspielerin.

Plötzlich glaubte sie die Augen aller anderen Anwesenden in dem mit marzipanweißen Säulen und rosa Stuckrosetten verzierten Saal auf sich gerichtet zu spüren, sodass sie beschloss, rasch aufzubrechen. Es war einfach zu erbärmlich, alle Mahlzeiten allein einzunehmen, während der Göttergatte seinen Rausch ausschlief. Das würde sie sich nicht mehr antun, von nun an würde sie sich das Essen auf dem Zimmer servieren lassen.

»Ich bin wieder da«, verkündete sie in der Suite laut, in der Hoffnung, Nicky aus dem Schlaf zu reißen. Doch er rekelte sich nur und streckte ein nacktes Bein unter der taubengrauen Satindecke hervor. Es roch so unangenehm nach Ausdünstungen, Alkohol und Schweiß, dass sie angewidert das Fenster öffnete. Die erwachende Stadt glitzerte in der Maisonne, die den frühen Dunst vertrieb, in der Ferne sah sie den Eiffelturm, der wie ein Symbol all dessen, was sie sich für diese Reise gewünscht hatte, in den blauen Himmel ragte; ihn hatte sie gleich an ihrem ersten Tag in Paris mit Nicky besteigen wollen, um von ganz oben diese wundervolle Stadt zu bestaunen, die den Schauplatz für ihren Start in ein neues Leben darstellte. Pustekuchen, in Wahrheit fühlte sie sich mehr denn je wie eine Gefangene ihres Schicksals.

»Jetzt wach schon auf, Nicky, oder willst du unsere ganzen Flitterwochen verschlafen?« Entnervt öffnete sie einen der siebzehn Schrankkoffer mit der neuen, maßgeschneiderten Garderobe und zog wahllos ein königsblaues Sommerkleid mit weit schwingendem Tellerrock heraus. Falls Nicky wieder vorhatte, den ganzen Tag im Bett zu liegen, würde sie sich allein auf den Weg machen, um die Stadt zu erkunden, auch wenn es schmerzte, sich wie eine verwelkte Rose zu fühlen, die von einer längst vergangenen Party übrig geblieben war.

Ihr Ehemann grunzte etwas Unverständliches, wälzte sich stöhnend auf die andere Seite und schlief weiter.

Noch gab sie sich nicht geschlagen, trat zu ihm und rüttelte ihn an der Schulter. »Steh auf, bitte, Liebling.«

»Hör auf, mich so zu schütteln, ich habe einen gewaltigen Brummschädel.« Unwirsch rollte sich Nicky in die Bettmitte, um ihren ungeduldigen Berührungen auszuweichen.

»Seit wir in Europa sind, hast du jeden Tag einen Kater.« Mit vor das Gesicht geschlagenen Händen setzte Elizabeth sich auf die äußere Bettkante, bedacht, Nicky nicht zu nah zu kommen, denn sein muffiger Geruch lud nicht zu allzu viel Vertraulichkeit ein. »Wir haben noch kein einziges Mal etwas unternommen … Jeden Abend sitzt du am Roulettetisch und betrinkst dich. So habe ich mir meine Hochzeitsreise nicht vorgestellt.«

»Es muss nicht immer alles nach deinem Kopf gehen«, murmelte Nicky und zog sich die Decke über das Gesicht, da ihn das helle Sonnenlicht, das durch das Fenster fiel, zu blenden schien.

Nach ihrem Kopf gehen? Was war denn bisher ihren Wünschen entsprechend gelaufen? Gar nichts, dachte sie mit wachsender Verzweiflung. Ihr war wie einem vernachlässigten Kind zumute, das man in einem fremden Land ausgesetzt hatte, ohne sich darum zu kümmern, was aus ihm wurde. »Wollen wir heute Abend etwas Schönes miteinander unternehmen? Wir könnten essen gehen oder tanzen. Lass uns tanzen gehen, Nicky!«

Sie verabscheute sich selbst für den flehentlichen Klang ihrer Stimme, doch sie war zu verletzt, als dass sie ihren Stolz an die erste Stelle gesetzt hätte.

»Was soll das bringen?« Nicky brachte sich schwerfällig in eine aufrechte Position und hangelte mit zitternden Fingern nach dem Wasserglas auf dem Nachttisch. Sein Teint war fahl, die braunen Haare standen wirr und ungewaschen in alle Richtungen ab. »Wie kann es dir Vergnügen bereiten, zu tanzen, wenn ein Dutzend Klatschreporter und Fotografen dich umringt und versucht, so viele Schnappschüsse wie möglich von dir zu ergattern? Zur Hölle, mir macht das keinen Spaß.«

»Und deshalb verbringst du deine Zeit lieber mit Glücksspielen und Trinken«, stellte sie bitter fest.

»Wenigstens dabei bin ich ungestört.« Nicky stürzte den gesamten Inhalt des Glases in einem einzigen großen Schluck herunter.

Die schreckliche Erkenntnis, dass Montgomery mit seinen besorgten Warnungen, hinter Nickys charmanter Fassade verberge sich ein rauer, latent aggressiver Mann, recht gehabt hatte, senkte sich wie ein schwarzer Vorhang über Elizabeths Gemüt. Mit einem Mal fühlte sich alles so schwer, so trostlos an, jene Leichtigkeit und Zuversicht auf ein neues Leben voller Freiheit und Selbstbestimmung, die sie noch am Tag ihrer Hochzeit verspürt hatte, erloschen wie eine Flamme im Wind. Warum hatte sie Monty nicht vertraut, er war doch einer der wenigen Menschen, die sich stets selbstlos und ehrlich verhielten? Am liebsten hätte sie ihn angerufen, um ihm ihr Herz auszuschütten, oder auch Mutter ... Doch sie riss sich zusammen. Sie war nun eine erwachsene Frau und musste allein mit ihren Problemen klarkommen, auch wenn sie sich tief im Innern noch immer wie der achtzehnjährige Backfisch fühlte, der sie im Grunde war.

»Findest du mich überhaupt noch attraktiv?« Ihre Stimme bebte, während sie mit den Fingern angespannt an einem Zipfel der Bettdecke zupfte.

»Müssen wir am frühen Morgen diese Grundsatzdiskussionen führen?« Verstimmt lehnte Nicky den Kopf gegen die Wand und schloss die Augen. »In meiner Stirn hämmert und dröhnt es, und mir ist furchtbar übel.«

»Ich meine ja nur, weil … wir lieben uns so gut wie gar nicht, obwohl wir in den Flitterwochen sind …« Tatsächlich hatte Nicky erst in der dritten Nacht nach der Hochzeit mit ihr geschlafen, die Abende zuvor hatte er zu sehr dem Alkohol zugesprochen, als dass er sich auf den Akt der Liebe hätte konzentrieren können. Als es endlich so weit war, Elizabeth steif und angespannt in einem von Mutter gekauften, bodenlangen weißen Nachthemd voller Rüschen und mit einer züchtigen Schleife am Kragen, hatte Nicky sich nur auf sie gelegt, gierig Hals und Dekolleté geküsst und sich dann ächzend und gutturale Laute ausstoßend wieder von ihr weggerollt. Das sollte der Zauber der körperlichen Liebe sein, die sie in ihren Filmen allzu oft angedeutet hatte, dieses innige Verschmelzen zweier Körper, die sich voller Begehren und Leidenschaft aneinanderklammerten?

»Werde bitte nicht dramatisch, Liebes.« Nicky verzog das Gesicht, goss sich aus einer Karaffe Wasser nach und hielt das kühlende Glas an seine Stirn. »Ich brauche einfach ein wenig Ruhe und Entspannung, das ist alles. Die Hochzeitsvorbereitungen und die Zeremonie mit den siebenhundert Gästen, von denen ich nicht mal ein Viertel kannte, waren anstrengend, gönn mir eine Pause.«

Langsam stand Elizabeth auf und strich ihr Kleid glatt. Ob ihr Verhältnis sich normalisieren würde, wenn sie wieder zu Hause in Los Angeles wären? Wie sollte sie die drei Monate in Europa nur aushalten, noch dazu ganz auf sich gestellt?

»Nun gut. Dann schlaf dich aus, Nicky. Ich werde heute den Louvre besuchen, auch wenn ich es hasse, mich dabei wie eine Strohwitwe zu fühlen.« Sie biss sich auf die Lippen, um das verräterische Zucken ihrer Mundwinkel zu verbergen; weinen würde sie nicht vor Nicky, diese Blöße würde sie sich auf keinen Fall geben.

Während sie im Badezimmer in ihr Ausgehkleid schlüpfte –

nun flossen doch in aller Stille die Tränen –, überkam sie erneut mit voller Wucht die Erkenntnis, dass sie vom Regen in die Traufe gekommen war. Die Sehnsucht nach ihrer Mutter brannte in ihr wie eine offene Stelle in der Haut. Wenn sie doch nur hier wäre, sie ihren Kopf an sie schmiegen und sich ihr anvertrauen könnte – Mutter wusste immer einen Rat, vermochte ihr immer zu helfen und sie zu trösten. Plötzlich sehnte sie sich nach den strengen Regeln der Mutter, die ihr Leben immer in geordneten Bahnen verlaufen ließen.

Elizabeth blinzelte die Tränen weg, zog sich die Lippen kirschrot nach und brachte ihre dunklen Haare in Form. Sie würde sich nicht unterkriegen lassen, mithilfe des Concierge würde sie das Hotel durch den Hinterausgang verlassen, um der lauernden Presse zu entgehen, und sich ein Taxi zum Louvre nehmen, so wie geplant.

Rom, 1950

Elizabeth wartete darauf, dass die Vermittlung ihr angekündigtes Überseegespräch durchstellte, während sie durch die offene Terrassentür auf die nächtliche Stadt herabsah. Der Anblick verschlug ihr wie immer den Atem, so sehr berührte sie diese Komposition aus stolzen Ruinen, malerisch abblätternden Fassaden und weitläufigen Piazzas. Es war fast Mitternacht, der schwarze Himmel wirkte, als sei er mit Millionen glitzernden Pailletten bestickt, und über dem Kolosseum, das in majestätischer Anmut ein paar Hundert Meter Luftlinie entfernt lag, hing ein voller Mond, leuchtend und so groß, als sei er zum Greifen nah. Das Herz tat ihr weh, als sie die Schönheit der römischen Hauptstadt in sich aufnahm und ihr wieder einmal bewusst wurde, wie einsam sie war. Wieso war

Nicky nicht an ihrer Seite, um all das gemeinsam zu genießen? Sie könnten sich ein spätes Abendessen heraufbringen lassen und es an einem schön gedeckten Tisch auf der Terrasse verzehren, unter dem Sternenflimmern Zukunftspläne für die Zeit nach ihrer Rückkehr schmieden. Doch wie so oft glänzte ihr Ehemann durch Abwesenheit.

Elizabeth trat einen Schritt von der offenen Glastür weg und presste sich den Telefonhörer ans Ohr; das Rauschen ebbte abrupt ab, ein Piepton erklang, und dann vernahm sie endlich die Stimme Montgomerys, einen Ozean von ihr entfernt und doch so nah.

»Monty?« Sie umklammerte den Hörer so fest, dass ihr die Finger taub wurden. »Ich hoffe, ich rufe nicht zu einer unmöglichen Zeit an? Hier in Rom ist es Nacht, und …«

»Keine Sorge«, beruhigte der Freund sie, so aufgeräumt und warm, dass ihr die Tränen hinter den Lidern brannten. Wann hatte das letzte Mal jemand so freundlich mit ihr gesprochen? »Es ist Morgen, und ich muss gleich los zum Dreh, aber für dich habe ich immer Zeit. Was hast du auf dem Herzen?«

Ihr schnürte sich die Kehle zu, natürlich kannte er sie gut genug, um zu spüren, dass etwas nicht in Ordnung war. Mit einem Mal fehlten ihr die Worte, sie befürchtete, es würde ein wahrer Sturzbach an Klagen aus ihr herausbrechen, sobald sie den Mund öffnete. »Ach, es ist nur …«

»Er lässt dich allein, nicht wahr? Er vergnügt sich beim Spiel oder in der Bar, oder was weiß ich, wo, und überlässt dich dir selbst, habe ich recht?« Montys unverblümte Offenheit traf sie wie ein Messerstich. Aber natürlich lag er richtig, und genau deswegen hatte sie ihn angerufen.

»Ja«, flüsterte sie und starrte in der Dunkelheit auf eine prächtige Villa mit antiken Säulen, die dem Hotel gegenüberlag. Auf der geräumigen, von einer steinernen Balustrade umgebenen Dachterrasse wurde eine Party gefeiert. Musik schallte zu ihr herüber, und Paare tanzten eng umschlungen im Schein von Lampions und Kerzen. So wie diese Menschen sollten Nicky und sie ihre Flitterwochen verbringen. Stattdessen nahm sie unfreiwillig an dieser Posse, anders konnte man es nicht nennen, teil. »Ich bin alleine auf Hochzeitsreise, so fühlt es sich zumindest an. Wir unternehmen nichts zusammen, Nicky verbringt seine Zeit mit Roulette, und in den Morgenstunden kehrt er betrunken zurück, um dann bis spät in den Tag hinein seinen Rausch auszuschlafen. Monty, was habe ich mir da nur eingebrockt?«

Sie vermochte kaum noch die Tränen zurückzuhalten, wischte sich aber mit dem Ärmel ihres Morgenmantels unwirsch über die Augen. Was nützte es, zu weinen?

Monty schwieg eine ganze Weile, sie hörte ihn nur schwer atmen, so als habe er Mühe, seine aufgewühlten Gefühle zu kontrollieren. Sie war ihm dankbar, dass er ihr nicht vorhielt, sie gewarnt zu haben. Ja, das hatte er, doch seine Worte waren für sie wie Schall und Rauch gewesen, ungehört im Nichts verpufft. »Es tut mir so leid, Bessie Mae. Wenn ich dir doch nur helfen könnte.«

»Seit wir verheiratet sind, hat Nicky sich vollkommen verändert, es ist, als habe er sich zuvor zusammengerissen, um vor meinen Eltern den schönen Schein zu wahren, doch nun hat er alle Hüllen fallen lassen und zeigt sein wahres Ich.« Trotz der warmen Luft, die durch die Terrassentür drang, fröstelte sie plötzlich.

»Das habe ich befürchtet«, sagte Monty leise. »Sicherlich hast du bereits versucht, dich mit ihm auszusprechen, oder? Natürlich hast du das.«

Elizabeth schnaubte bitter. »Ein vernünftiges Gespräch ist nicht mehr möglich, wir streiten nur noch. Sobald er zurückkommt, gibt es Geschrei, ein Wunder, dass uns noch niemand der Ruhestörung bezichtigt hat. Ständig habe ich Angst, die Carabinieri stehen vor der Tür. Stattdessen belagern Reporter das Hotel, es ist nur eine Frage der Zeit, bis sie mitbekommen, dass der Haussegen bei uns gewaltig schief hängt. MGM wird nicht begeistert sein, wenn ich schlechte Publicity bekomme, von Mutter ganz zu schweigen.«

»An die Filmgesellschaft solltest du nicht denken. Du musst dich in erster Linie um dein eigenes Wohlergehen kümmern«, wandte Montgomery sanft ein. »Das ist dir doch klar, oder?«

Elizabeth blieb dem Freund eine Antwort schuldig. Wie, um Himmels willen, sollte sie sich ihrem eigenen Befinden widmen, wo sie doch nun Teil eines Paares war, das unauflöslich miteinander verbunden war? In guten wie in schlechten Tagen, hatte der Priester in der Kirche zum Guten Hirten gesagt, und was Elizabeth begann, das zog sie auch durch, das hatte Sara ihr beigebracht. Zwar mochte sie wie eine zarte Elfe aussehen, innerlich jedoch war sie zäh wie ein Stück Holz, dem weder Regen noch Hagel und Schnee etwas anhaben konnten. »Weißt du ... ich verstehe schon, dass es für Nicky schwierig ist, sein Leben plötzlich mit einer Person zu teilen, die auf Schritt und Tritt von der Presse verfolgt wird ...«, sagte sie nun.

»Das rechtfertigt sein schlechtes Benehmen noch lange nicht!«, unterbrach Monty sie scharf. »Außerdem wusste er, worauf er sich einließ, als er dir einen Heiratsantrag machte. Hör zu, Bessie Mae, wenn ich könnte, würde ich zu dir fliegen und dir zur Seite stehen, aber wie du weißt, stecke ich mittendrin in Dreharbeiten. Aber ein Freund von mir befindet sich gerade in Rom, es handelt sich um den Regisseur Mervyn LeRoy.«

»Ich kenne ihn«, murmelte Elizabeth. Auf der gegenüberliegenden Dachterrasse knallten Champagnerkorken, sie sah eine weiße Fontäne, die hochschäumte, gleichzeitig erklang eine Lachsalve. Das beklemmende Gefühl, nie mehr Spaß zu haben, nie mehr unbeschwert zu sein, legte sich wie ein stählernes Band um ihr Herz.

»Ich habe mit ihm zusammen *Kleine tapfere Jo* gedreht.«

»Hervorragend. Wie gesagt, Mervyn hält sich gerade in Rom auf, um einen Monumentalfilm zu drehen, *Quo vadis*. Wenn du Hilfe brauchst, wende dich an ihn. Er ist absolut verlässlich und wird dir zur Seite stehen.«

»Danke, das ist lieb von dir, Monty.« Halbherzig notierte sie sich die Nummer von Mervyns Hotel; sie vermochte sich nicht vorzustellen, tatsächlich Gebrauch davon zu machen. Es war kaum möglich, dass die Situation zwischen ihr und Nicky noch weiter eskalierte, und falls doch, wie sollte Mervyn LeRoy sie dabei unterstützen können?

...

Es war bereits Morgen, als Nicky unter geräuschvollem Gepolter in die Suite taumelte und sich in seinem teuren Anzug, der inzwischen reichlich zerknittert war, genauso wie sein übernächtigtes, wachsbleiches Gesicht, auf seine Seite des Bettes fallen ließ. Seine Haut dünstete einen so widerwärtigen Geruch nach Alkohol aus, dass sich Elizabeth sofort zur äußeren Bettkante rollte.

»Wieso kommst du erst jetzt?«, flüsterte sie. Milchiges Licht strömte durch die Spalten der schweren Samtvorhänge, und auf der Straße unter ihnen vibrierte bereits das Leben; Lieferanten hielten mit brummenden Motoren, um die Hotelküche zu beliefern, und Touristen saßen unter den Sonnenschirmen der Cafés, um zum Frühstück einen heißen Espresso zu trinken. Ihr Kopf und ihr Nacken schmerzten von der verkrampften Haltung, in der sie die ganze Nacht im Bett gekauert und gewartet hatte.

»Wer bist du, meine Mutter?« Nicky sprach undeutlich, während er unter der Decke die Knie anzog wie ein schutzbedürftiger

Säugling. »Muss ich dich noch mal daran erinnern, dass wir im Urlaub sind? Früh genug werden wir wieder heimfliegen und hart arbeiten müssen.«

Allmählich beschlichen Elizabeth Zweifel, ob Nicky das eigensüchtige und lustbestimmte Verhalten, das er an den Tag legte, in Los Angeles wieder abstreifen würde, den Gerüchten nach, vor denen sie bisher die Ohren verschlossen hatte, war ihm ein gemäßigter Lebensstil fremd. »Aber wir befinden uns in den Flitterwochen, Nicky …! Die Zeit im Leben, in der man die Zweisamkeit als Ehepaar auskostet. Davon kann bei uns beiden keine Rede sein.«

Nicky drehte sich stöhnend zu ihr herum und sah sie aus rot geäderten Augen so verächtlich an, dass sie sich instinktiv die Bettdecke bis ans Kinn zog. »Du hast absolut überzogene Erwartungen an die Ehe. Im wahren Leben funktioniert nicht alles wie im Film, wo es für Daddys kleines Mädchen ein Happy End gibt.«

»Es muss einen Mittelweg geben zwischen der idealisierten Vorstellung der Ehe in Filmen und dieser jämmerlichen Scharade, die wir spielen!« Ein trockenes Schluchzen brach aus ihrer Kehle, klang wie der Ruf eines verwundeten Tieres.

»Musst du immer alles kaputtdiskutieren? Kannst du nicht einfach Ruhe geben und deine Privilegien genießen, wie andere Frauen es tun würden? Immerhin hast du einen Hilton geheiratet, ich werde einmal Summen erben, von denen selbst du als gut bezahlte Schauspielerin nur träumen kannst! Geh einkaufen, besorg dir einen schönen Ring oder ein paar Ohrringe oder einen Pelzmantel, was immer du willst, im Gegenzug lässt du auch mir ein bisschen Spaß.«

»Ein bisschen Spaß? Was soll unterhaltsam daran sein, Unsummen an Geld zu verspielen und dich zu betrinken, während ich allein im Hotel sitze oder von der Klatschpresse begleitet durch die Boutiquen streife?« Wider Willen schraubte sich ihre Stimme hoch, übertönte schrill, fast panisch die Straßengeräusche, das Plaudern und Lachen der Cafébesucher, die Motorgeräusche der vorbeiknatternden Vespas.

Nicky schnellte – für seinen trunkenen Zustand überraschend flink – zu ihr herum und packte sie so grob am Arm, dass sie aufheulte. »Schrei mich nicht so an, du klingst wie eine verdammte Sirene! Ich habe Kopfweh und möchte schlafen, ist das so schwer zu verstehen, du einfältige Kuh?«

»Lass mich sofort los!« Verzweifelt versuchte sie, sich loszureißen, doch Nicky verstärkte den Griff um ihren Arm, grub ihr die manikürten Fingernägel so fest in die Haut, dass sie zu bluten begann.

»Wenn du nicht aufhörst, mich auf die Palme zu bringen, muss ich dir wohl beibringen, wie du dich zu verhalten hast!« Sein schaler Atem stieg ihr in die Nase, während sie sich bemühte, von ihm loszukommen. Endlich ließen seine Hände von ihr ab, und sie rieb sich, einen Schmerzenslaut unterdrückend, den Arm. Das hervorquellende Blut würde bald versiegen, aber durch den Druck, den er ausgeübt hatte, würde sie in allen Lila- und Blauschattierungen schillernde Hämatome davontragen.

Du Mistkerl!, dachte sie erbost, stand zittrig auf und wühlte in einem ihrer zahlreichen Schrankkoffer nach einem Ausgehkleid, einerlei welches, Hauptsache, sie konnte sich so schnell wie möglich etwas überstreifen, um diesem Hotelzimmer und Nicky zu entkommen. Sie kam sich vor wie in einem bösen Traum, einem Gruselfilm, in dem sie verfolgt und gepeinigt wurde.

»Wo willst du hin?« Schon wurde sie, kaum dass sie in ein willkürlich hervorgezogenes Sommerkleid geschlüpft war, von hinten gepackt. Nicky schlang seinen Arm um ihren Hals und erschwerte ihr das Atmen; um sich zu befreien, trat sie nach hinten aus, doch er war stärker als sie. »Willst du dich hinausschleichen und der Presse erzählen, wie ungehalten dein Ehemann mit dir ist?«

Die Vorstellung, bei der Presse Zuflucht zu suchen, war derart absurd, dass sie ein raues Lachen ausstieß, das allerdings wie ein Husten klang, lag doch sein Arm noch immer schwer um ihren Hals. »Du bist wirklich absolut irre, Nicky«, keuchte sie.

Mit einem Ruck riss sie sich los, und während er den Halt verlor und ins Straucheln geriet, hastete sie davon, die Knöpfe ihres Kleides noch offen, rannte aus der Suite hinaus, den Gang entlang. Der dicke purpurrote Teppich dämpfte ihre Schritte, und sie lief und lief, um möglichst viel Distanz zwischen sich und ihren Mann zu bringen. In der prunkvollen Eingangshalle des Hotels eilte sie im Zickzack um die Marmorsäulen herum, völlig kopflos und nach Atem ringend, und steuerte eine der Telefonkabinen an. Zum Glück besaß sie ein gutes Zahlengedächtnis und hatte sich jene Telefonnummer für den Notfall, die Montgomery ihr diktiert hatte, eingeprägt, der Zettel lag natürlich noch oben in der Suite. Mit bebenden Fingern zog sie den schwarzen Vorhang zu, der sie von neugierigen Augen abschirmte, nahm den Hörer ab und ließ sich von der Vermittlung zu Mervyn LeRoy durchstellen, immer wieder vorsichtig durch den Spalt im Vorhang linsend.

Da erspähte sie Nicky. Gemächlichen Schrittes, doch noch immer genauso verlottert und ungekämmt wirkend wie zuvor, kam er die breite Treppe herunter, ließ seine Hand am vergoldeten Geländer herabgleiten. Forschend sah er sich nach allen Seiten um. Flach atmend schloss sie den Vorhang noch einen Fingerbreit mehr und drückte sich gegen die Kabinenwand.

»Mervyn, geh ran, geh ran«, betete sie in, wie ihr schien, endloser Wiederholung. »Geh endlich ran!« War es nicht erbärmlich, dass der einzige Mensch, der ihr vielleicht helfen konnte, ein flüchtiger Bekannter war, der sich zufällig in derselben Stadt aufhielt?

»Ja, bitte?« Mervyns sonore Stimme drang an ihr Ohr, und ihre Knie wurden so weich, dass sie in die Hocke rutschte.

»Hier ist Elizabeth, Elizabeth Taylor. Mervyn, ich bin in Not.« Stammelnd fasste sie ihre Misere zusammen, wobei sie das Schlimmste ausließ. Wieso eigentlich? Nicky hatte es nicht verdient, geschont zu werden.

»Ich schicke dir einen Wagen vorbei. Warte am Hintereingang des Hotels«, wies der Regisseur sie knapp an. Vielleicht dachte er sich seinen Teil, waren ihm doch gewiss Gerüchte über Nicky Hiltons Kapriolen zu Ohren gekommen.

Eine halbe Stunde später – Nicky war längst unverrichteter Dinge wieder die Treppe hochgeschlurft – wurde sie von einem Chauffeur zu den Cinecittà-Studios kutschiert, wo sie, völlig aufgewühlt, die Gedanken vernebelt, mitten in den Dreh einer Massenszene stieß. Unzählige Statisten in römischen Tuniken tummelten sich auf einem riesigen Platz und warteten auf Anweisungen.

»Was machst du denn für Sachen, Kleine?« Mervyn, der etwa fünfzig Jahre alt war, eine stattliche Erscheinung mit attraktiven Gesichtszügen und blauen Augen, die ihr bis auf den Grund ihrer Seele zu schauen, alles zu wissen schienen, umarmte sie kurz voller Mitgefühl. »Bist du überhaupt schon alt genug, um alleine durch Europa zu streifen?«

Elizabeth schniefte und zog die Nase hoch. Ein Taschentuch hatte sie natürlich nicht dabei, ihre Handtasche lag ja noch in der Suite. »Ich wünschte, ich wäre alleine unterwegs, dann hätte ich ein paar Probleme weniger.«

Mervyn reichte ihr ein zerknittertes Taschentuch und musterte sie besorgt. »Na ja, zunächst ist es wohl am wichtigsten, dass du aus der Schusslinie gerätst und für eine Weile untertauchst, oder? In der Zwischenzeit kommt dein Angetrauter vielleicht zur Vernunft.«

»Mhm.« Sie wagte nicht, zu hoffen, dass Nicky wieder zur Räson kam. Hatte er sich seit der Hochzeit nur ein einziges Mal von seiner liebevollen Seite gezeigt?

»Nirgends kann man sich besser verstecken als inmitten einer Horde von Menschen.« Schmunzelnd reichte Mervyn ihr ein knielanges weißes Gewand mit einer Schärpe, wie es die Statisten, deren Stimmen den gesamten Platz erfüllten wie Bienensummen, trugen. »Zieh das an, du kannst bei der nächsten Szene mitspielen. Bei dreißigtausend Mitwirkenden kommt es auf einen mehr oder weniger auch nicht an, und falls dein Göttergatte sich erdreisten sollte, hier aufzukreuzen, wird er dich in dem Getümmel niemals finden.«

»Danke, Mervyn.« Matt drückte Elizabeth den glatten Stoff an sich. »Du bist wirklich meine Rettung. Ich hätte sonst nicht gewusst, wohin.«

Von einer Assistentin ließ sie sich zu einer Umkleide dirigieren, wo sie sich ihres Kleides entledigte und die Tunika überzog. Ihr Kopf brummte, als flögen unzählige Vögel darin umher, die starke römische Sonne sowie die schlaflos verbrachte Nacht taten ihr Übriges. Sie fühlte sich vollkommen kaputt, mutlos, desillusioniert, und ihr war vollkommen klar, dass ihre Flucht zu den Cinecittà-Studios nur von kurzer Dauer sein konnte. Spätestens am Abend würde sie ins Hotel zurückkehren müssen. Wo sollte sie denn sonst hin? Sie war eine verheiratete Frau, sie konnte schwerlich ihre Mutter anrufen und sie bitten, sie abzuholen und nach Hause in den Elm Drive zu bringen. Sie war achtzehn Jahre alt, und das untrügliche Gefühl, dass ihre Ehe zu Ende war, bevor sie richtig begonnen hatte, schwappte ihr bitter wie Galle durch den Magen.

Teil III

Mutterinstinkte
1951–1956

Meine Leidenschaften bestimmen mein Leben.
Elizabeth Taylor

8

London, 1951

»Auf das Geburtstagskind! Es lebe hoch!« Kenny McEldowney, Filmproduzent und Ehemann von Melvina, einer mütterlich aussehenden Frau um die vierzig, die wie ihr Mann eine dicke Brille trug, hob sein Champagnerglas und prostete Michael Wilding zu. Auch Elizabeth, die bei Weitem die Jüngste in der Runde war, nickte Michael lächelnd zu und nippte an ihrem Getränk. Prickelnd rann ihr der Alkohol die Kehle hinab und wärmte ihren Magen.

Es war Juli, und obwohl es bereits spät am Abend war, hing die von leichtem Nieselregen durchzogene Dämmerung wie ein wässriger Schleier über London, ließ die Lichter der City verschwimmen.

»Auch von mir herzlichen Glückwunsch, lieber Michael«, sagte Elizabeth nun.

»Danke, es freut mich außerordentlich, dass Sie meine Einladung angenommen haben.« Michael Wilding sah Elizabeth wohlwollend an – sie trug ein schwarzes Cocktailkleid mit freien Schultern, das sich eng an ihren schlanken Körper schmiegte, die dunklen Haare in eine voluminöse Außenwelle gelegt – und schloss sie für einen Moment in seine Welt mit ein. Er schien Kenny und Melvina, die beflissen umhereilenden Ober sowie die prächtige Aussicht auf die beleuchteten Gebäude auszublenden, nur sie wahrzunehmen, als sei sie eine Kostbarkeit, die er in seinem Gedächtnis verwahren musste. »Vor allem so kurzfristig.«

»Das ist kein Problem. Nach Drehschluss habe ich schließlich frei und kann über meine Zeit verfügen, wie ich möchte. Niemand wartet auf mich.« Elizabeth hielt sich für die Dreharbeiten von Ivanhoe in England auf, einem historischen Film, der die Entführung von Richard Löwenherz thematisierte. Sie spielte die junge Rebecca, die sich in den tapferen Ritter Ivanhoe verliebte; er kämpfte heroisch dafür, Löwenherz zu befreien. Der Streifen würde monumental werden – Kulissen und Kostüme liebevoll und detailreich in Szene gesetzt, ein klassischer Ritterfilm, der gewiss großen Anklang beim Publikum finden würde. Elizabeth fühlte sich wohl in ihrer Rolle, und der Regisseur war zuversichtlich, dass sie bei den Kritikern gut ankommen würde.

»Ich weiß, was in letzter Zeit bei Ihnen los war. Es kann nicht leicht für Sie sein, das alles abzuschütteln und wieder vor der Kamera zu stehen.« Ein mitfühlender Zug lag um Michaels Mundwinkel, während Kenny und Melvina sich angelegentlich mit der Speisekarte beschäftigten, wahrscheinlich peinlich berührt von Elizabeths privater Tragödie, die die Klatschpresse monatelang in Atem gehalten hatte.

»Nun, zum Glück liegen die schweren Zeiten, die ich durchgemacht habe, hinter mir.« Elizabeth zwang sich zu einem Lächeln und presste die Fingerspitzen gegeneinander, um das leichte Beben zu verbergen, das sie noch immer überkam, wenn sie an Nicky dachte. Nach ihrer Rückkehr aus den Flitterwochen im Herbst letzten Jahres hatte sie mit ihrem frisch angetrauten Ehemann eine Suite im Bel-Air-Hotel bezogen, die täglichen lautstarken Streitereien und Schläge jedoch bald nicht mehr ertragen. Verzweifelt war sie in den Elm Drive geflüchtet, wo Sara sie seitdem verhätschelte und umsorgte wie das kleine Mädchen von einst. Als Scheidungsgrund hatte sie bei Gericht extreme seelische Grausamkeit angegeben. Das hatte in den Medien für Aufruhr gesorgt, und MGM umflatterte sie seitdem wie eine Entenmutter ihr Küken, einerseits besorgt um ihr Wohlergehen, andererseits durchaus erfreut, dass sie derart im Fokus der öffentlichen Aufmerksamkeit stand.

»Sie sehen so frisch und schön aus wie eine Rosenknospe.« Michaels Stimme klang sanft, bedächtig, und Elizabeth durchzuckte der Gedanke, dass er sich in fast allem von Nicky unterschied. Vielleicht war das der Grund, warum sie nicht gezögert hatte, an seinem kleinen Geburtstagsfest teilzunehmen, obwohl sie ihn kaum kannte. Er drehte im Nachbarstudio *Trents letzter Fall*, und so waren sie sich in der Kantine über den Weg gelaufen. War Nicky ein junger Hitzkopf, der den Versuchungen des Dolce Vita nicht zu widerstehen, sein Temperament nicht zu zügeln vermochte, präsentierte sich Michael bescheiden und distinguiert. Alles an ihm war gediegen, von seinem Erscheinungsbild mit dem vollen, dunklen Haar und der geraden Nase, dem edlen Zwirn seiner Anzüge bis hin zu seiner gewählten, britischen Ausdrucksweise. Er war das genaue Gegenteil von Nicky, und obwohl sie noch immer die Nachwehen ihrer unglücklichen Ehe verspürte, nahm sie doch allmählich leise Veränderungen in sich wahr. Es war, als ob sich ihr Herz wieder öffnete, um dieses lange vermisste Gefühl, einen anderen Menschen liebzugewinnen, wieder zuzulassen.

»Schade, dass deine Frau heute Abend nicht dabei sein kann«, bemerkte Melvina und rückte ihre Brille zurecht, die ihre Augen vergrößerte wie die einer Eule. »Wie geht es ihr?«

Ein Hauch von Ärger überschattete für einen winzigen Moment Michaels Züge, dann legte sich wieder der übliche liebenswürdige Ausdruck darüber. Elizabeth war sein Mienenspiel jedoch nicht entgangen, von jeher war sie eine gute Beobachterin gewesen.

»Kay genießt das Landleben, London kann sie nichts abgewinnen. Außerdem – ich glaube, ich habe es bereits erwähnt – leben wir getrennt. Seit fünf Jahren herrscht Funkstille zwischen uns. Daher kann ich dir leider nicht sagen, wie es ihr geht.« Obwohl die Antwort Melvina galt, sah Michael Elizabeth direkt an, was sie mit einem warmen Gefühl durchflutete. Es war ihm wichtig, was sie dachte. Obwohl er offiziell noch verheiratet war, ließ er sie wissen, dass sein Herz frei war. War das nicht eine gute Nachricht, geradezu beflügelnd?

Den Gedanken, dass Sara ihr aufflammendes Interesse für Wilding nicht gutheißen würde, schob sie erst einmal beiseite; obwohl sie neunzehn Jahre alt und von ihrem Ehemann so gut wie geschieden war, musste sie ihrer Mutter jeden Abend per Fernsprecher Rapport erstatten. Sie hörte bereits Saras Stimme wie die eines Klageweibs durch ihren Kopf zetern: *Was, er ist verheiratet…? Und er ist neununddreißig, doppelt so alt wie du…? Wie kannst du nur, Schätzchen!* Zugegeben, Mutter hatte recht, doch tat dies Michaels Anziehungskraft keinerlei Abbruch.

»Ach so, ich war mir nicht mehr sicher, wie es tatsächlich um eure Ehe bestellt ist.« Melvina breitete sich ihre Leinenserviette auf dem Schoß aus. Der Ober näherte sich, um die Vorspeise zu servieren. »Man liest so viel, Michael, dass man gar nicht mehr weiß, was man glauben soll. Mal heißt es, ihr seid bereits geschieden, dann wiederum feiert die Presse eure Wiedervereinigung. Neulich hat eines dieser Schundblätter berichtet, du unterhieltest eine Affäre mit Marlene Dietrich. Ausgerechnet Marlene Dietrich, diese unterkühlte Eiskönigin!«

Melvinas Stichelei nagte an Elizabeth. Was bezweckte sie damit, wollte sie Michael vorführen oder ihr, dem jungen, unerfahrenen Ding aus Übersee, zu verstehen geben, dass sie die Finger von ihm lassen sollte? Und was sollte die Anspielung auf Marlene Dietrich – wenn Michael tatsächlich eine Beziehung mit ihr hatte, würde wohl die blonde Schönheit hier am Tisch sitzen und nicht sie, Elizabeth! Sie würde sich bei Monty erkundigen, was es mit diesem Gerücht auf sich hatte, wobei – wenn er ahnte, dass Elizabeth dabei war, ihr Herz an Michael zu verlieren, würde er ihr gewiss davon abraten, sich mit ihm einzulassen. Wahrscheinlich aus denselben Gründen wie Mutter.

Zu ihrer Erleichterung legte Kenny begütigend die Hand auf den Arm seiner Frau. »Nun lass uns in Ruhe diese köstlich duftende Spargelcremesuppe essen, Darling. Was interessiert uns die Boulevardpresse? Wir sind hier, um Michaels Geburtstag zu feiern.«

»Ganz genau.« Michael klang erleichtert, dann erkundigte er sich äußerst liebenswürdig bei Elizabeth, ob es ihr schmeckte und ob sie noch Champagner wollte.

Später spielte ein Vier-Mann-Orchester beschwingte Musik, und auf einer kleinen Tanzfläche, die von schummrigen Lichtern weich beschienen wurde, tanzte eine Handvoll Menschen. Zu den Klängen von Nat King Coles *Too young* hielt Michael Elizabeth fest an sich gedrückt und schob sie sanft umher. Sie atmete tief den dezenten Duft seines Rasierwassers ein – wieder kam sie nicht umhin, ihn mit Nicky zu vergleichen, der stets ein recht aufdringliches Eau de Toilette getragen hatte – und spürte den sanften Druck seiner Hände um ihre Taille, genoss die Wärme seiner Berührung. Mit Nicky hatte sie nie getanzt, außer in der Anfangszeit hatte er sie nie voller Zuneigung liebkost – waren solcherlei Gefühle überhaupt Bestandteil seines emotionalen Repertoires gewesen? Aber vielleicht sollte sie auf der Stelle jegliche Gedanken an ihren Ex-

Ehemann aus ihrem Kopf verbannen und sich auf diesen wundervollen Briten konzentrieren, dessen Lippen gerade wie zufällig, sacht wie Schmetterlingsflügel, über ihre Haare streiften?

»Was ist nun mit Marlene Dietrich?« Kaum hatte sie die Frage innerlich formuliert, war sie ihr auch bereits über die Lippen geschlüpft, dabei wollte sie doch auf keinen Fall allzu neugierig oder interessiert erscheinen. »Stimmt es, was Melvina angedeutet hat?«

Michael lachte leise und zog sie noch näher zu sich heran. Die Gesichter der anderen Tanzenden verwischten sich zu einer konturlosen Masse, zu bloßen Hintergrundfarben. »Die Zeitungen schreiben viel, das wissen Sie doch aus eigener Erfahrung.«

»Aber manchmal steckt auch ein Körnchen Wahrheit darin«, beharrte sie, während er sie schwungvoll herumwirbelte. Sie musste wissen, woran sie war, ehe sie sich auf ihn einließ. Sein ruhiges Wesen und seine kultivierte Art betörten sie immer stärker. »Also, was verbindet Sie mit Marlene?«

»Sind Sie immer so direkt?« Er schien amüsiert, seine blauen Augen funkelten, als spielten sie miteinander.

Aber Elizabeth war es ernst. »Nennen wir es lieber offen, oder ... anteilnehmend.«

Trotz der Musik – die Kapelle spielte nun *My heart cries for you* von Guy Mitchell – blieb er stehen, um zu ihr herabzusehen, ein feines Lächeln um die Lippen. »Die kleine Liebelei, die ich mit Marlene gehabt haben mag, ist vorbei, spätestens in diesem Augenblick.«

»Oh.« Überrascht über diese schnörkellose Antwort kam sie aus dem Takt und trat ihm versehentlich auf die Füße. »Verzeihung.«

»Es gibt nichts zu verzeihen«, murmelte er leise und drückte ihr einen Kuss auf die Hand, so zärtlich und sehnsüchtig, dass sich in ihrem Innern ein Sturm an Zuneigung zusammenbraute, bereit, sie durcheinanderzuschütteln, auf dass sie nie mehr dieselbe sein würde.

Plötzlich lockerte sich sein Griff, und sein gesamter Körper schien sich zu verkrampfen. Während Elizabeth ihm noch verunsichert in die sich verdrehenden Augen sah, um die Ursache dieser plötzlichen Veränderung zu ergründen, zuckten seine Arme und Beine unkontrolliert, und er schlug mit einem harten Knall auf dem Boden auf.

»Michael!« Mit einem erschrockenen Aufschrei ging sie in die Knie und legte ihm instinktiv die Hand in den Nacken, doch noch immer warfen ihn konvulsivische Zuckungen hin und her. Panisch schaute sie sich im Restaurant um, nahm die entsetzten Gesichter der anderen Gäste und des Personals wie durch einen Schleier wahr, unfähig, zu verstehen, was vor sich ging. Wieso war Michael aus heiterem Himmel zusammengebrochen, sie hatten doch nur langsam getanzt, sich nicht überanstrengt? Warum zuckten sämtliche Muskeln seines Körpers, als breite sich eine unbekannte Substanz in ihm aus, die ihn zu vergiften drohte?

»Hilfe …«, brach es schwach aus ihr hervor, dann waren mit einem Mal Melvina und Kenny an ihrer Seite und hockten sich neben sie.

»Ein Arzt«, rief Kenny mit vor Furcht erstarrten Gesichtszügen in die angespannte Menge. »Wir brauchen sofort einen Arzt!«

Endlich kam Leben in die versteinerten Kellner, einer setzte sich in Bewegung und rief über die Schulter: »Kommt sofort, ich kümmere mich darum.«

Kenny beugte sich vertraulich zu Elizabeth, die noch immer Michaels Nacken stützte und die andere Hand beruhigend auf seine Stirn legte. »Er hat Epilepsie, Elizabeth … Das ist nicht der erste Anfall dieser Art.«

»Aber …« Fragen wirbelten wie lose Herbstblätter in ihrem

Kopf umher, sie vermochte sie kaum zu fassen, so verwirrt und verängstigt war sie. »Das wusste ich nicht ...«

»Kaum jemand weiß es.« Kenny sprach gedämpft. »Michael hält seine Krankheit gern unter Verschluss, aus Angst, die Menschen zu erschrecken oder schlimmstenfalls zu vergraulen. Epilepsie ist eine heimtückische Krankheit, gegen die man noch immer zu wenig ausrichten kann.«

»Michael hat es bereits zu oft erlebt, dass Menschen, die einen seiner Anfälle mitbekamen, sich abgestoßen zeigten«, fügte Melvina bekümmert hinzu, während sie Michaels Krawattenknoten lockerte.

»Das ist so ... so ungerecht«, flüsterte Elizabeth. Noch immer vermochte sie kaum zu fassen, was sich gerade zutrug, fühlte sich aus der wundervollen Tanzszene von eben in einen Zustand kalter Angst katapultiert. Sie wusste so gut wie nichts über Epilepsie – würde Michael wieder gesund werden, würde er Schäden davontragen? Ihr Puls raste, ihre Beine, die sie untergeschlagen hatte, um darauf zu sitzen, waren taub.

»Er kommt wieder zu sich.« Kenny winkte die umstehenden Gäste mit einer unwirschen Bewegung davon. »Setzen Sie sich wieder an Ihre Tische, hier gibt es nichts mehr zu sehen, der Arzt trifft bestimmt bald ein.«

Nach und nach verzog sich die Menge, und das Restaurant füllte sich erneut mit Geschirrklappern und gedämpften Gesprächen. Elizabeth half Michael, dessen Augen den flackernden Ausdruck verloren hatten und sie müde anschauten, in eine aufrechte Position und stützte ihn, da er offenbar zu schwach war, sich gerade zu halten.

Mit zitternden Händen rieb er sich über das aschfahle Gesicht. »Oh mein Gott, was ist passiert?«

»Du hattest einen epileptischen Anfall.« Elizabeth strich ihm liebevoll über die Wangen, so wie Sara es früher getan hatte, wenn sie krank gewesen war. »Keine Sorge, ich war die ganze Zeit bei dir, und ich werde mich auch weiterhin um dich kümmern. Du siehst furchtbar erschöpft aus.«

Er nickte, lehnte sich gegen sie und schloss die Augen, als dämmere er in den Schlaf hinüber. »Ja, furchtbar erschöpft ...«

So saßen sie noch eine ganze Weile schweigend auf der nun leeren Tanzfläche, Melvina und Kenny, ernst die Hände im Schoß gefaltet, und Elizabeth, die Michael in ihren Armen hielt. Seine Lider zuckten, er schien in einem unruhigen Zustand zwischen Wachen und Träumen gefangen.

Mitgefühl füllte sie bis in die letzte Pore aus. War es nicht entsetzlich, was der Arme erleiden musste? Im Gegensatz zu anderen Menschen, die sich laut Kenny aus Sorge, Zeuge einer ähnlich verstörenden Situation zu werden, von Michael fernhielten, schreckte sie seine Erkrankung keineswegs ab. Was konnte er dafür, dass er mit einem solchen Schicksal gestraft war? Doch von nun an war sie an seiner Seite, sie würde sich um ihn kümmern. Sie hatte so viel Liebe zu geben, und alle Hindernisse, die sich ihnen in den Weg stellen sollten – der Altersunterschied, die Tatsache, dass es da noch eine Ehefrau gab, die sich auf einem Landsitz im Nirgendwo aufhielt –, würden sich sicherlich als überwindbar erweisen.

...

Elizabeth sollte recht behalten. Als sie Sara spät in der Nacht von ihrem Zimmer im Berkeley-Hotel aus anrief, um ihr Bericht zu erstatten, zeigte sich diese wenig erfreut über ihre neue Bekanntschaft.

»Ich habe in den Klatschzeitschriften über ihn gelesen, Schätzchen.« Mutters verhaltener Tonfall zeigte deutlich, dass sie dem Schauspieler nichts abgewinnen konnte. »Er ist zwanzig Jahre älter als du und verheiratet, seine Affären möchte ich erst gar nicht erwähnen.«

»Aber Mom.« Elizabeth starrte durch das Fenster auf die Themse. Die Lichter der nächtlichen Stadt schaukelten auf den sanften Wellen, brachen sich tausendfach. Es hatte aufgehört zu regnen, doch noch immer drang dieser für London typische, würzig-feuchte Geruch durch den Spalt im Fenster zu ihr herein. Eben noch hatte sie in einem geradezu euphorischen Zustand geschwebt, in Gedanken die Berührungen nachempfunden, die zwischen Michael und ihr stattgefunden hatten, doch angesichts von Mutters Skepsis kühlte ihre Hochstimmung rasch ab. »Das Alter ist nicht wichtig, sondern der Charakter eines Menschen, nicht wahr? Außerdem lebt Michael seit Jahren von seiner Frau getrennt.«

»Wir wissen nicht, ob das auch wirklich stimmt oder ob er dir nur etwas vorgaukelt. Denk nur daran, wie Nicky uns alle an der Nase herumgeführt hat …«, erinnerte Sara sie bitter. »Uns hat er den charmanten Schwiegersohn vorgespielt, dabei war er ein Trunkenbold und Spieler, der dich geschlagen hat …! Dein Vater ist noch immer böse auf mich, dass ich diesen Tunichtgut so unüberlegt in unsere Familie aufgenommen habe. Ich weiß nicht, wie ich das übersehen konnte.«

Nicht nur du, dachte Elizabeth bedrückt. Sie selbst hatte Nickys Laster, die sich früh angekündigt hatten, ausgeblendet, verbissen ihr Ziel verfolgt, eine Ehe einzugehen, um endlich selbstständig zu werden und über ihr Leben bestimmen zu dürfen. »Michael ist anders. Er ist reifer, ruhiger von seinem Wesen her. Der typische Brite, anständig und gebildet.«

Am anderen Ende der Leitung schien sich Sara in ein Taschentuch zu schnäuzen. »Sei vorsichtig, Schätzchen. Nach deinen Erfahrungen mit Nicky bist du nur allzu verletzlich – ich habe Angst, dass du wieder leidvolle Erfahrungen machst.«

...

Michael tauchte die Ruder gleichmäßig in das tintenblaue Wasser des Serpentine Lake, und das moosgrün gestrichene Boot glitt ruhig dahin. Der See war wohl der einzige Ort im Hyde Park, wo die Paparazzi sie nicht verfolgten; vielleicht warteten sie bereits bei der Anlegestelle, um ihre Kameras auf sie zu richten wie Waffen, sobald sie das Boot festmachten. Manchmal kamen sie Elizabeth geradezu bedrohlich vor, obwohl sie es inzwischen gewöhnt war, auf Schritt und Tritt verfolgt zu werden.

»Ist es nicht herrlich?« Seufzend stützte sie sich auf die Ellenbogen und hielt ihr Gesicht der Spätsommersonne entgegen, die sie golden liebkoste. In Michaels Gesellschaft bemerkte sie immer öfter, wie der britische Akzent ihrer Kindheit, den sie mittlerweile abgelegt hatte, wieder durchbrach. »In England sind die Sommer so mild und angenehm, in Los Angeles kann ich die Temperaturen manchmal kaum ertragen. Ich denke oft, was wäre gewesen, wenn der Krieg nicht gekommen wäre und ich England nie hätte verlassen müssen?«

Eine Seerose verfing sich im Ruder, und Michael schüttelte sie sanft ab. Er trug seine Hemdsärmel hochgerollt, und Elizabeth erhaschte einen Blick auf seine sehnigen Unterarme. Sie konnte es kaum erwarten, ihn später, wenn sie allein in seinem oder ihrem Hotelzimmer wären, zu küssen, seine warme Haut zu spüren, die sich an ihre schmiegte, sie mit Liebe und Zuversicht erfüllte. »Du bist ja noch eine ganze Weile hier, Darling«, sagte er schmunzelnd. »Zumindest, solange die Dreharbeiten andauern.«

Elizabeth runzelte die Stirn, während Michael einem anderen Boot auswich, das von einer Gruppe übermütiger Jugendlicher besetzt war. Was sollte das heißen, solange die Dreharbeiten andauerten? Ging er davon aus, danach würde sie nach Amerika abdampfen und ihre – wie sollte sie es nennen? Liebelei, Beziehung? – wäre vorüber? Seit seinem Geburtstag im Juli hatten sie viel Zeit miteinander verbracht, edle Restaurants besucht, angesagte Nachtklubs, und an den Wochenenden waren sie aufs Land gefahren oder durch die Londoner Parks flaniert. Von Marlene Dietrich war nie wieder die Rede gewesen. Ein weiteres Mal noch hatte er einen epileptischen Anfall erlitten, aber da sie sogleich zur Stelle gewesen war und ihn gestützt hatte, war er unverletzt geblieben. »Und wie soll es nach Ende der Dreharbeiten weitergehen, Michael? Das, was wir haben, ist zu wertvoll, um es im Sande verlaufen zu lassen und zu tun, als ob es nie geschehen wäre. Meinst du nicht, es ist an der Zeit, dich endlich von Kay scheiden zu lassen?«

Ihr Herz klopfte, sie hoffte, sie verhielt sich nicht zu forsch und fordernd, womöglich würde sie ihn verschrecken? Andererseits – worauf sollte sie warten? Wenn sie erst einmal wieder in Amerika war, wäre die Gelegenheit, ihre Bindung zu vertiefen, vorüber. Mutter hatte ihr eingebläut, sich zu nehmen, was sie begehrte, und daran hielt sie sich nun, auch wenn Sara mit ihrem Ratschlag wohl eher Filmrollen und keinen verheirateten Mann im Sinn gehabt hatte.

Michael lächelte, ein wenig wehmütig und bedauernd, während er sie mit seinen Augen festhielt, als habe er Angst, sie zu verlieren. »Auch wenn ich mich scheiden lasse, Liebling – und ich würde keine Sekunde zögern, dies zu tun –, bist du einfach zu jung für mich. Oder ich zu alt für dich, je nachdem, wie man es betrachtet.«

»Unsinn.« Elizabeth spreizte die Finger und zog sie durch das dunkle Wasser, sie hatte Mühe, die Ungeduld aus ihrer Stimme zu verbannen. »Ich fühle mich keineswegs zu jung für dich, wie du weißt, bin ich nicht ganz unerfahren, so traurig es ist. Ich habe bereits eine gescheiterte Ehe hinter mir. Behandle mich nicht wie einen Teenager.«

Sogleich biss sie sich auf die Lippen. Sie *war* ein Teenager, daran gab es nichts zu rütteln, Michael jedoch war höflich genug, sie nicht darauf hinzuweisen. Auch das war etwas, was sie an ihm liebte – seine zurückhaltende, einfühlsame Art, niemals würde er sie in Verlegenheit bringen.

»Ich weiß«, antwortete er sanft. »Du bist eine wunderbare Frau, voller Liebe, und glaub mir, ich weiß es sehr zu schätzen, dass du an meiner Seite bist, zumindest diesen einen Sommer. Aber ich bin sicher, irgendwann wirst du deine Meinung über mich ändern und dir wünschen, einen gleichaltrigen Gefährten zu haben, einen, mit dem du zum Schlittschuhlaufen gehen kannst oder ins Autokino.«

Wann hatte sie je an harmlosen Vergnügungen wie Schlittschuhlaufen oder Kino teilnehmen dürfen? Doch jetzt war nicht der richtige Zeitpunkt, um ihn darauf hinzuweisen, dass sie unter einer gläsernen Glocke aufgewachsen war, behütet wie ein kostbares Schmuckstück, dessen Glanz sich auf keinen Fall abstoßen durfte. »Ich werde meine Meinung nicht ändern, verlass dich drauf, ich weiß doch, was ich an dir habe, Michael. Du bist tausendmal besser für mich, als jeder Jungspund es je sein könnte. Muss ich dich daran erinnern, dass Nicky nur wenige Jahre älter war als ich?«

»Mag sein.« Michaels Blick verlor sich in der Ferne, wo Paare händchenhaltend am Ufer des Sees flanierten. Elizabeth war sich sicher, dass er sich genauso wie sie eine Zukunft für sie beide wünschte, ihn jedoch diese britische Korrektheit, die ihr so imponierte, auch wenn sie sie im Moment verwünschte, davon abhielt, ihnen eine Chance zu geben. Warum vermochte er nicht, über seinen Schatten zu springen? »Trotzdem, Liebling ... Es würde nicht gut gehen, vertrau mir. Im Gegensatz zu dir, die du so jung und frisch und unverbraucht bist, bin ich ein alter Mann. Auf Dauer würde ich dich langweilen.«

»Niemals!«, stieß sie hervor, zunehmend unglücklicher. Wie sollte sie ihn nur davon überzeugen, dass kein anderer Mann sie interessierte? »Wir haben so starke Gefühle füreinander – lass uns das nicht wegwerfen. Ich möchte, dass alle Welt weiß, dass wir zusammengehören, lass uns offiziell verkünden, dass wir ein Paar sind.«

»Liebling.« Michael ließ die Ruder ruhen und nahm ihre Hand, strich zärtlich darüber, eine Berührung, die so leicht und doch so eindrücklich war wie ein Rosenblatt, das samtig ihre Haut streifte. »Du bist ganz schön hartnäckig, das muss ich sagen. Können wir uns darauf einigen, einfach noch ein bisschen abzuwarten und zu schauen, wie sich die Dinge entwickeln?«

Sie widerstand dem Drang, die Augen zu verdrehen. Worauf sollten sie denn warten, um Himmels willen? Doch sie spürte, dass er ihr nicht noch weiter entgegenkommen würde und sie diesem Kompromiss zustimmen musste, wollte sie ihn nicht verlieren. So nickte sie, tief Luft holend. »Wenn du unbedingt möchtest. Aber ich bin nicht bereit, allzu lange zu warten.«

Michael lachte und griff nach den Rudern, die er tief ins Wasser grub. »Nichts anderes habe ich von dir erwartet.«

9

New York, 1951

Im Oktober fanden die Dreharbeiten zu *Ivanhoe* ihr Ende, und Elizabeth verließ London mit seinem im feinen Regenschleier leuchtenden, flammend roten und birnengelben Laub und den Nebelbänken, die wie eine schwere Decke über den Gebäuden und dem Fluss lagen, schweren Herzens. Mit Michael war sie keinen Schritt weiter gekommen, und sie fühlte sich einsam und ausgehöhlt vor Kummer, als sie in New York aus dem Flugzeug stieg.

»Schätzchen, da bist du wieder! Wie sehr du mir gefehlt hast!« Sara, die mit Francis, der sich mit verschlossener Miene im Hintergrund hielt, eigens aus Kalifornien angereist war, umarmte sie innig, um sie gleich darauf eine Armesbreite von sich wegzuschieben und prüfend zu mustern. »Du hast zugelegt, wie mir scheint?«

»Kann sein«, murmelte Elizabeth und erwiderte den flüchtigen Wangenkuss ihres Vaters. Wie immer entging Mutter nichts, auch nicht die drei oder vier Kilo, die sie sich angefuttert hatte, um ihren Frust über den Stillstand ihrer Beziehung mit Michael zu verarbeiten. Schokolade war stets tröstlich, vor allem, wenn man sie mit Champagner herunterspülte.

»Ihr haltet den Betrieb auf«, rügte Francis sie und wies auf die unzähligen Passagiere mit prallen Koffern, die sich an ihnen vorbeidrängten. »Lasst uns ein Taxi zum Hotel nehmen.«

»Wir haben im Plaza eingecheckt«, verkündete Sara und hakte ihre Tochter vertraulich unter.

Abrupt blieb Elizabeth stehen und starrte ihre Mutter entsetzt an. »Ausgerechnet im Plaza? Ihr wisst doch, dass es zur Hilton-Kette gehört! Ich möchte Nicky auf keinen Fall über den Weg laufen!«

»Das wird sich wohl nicht vermeiden lassen.« Forsch griff Francis nach einem ihrer Gepäckstücke und winkte einem Gepäckträger, der den Rest ihrer stattlichen Ausstattung auf einen Rollwagen hievte. »Wie du weißt, musst du noch ein paar letzte Unterlagen unterzeichnen, bevor die Scheidung endgültig über die Bühne geht.«

Elizabeth stöhnte auf, während Mutter sie wie ein Kind aus dem Flughafengebäude führte, einer langen Schlange gelber Taxis entgegen, und ihr beruhigend die Hand tätschelte. »Das bekommen wir schon hin, Kleines, Vater und ich unterstützen dich.«

Bisher hatte Elizabeth das lästige Scheidungsprozedere nur zu gerne ihren Eltern und den Anwälten überlassen, die Aussicht, Nicky nun in persona gegenüberzutreten, deprimierte sie. Was brachte es, sich mit den Erinnerungen an die schreckliche Zeit mit ihm zu quälen, wo ihr Herz inzwischen doch bereits einem anderen Mann gehörte?

»Zum Glück hat Monty mir geschrieben, dass er ebenfalls in der Stadt ist«, murmelte sie, wie um sich selbst Zuversicht zu vermitteln. »Es wird wundervoll werden, ihn endlich wiederzusehen.«

• • •

Und es wurde wundervoll, mit Montgomery durch den Central

Park zu schlendern, der mit seinen den herbstlichen Himmel widerspiegelnden Gewässern und den Teppichen aus feuerroten Blättern, die der Wind über die Wege fegte, in nichts der Schönheit Londons nachstand, Arm in Arm die Fifth Avenue hinabzuspazieren und die Schaufensterauslage bei Tiffany zu bewundern sowie eng aneinandergeschmiegt auf dem Sofa ihrer Suite im Plaza zu sitzen und eine heiße Schokolade zu trinken.

»Brummt dein Schädel auch so?« Elizabeth, die ungewöhnlich blass war, zog die Knie an und nippte an ihrem heißen Getränk, als könne es das Pochen hinter ihrer Stirn vertreiben. Wie Montgomery trug sie lässige Hosen und einen weiten Strickpullover, es war einfach verlockend, die schicke Garderobe einmal im Schrank zu lassen und ganz sie selbst zu sein.

Monty lachte und schlang den Arm um sie. »Ja, aber ich denke, ich habe mehr Übung darin als du. Eins muss ich sagen, Bessie Mae, ich erkenne dich kaum wieder. Wo ist das brave Mädchen hin, das immer am Rockzipfel seiner Mommy hing? Gestern Abend hast du in der *Bar 65* eine wahre Show abgezogen.«

»Brave Mädchen kommen nicht weit«, murmelte Elizabeth. Es hatte ihr Spaß bereitet, sich mit Monty die Nacht um die Ohren zu schlagen und einen quietschbunten Pink Squirrel nach dem anderen zu trinken, während sich ihr auf der Aussichtsterrasse der berühmten Cocktailbar zuerst ein glühend lila Sonnenuntergang, dann die im Dunkeln aufflammenden Lichter des Empire State Building präsentiert hatten. Brachte es sie etwa weiter, allein auf ihrem Zimmer zu sitzen und sich vor Sehnsucht nach Michael zu verzehren?

»Ich bin mir sicher, die Magazine sind heute voller Fotos von uns beiden. Partyszenen sind doch ein gefundenes Fressen für die Paparazzi.« Monty beugte sich über sie hinweg und fischte nach dem Stapel Zeitungen, den Elizabeth achtlos auf den flauschigen

Teppich geworfen hatte. »Es gab ein wahres Blitzlichtgewitter gestern, hast du das nicht gemerkt?«

»Tatsächlich?« Elizabeth legte den Kopf auf die Sofalehne und sah versonnen hinaus in den dunstigen Herbstmorgen. »Ich glaube, ich war zu benebelt, um viel wahrzunehmen.«

»Da, schau nur.« Monty tippte mit dem Zeigefinger auf das Schwarz-Weiß-Foto von sich und Elizabeth in der Gesellschaftsspalte der *Herald Tribune*, das sie mit riesigen, mit Papierschirmchen geschmückten Cocktailgläsern abbildete. Elizabeth musterte das Bild mit zusammengekniffenen Augen; es war deutlich zu sehen, wie sehr sie sich amüsierte, der lachende Mund, das zurückgeworfene Haar, die Art und Weise, wie sie sich vertraulich an Monty lehnte, all das sprach eine deutliche Sprache.

»Die anderen Zeitungen zeigen ähnliche Bilder«, stellte sie zufrieden fest, nachdem sie beide eine Weile geschäftig geblättert hatten.

Monty sah von einem Foto auf, das sie im fahlgrauen Morgenlicht beim Besteigen eines Taxis zeigte, ihr Kleid wirkte etwas derangiert, der Lippenstift verwischt, dennoch umspielte ein unergründliches Lächeln ihre Lippen. »Man könnte den Eindruck gewinnen, du hättest diesen medienwirksamen Auftritt inszeniert. Aber warum hättest du das tun sollen?«

»Sei nicht so ein Schaf, Monty.« Kichernd ließ sie die *New York Times* auf den Tisch segeln und ließ sich in die weichen Polster des Sofas zurücksinken. »Diese Fotos werden nicht nur in Amerika zu sehen sein, man wird sie überall abdrucken. Auch in London.«

»Meine Güte, Bessie Mae.« Monty schüttelte den Kopf, halb amüsiert, halb beeindruckt. »Ich sage es ja, du hast dich verändert. Dein Plan ist es also, Michael von New York aus klarzumachen, dass du es dir auch allein gut gehen lässt, nicht wahr? Meinst du, er springt darauf an?«

»Ich hoffe es doch sehr.« Sie stand auf und tapste in ihren dicken Wollsocken zum Nachttisch, wo sie einen fein säuberlich ausgeschnittenen Artikel aufbewahrte. »Das war die Schlagzeile von gestern.«

Monty griff nach dem hauchdünnen Papier und überflog mit seinen grünen Augen den Text, der von einem grobkörnigen Bild begleitet wurde, das Elizabeth in Gesellschaft Nicky Hiltons an einem mit edlen Leinen und Kerzen dekorierten Restauranttisch zeigte. »*Sind die schöne Schauspielerin und der steinreiche Erbe wieder ein Paar?*« Er runzelte die Stirn. »Das ist nicht dein Ernst, oder? Triffst du dich tatsächlich wieder mit ihm?«

Das Entsetzen, das in seinen attraktiven Gesichtszügen stand, rührte sie. »Aber nein, keine Sorge, Monty. Ich hatte eine einzige Verabredung mit ihm, um letzte Details unserer Scheidungsvereinbarung zu besprechen. Was kann ich dafür, dass die Presse eine Riesenstory daraus macht und unsere vermeintliche Versöhnung feiert?«

Monty lachte auf seine sanfte Art. »Du bist unglaublich, Elizabeth! Man denkt, du wärst seit Jahren im Geschäft, so wie du die Reporter für deine Zwecke nutzt.«

»Ich *bin* seit zehn Jahren im Geschäft, mein Lieber.« Elizabeth lächelte schelmisch und löffelte den letzten Rest Schokolade aus ihrem Becher. »Hoffen wir, dass mein Plan aufgeht, Michael die Schlagzeilen zu Gesicht bekommt und plötzlich merkt, was er an mir hat.«

Los Angeles, 1951

Nachdem die Bilder von Elizabeth und Nicky Hilton um die ganze Welt gegangen waren, geschah alles ganz schnell. Michael meldete sich telefonisch und vertraute ihr niedergeschlagen an, wie sehr er sie vermisste, darauf folgten tägliche Gespräche über den Ozean hinweg. Im Dezember verbrachten sie einen gemeinsamen Urlaub in Las Vegas, während Michaels Frau Kay in London der Scheidung zustimmte.

Elizabeth befand sich in einem Zustand anhaltender Euphorie, einem rauschhaften Taumel der Gefühle, die Tage ausgefüllt mit geflüsterten Liebesbekundungen, duftenden Sträußen voller Rosen und Lilien, Herzpralinen auf dem Kopfkissen, durchtanzten Nächten.

Nach ihrer Rückkehr aus Las Vegas besuchte Michael sie in Los Angeles, wo sie ihn ihren Eltern vorstellte – sie war zu verliebt, um sich vor Saras Urteil über den neuen Mann an ihrer Seite zu fürchten, jegliche Sorge wäre jedoch ohnehin unnötig gewesen. Mutter zeigte sich beeindruckt von Michaels britischer Gelassenheit und Eleganz. Auch Francis hatte, von Michaels Alter einmal abgesehen, wenig an ihm auszusetzen.

Wie ein gefeiertes Königspaar hielt das Paar Einzug im edlen Restaurant *Romanoff's*, lächelte unter dem riesigen Kronleuchter für die Reporter, die überall zu lauern schienen, selbst hinter den schweren, purpurroten Samtvorhängen vor den Fenstern verbargen sie sich.

»Nun ist es aber mal gut.« Michael winkte die Pressemeute mit einer jovialen Handbewegung davon, und sie zogen tatsächlich ab, angetan von seinem distinguierten englischen Akzent, der auch Elizabeth immer wieder begeisterte. Hörte sich Michael nicht an wie einer der Royals, von denen Mutter immer in den Klatschzeitungen las? Und war er nicht eine äußerst gut aussehende Erscheinung mit seinem zurückgekämmten Haar, den blitzenden Augen, dem dunklen Anzug mit der schwarzen Fliege?

»Die Paparazzi fressen dir aus der Hand.« Verwundert über die plötzliche Stille sah sich Elizabeth im Restaurant um. Der Oberkellner hatte ihnen einen Tisch etwas abseits der übrigen zugewiesen, die Gespräche der anderen Gäste drangen lediglich als gedämpftes Gemurmel zu ihnen. Sie befanden sich in einer Art geschützter Seifenblase, in der es nur sie und Michael und ihre Liebe gab.

»Man muss einfach nur höflich sein.« Michael legte seine Hand auf ihre und drückte sie zärtlich.

»Da hast du wohl recht.« Rasch versuchte sie, die Erinnerung an Nicky, der Journalisten des Öfteren beleidigt und mit obszönen Ausdrücken belegt hatte, beiseitezuschieben. Sie wollte nicht mehr an ihn denken. Das, was sie mit Michael verband, war so viel kostbarer und echter, von tiefen Gefühlen gezeichnet. In der Rückschau keimte der Verdacht in ihr, dass es lediglich körperliche Anziehung gewesen war, was sie und Nicky verbunden hatte. »Wie fühlt man sich, plötzlich als freier Mann?«

Michael hob die Schultern und wartete, bis der Ober ihre Gläser mit Champagner gefüllt hatte, bevor er das Wort ergriff. »Im Grunde war ich die ganzen letzten Jahre frei, Liebling. Meine Ehe bestand nur noch auf dem Papier. Ich denke, Kay ist froh, mich endgültig los zu sein.«

»Ihr Verlust ist mein Gewinn.« Sie stießen an, und Elizabeth spürte, wie das schäumende Getränk in ihrem Hals prickelte und ihr sogleich zu Kopf stieg. Sie konnte es kaum glauben, Michael hatte die Fesseln seiner Ehe abgestreift und gehörte nun ganz ihr. Die letzten Nächte hatte sie wach in ihrem alten Kinderzimmer im Elm Drive gelegen und Pläne geschmiedet, und nun fiel es ihr schwer, sich zu zügeln, um nicht sämtliche Ideen und Wünsche, die ihr im Kopf herumspukten, ungestüm hervorzusprudeln. Ihre Zukunft spulte sich wie ein Film vor ihr ab – sie würden heiraten, natürlich würden sie das!, und eine Familie gründen. Nach dem

Desaster mit Nicky fühlte sie sich bereit dazu; sie wünschte sich Kinder, die sie lieb haben und beschützen konnte, ohne sie einzuengen, wie Sara es mit ihr getan hatte.

»Ich habe ein Geschenk für dich.« Michael tat geheimnisvoll und kramte in seiner Hosentasche herum, bis er eine kleine, samtüberzogene Schachtel hervorzog.

»Oh!«, war alles, was sie hervorbrachte. Sollten sich ihre Wünsche bereits heute erfüllen?

»Als wir in London auf unseren Spaziergängen die Schaufenster der Schmuckgeschäfte angesehen haben, hast du die bunten Edelsteine immer mit großen Augen betrachtet, denk nicht, das wäre mir unbemerkt geblieben. Die haben es dir angetan, stimmt's?«

»Oh ja! Wie aufmerksam von dir, dass du das bemerkt hast. Ich liebe Smaragde, Rubine, Saphire und Amethyste, einfach alle Edelsteine! Und natürlich auch Diamanten.«

Michael lächelte über ihre unverfälschte Begeisterung. »Nun, dann habe ich vielleicht das Richtige für dich. Als Symbol für unsere Liebe. Nun öffne es schon, Liebling.«

Mit zittrigen Fingern hob Elizabeth den Deckel des Schmuckkästchens an und betrachtete den prächtigen Ring aus Weißgold, der mit Saphiren und Diamanten besetzt war. Er war hinreißend, einfach perfekt, ein Stück von erlesener Schönheit und Eleganz. Obwohl sie sich von ihrem – und Nickys – Geld bereits öfter ein Schmuckstück gegönnt hatte, übertraf dieses mit seinem aparten Funkeln alle anderen Ringe, die sie besaß. »Er ist zauberhaft. Danke, Michael.« Über den Champagnerkelchen trafen sich ihre Lippen, und sie kostete den Kuss aus, konnte nicht genug bekommen von der Weichheit seiner Haut, seinem dezenten Geruch nach frischer Seife und holzigem Rasierwasser.

Nachdem sie sich behutsam voneinander gelöst hatten, schob

er ihr den Ring auf den Finger, er passte wie angegossen. »Für dich nur das Beste, Elizabeth.«

»Ich glaube, dieser Ring sollte nicht nur ein Symbol unserer Liebe sein, wie du sagst.« Sie betrachtete die schimmernden Steine, in denen sich das Licht des über ihnen schwebenden Kronleuchters brach. Dumpf pochte ihr Herz in ihrem Brustkorb, während sie innerlich um die passenden Worte rang. Man bekam im Leben nichts hinterhergeworfen, hatte Sara ihr dies nicht von Kindesbeinen an beigebracht? »Er sollte mein Verlobungsring sein.«

Michael sah sie fragend an und strich mit dem Zeigefinger sachte über den Rand seines Glases. »Wie ...«

»Dieses wundervolle Stück sollte den Ringfinger meiner linken Hand schmücken, ganz offiziell. Mein lieber Mr Wilding, möchtest du mich heiraten?«

Einen Moment starrte er sie verdutzt an, dann kräuselten sich seine Mundwinkel, doch noch bevor er antworten konnte, beugte sie sich zu ihm und küsste ihn so ungestüm, dass ihm Hören und Sehen verging, so hoffte sie zumindest. Die Kühnheit, die sich ihrer bemächtigt hatte, erstaunte sie selbst, andererseits: Wenn er nicht auf die Idee kam, ihr jetzt, wo er geschieden war, einen Heiratsantrag zu machen, musste sie dies eben übernehmen, selbst war die Frau. Was interessierte es sie, ob sie damit gegen gesellschaftliche Gepflogenheiten verstieß?

»Ja«, erwiderte er mit brüchiger Stimme, schlang seine Hand um ihren Nacken und zog sie noch näher zu sich heran. »Ja, ich will. Du machst mich sehr glücklich, Liebling.«

»Ich möchte in London heiraten, ich habe nie aufgehört, England zu vermissen«, warf sie keuchend ein, als sie einen Moment im Küssen innehielten, um Atem zu schöpfen. Er lachte rau. »Wir werden noch viel Zeit haben, die Einzelheiten zu besprechen. Jetzt lass uns erst noch mal Champagner bestellen.«

10

Los Angeles, 1952

Michael servierte Elizabeth einen eisgekühlten Fruchtsaft, während sie ausgestreckt auf einem Liegestuhl unter dem Sonnenschirm lag. Die Sommersonne tanzte grell auf dem durch die Bodenkacheln türkisblau wirkenden Wasser des Pools, über dem Insekten mit durchsichtigen Flügeln flirrten. Der Pool war das Beste an ihrem nagelneu erstandenen Bungalow am Summitridge Drive in Beverly Hills. Nach der Suite im Bel-Air-Hotel, die sie kurzzeitig mit Nicky bewohnt hatte, war dies ihr erstes richtiges Familiendomizil. Elizabeth genoss die Zweisamkeit mit Michael, denn diese würde bald ein Ende finden.

»Danke, Liebling.« Dankbar nahm sie das himbeerrote Getränk entgegen und lächelte Michael an, eine Hand auf ihren Bauch gelegt. Sie war im fünften Monat schwanger, doch womöglich sah ihre Schwangerschaft weiter entwickelt aus, als sie war, denn sie verspürte täglich einen solchen Heißhunger auf Pralinen und Kekse, dass sie bereits reichlich zugelegt hatte. Aber das war ihr gleichgültig. »Du verwöhnst mich.«

»Nun ...« Michael setzte sich auf einen freien Liegestuhl und begutachtete seine Fingernägel. »Das tue ich auch gerne, Darling, vor allem jetzt, wo du in anderen Umständen bist, aber ...« Stirnrunzelnd sah er sich auf der Terrasse um, ließ den Blick über eine Handvoll Bücher schweifen, die Elizabeth in den vergangenen Tagen begonnen hatte zu lesen, dann aber achtlos am Rand des Schwimmbeckens oder auf den Steinplatten der Terrasse liegen gelassen hatte. Zudem standen überall leere Gläser mit rotem Lippenstiftabdruck, auf dem Tisch, an der Hauswand, unter den Palmenkübeln, und auch einige benutzte Handtücher lagen auf dem sonnenwarmen Boden, als hätte sie sie beim Gehen kurzerhand fallen lassen.

Elizabeth nippte rasch an ihrem süßen Saft, um ihr Schmunzeln zu verbergen. Michael war einfach zu höflich, um sie offen zu rügen. »Spuck es einfach aus, Michael.«

Er hob hilflos die Hände. »Deine Unordnung. Sie macht mich wahnsinnig. Der Teppich im Schlafzimmer ist gepflastert mit deinen Kleidern. Du schlüpfst aus den Sachen heraus und lässt sie einfach liegen.«

Seufzend lehnte sie sich zurück und zog ihren Sonnenhut tiefer in die Stirn. Klagen über ihren mangelnden Ordnungssinn waren ihr nicht fremd, auch Sara hatte sich ständig über ihre Schlamperei beschwert. Allerdings hatte sie ihrer Tochter unablässig hinterhergeräumt, was man von Michael nicht erwarten durfte, so viel war Elizabeth klar. »Ich gebe mir Mühe«, versprach sie. Diese Diskussion hatten sie bereits ein ums andere Mal geführt, doch sie kam einfach nicht gegen ihr unorganisiertes Wesen an.

»Ich verstehe ja, dass du anderes gewohnt bist, Darling. Im Studio hast du deine Assistenten um dich herum, die dir alle Kleidungsstücke, die du auszieht, abnehmen und ordentlich aufhängen. Aber wir können uns zurzeit leider kein Personal leisten.«

Er schaute so bedauernd drein, dass sie seine Hände ergriff, um ihn zu trösten. »Das weiß ich doch. Ich wünschte, es wäre anders, aber ich bin zuversichtlich. Wenn das Kleine da ist …«, sie strich sich sanft über den Bauch, » ... werde ich wieder Filme drehen und Geld verdienen. Und auch du wirst bald ein geeignetes Rollenangebot bekommen, da bin ich mir sicher.«

Michael rieb sich über die Stirn, unter der Sonnenbräune, die er entwickelt hatte, seit sie ihr gemeinsames Haus in Beverly Hills bezogen hatten und so viel Zeit am Pool und im Garten verbrachten, wirkte er müde und blass. »Da habe ich meine Zweifel.«

Elizabeth schmiegte sich an ihn, um Worte verlegen. Michael hatte es nicht leicht, seit er England, wo er als etablierter Schauspieler galt, verlassen hatte – Hollywood schien einfach nicht die passenden Rollen für ihn, den stillen, unterkühlten Engländer, zu haben.

Ihre Ehe hatte so vielversprechend, einem Paukenschlag gleich, begonnen; Tausende Briten hatten ihnen zugejubelt, als sie das Standesamt in Westminster verlassen hatten, die Straßen waren weithin verstopft gewesen, die begeisterte Menge schrie ihr Glückwünsche zu, ungeachtet der Tatsache, dass König George VI. zwei Wochen zuvor gestorben war und sich das ganze Land in nationaler Trauer befand.

Doch das schien lange her. Momentan waren beide arbeitslos – wenigstens Elizabeth würde nach der Niederkunft mühelos ein neues Engagement bekommen, stand sie doch noch immer bei MGM unter Vertrag –, sie mussten jeden Cent dreimal umdrehen und hielten sich die meiste Zeit zu Hause auf. Zugegeben, der Bungalow war prachtvoll, und Elizabeth hatte seit Beginn der Schwangerschaft ohnehin das Gefühl, auf einer Wolke zu schweben, trunken vor Glück und mehr im Morgen als im Heute, denn es gab so viel zu planen. Das Kinderzimmer sollte grau und veilchenblau gestrichen werden, genauso wie das Wohnzimmer, von dem aus man einen spektakulären Blick über die Stadt genoss.

»Ich bringe dich nach drinnen, Darling, du solltest die Mittagshitze meiden, sagte der Doktor.« Michael hielt ihr seinen Arm hin, und sie hängte sich bei ihm ein, um ihn barfuß ins kühlere, abgedunkelte Innere des Hauses zu begleiten. Einer der zahlreichen Vögel, die sie hielt, flog aus einer Ecke heran und streifte Michaels Haar, und zwei ihrer sechs Hunde, niedliche Collies, balgten sich um einen Gummiball. Zu allem Überfluss stolperte Michael, als er sein Haar in Ordnung bringen wollte, über eine der Katzen, die träge auf dem Teppich lag und sich putzte.

»Tut mir leid«, murmelte Elizabeth rasch, um seinen Ärger zu dämpfen, noch bevor er hochkochte. Insgeheim genoss sie es, dass ihre Tiere sich so wohlfühlten. Nie hätte sie die Vögel in Käfige und die Hunde in Zwinger gesperrt, sie sollten sich frei ausleben dürfen, so wie es jedem Lebewesen zustand. Das war einer der Vorteile als verheiratete Frau – niemand durfte einem Vorschriften machen, man konnte seinen Steckenpferden nachgehen, ohne in seine Schranken gewiesen zu werden.

»Elizabeth ...« Michael klaubte ein Büschel Hundehaare von dem blauen Velourssofa und hob eine Decke auf, die einer der Vierbeiner angenagt hatte. »So geht das nicht ... Bei uns herrscht Sodom und Gomorrha, es ist nicht nur diese Unordnung, die mich stört, sondern auch dieser Schmutz überall ...«

»Tiere sind nun einmal nicht klinisch rein«, verteidigte sich Elizabeth, während sie sich ächzend bückte, um eine Katze mit glänzend schwarzem Fell zu streicheln. Es war Minky, ihr Lieblingstier, das ihr schnurrend um die Beine strich. »Und ich bin nun einmal keine dieser überkandidelten Frauen, deren Haushalt perfekt in Schuss ist. Bei mir soll es gemütlich sein, man muss nicht vom Boden essen können.«

»Das erwartet auch niemand.« Michael zog eine zerknüllte Zeitung unter dem Tisch hervor, die der Katze offensichtlich als Spielzeug gedient hatte. »Aber wir müssen uns wirklich schämen, wenn wir Besuch empfangen. Dieser Dreck, diese angeknabberten Möbel ... Einfach unmöglich. Unser Haus ist zu klein für solch eine Menagerie.«

»Und bald wird es noch kleiner wirken, wenn erst unser kleiner Schreihals da ist. Wird es nicht herrlich sein für das Kleine, wenn es inmitten so vieler Fellnasen aufwachsen darf?« Elizabeth schlang ihre Arme um Michaels Hals, glättete mit dem Zeigefinger sanft die Sorgenfalten auf seiner Stirn und küsste ihn zärtlich, bis er sich in ihrer Umarmung entspannte. War es nicht wunderbar, dass es ihr immer gelang, ihm die Sorgen zu nehmen?

Los Angeles, 1953

Der kleine Michael Howard – den Zweitnamen hatte das Baby Elizabeths Bruder zu verdanken, der vor Kurzem aus dem Koreakrieg heimgekehrt war – begann, sich in seiner Wiege zu rekeln und unwillig das Mündchen zu verziehen. Elizabeth war sofort zur Stelle, nahm ihn hoch und drückte ihn an sich, so zärtlich und vorsichtig, als könne er dabei zerbrechen. Der Kleine war allerliebst, und sie wurde nicht müde, seine rosige Haut zu liebkosen, die winzigen Finger zu berühren und ihn sanft auf das noch spärlich behaarte Köpfchen zu küssen.

»Ich glaube, er hat Hunger. Bereiten Sie ihm das Fläschchen zu, Emmy?«

Das Kindermädchen, das Michael senior zur stundenweisen Unterstützung engagiert hatte, strich sich sein rüschenbesetztes Schürzchen glatt und nickte eifrig. »Sehr wohl, Mrs Wilding.«

Einige Minuten später zog sich Elizabeth in ihr Bett zurück, zog die weichen Decken über sich und hielt Michael in der Armbeuge, um ihm seine Milch zu verabreichen. Gab es etwas Innigeres und Befriedigenderes, als den Sauggeräuschen ihres friedlich trinkenden Kindes zu lauschen und dessen unvergleichlichen, reinen Duft nach Babypuder einzuatmen? Seit sie Mutter war, fühlte sie sich eingesponnen in Liebe und Wärme und Behaglichkeit, sie hätte gut und gerne den ganzen Tag mit ihrem Sohn im Bett oder im Schaukelstuhl sitzen können, um ihn in den Schlaf zu wiegen und ihm mit gedämpfter Stimme Geschichten zu erzählen.

Auf der Treppe hörte sie schwere Schritte. War Michael, der andere, große Michael, etwa schon wieder zu Hause? Ihr Herz zog sich zusammen vor Unbehagen, sie hätte es vorgezogen, noch ein wenig die Stille mit ihrem Baby zu genießen.

»Hallo, Darling.« Michael nickte Emmy zu, die sich mit einem Stapel frisch gewaschener Babywäsche zurückzog, sank auf das Bett und zog sich die Schuhe aus, die er ordentlich nebeneinander platzierte. »Was ist mit der Tapete passiert?«

Elizabeth folgte seinem Blick zu der Stelle an der Wand, an der der blanke Beton unter abgerissenen Streifen blauer Tapete hervorlugte. »Das war nur Minky.«

»Nur Minky?« Michael seufzte, ließ die Angelegenheit jedoch auf sich beruhen, als sei er zu erschöpft, in einer ohnehin verlorenen Schlacht zu kämpfen. Er beugte sich über Frau und Kind, das nur noch vereinzelt an der Flasche nuckelte, da es bereits am Einschlummern war. »Wie geht es ihm?«

»Prächtig.« Elizabeth vermochte sich nur mit Mühe vom Anblick des Kleinen loszureißen. »Wieso bist du schon wieder zu Hause? Haben die Dreharbeiten so früh geendet?«

»Ja«, antwortete er leise und schlug sich die Hände vor das Gesicht. »Zumindest für mich. Heute war einfach nicht mein Tag, deshalb hat mich der Regisseur früher in den Feierabend geschickt.«

Elizabeth schluckte eine verdrießliche Antwort herunter. Ob

Michael es schaffen würde, *Sinuhe der Ägypter* abzudrehen? Er hasste jeden einzelnen Tag am Set, genauso, wie es ihm zuwider gewesen war, an der Seite von Joan Crawford in *Herzen im Fieber* mitzuwirken, wo er einen blinden Pianisten gemimt hatte. Sie verstand durchaus, dass die beiden Rollen überhaupt nicht zu ihm passten, aber dem Studio schien es nicht zu gelingen, ihm passende Stücke zu vermitteln; ruhige, ernste Darsteller mochten auf Londons Bühnen glänzen, waren jedoch in Hollywood derzeit nicht angesagt. Doch bei allem Mitgefühl, das sie empfand – sie mussten von etwas leben.

»Hoffen wir, dass man dir demnächst ein Angebot unterbreitet, das dir eher auf den Leib geschneidert ist als diese miesen Rollen. Und in wenigen Monaten werde ich wieder vor der Kamera stehen, solange müssen wir irgendwie über die Runden kommen.« Eigentlich glaubte sie nicht recht daran, dass Michaels Karriere noch an Fahrt aufnehmen würde, zumal er von Tag zu Tag deprimierter wirkte. Das schlug auch ihr auf die Stimmung – wieso war es ihr nicht vergönnt, die wundervolle Zeit mit ihrem Baby zu genießen, ohne vom Kummer um ihren Mann und die gemeinsamen Finanzen gequält zu werden?

Sie drückte einen Kuss auf das weiche Babyköpfchen. »Übrigens habe ich für das Wochenende ein paar Freunde eingeladen, ich hoffe, das wird dich auf andere Gedanken bringen.«

Michael gab ein gedämpftes Grunzen von sich und warf einen Blick durch die offene Tür. Über dem Treppengeländer hingen Kleider, Morgenmäntel und eine schmuddelige Babydecke, und auf der obersten Stufe lag verschüttetes Hundefutter. Zwei himmelblaue Wellensittiche stürzten gerade von der bedrohlich schaukelnden Deckenlampe herab und visierten den Kinderwagen an, der den Korridor versperrte.

»Mein Gott, Elizabeth, in diesen Saustall willst du Gäste einladen?«

Augenblicklich stellten sich ihr die Stacheln auf. Was erwartete er von ihr? Dass sie tagein, tagaus daheim saß, putzte und wischte? Sie hatte ein Baby zu versorgen! Und war es zu viel verlangt, ab und zu ein paar Freunde zu sehen und sich ein bisschen zu amüsieren? Nach ihrer Kindheit im goldenen Käfig hatte sie so viel nachzuholen. Außerdem war das Leben nicht zu Ende, sobald man Mutter wurde, im Gegenteil, bald würde sie wieder Filme drehen und an ihre früheren Erfolge anknüpfen.

»Die Gäste werden sich wohl kaum in unserem Schlafzimmer oder im Kinderzimmer aufhalten«, erwiderte sie steif und zog behutsam den Sauger der Milchflasche aus dem kleinen Mündchen des Babys, das nun tief schlief. »Wir werden uns um den Pool herum tummeln.«

»Und wer bewirtet die Gäste und kümmert sich um das Essen?«

Sie wünschte, ihr Mann würde sie nicht so verzweifelt anschauen – wo war nur der souveräne Brite geblieben, in den sie sich verliebt hatte? Sie wedelte unbestimmt mit der Hand. »Ich natürlich, mach dir keine Gedanken.«

»Du?« Die Antwort behagte ihm wohl nicht, denn er rieb sich wieder über die Stirn, als sei er vollkommen ratlos. Er sah aus, als läge ihm noch eine weitere Erwiderung auf der Zunge, die er jedoch herunterschluckte. Er küsste Elizabeth flüchtig auf die Wange. »In Ordnung. Ich bin sicher, wir werden eine nette Party feiern.«

...

Am Samstag musste Michael für einige Stunden ins Studio, während Elizabeth von ihrem Sohn, der zahnte und unentwegt schrie, in Schach gehalten wurde. Die ganze Nacht hatte er bereits gequengelt, doch da hatte sie ihn für einige Stunden Emmy übergeben, nun, wo es ihm noch immer so schlecht ging – seine Wangen waren krebsrot, seine Augen schwammen in Tränen, und er kaute verzweifelt auf einer Plastikgiraffe herum –, wollte sie sich selbst um ihn kümmern.

»Geben Sie mir den Kleinen ruhig, Mrs Wilding.« Das Kindermädchen stand unschlüssig vor ihr und spielte nervös an den Rüschen ihrer Schürze herum. »Sie erwarten doch nachher Gäste und müssen bestimmt einiges vorbereiten ...«

Himmel, die Gäste! Michael hatte ihr, bevor er das Haus im Morgengrauen verlassen hatte, noch eine ganze Liste von Dingen heruntergebetet, die sie erledigen sollte, doch das Baby ging eindeutig vor. »Wir werden die Party schon schaukeln, mein Süßer«, murmelte sie und küsste das Kind auf die heiße Wange.

»Mr Wilding sagte ...« Hilflos sah Emmy sich im Salon um, in dem das übliche Chaos herrschte. Die Katzen belagerten das Sofa, dessen Bezug bereits Risse von ihren scharfen Krallen davongetragen hatte, der Wassernapf der Hunde, den sie ungestüm umgeworfen hatten, stand inmitten einer riesigen Pfütze, dazu kam das gewohnte Durcheinander aus verkrustetem Geschirr und herumliegenden, zerknitterten Kleidern.

»Ich weiß, was er sagte.« Elizabeth bückte sich, um die Giraffe aufzuheben, die Michael junior auf den Boden geworfen hatte. Er strampelte in ihren Armen, als wolle er sich freimachen, doch als sie ihn in den Laufstall setzte, begann er erneut, herzzerreißend zu weinen. Sie nahm ihn wieder hoch und drückte ihn tröstend an sich. »Keine Angst, Emmy, wir bekommen das schon hin mit der Party. Wie ich meinem Mann bereits klargemacht habe, findet sie ohnehin draußen statt. Wozu haben wir den herrlichen Garten und den Pool?«

»Aber wenn jemand ins Badezimmer muss ...« Die Stimme des Kindermädchens klang hoch und piepsig, auf ihren Wangen breiteten sich hektische Flecken aus. Elizabeth wusste natürlich, was sie beschäftigte, auch wenn sie ihren Satz nicht zu Ende brachte. Was würden die Gäste denken, wenn sie auf der Suche nach der Toilette den Salon durchqueren mussten, in dem es aussah, als habe eine Bombe eingeschlagen? Nachdenklich setzte sie sich in den Schaukelstuhl, wippte mit dem unruhigen Baby auf ihrem Schoß auf und ab und streichelte Minky, die ihr um die nackten Füße strich. »Die Gäste werden akzeptieren müssen, dass es bei uns nicht wie aus dem Ei gepellt aussieht. Ich persönlich finde es heimelig, wenn nicht alles so steril wirkt; dies ist ein Haus, in dem Menschen wohnen, kein Museum.«

Sie spürte Emmys zweifelnden Blick auf sich ruhen, beschloss jedoch, sich nicht weiter zu rechtfertigen; sie war kein Kind mehr, das sich danach sehnte, es seiner Mommy recht zu machen, um geliebt zu werden, nein, sie war eine verheiratete Frau und Mutter eines Sohnes. Wem es in ihrem Zuhause nicht gefiel, brauchte sie kein zweites Mal zu besuchen. Wie sie Michaels Sorgen bezüglich ihrer angeborenen Liederlichkeit zerstreuen sollte, stand auf einem anderen Blatt.

»Und was machen Sie mit den Speisen?«

Elizabeth hob mit fahrigen Bewegungen ein Knäuel Katzenhaare auf. Dieses Kindermädchen trieb sie zunehmend in die Enge. Minky sprang geschmeidig auf ihren Schoß und schaffte es, Michael abzulenken; augenblicklich versiegte sein Wimmern, und er versuchte, mit seinen plumpen Händchen das glänzende Fell der Katze zu streicheln. »Ich ... Suchen Sie mir im Telefonbuch die Nummer eines Caterers heraus, ich lasse einfach ein paar Speisen liefern. Unsere Gäste wird es nicht kümmern, ob ich das Essen selbst zubereitet habe oder jemand anderes, der im Gegensatz zu mir etwas vom Kochen versteht.«

»Sehr wohl.« Offensichtlich froh, eine sinnvolle Aufgabe zu haben, zog Emmy sich zurück, während Elizabeth weiter vor- und zurückschaukelte. Ihre Idee, einen Lieferservice zu engagieren, war Rettung in letzter Minute. Ärger auf Michael breitete sich in ihr aus – er wusste doch, dass sie noch nicht einmal in der Lage war, ein Ei zu kochen, schließlich hatte sie von Kindesbeinen an jede Minute im Studio verbracht. Wieso hatte er ihr nicht angeboten, ihr bei der Organisation der Party zu helfen? In letzter Zeit gab es so viele Kleinigkeiten, die sie an ihrem Mann störten, dass sie ständig einen leise in ihr schwelenden Groll mit sich herumtrug; er war ständig da, wie ein Splitter in der Haut.

»Das muss anders werden«, murmelte sie, den zarten Babyduft nach Milch einatmend. Sie liebte ihren Mann, hatte er ihr doch das Wertvollste geschenkt, das sie jemals haben würde – ihr Kind.

Als Michael nach Hause kam, müde und frustriert, da ihm die Szenen, die er hatte spielen müssen, nur mit Mühe gelungen waren, bahnte er sich seinen Weg an den Mitarbeitern des Catering-Services vorbei, die in adretten weißen Kitteln und mit Hauben auf dem Kopf die Küche belagerten und abgedeckte Platten mit Appetithäppchen ins Freie trugen. Er unterdrückte ein Fluchen, als er über ein Paar Schnürstiefel stolperte, das die Hunde zum Spielen herbeigeschleift hatten. »Verdammte ...«

»Schön, dass du da bist, Liebling.« Elizabeth, der es gelungen war, das Baby zu einem Schläfchen in die Wiege zu betten, ohne dass es sofort wieder in Geschrei ausbrach, küsste ihn rasch auf die Wange. »Es ist alles gerichtet, wie du siehst.«

Michaels Kieferpartie verkrampfte sich. »Ja. Schön.« Nie wäre er so weit gegangen, seinen offensichtlichen Unmut vor den Angestellten des Lieferdienstes zu zeigen. Trotzdem wurde Elizabeth das Herz schwer. Wie sollten sie ein beschwingtes Fest feiern, auf dem sich die Gäste wohlfühlten, wenn er eine solch düstere Stimmung versprühte?

Glücklicherweise hatte Montgomery zugesagt, an der Party teilzunehmen, und als er zur veranschlagten Zeit auftauchte, die Ärmel seines legeren Hemdes hochgeschlagen, die dunklen Haare schwungvoll zurückfrisiert, so attraktiv und liebenswürdig, dass sie schmerzhaft an frühere, unbeschwerte Zeiten erinnert wurde, war alles wieder gut, zumindest beinahe. Warum konnte Michael nicht auch so sein, so gelassen und heiter und verständnisvoll?

»Ich mixe uns einen Dry Martini, und dann reden wir, nur wir beide, einverstanden?«, flüsterte sie ihm ins Ohr, als er sie zur Begrüßung umarmte.

»Und die anderen Gäste?«, fragte er lachend. Seine grünen Augen schienen nur sie wahrzunehmen, so wie es für sie im Moment nur ihn gab.

»Michael kann sich auch mal kümmern.«

Pflichtschuldig wechselte sie mit Gene Kelly, Judy Garland, Errol Flynn und Spencer Tracy, mit dem sie nach *Vater der Braut* die erfolgreiche Fortsetzung *Ein Geschenk des Himmels* gedreht hatte und der ihr seitdem ein väterlicher Freund geworden war, ein paar Worte über das Wetter und die Fortschritte des Babys, dann zog sie Monty an den Rand des Schwimmbeckens. Aufatmend schob sie den dünnen, mit bunten Blumen bedruckten Strandkaftan hoch, den sie über ihrem Badeanzug trug, und ließ die Beine in das sommerlich aufgewärmte Wasser gleiten, das die grelle Sonne reflektierte. Monty krempelte seine Hosenbeine um und tat es ihr nach.

»Findest du es schlimm, dass unsere Party ein bisschen ... unorganisiert erscheint?« Aus dem Augenwinkel beobachtete sie Michael, der beflissen von Gast zu Gast eilte und von den Caterern hübsch garnierte Häppchen anbot; er wirkte angespannt, und Elizabeth spürte den Hauch eines schlechten Gewissens. Sie sollte an der Seite ihres Mannes sein. Doch Monty hatte sie einige Wochen nicht gesehen, und die Sehnsucht nach ihm war immens gewesen. Michael würde es verschmerzen, wenn sie sich für eine halbe Stunde mit ihrem besten Freund zurückzog, oder?

»Unorganisiert?« Monty schmunzelte und bewegte seine bloßen Füße im Wasser auf und ab. »Nein, Bessie Mae, das finde ich nicht tragisch. Ich verstehe durchaus, dass du alles ein wenig schleifen lässt. Erstens hast du ein Baby, um das du dich kümmern musst, zweitens wirst du froh sein, diese strenge Disziplin, die dich dein ganzes bisheriges Leben eingeschnürt hat wie ein Korsett, endlich abzustreifen, um endlich du selbst zu sein.«

»So ist es, ich bin so froh, dass wenigstens du mich verstehst.« Ein warmes Gefühl breitete sich in Elizabeths Magen aus. Monty verstand sie wie kein anderer; sie wünschte, Michael würde sich eine Scheibe davon abschneiden und ihr mit mehr Wohlwollen gegenübertreten, statt mit der ihm eigenen Zurückhaltung ihre Unzulänglichkeiten zu rügen. »Als Kind und Jugendliche wurde mir alles vorgeschrieben – von Mutter und dem Studio. Sogar über meine Freizeit haben sie bestimmt, falls du die wenigen Stunden, die ich nicht vor der Kamera stand oder auf dem Studiogelände in einer Ecke saß und auf Anweisungen wartete, so nennen willst. Nun, wo ich mein eigenes Zuhause habe, kann ich einfach nicht anders, als mich ein wenig gehen zu lassen – es ist so wohltuend. So als wäre ich mein bisheriges Leben zu Eis erstarrt gewesen und würde nun allmählich auftauen.«

Monty trank einen großen Schluck seines Dry Martinis und zwinkerte ihr zu. »Und mich persönlich stört es überhaupt nicht, wenn ich auf dem Weg ins Badezimmer diesen irren Vögeln ausweichen muss, die sich auf mich stürzen, als wollten sie mir mit ihren Schnäbeln jedes Haar einzeln ausrupfen, es macht mir auch nichts aus, über einen Berg Kleider zu steigen oder deine Unterwäsche neben der Badewanne verstreut zu sehen.«

Elizabeth kicherte, der Alkohol stieg ihr allmählich zu Kopf und ließ ein angenehm schwereloses Gefühl in ihr zurück, das den Kummer um Michael verschwimmen ließ. »Werd nicht frech, Mr Clift.«

Das Gelächter der anderen Gäste, die mit Getränken und Tellern voller Schnittchen auf Barhockern unter den Sonnenschirmen saßen, wehte zu ihnen herüber. Spencer Tracy erzählte von seinem neuesten Film, während die anderen aufmerksam lauschten und hin und wieder eine humorvolle Bemerkung einstreuten. Nur Michael verhielt sich sehr still, er saß so steif dazwischen, als habe er einen Stecken im Rücken.

»Dein Mann sieht nicht glücklich aus«, stellte Monty leise fest.

Elizabeth drehte ihr angenehm kühles Martiniglas in den Händen. Wann sah Michael in letzter Zeit je anders aus? »Ich weiß. In allem ist der Wurm drin – er kann sich mit seinen Rollen nicht anfreunden, fühlt sich unwohl am Set, und auch daheim ist er unzufrieden. Meine Unordentlichkeit fällt ihm auf die Nerven.«

Monty warf ihr einen prüfenden Blick zu. »Versteht ihr beiden euch noch? Ich meine – du warst so verliebt in ihn, als ihr aus London kamt, aber der Zauber, der euch umgeben hat, scheint sich aufgelöst zu haben.«

»Ja«, stimmte Elizabeth schlicht zu. Warum sollte sie diese Tatsache beschönigen, auch wenn es schmerzte? Es war eine Wohltat, sich Monty anzuvertrauen, er war der einzige Mensch, der ihr so nahestand, dass sie ihm bedenkenlos all die inneren Konflikte schildern konnte, die sie aufwühlten. Bei Mutter wäre das unmöglich, vor lauter Angst um ihr Image hätte sie kein Ohr für ihre Tochter. »Um ehrlich zu sein, stören mich in letzter Zeit tausend

Kleinigkeiten an Michael. Wir streiten nicht, nicht im eigentlichen Sinne, aber wir geraten uns des Öfteren wegen Nichtigkeiten in die Haare. Seine Angewohnheit, jeden Morgen beim Frühstück über dem Kreuzworträtsel der Zeitung zu brüten und erst wieder ansprechbar zu sein, wenn das letzte Kästchen ausgefüllt ist, treibt mich in den Wahnsinn. Neulich wollte ich etwas mit ihm besprechen, doch er ließ mich ins Leere laufen. Daraufhin habe ich die Seite mit dem verdammten Rätsel aus der Zeitung gerissen und sie zerknüllt. Er starrte mich ausdruckslos an, und ich fragte ihn, ob er mich schlagen wolle.«

»Wieso um alles in der Welt hast du das gefragt? Wolltest du ihn herausfordern?«

»Ich weiß es nicht, wirklich nicht.« Elizabeth spürte, wie die Verzweiflung, die sich an jenem Tag wie eine Würgeschlange um ihren Brustkorb gelegt hatte, wieder in ihr anschwoll. »Nicky schlug mich, das weißt du. Vielleicht habe ich unterbewusst erwartet, dass Michael in das gleiche Verhaltensmuster verfällt. Doch er antwortete nur mit dieser unendlich traurigen Stimme: *Ich würde dich nie schlagen.*«

»Er ist ein anständiger Kerl.« Monty spähte nachdenklich zu Michael hinüber, der gezwungen über einen Scherz von Spencer Tracy lachte.

»Wir reagieren aufeinander wie Feuer und Wasser. Dabei gebe ich mir wirklich Mühe, nicht gleich in die Luft zu gehen, sobald er etwas sagt oder tut.« Elizabeth beugte sich vor, um ihre Finger aufgefächert durch das Schwimmbecken gleiten zu lassen. »Was soll aus uns werden, Monty?«

Montgomery legte ihr freundschaftlich den Arm um die Schulter. »Um ehrlich zu sein, ich denke, wenn ein Paar sich ständig wegen Belanglosigkeiten in die Wolle bekommt, dann ist die

Beziehung ernsthaft in Gefahr. Das ist zumindest meine Erfahrung.«

»Meinst du?« Alles in ihr wurde starr und kalt. Abrupt wandte sie sich von Monty ab und sah ebenfalls zu Michael hinüber, der einer Erzählung von Errol Flynn lauschte, abwesend ein Cocktailglas in seinen Händen drehend. Sie durfte nicht zulassen, dass auch ihre zweite Ehe zerbrach, schließlich hatten sie einen gemeinsamen Sohn. Sie musste mit allen Kräften versuchen, die überwältigenden Gefühle, die sie noch vor Monaten mit Michael verbunden hatte, wieder heraufzubeschwören, die Liebe wieder zu entfachen. Aber im Moment fühlte sie nichts als Leere.

II

Texas, 1955

Obwohl es auf Mitternacht zuging, war es noch immer drückend heiß, die Luft so feucht, dass Elizabeth die Schweißperlen auf der Stirn standen. Es war viel zu heiß zum Schlafen, weswegen sie einen Großteil ihrer Nächte in der einzigen Bar verbrachte, die der Zweitausend-Seelen-Ort Marfa vorzuweisen hatte. Die Schokoladenmartinis, die der Barkeeper in Zeitlupe servierte, waren die einzigen Höhepunkte des verschlafenen Städtchens; der Mann sah aus wie ein verhutzelter Professor, der einem alten Schwarz-Weiß-Film entstiegen war.

»Die Hitze bringt mich um«, stöhnte Elizabeth, schlug auf dem Barhocker die Beine übereinander und presste sich die Hand gegen den Rücken. Noch immer war ihr Allgemeinzustand bescheiden, dabei war es bereits fünf Monate her, dass sie ihren zweiten Sohn, Christopher Edward, entbunden hatte. Überall quälten sie Schmerzen, im Kreuz, im Bauch, in den Beinen. In den vergangenen Jahren schien sie immer kränklicher zu werden, sie hatte sich mehrmals ins Krankenhaus begeben müssen, einmal sogar wegen eines Splitters im Auge, der ihre Sehkraft bedroht hatte. Die Presse hatte es sich nicht nehmen lassen, jede Krankheit zu einem medienwirksamen Drama aufzubauschen, mehr als einmal berichtete man über ihren bevorstehenden Tod. Nun, abgesehen von ihren Zipperlein – vielleicht waren diese normal, wenn man zwei Kaiserschnitte hinter sich hatte? –, fühlte sie sich quicklebendig.

»Das Wetter bringt uns alle um«, stimmte Rock Hudson ihr achselzuckend zu und kippte einen großen Schluck seines süßen Martinis herunter, der den Durst, unter dem sie alle litten, wohl kaum zu löschen vermochte. »Wo sind wir hier nur gelandet? Und dieses zuckrige Gesöff, das sie uns in dieser Einöde kredenzen, passt wohl eher auf eine Kinderparty als in eine Bar.«

Elizabeth kicherte. »Na ja, es steigt trotzdem ganz schön zu Kopf.«

»Solange wir es morgen früh einigermaßen frisch ans Set schaffen ...« Rock grinste. Elizabeth arbeitete gerne mit ihm zusammen, er war ein angenehmer Drehpartner. Auf den Fotos, die das Filmstudio zu Werbezwecken schießen ließ, stellten sie ein ausnehmend attraktives Leinwandpaar dar, beide dunkelhaarig und mit makelloser Haut und klassisch geschnittenen Gesichtszügen gesegnet.

»Du hältst mich ja immer die halbe Nacht wach«, warf Elizabeth ihm gespielt böse vor, und er antwortete mit gekräuselten Mundwinkeln: »Du liebst es doch, dir mit mir die Nächte um die Ohren zu schlagen.«

Seit der ersten Stunde am Set von *Giganten* waren sie unzertrennlich, erinnerte Rock Elizabeth doch allzu sehr an Montgomery Clift, ihren allerliebsten Freund, der seine verletzliche Seite stets unter einem Deckmantel der Gelassenheit und Stärke verbarg, damit niemand sein Geheimnis erriet. Wie Monty war Rock homosexuell, und er litt unglaublich darunter, sich verstellen zu müssen, um nicht gesellschaftlich geächtet zu werden. Elizabeth hatte ihr Herz sogleich beim ersten Kennenlernen an Rock verloren; sie konnte nicht anders, als sich ihm mit mütterlicher Zuwendung zu widmen, ihr Beschützerinstinkt brach wie so oft in ihr durch.

»Du hast recht. Es geht nichts über köstliche Cocktails und gute Freunde. Du lenkst mich von meinem Trennungsschmerz ab, allein dadurch bin ich dir dankbar.« Elizabeth trank den letzten Rest Schokoladenmartini aus, woraufhin sich der Barkeeper sofort mit der halb vollen Flasche näherte, um ihr nachzugießen. »Ja, schenken Sie nur nach, Ted, das Zeug wirkt Wunder bei Herzschmerz, auch wenn ich morgen früh sehr lange in der Maske sitzen muss, um halbwegs ansehnlich zu sein.«

Der Alte gluckste in sich hinein und goss auch Rock nach. Der altersschwache Ventilator an der Decke, an dem tote Insekten klebten, drehte sich nur langsam, vermochte die heiße, stickige Luft kaum zu vertreiben.

»Du musst deine Jungs sehr vermissen.«

»Ja.« Elizabeth spürte einen Kloß aufsteigender Tränen in ihrer Kehle brennen, doch sie schluckte ihn herunter. Seit der Geburt ihres zweiten Kindes hatte sie nah am Wasser gebaut, war empfindlich, und manchmal auch ein wenig niedergeschlagen. Postpartale Depression, hatte Emmy, die es ja wissen musste, hatte sie bereits bei vielen frischgebackenen Müttern gearbeitet, es genannt. Elizabeth vermochte mit diesem neumodischen Begriff nichts anzufangen, sie spürte nur, dass ihr die Trennung von ihren zwei Lieblingen ein Loch in die Seele sengte. »Aber bei Michael und der Nanny sind sie gut aufgehoben. Und auch meine Mutter schaut oft nach ihnen.« Natürlich ließ Sara es sich nicht nehmen, so oft wie möglich im Summitridge Drive aufzuschlagen, sich um die Kinder zu kümmern und nach dem Rechten zu schauen; sie liebte ihre Enkel und verbrachte gerne Zeit mit ihnen.

Rock betrachtete sie prüfend. »Man hört so einige Gerüchte über deine Ehe.«

Elizabeth nahm ihm diese persönliche Anspielung nicht übel, seit sie zusammen drehten und jede freie Minute miteinander verbrachten, hatten sie sich einige intime Dinge anvertraut – ihre Niedergeschlagenheit seit der Niederkunft, sein heimlicher Kummer, den Mann, den er liebte, vor den Augen der Öffentlichkeit verstecken zu müssen. Sie konnten über alles sprechen, es würde unter ihnen bleiben.

»Das kann ich mir vorstellen. Was soll ich sagen? Ich habe mehr und mehr das Gefühl, Michael ist eher eine Vaterfigur für mich als ein Ehemann. Er benimmt sich mir gegenüber väterlicher, als mein eigener Vater es je getan hat.« Elizabeth schüttelte eine lästige Fliege ab, die sich immer wieder auf ihrem Arm niederzulassen versuchte. Die Luft wurde schwüler und dicker. »Er kontrolliert, wie viel Geld ich ausgebe, und reagiert absolut verständnislos, wenn ich mal das Bedürfnis verspüre, mir ein nettes Schmuckstück zu kaufen. Weißt du, Rock, manchmal muss ich mir einfach etwas Schönes gönnen, um auf andere Gedanken zu kommen.« Rock lächelte, halb verständnisvoll, halb belustigt, und sie schluckte die Bemerkung herunter, dass sie im vergangenen Jahr recht oft dem Verlangen erlegen war, sich selbst eine Belohnung in Form von Gold, Diamanten und Edelsteinen zu schenken.

»Du bist ja auch diejenige in eurer Ehe, die das Geld verdient.«

Elizabeth nickte heftig. »Nicht wahr? Ich weiß, es muss schrecklich für Michael sein, dass er, seit er zu mir nach Hollywood gezogen ist, keinen Fuß mehr auf den Boden bekommt. Ihm werden immer weniger Rollen angeboten, und schon gar keine, die zu ihm passen.«

Der betagte Barkeeper näherte sich erneut mit der Martiniflasche, doch dieses Mal winkte Elizabeth ab. Es war bereits so spät, dass ihr nur wenige Stunden Schlaf blieben, wie sie nach einem Blick auf ihre Armbanduhr erschrocken feststellte. »Danke, für mich nichts mehr. Sonst schaffe ich es morgen früh nicht pünktlich ans Set.«

»Na und? Unser werter Kollege Mr Dean hat damit doch auch kein Problem«, stichelte Rock. Elizabeth verzog das Gesicht. Sie mochte die abfälligen Bemerkungen nicht, die Rock über ihren gemeinsamen Kollegen fallen ließ. Zu ihrem Verdruss trauten sich Rock und James Dean nicht über den Weg, die Feindseligkeit, die zwischen ihnen schwelte, war für das gesamte Team spürbar. »Mal gespannt, wann er uns morgen mit seiner Anwesenheit beehrt, heute hat er uns ja alle eine geschlagene Stunde warten lassen.«

»James hat es nicht leicht«, wandte Elizabeth sanft ein. Es gefiel ihr nicht, wenn Rock seinem Unmut über den attraktiven jungen Schauspieler Luft verschaffte, sollten die beiden sich nicht eher verbünden, als sich anzufeinden? Schließlich hatten sie eines gemein, das sie wohl für alle Zeiten verbinden würde – ihre Liebe zum eigenen Geschlecht und den daraus resultierenden Zwang, diese Neigung zu verschleiern. Homosexuell zu sein war in den Augen der Öffentlichkeit schlimmer, als den Kommunisten anzuhängen, und selbst gegen diese wurde eine regelrechte Hetzjagd veranstaltet.

»Mag sein«, brummte Rock. »Trotzdem verhält er sich unprofessionell. Außerdem kann er sich über nichts anderes als schnelle Autos und Motorräder unterhalten, er ödet mich an.«

Elizabeth glitt von ihrem Barhocker und unterdrückte ein Gähnen. »Ich wünschte, ihr zwei würdet euch besser verstehen, denn ihr seid mir beide immens wichtig.«

»Ich weiß wirklich nicht, was du an ihm findest, aber du hast bekanntlich ein Herz aus Gold.« Rock legte ein paar Dollarscheine auf den Tresen, die der Barkeeper in sich hineingrummelnd in seine Westentasche schob, und legte einen Arm um Elizabeths Schulter, um sie hinauszubegleiten. Für die Dauer der Dreharbeiten bewohnten sie kleine, einfache Holzhäuser, die sich an der staubigen Hauptstraße gegenüberlagen. Der Nachthimmel spannte sich wie ein Zelt aus dickem, schwarzem Stoff darüber, sternenlos, die Ränder würden bald durch einen ersten Hauch der anbrechenden Dämmerung aufgeweicht. »Du sorgst dich rührend um uns alle, die von der Gesellschaft in die Ecke Gedrängten, die Einsamen ... Du bist deinen Söhnen eine hingebungsvolle Mutter ...«

»Nur meinem Mann bin ich so fremd, als würden wir auf verschiedenen Kontinenten wohnen«, fügte sie bitter hinzu. »Gute Nacht, Rock.«

»Schlaf gut.« Er küsste sie leicht auf die Wange und wartete, bis sie hinter der klapprigen Tür ihrer Hütte verschwunden war.

...

Tatsächlich tauchte James Dean am nächsten Morgen nicht zur vereinbarten Zeit auf.

»Habe ich es nicht prophezeit?«, stichelte Rock, als er und Elizabeth auf zwei tuchbespannten Klappstühlen saßen, frisch geschminkt – die Maske hatte ganze Arbeit geleistet und die Spuren der durchzechten Nacht übertüncht – und mit einem heißen Kaffee in der Hand. Die Sonne ging gerade flammend rot und orange über dem kleinen Städtchen auf, und trotz der frühen Stunde legte sich bereits eine drückende Feuchtigkeit wie ein Film über ihre Haut.

»Er wird gleich kommen«, wandte Elizabeth betont zuversichtlich ein. Ob sie selbst einmal nach James schauen sollte? Doch sie schreckte davor zurück, zu seiner Hütte zu laufen und bei ihm zu klopfen. Obwohl sie bereits so manch vertrauliches Gespräch geführt hatten, gab es zwischendurch immer wieder diese Phasen, in denen James sich unnahbar gab. Dann wusste sie nie so recht, woran sie mit ihm war. Mit Montgomery und Rock war alles so einfach, sie plauderten, scherzten, zogen sich auf, unterhielten sich aber auch über ernste Themen. Die Freundschaft zu den beiden glich einem ruhigen Fluss, der gleichmäßig dahinzog, während ihre Beziehung zu James Dean einem Regenguss ähnelte, der mal sanft, mal laut plätschernd war. »Lass uns die Zeit nutzen und noch ein wenig unseren Text üben.«

»Du bist immer so pragmatisch.« In Rocks Stimme schwang Bewunderung mit, doch er schlug ohne weitere Diskussion sein Skript auf, und sie wiederholten ein paar Dialoge.

Giganten war ein groß angelegtes, episches Werk über drei Generationen texanischer Vieh- und Ölmagnaten. Für Elizabeth war es eine nie da gewesene Herausforderung, die Viehbaronin Leslie Benedict vom Jugend- bis ins Großmutteralter zu spielen, aber sie stürzte sich in ihre Rolle und profitierte von der Schauspielkunst ihrer beiden Kollegen. Zu ihrer eigenen Befriedigung schaffte sie es recht gut, die über so lange Jahre angelegte Entwicklung eines Charakters überzeugend darzustellen. Mithilfe aufgeschminkter Falten um die Augenpartie und grau getönter Haarsträhnen gelang es ihr, auch die ältere Leslie zu spielen.

»Da kommt unser Mädchenschwarm ja.« Rock maß James Dean, der sich näherte, mit düsteren Blicken. Welch Ironie des Schicksals, dachte Elizabeth, dass gerade James mit seinem trotzigen Charme der Traum aller jungen Frauen und ihrer Mütter war, wo er doch keinerlei romantische Gefühle für das andere Geschlecht aufbrachte.

Auch Regisseur George Stevens, den Elizabeth bereits von *Ein Platz an der Sonne* kannte, bedachte James mit einer spitzen Bemerkung. »Schön, dass unsere Diva sich auch dazu herablässt, aufzutauchen.«

»Dann können wir ja anfangen.« Rasch stand Elizabeth auf, um zu verhindern, dass die Unstimmigkeiten eskalierten. Ihre männlichen Kollegen führten sich manchmal ebenso kindisch auf wie ihr Sohn Michael, wenn er einen seiner Trotzanfälle bekam.

»Es ist nicht meine Schuld, dass ich nicht pünktlich bin. Ich habe kein rotes Hemd mehr gefunden.« Mit angespannten Zügen zeigte James auf das leuchtende Westernshirt, das er für die Dreharbeiten trug. »Ein Kameramann hat mir dieses hier ausgeliehen, es ist das letzte, das ich auftreiben konnte. Die anderen Hemden sind anscheinend in der Wäscherei verloren gegangen.«

»Was willst du damit sagen?« Stevens runzelte unheilverkündend die Stirn und scharrte mit seinem Cowboystiefel im Sand, dass rote Körnchen aufstoben. »Du bist unpünktlich, weil du deine Hemden verbummelt hast?«

James ballte die Fäuste, und Elizabeth berührte ihn sacht an der Schulter, um der Situation die Schärfe zu nehmen. »Wir werden alle gut achtgeben, dass dieses Hemd nicht auch noch verschwindet, nicht wahr?«

»Ich wasche es dir per Hand im Waschbecken, damit es nicht abhandenkommt«, bot Jane Withers, wie Elizabeth ehemaliger Kinderstar und in *Giganten* für die Nebenrolle der Vashti Snythe engagiert, beherzt an. Elizabeth kannte sie von der Studioschule bei MGM, sie war jenes Mädchen gewesen, das sie an ihrem ersten Tag dort angesprochen hatte, während alle anderen Kinder sie anschwiegen.

Elizabeth wechselte einen Blick mit der Kollegin. »Hervorragende Idee. Und nun lasst uns endlich anfangen, vorausgesetzt, die Herren der Schöpfung sind in der Stimmung dafür.«

Der Drehtag dauerte bis in die späten Abendstunden hinein, und am Ende fühlten sich alle erschöpft. Elizabeth verspürte nur noch das Bedürfnis, zu duschen und ein eiskaltes Getränk zu sich zu nehmen, allerdings dürstete es sie auch nach Gesellschaft; der Ort lag so einsam und abgeschieden, und sie vermisste ihre Kinder. Christopher war erst wenige Monate alt. Ob er sie überhaupt noch erkennen würde, wenn sie nach Los Angeles zurückkehrte?

Als sie aus ihrer Hütte trat, um sich zu Rock Hudson zu gesellen, sah sie James, der mit nacktem Oberkörper aus Janes einfacher Holzbehausung kam, die der ihren gegenüberlag.

»Hast du nun auch dein letztes Hemd verloren?« Sie konnte sich einen Blick auf seinen muskulösen, durchtrainierten Oberkörper nicht verkneifen. »Dann müssen wir die Dreharbeiten wohl abbrechen.«

Er grinste schief und sah für einen Moment wie ein kleiner Junge aus, nicht wie ein Mann von vierundzwanzig Jahren. »Nein, keine Angst, ich habe das Hemd nur Jane vorbeigebracht, sie hat ja versprochen, es zu reinigen.«

»Na, wie wär's? Ein Schlummertrunk?« Nachdem heute alle auf James herumgehackt hatten, würde es ihm bestimmt guttun, wenn sie ihn ein wenig unter ihre Fittiche nahm.

»Aber immer doch.« Er rückte seine Brille zurecht, die er aufgrund seiner starken Kurzsichtigkeit abseits des Filmsets trug. Die Anspannung, die den ganzen Tag auf ihm gelastet hatte, schien von ihm abzublättern.

Wenig später saßen sie auf der engen Veranda ihrer Hütte – ein leichter Wind wirbelte den Sand auf, der zwischen den Dielenbrettern versunken lag, während die Sonne in spektakulärem Gold- und Purpurschimmer unterging – und nippten an Schokoladenmartinis. Wohl für immer würde sie das süße Getränk mit diesem heißen, staubigen Sommer verbinden, den sie fernab von ihren Söhnen im Nirgendwo verbrachte.

James legte seine Füße, die in staubigen Cowboystiefeln steckten, lässig auf die Holzbrüstung. »Es muss schwer für dich sein, von deiner Familie getrennt zu sein.«

Von meinen Kindern, korrigierte sie ihn insgeheim. Die räumliche Distanz, die im Moment zwischen ihr und Michael herrschte, störte sie nicht, im Gegenteil, sie empfand es als wohltuend, sich nicht täglich an seiner zögerlichen Art zu stoßen. »Das ist es. Ich habe Angst, dass meine Jungen mich vergessen, sie sind noch so klein.«

»Sie werden dich nicht vergessen.« James strich sich durch sein volles, blondes Haar, seine blauen Augen hinter den dicken Brillengläsern schienen plötzlich von einem Schleier überzogen. »Ich habe meine Mutter auch nie vergessen.«

»Du warst noch sehr jung, als sie starb, nicht wahr?«, erkundigte sich Elizabeth behutsam. Sie glaubte, sich an einen Artikel in einer von Saras Klatschzeitschriften zu erinnern.

James nickte, einen Moment unfähig, zu sprechen. »Ich war neun«, sagte er dann heiser. »Sie hatte Krebs. Seitdem war nichts mehr wie zuvor. Meine Mutter war die Erste, die mich verstand und mich unterstützte. Schon mit fünf meldete sie mich an einer Schauspielschule an, sie wusste, wie viel mir das bedeutete.«

Elizabeth dachte an ihre eigene Kindheit zurück. Sie hätte gut und gerne darauf verzichten können, von Sara auf Biegen und Brechen bei MGM untergebracht zu werden, diese leidenschaftliche Berufung, sich darzustellen und künstlerisch auszudrücken, so wie James es als kleiner Junge verspürt hatte, fehlte ihr. Aber nun ja, hier war sie, Hauptdarstellerin eines 5,7-Millionen-Dollar-Films. Für ihre Rolle heimste sie 175 000 Dollar ein, Gerüchten zufolge erhielt James nur einen Bruchteil davon, schlappe 20 000.

»Es muss furchtbar sein, so früh die Mutter zu verlieren.« Ihr Herz zog sich zusammen vor Mitgefühl, und sie konnte nicht anders, als James' Hand zu ergreifen und zu drücken. Der Arme – wie verlassen und trostlos er sich gefühlt haben musste.

»Es hat mich zerstört«, gab James leise zu. »Mein Vater brachte mich bei meinem Onkel und meiner Tante unter, die mich ermutigten, mich weiterhin künstlerisch zu betätigen, zu tanzen, malen und Geige zu spielen, aber ich gab alles auf. Ohne meine Mutter sah ich keinen Sinn mehr darin.«

»Aber zum Glück hat sich das Blatt wieder gewendet.« Elizabeth beobachtete ihn voller Zuneigung, wie er an seinem Schokoladenmartini nippte, während die Schatten auf der schmalen Veranda immer länger wurden. Die unheimlichen Rufe von Käuzchen wehten um die Dächer der kleinen Häuser, und Grillen zirpten schrill im hohen Gras. »Sonst müsste die Welt auf einen großartigen Schauspieler verzichten.«

James lächelte sie flüchtig von der Seite an. »Danke für das Kompliment. Aber es stimmt, ich hielt es nicht lange aus ohne die Schauspielerei. An Weihnachten war ich der Star des Krippenspiels, und auch an der Highschool spielte ich im Schülertheater mit. Ich wurde sogar Landessieger beim Vorlesewettbewerb von Indiana.«

»Du kleiner Streber«, neckte Elizabeth ihn, »das passt so gar nicht zu deinem Image als Rebell, der die Jugend verdirbt.«

»Da gibt es noch mehr, das nicht zu meinem Image passt.« Seine Heiterkeit schlug wie so oft abrupt in Bedrücktheit um. »Aber ich muss so tun, als wäre ich der, den die Filmgesellschaft in mir zu sehen glaubt.«

»Ich weiß.« Sanft wischte sie eine Staubfluse weg, die sich auf seinem Arm niederließ. Waren sie nicht alle Sklaven ihrer Verträge und der Studiobosse? Wobei sie selbst danach strebte, sich Stück für Stück abzunabeln und ihre eigenen Entscheidungen zu treffen – dass sie jede Nacht durchfeierte und sich mit ihren Kollegen betrank, stieß bei ihren Vorgesetzten gewiss nicht auf Zustimmung. Doch nach Jahren der Bevormundung ertrug sie es nicht länger, sich vorschreiben zu lassen, was sie zu tun und zu lassen hatte, es war, als müsse sie ihre Vergangenheit abstreifen wie eine alte Haut, die ihr zu eng geworden war.

Los Angeles

Nachdem die Außenszenen in Texas abgedreht waren, führten sie die Dreharbeiten in den Filmstudios von Burbank fort. Elizabeth war überglücklich, ihre Söhne wieder in die Arme zu schließen, aber das Zusammenleben mit Michael gestaltete sich weiterhin schwierig. Als sie an ihrem ersten Abend zu Hause im Schlafzimmer auf dem Schaukelstuhl wippte und Christopher mit dem Fläschchen fütterte, kam er wortlos herein und klaubte sein Bettzeug zusammen.

»Was tust du da?«, fragte sie argwöhnisch, mit den Lippen über das Babyköpfchen streifend. Wie sehr sie den Duft von samtweicher Haut und Puder vermisst hatte!

Michael hielt einen Moment in der Bewegung inne, Bettdecke und Kissen unter den Arm geklemmt. »Ich ziehe ins Gästezimmer um. Ich habe den Eindruck, das ist dir lieber so.«

»Aber…« Sie verstummte, denn die Worte, die ihr auf der Zunge lagen, hätten unehrlich geklungen. Er hatte ja recht. Sie teilte das Bett lieber mit ihrem lange vermissten Baby und mit Michael junior, der sich nachts, wenn er aufwachte, gerne zu ihr stahl. Sie war gerade erst aus Texas zurückgekehrt, und statt Freude über das Wiedersehen mit ihrem Mann zu empfinden, grübelte sie darüber nach, seit wann er sich so verändert hatte. Er war nur mehr ein erschöpfter Schatten, der durch das Haus schlich, ein stiller Scherenschnitt.

»Von mir aus«, murmelte sie und zog behutsam den Sauger des Fläschchens aus Christophers Mund, denn er war beim Trinken eingeschlafen. »Vielleicht ist es so am besten.«

»Gut.« Michael klang enttäuscht. Hatte er etwa gehofft, sie würde ihm widersprechen? Die Bettdecke schleifte auf dem Boden, als er sich vornüberbeugte, um ihr einen geschwisterlichen Kuss auf die Stirn zu drücken. Würden sie von nun an wie Bruder und Schwester zusammenleben?

Nicht nur zu Hause, auch im Studio lag greifbare Anspannung in der Luft. James Dean geriet immer wieder mit Regisseur Stevens aneinander, und auch Rock konnte es nicht lassen, den Kollegen zu triezen, erst recht, als dieser mit einem nagelneuen Porsche am Set vorfuhr.

»Er sollte sich in Zukunft darauf beschränken, an seinen geliebten Autorennen teilzunehmen, statt zu schauspielern«, nörgelte Rock, »vielleicht erscheint er wenigstens dort pünktlich.«

»Hör auf damit, Rock. Wer weiß besser als du, wie sehr einen die Drehtage auslaugen? Man braucht ein Hobby, das für einen gesunden Ausgleich sorgt.«

»Gesund nennst du es, wenn er mit einem Affenzahn durch enge Kurven rast?«

Elizabeth wandte sich ab, die ewige Diskussion brachte nichts. Sah Rock denn nicht, dass er mehr mit James gemeinsam hatte, als er dachte?

Es war inzwischen September, die Tage noch immer heiß und trocken. Mit George Stevens saß sie im abgedunkelten Vorführraum, um die letzten Szenen zu begutachten. Das Abspielgerät summte auf Hochtouren, und die Luft roch so sehr nach Staub, dass sie niesen musste. Die Dreharbeiten standen kurz vor dem

Abschluss, es galt nur noch, an wenigen Feinheiten zu feilen. Der Film würde einschlagen wie eine Bombe, so viel war klar – alle Schauspieler, allen voran James Dean, Rock Hudson und auch Elizabeth, hatten exzellente Leistungen abgelegt, Stevens rechnete felsenfest mit mehreren Oscar-Nominierungen.

Elizabeth starrte mit brennenden Augen auf die überdimensionale Leinwand, wie so oft in letzter Zeit fühlte sie sich kränklich, mal waren es Halsschmerzen, die sie plagten, mal Unterleibsbeschwerden, dann eine Kopfgrippe. Ihr derzeitiger Hausarzt, Doktor Buckley, hatte ihr mehrfach Bettruhe verordnet und ihre Beschwerden der übermäßigen Belastung zugeschrieben, aber Monty, die treue Seele, hatte ihr nach einem Besuch attestiert, dass es wohl eher ihr seelischer Zustand war, der sich durch allerlei körperliche Zipperlein äußerte.

»Du kannst doch nicht ewig so ... so unverbindlich mit Michael zusammenleben«, hatte er eindringlich gesagt, als er auf ihrer Bettkante saß und ihre Hand hielt, das quäkende Baby auf seinem Schoß. »Ihr lebt nebeneinanderher wie Mitglieder einer Wohngemeinschaft ... Wenn man euch so sieht, würde man nicht vermuten, dass ihr verheiratet seid, Bessie Mae!«

»Aber was soll ich nur tun?« Elizabeth hatte sich in ihr Taschentuch geschnäuzt. »Soll ich meine Ehe als gescheitert erklären? Soll ich mich mit gerade mal dreiundzwanzig Jahren zum zweiten Mal scheiden lassen?«

»Wenn es nicht anders geht ... Diese Ehe macht dich nur unglücklich«, flüsterte Monty, »siehst du das denn nicht?«

Doch, natürlich sah Elizabeth es. Aus diesem Grund hielt sie sich momentan auch viel lieber in den Studios in Burbank auf als zu Hause, denn dort begegnete man ihr mit Zuneigung und Wärme, niemand betrachtete sie mit diesem stillen Vorwurf in den Augen, wie Michael es tat.

»Elizabeth, konzentrier dich!« Stevens drehte sich unwirsch zu ihr um, einen harten Zug um den Mund. »Wo bist du nur die ganze Zeit mit deinen Gedanken? Was bin ich froh, dass dieser Film so gut wie beendet ist, diese ganzen Dramen, die sich nebenbei abspielen, sind kaum noch zu ertragen. Wo steckt James eigentlich? Wieder mit seinem neuen Lieblingsspielzeug unterwegs, hm?«

Sie verdrehte die Augen. Wieso hackten sie nur alle auf James herum? »Er hat frei, schon vergessen? Du hast gesagt, du brauchst ihn heute nicht.«

Stevens schien sich zu erinnern, denn er grummelte in sich hinein und ließ die Filmspule weiterlaufen. Eine ganze Weile gelang es auch Elizabeth, den Szenen zu folgen, dann kam es zu einer erneuten Unterbrechung, als das Telefon läutete.

Verdrossen nahm Stevens den Hörer ab, meldete sich barsch, dann gefroren seine Gesichtszüge.

»Ja«, stieß er hervor, die Stimme nur mehr ein kaum hörbares Flüstern. »Ja … ich verstehe … ja. Danke, dass Sie mich informiert haben.«

Behutsam setzte er den Hörer wieder auf die Gabel und stützte den Kopf in die Hände, sackte in sich zusammen.

Elizabeth betrachtete ihn alarmiert, etwas musste geschehen sein. »Was ist los, George?«

»Er … James …« Stevens sah für einen Moment zu ihr auf, und der Ausdruck in seinen Augen, hohl vor Entsetzen, schockierte sie. Die leise Ahnung, dass er ihr gleich eine Nachricht überbringen würde, die die Achsen ihrer Welt verschieben würde, legte sich wie eine Frostschicht um ihr Herz.

»So sag schon!«, rief sie panisch.

»James hatte einen Unfall mit seinem Porsche. Er ist bei Paso Robles mit einem anderen Wagen kollidiert.«

»Oh Gott!« Elizabeth starrte auf die flackernde Leinwand, auf der der Film weiterlief, als wäre nichts geschehen, als würde das Leben so gleichmütig weitertröpfeln, Tag für Tag, wie bisher. James war verunglückt, trommelte es ihr durch den Kopf, er war schwer verletzt, vielleicht würde er nie mehr derselbe sein …

»Er ist tot.«

Die Worte drückten sich ihr wie Brandmale ins Herz, hinterließen eine lähmende Leere, sogen alles, was sie je an Freude verspürt haben mochte, in einen Schlund absoluter Schwärze. James war tot. Ihr so sensibler und feinfühliger Freund James Dean war tot.

Sie bekam kaum mit, wie Stevens sie an der Schulter packte, um sie in einer aufrechten Pose zu halten, drohte sie doch wie einer von Klein Michaels Türmen aus Holzklötzchen in sich zusammenzufallen. Er sprach auf sie ein, heiser vor Trauer.

Die folgende Nacht verbrachte sie in einer Art alles verschlingender Trance, ihr Baby in den Armen, das unaufhörlich schrie, als spüre es ihren Schmerz. Am nächsten Tag erschien sie mit kalkweißem Gesicht und tiefroten Augen beim Set, doch Stevens schickte sie nach wenigen Stunden nach Hause. Sie konnte nicht mehr, vermochte nur noch katatonisch im Bett zu liegen.

»Ich stelle dir einen Tee auf den Nachttisch«, murmelte Michael, der als Schatten im Türrahmen erschien. Er brachte den Geruch nach Pfefferminze mit sich herein. Sie rollte sich auf die ihm abgewandte Seite, die Mauer, die sie in ihrer Höllenqual um sich herum errichtet hatte, war undurchdringlich. Sie hörte das leise Klirren, mit dem er das Tablett auf ihrem Nachttisch abstellte, und spürte, wie er ihr sanft das Haar aus der Wange strich, so geschwisterlich verhalten, wie es neuerdings typisch für ihn war. Doch die gut gemeinte Liebkosung bot ihr keinerlei Trost.

Erst Monty, der sich, als sie vier Tage später mit hohem Fieber ins General Hospital eingeliefert wurde, auf ihr Bett setzte, drang zu ihr durch. Er hielt sie so fest umschlungen wie eine Ertrinkende auf hoher See, die drohte von den hochschlagenden Fluten verschlungen zu werden, und wisperte ihr beruhigende Worte ins Ohr, die ihr Gehirn kaum zu verarbeiten vermochte. Doch das war gleichgültig, denn er war da.

»Ist das Leben nicht grausam?«, schluchzte sie an seiner Schulter, die Wangen heiß vom Fieber. »Er war so ein liebenswerter junger Mann, gerade mal vierundzwanzig! Gerade hatte er Verträge über neun weitere Filme unterzeichnet, und er ging ganz in seiner neuen Leidenschaft, den Autorennen, auf … Wofür? Wofür nur, es ist alles so sinnlos, das ganze Leben …«

»Bessie Mae, du darfst dich nicht gehen lassen, so schrecklich der Verlust deines Freundes auch ist.« Monty schob sie eine Handbreit von sich weg, um mit seinen grünen Augen in sie zu dringen. »Du hast zwei Kinder, die dich brauchen, und einen Mann.«

»Als ob.« Elizabeth ließ abrupt von Monty ab und ließ sich in das Kissen zurücksinken, während er ihr mit einem Tuch behutsam die schweißnasse Stirn abtupfte. »Michael ist doch gar nicht mehr richtig da … Er ist wie ein Geist, der durch das Haus schwebt.«

»Ich weiß …« Monty zog unbehaglich das zerknitterte Laken unter sich glatt, dann drückte er ihre Hand so fest, als könne er ihr damit den Halt verschaffen, der ihr bei Michael fehlte.

Los Angeles, 1956

»Versuche doch auch mal, etwas zum Gespräch beizutragen«, zischte Elizabeth Michael zu, als sie in der Küche das Dessert holten, eine luftig geschlagene Erdbeercreme, die die neu angestellte Haushälterin am Nachmittag vorbereitet hatte.

Seine Gesichtszüge verhärteten sich, während er das Tablett mit den Dessertschalen belud. »Es sind deine Freunde und Kollegen, die zu Gast sind, nicht meine. Ich bin nicht mit von der Partie beim Dreh von *Das Land des Regenbaums*. Ich habe auch keine andere Rolle. Was sollte ich schon beizutragen haben?«

Elizabeth zählte die genaue Anzahl Silberlöffel ab und legte sie auf das Tablett. »Gönn es mir doch, dass ich wieder imstande bin, eine zwanglose kleine Abendgesellschaft zu geben. Nach James' Tod war ich richtiggehend depressiv, bist du nicht froh, dass diese Zeiten hinter mir liegen?«

»Doch.« Michael nickte. Aber glücklich sah er nicht aus – eher niedergeschlagen, so als drücke ihn sein eigenes Päckchen, das er zu tragen hatte, nieder.

»Wo bleibt ihr denn? Kann ich euch tragen helfen?« Montgomery erschien in der Küchentür, und sofort hellte sich Elizabeths Miene auf.

»Nein, nein, wir kommen schon.« Sie schmiegte sich einen Moment an den Freund. Sie genoss es, wieder viel Zeit mit ihm verbringen zu dürfen, denn beide spielten in *Das Land des Regenbaums*, einem fulminanten Bürgerkriegsdrama, eine der Hauptrollen.

Auf der Terrasse machte gerade die Whiskeyflasche die Runde. Bunte Laternen hingen in den Ästen der Bäume und warfen rote, blaue und grüne Lichtreflexe auf die ruhige Wasseroberfläche des Schwimmbeckens, der Rest des Gartens lag in Dunkelheit.

»Lasst euch nicht allzu sehr volllaufen«, dröhnte der Regisseur Edward Dmytryk großmundig. Elizabeth schätzte die Zusammenarbeit mit ihm, auch wenn er bei manchen ihrer Kollegen kein gutes Ansehen genoss; nach dem Krieg hatte er die Namen angeblich kommunistisch angehauchter Filmleute an das Komitee für unamerikanische Umtriebe verraten, um seine eigene Haut zu retten, war er doch als Kommunist denunziert worden. Doch Elizabeth kam gut mit ihm aus, die alten Geschichten interessierten sie nicht. »Ihr seid zwar Schauspieler, man erwartet von euch, dass ihr über die Stränge schlagt, aber wir stehen mit diesem Film ein bisschen unter Druck. MGM wünscht sich einen ähnlichen Erfolg wie mit *Vom Winde verweht*.«

»Ich funktioniere erst mit einem gewissen Alkoholpegel im Blut«, ulkte Rod Taylor, ein dunkelhaariger, attraktiver Schauspieler Mitte zwanzig. Bereits in *Giganten* hatte er eine kleine Nebenrolle innegehabt, und immer, wenn Elizabeth ihn ansah, erinnerte sie sich schmerzlich an die gemeinsame Zeit mit James und den schrecklichen Verlust, der noch immer in ihnen allen schwärte wie eine schlecht verheilte Wunde.

»Erinnert ihr euch an die legendären Schokoladenmartinis in Texas?« Rock Hudson, den sie, obwohl er nicht zur Besetzung des neuen Filmes zählte, aus Freundschaft eingeladen hatte, grinste verschwörerisch.

»Und ob!« Elizabeth stieg aus ihren Pumps und stellte die bloßen Füße auf die noch warmen Steinfliesen. Nach dem kleinen Zusammenstoß mit Michael in der Küche begann sie sich allmählich wieder zu entspannen.

Montgomery war an diesem Abend schweigsam und wirkte bedrückt. Vielleicht war er wieder einmal unglücklich verliebt. Er brach früh auf, und sie begleitete ihn zur Haustür. Der zitronige Duft nach Pfingstrosen lag in der Luft.

»Es macht mich so glücklich, wieder mit dir zu arbeiten.« Sie umarmte ihn zum Abschied, atmete den herben Duft seines Rasierwassers und seines Shampoos ein. »Du weißt nicht, wie sehr. Das letzte Jahr war hart.«

»Ich weiß.« Er küsste sie auf die Wange und hielt sie einen Moment im Arm. Nahm sie nicht ein wenig Alkoholgeruch an ihm wahr? Aber wahrscheinlich bildete sie sich das nur ein, seit er es in der Vergangenheit oft mit dem Trinken übertrieben hatte, sorgte sie sich um ihn. Doch heute wirkte er nüchtern, außerdem hatte sie ihn den ganzen Abend im Blick gehabt. Außer einem Likör als Aperitif hatte er sich an Limonade gehalten.

»Willst du nicht noch ein wenig bleiben? Die anderen nehmen noch einen Schlummertrunk zu sich.« Es stimmte sie wehmütig, ihn mutterseelenallein in seinem Haus zu wissen, das zum Glück nicht weit von ihrem entfernt lag.

Er schüttelte den Kopf. »Lieber nicht, Bessie Mae. Ich bin hundemüde, und morgen müssen wir früh raus.«

»Okay.« Sie drückte ihm einen Abschiedskuss auf die Wange, verbarg ihre leise Enttäuschung. »Bis morgen.« Sie vernahm, wie er den Motor seines Wagens startete, und zog sich zu den anderen Kollegen auf die Terrasse zurück. Es war ein milder Frühlingsabend, in den Büschen rund um das Schwimmbecken raschelten kleine, nachtaktive Tiere, und die Kerzen, die Elizabeth aufgestellt hatte, verbreiteten ein warmes, schummriges Licht.

»Hier, Liebling.« Michael reichte ihr steif einen bonbonrosa Cocktail, an dem sie genüsslich nippte, doch gerade, als sie sich in einen der gemütlichen Stühle werfen wollte, ertönte von der Straße ein lang gezogenes, kreischendes Geräusch. Alarmiert sah die kleine Gesellschaft sich an, Elizabeth starrte in Michaels Augen, die vor Schreck geweitet waren.

»Was war das?«, rief sie.

»Klang wie ein Aufprall«, murmelte Rock Hudson und rieb unbehaglich die Hände an seiner Hose.

»Ein Auto – bestimmt ist ein Auto in der Kurve aus der Bahn geraten und wurde gegen einen Baum geschleudert«, vermutete Edward Dmytryk. Er hielt fürsorglich die Hand seiner Frau Jean, die bei dem krachenden Geräusch zusammengezuckt war.

»Monty!« Elizabeth stellte ihr Glas klirrend auf dem Tisch ab und sprang auf. Sie ignorierte Michael, der ihr hinterherrief und zur Besonnenheit mahnte, und nahm die Abkürzung durch den dunklen Garten, um zur Straße zu gelangen. In ihrem Kopf überschlugen sich schreckliche Bilder einer Unfallkatastrophe, ähnlich der, die James Dean das Leben gekostet hatte. Wenn Monty, ihrem geliebten Monty, etwas Schlimmes geschehen war, würde sie nie wieder froh werden, so viel war sicher. Er musste ... er durfte einfach nicht ...

Sie kletterte über den Zaun ihres Grundstücks, riss sich die Hände an einem Dornengewächs auf, und hastete, ohne weiter von ihren blutenden Handflächen Notiz zu nehmen, im fahlen Licht des Mondes, der hinter einigen dicken Wolken auftauchte, die Straße entlang.

Da! Abseits der Fahrbahn stand Montys Wagen, die Schnauze in einen Telefonmasten gedrückt.

Panik tobte in ihr, als sie, jegliche Vorsicht vergessend, über die Straße rannte, das Herz trommelnd, die Muskeln so angespannt, dass sie schmerzten. Monty – was war mit ihm? Sie würde es nicht ertragen, wenn auch er gestorben wäre ... Wie viele Freunde sollte sie denn noch verlieren?

Die Wagentür war so eingedellt, dass sie sie zuerst nicht zu öffnen vermochte. Es kostete sie fast unmenschliche Anstrengung, an der Tür zu zerren – die Dunkelheit erschwerte die Sache zusätzlich, sie sah kaum die Hand vor Augen, denn der Mond wurde erneut von dicken Schleiern verdeckt –, bis sie sich schließlich mit einem Ruck öffnete. Gott sei Dank ...! Aber wo war Monty?

»Monty?«, schrie sie gellend, kroch in das Wageninnere, das zusammengefaltet wie eine Ziehharmonika wirkte, und wühlte sich durch die Massen an zerbrochenem Glas und verbogenem Blech. »Monty ...?«

Wie ein Häufchen Elend lag er zusammengekrümmt vor dem

Beifahrersitz, wohin der Aufprall ihn katapultiert hatte, und stöhnte leise. Er lebte!

Sie versuchte, sich so schmal wie möglich zu machen, um sich zu ihm durchzuzwängen.

»Ich bin da, keine Sorge, Monty, ich bin da.« Ihre Stimme zitterte ebenso wie ihre Hände, mit denen sie ihn zu fassen bekam, doch sie bemühte sich, Ruhe und Zuversicht auszustrahlen.

Er gab ein paar unzusammenhängende Sätze von sich, doch obwohl sie sich tief über ihn beugte, verstand sie nichts. Sie strich ihm über die blutende Stirn – sein so attraktives Gesicht wirkte auf seltsame Art deformiert, was sie mit stillem Entsetzen erfüllte. Ihr schöner Monty, entstellt …! Doch sie durfte sich nichts anmerken lassen. Sie quetschte sich auf den Beifahrersitz und bettete seinen geschundenen Kopf auf ihren Schoß, hielt ihn wie ein verletztes Kind und murmelte ihm Worte des Trostes ins Ohr.

Wie durch Wassertosen hindurch hörte sie, dass sich ein paar Menschen von der Straße her näherten, und allmählich schälten sich die Stimmen von Michael und Rock Hudson heraus.

»Elizabeth!«, schrie Michael entgegen seiner phlegmatischen Art. »Keine Sorge, der Notarzt ist alarmiert! Wie geht es ihm?«

Rocks Gesicht erschien neben der zersplitterten Autoscheibe. »Wir können dir helfen, ihn aus dem Wrack zu ziehen …«

»Nein, ich glaube, das würde ihm noch mehr Schmerzen bereiten. Das sollen die Sanitäter erledigen.« Tränen liefen ihr die Wangen herab, tropften auf Montgomerys blutverschmierte Haare.

»Ganz ruhig, Monty, der Rettungswagen ist schon unterwegs … Ich bleibe bei dir, bis er kommt, und danach auch noch. Wir bekommen dich wieder hin, Monty, sei unbesorgt …« Immer wieder strich sie ihm über das dunkle Haar, küsste und beruhigte ihn. Die Angst, Monty würde sein ansprechendes Äußeres, die Grundlage seines Berufes, auf ewig verlieren, trieb ihr Wellen der

Angst durch den Körper. Aber Hauptsache, er überlebte, ob seine Karriere am Ende war, war zweitrangig.

Plötzlich fluteten die grellen Scheinwerfer mehrerer Autos die verlassene Straße, Türen knallten, aufgeregte Stimmen erklangen, die Blitze von Fotoapparaten zuckten auf.

Verdammt, das konnte wohl nicht wahr sein! Noch vor dem Krankenwagen waren die Paparazzi aufgeschlagen wie Geister aus der Flasche, diese Geier lauerten überall!

Mühsam schob sie ihren Kopf aus dem Autowrack. Michael und Rock standen neben dem zerdrückten Auto, die Lippen geöffnet, ohne dass ein Laut herausdrang, so als seien sie lediglich Statisten in einer schrecklichen Szene.

»Verschwindet!«, brüllte sie den Reportern, die den sandigen Weg halb herabliefen, halb rutschten, mit sich überschlagender Stimme entgegen. »Wenn ihr auch nur ein einziges Foto von Monty macht, sorge ich dafür, dass ihr nie wieder einen Job ergattert!« Dann, an Michael und Rock gewandt: »Seid ihr vor Schreck versteinert, oder was ist los? Muss ich mich um alles allein kümmern?«

»Ich gehe dem Rettungswagen entgegen«, murmelte Rock und stapfte davon. Michael rieb sich lediglich über sein wächsernes Gesicht.

Zum Glück ertönte alsbald die Sirene des Notarztes, und Elizabeth sank erleichtert in sich zusammen. Sie hatte es geschafft, Monty während der Wartezeit am Leben zu halten, den Rest musste das medizinische Personal erledigen. Doch sie brachte es nicht über sich, Montys Hand loszulassen, als die Sanitäter ihn vorsichtig aus dem Auto zu ziehen versuchten. Er klammerte sich an ihr fest, als sei sie der seidene Faden, der ihn noch im Leben hielt.

12

Los Angeles, 1956

Elizabeth saß auf der Terrasse und starrte in die Sterne. Die Unendlichkeit des Alls stimmte sie wie immer demütig; was waren ihre Probleme im Vergleich zum großen Ganzen? Noch immer schmerzten der Verlust von James, die Vergeblichkeit seines mit einem Donnerschlag beendeten Lebens sowie Montys grauenvoller Unfall. Und auch die Farce, als die man ihre Ehe nur noch bezeichnen konnte, bereitete ihr ein Brennen im Herzen und im Magen. Das Einzige, was für kurze Zeit half, dieses Lodern zu besänftigen, war, sich mit Essen vollzustopfen. Sie hasste sich selbst dafür.

»Hier bist du.« Michael trat lautlos zu ihr und beobachtete kommentarlos, wie sie schokoladenüberzogene Kekse aß, einen nach dem anderen, die Packung war bereits so gut wie leer. Danach würde sie sich in der Küche die nächste holen, bis sie auch diese verschlungen hätte.

»Hm«, murmelte sie und wischte ein paar Krümel von ihrem Schoß auf die Steinfliesen. Sein stummer Blick entfachte ihren Trotz; wieso sagte er ihr nicht klipp und klar, dass sie mit dem hemmungslosen Essen aufhören sollte? Doch im vergangenen Jahr war Michael immer schweigsamer geworden.

»Die Kinder schlafen endlich.« Er setzte sich zu ihr, stützte den

Kopf in die Hände, als sei er zu schwer, ihn aufrecht zu halten, und einen Moment saßen sie schweigend zusammen, lauschten dem leisen Plätschern des Wassers im Swimmingpool. Sie hatten sich nichts mehr zu sagen, schon lange nicht mehr. »Wie kommst du mit deinem Text voran?« Er deutete mit einem Nicken auf das unangetastete Drehbuch, das auf dem Tisch neben den Liegestühlen lag.

»Ganz gut.« Das war geflunkert, denn die letzten Tage hatte sie sich derart gehen lassen, lediglich fieberhaft Süßes in sich hineingeschoben, als könne sie damit ein Loch stopfen, dass ihre Vorbereitung auf *Das Land des Regenbaums* nicht weit gediehen war.

»Du freust dich sicher, dass du mit Monty drehen darfst.« Er klang so unbeteiligt, als betreibe er Konversation mit einer Fremden.

»Natürlich.« Wann hatten sie endgültig aufgehört, sich wie ein Ehepaar zu unterhalten, sich Dinge anzuvertrauen? »Ich hoffe, die Dreharbeiten ruhen nicht mehr allzu lange. Obwohl Monty natürlich Zeit braucht, sich zu erholen.«

Die Ursache des schrecklichen Unfalls war nicht ganz klar, getrunken hatte Monty nicht; wahrscheinlich hatte er in einem winzigen Moment der Unachtsamkeit die Kontrolle über den Wagen verloren, was bei der kurvenreichen Straße eine verheerende Wirkung haben konnte. Der Freund hatte sich zweimal die Nase, viermal den Kiefer gebrochen. In den langen Wochen seiner Genesung verfiel er immer mehr seinen Depressionen und dem Alkohol und nahm immer weiter ab. Tolle Voraussetzungen, um sich in ein neues Projekt zu stürzen, dachte sie bitter.

»Hast du es dir noch einmal überlegt?«, fragte sie, während sie die Kekspackung zerknüllte und nachsann, was sich noch alles im Vorratsschrank befand.

Er hob kaum den Kopf. »Was denn?«

Seine Antwort stimmte sie wütend. Was denn, was denn, er wusste ganz genau, was sie meinte! »Die Rolle in *My Fair Lady*, die dir angeboten wurde.«

Er zuckte unter ihrem schroffen Tonfall unmerklich zusammen. »Ich kann das Angebot für die Tour nicht annehmen, Elizabeth, das weißt du.«

»Wieso nicht, um Himmels willen?« Sie hielt es kaum noch in seiner Nähe aus, dieses Schwächliche, das er neuerdings ausstrahlte, war kaum zu ertragen. Abrupt stand sie auf, wischte sich ein paar Krümel von der Brust und glitt ins Schwimmbecken hinab. Sie ließ sich treiben. Doch das beruhigende Gefühl, das sie im Wasser stets überkam, blieb aus, im Gegenteil: Ihr voller Magen drückte unangenehm. Wie so oft wünschte sie, sie würde nicht wahllos Essen in sich schaufeln.

»Du weißt, warum«, antwortete er so leise, dass die Grillen, die im hohen Gras zirpten, ihn fast übertönten. »Meine Epilepsie ... Die Medikamente wirken nicht optimal. Was, wenn ich auf der Tour einen Anfall erleide?«

»Mein Gott, Michael.« Sie vermied jeden Blickkontakt mit ihm, sondern schaute in die Sterne über ihr, die ihr auf einmal kalt und fremd vorkamen. »Jetzt wird dir endlich mal eine verlockende Rolle angeboten, und was machst du? Lehnst ab, aus Angst vor der Angst.«

»Meine Befürchtungen sind durchaus real, das weißt du.«

»Jaja.« Sie schlug mit der Hand hart auf der Wasseroberfläche auf. »Wäre es das Risiko nicht wert, unterwegs vielleicht einen Anfall zu erleiden? Vielleicht aber auch nicht, es ist ja nicht so, als ob du täglich zusammenbrechen würdest.«

»Es geht nicht«, entgegnete er, die Lippen zu einer schmalen Linie zusammengepresst.

»Du willst einfach nicht. Du bist ein Feigling. Du weigerst dich, aus meinem Schatten herauszutreten und dich um deine eigene Karriere zu kümmern. In Studiokreisen verspottet man dich bereits als *Mr Elizabeth Taylor*. Kannst du nicht endlich mal deinen eigenen Mann stehen?«

Michael seufzte tief auf, das Gesicht noch immer in den Händen vergraben. Elizabeth wusste, dass sie ihn mit ihren Worten tief traf, aber seine Zurückhaltung auf sämtlichen Gebieten erboste sie. Mittlerweile war ihre Liebe zu ihm beinahe in Verachtung umgeschlagen; nichts war mehr übrig von dem Mann, der ihr anfangs wie ein schützender Baum erschienen war, an den sie sich anlehnen konnte.

»Elizabeth …«

»Es ist doch wahr!« Aus einem Impuls heraus schlug sie nochmals ins Wasser, sodass eine Fontäne aufspritzte und sich mit tausend kleinen Tröpfchen über ihn ergoss. Er schreckte zurück wie ein von einer Gewehrkugel getroffenes Tier und schüttelte sich mit verzerrtem Gesicht.

»Elizabeth …«, wiederholte er hilflos.

»Ich war in den letzten Jahren so oft krank, ja, ich war sogar einige Mal im Krankenhaus … Und trotzdem habe ich mich immer zusammengerissen und weitergemacht, immer weitergemacht! Man darf sich nicht kleinkriegen lassen, Michael, wann verstehst du das endlich?« Sie trieb im Wasser, allmählich fröstelnd, mit heftig klopfendem Herzschlag. In diesem Moment wünschte sie nur noch, Michael würde verschwinden, sie allein lassen.

Als habe er ihre Gedanken gelesen, griff er nach einem der zahlreichen Handtücher, die sie in den vergangenen Tagen achtlos auf die Liegestühle geworfen hatte, tupfte sich notdürftig das Gesicht ab und verzog sich ins Haus, die Miene angespannt und verletzt.

»Kannst du nicht *ein Mal* hierbleiben, wenn wir diskutieren?«, rief sie ihm hinterher. Unglaublich, wie er sich jeder Auseinandersetzung entzog! Zornig strampelte sie mit den Beinen und spritzte das Wasser auf.

Ende Juni lud Produzent Mike Todd Elizabeth und Michael zu einer Wochenend-Kreuzfahrt auf seine Jacht ein, und mit diesem Tag änderte sich alles.

Teil IV

Dramen und Diamanten
1956–1958

——•◆•——

Mir wurde alles geschenkt – gutes Aussehen, Ruhm, Reichtum, Ehre, Liebe. Ich musste nur um wenige Dinge wirklich kämpfen.
Elizabeth Taylor

13

Los Angeles, 1956

Elizabeth lehnte an der Reling der *The Hyding*, ein Glas Champagner in der Hand, und beobachtete versonnen, wie die Jacht die Wellen vor Santa Barbara durchschnitt. Die Sommersonne brannte auf ihren dunklen Haaren und nackten Schultern; mit Mühe und Not hatte sie sich in das figurbetonte, lilienweiße, ärmellose Kleid gezwängt, das sie so gerne zu Gesellschaften wie dieser trug, und hoffte, der raffinierte Schnitt würde ihre üppigen Rundungen verbergen. Warum schaffte sie es nicht, ihr ständiges Verlangen nach Zuckrigem zu kontrollieren? Sara hatte sie bei einer ihrer wöchentlichen Teestunden bereits beiseitegenommen und ein ernstes Wörtchen mit ihr gesprochen.

»Ruinier deine Karriere nicht!«, hatte sie sie beschworen und einen vielsagenden Blick über Elizabeths Kurven schweifen lassen. »Meinst du, dir werden weiterhin attraktive Rollen angeboten, wenn du wie eine dieser Frauen aussiehst, die mit sechs Kindern in einem Wohnwagenpark leben und sich von Kartoffelchips ernähren?«

»Ich versuche ja, abzunehmen.« Elizabeth hatte die Arme um sich geschlungen, wie um ihren Körper zu verstecken. »Aber es ist so schwer ... Schokolade ist zurzeit das Einzige, was mich trösten kann ...«

»Such lieber Trost in deinem Erfolg, in deinem Ruhm, von mir aus auch in dem Geld, das du verdienst.« Sara hatte geschnaubt und ihr tadellos sitzendes Kostüm glatt gezogen, das sie wie eine zweite Haut umhüllte. Seitdem fühlte sich Elizabeth noch mehr wie eine unförmige Matrone, der Bauch weich und ausladend, die Gesichtszüge verschwommen, verloren sich ihre Konturen doch im zusätzlichen Speck.

»Nett, Sie mal in natura zu treffen.« Ein etwa fünfzigjähriger Mann mit stämmiger Gestalt gesellte sich zu ihr und musterte sie liebenswürdig. »Ich bin Kurt Frings, meines Zeichens Künstleragent.«

»Ich habe von Ihnen gehört. Sie vertreten Audrey Hepburn, nicht wahr? Sie hat mir damals die Rolle in *Ein Herz und eine Krone* vor der Nase weggeschnappt. Eigentlich müsste sie mir unsympathisch sein, wenn sie nicht so nett wäre.« Elizabeth nippte an ihrem Champagnerkelch. Der Alkohol verursachte ihr einen angenehmen Schwindel, der ihrer trübseligen Grundstimmung ein wenig die Schärfe nahm, alles ein bisschen verwischte. Vielleicht war sie deswegen so geradeheraus und sprach aus, was ihr in den Sinn kam.

Kurt Frings lachte nur. »Audrey ist ein Schatz. Sie würde ich auch gerne vertreten, Elizabeth. Überlegen Sie es sich.«

Elizabeth murmelte eine vage Antwort, während sie aus dem Augenwinkel Michael beobachtete, der schweigsam bei einer kleinen Gruppe anderer Gäste stand, bevor ihr Blick zum Gastgeber, Mike Todd, schweifte. Der Mann gab ihr Rätsel auf, wieso hatte er sie überhaupt eingeladen, sie waren einander doch noch nie persönlich begegnet? Er fände sie auf der Leinwand faszinierend, deshalb wolle er sie persönlich kennenlernen, hatte er in seiner Einladung, die vor einer Woche auf goldgeprägtem Briefpapier in ihrem Briefkasten gelandet war, geschrieben.

Kurt Frings folgte ihrem Blick und betrachtete wie sie einen Moment lang Mike Todd, der gerade eine Reihe aufgetakelter Schönheiten, sicherlich aufstrebende Filmsternchen, unterhielt; wie man hörte, war er gelegentlichen Techtelmechteln nicht abgeneigt. Er vermochte sich durchaus gut darzustellen und besaß Unterhaltungstalent, auch wenn seine Wortwahl nicht gerade sehr gewählt klang, was sie aus den Satzfetzen, die die leise Brise herübertrug, schloss.

»Heute lassen wir es ordentlich krachen, was, Mädels?«, tönte er und legte den Arm um die Schulter einer der Frauen, die daraufhin künstlich lachte.

Ein Grinsen umspielte Frings' Mundwinkel. »Der gute Mike ... Ein typisches Beispiel für einen Selfmademan. Vom Schulabbrecher zum erfolgreichen Produzenten. Er finanziert gerade *In achtzig Tagen um die Welt*, das wird sicherlich ein monumentales Epos.«

»Bestimmt.«

Ein Kellner im weißen Frack, der so gestriegelt aussah, als arbeite er in einem Sternerestaurant, nicht auf einer Jacht, reichte Elizabeth ein weiteres Glas Champagner. Eigentlich sollte sie auf Wasser umsteigen, aber dieses schwerelose Gefühl im Kopf lullte sie ein, wog sie im Glauben, ihre Probleme wären gar nicht so gewichtig, würden sich auflösen wie Brausepulver. Mike Todd war nicht im eigentlichen Sinne gut aussehend – er hatte schwarze Haare, ein vorstehendes Kinn, das ihm einen Anschein von Aggressivität verlieh, und eine Gestalt wie ein ehemaliger Boxer. Er mochte wie Frings um die fünfzig sein. Der starke Rauch einer Zigarre, die ihm im Mundwinkel hing, zog zu ihr herüber, sodass sie unwillkürlich mit der Hand wedelte, um den unangenehmen Geruch zu vertreiben. Trotz seines etwas gewöhnlichen Auftretens wirkte er wie jemand, dem alle Welt zu Füßen lag, die Frauen, die ihn umringten, taten dies allemal. Auch der viel jüngere Mann mit den welligen dunklen Haaren, der an seiner Seite stand, hing bewundernd an seinen Lippen, als sei Todd sein großer Bruder.

»Wer ist das?«, fragte Elizabeth, froh, in Frings eine auskunftsfreudige Quelle gefunden zu haben.

»Eddie Fisher, Todds bester Freund. Er geht keinen Schritt ohne ihn.« Der Agent spähte ein wenig abfällig zu den beiden Männern hinüber. »Er ist Sänger und Entertainer, aber ohne Todd, der ihn fördert, wäre er wohl ein Nichts im Showbusiness.« Umständlich kramte er in seiner Hosentasche und reichte Elizabeth eine Visitenkarte. »Überlegen Sie sich, ob Sie mit mir zusammenarbeiten wollen. Ich könnte Ihnen exzellente Rollen verschaffen, ich unterhalte wertvolle Beziehungen.«

»Danke.« Geistesabwesend steckte sie die Karte in ihre silberne Handtasche, und während Frings weiterschlenderte, um ein Gespräch mit ein paar anderen Gästen zu beginnen, setzte sie sich auf einen der hummerrot gestreiften Liegestühle und zog ein Buch aus ihrer Tasche. Es war anstrengend, sich den ganzen Tag über zu unterhalten, zumal die Kreuzfahrt das gesamte Wochenende dauern sollte. Hoffentlich hielt Michael sich von ihr fern und nahm sie nicht in Beschlag, er schaute sich bereits suchend um. Ihr fehlte die Kraft, sich wieder mit ihm auseinanderzusetzen. Sie wünschte, er hätte die Einladung Todds ausgeschlagen und wäre mit den Kindern und Emmy zu Hause geblieben. Gedankenverloren nippte sie an ihrem Champagner.

Doch schließlich war es nicht Michael, der sich ihr näherte, sondern der Gastgeber persönlich; bisher hatte er nur wenige Worte an sie gerichtet.

»Sie bechern ja ganz schön, meine Liebe.« Mike Todd zog sich einen Liegestuhl heran und setzte sich neben sie. »Eigentlich finde ich Frauenzimmer, die trinken, nicht sonderlich attraktiv.«

Langsam ließ sie ihr Buch sinken und starrte ihn an. Ganz schön dreist, dieser Mr Todd, was glaubte er, wer er war? Aber das Lächeln, das auf seinen Zügen lag, wirkte nicht unsympathisch, und in seinen Augen, die er zusammenkniff, um sie ungeniert zu mustern, lag echtes Interesse.

»Tatsächlich«, bemerkte sie trocken und schlug ihr Buch wieder auf. Was sonst sollte sie auf eine solche Gesprächseinleitung erwidern?

»Aber bei Ihnen stört es mich nicht.« Todd ließ sich vom vorbeieilenden Kellner eine Flasche Champagner reichen und schenkte ihr so ungestüm nach, dass das Getränk überschäumte und eine Pfütze auf dem blank geschrubbten Schiffsboden bildete. »Kippen Sie sich ruhig einen hinter die Binde, es ist Ihr Schädel, der brummt.«

Wider Willen musste Elizabeth lachen. So vulgär Todd auch rüberkam, so sehr unterhielt er sie auch. Zumindest schien er ein selbstbewusster Mann zu sein, der wusste, was er wollte, anders als Michael. War nicht allein diese Tatsache erfrischend?

»Sprechen Sie immer so frei von der Leber weg mit Leuten, die Sie nicht kennen?«

»Nur mit Menschen, die meine Aufmerksamkeit wert sind. Sie sind es, Ihr verklemmter Ehemann sicher nicht, er scheint ja einen Stock im Arsch zu haben. Wie wär's, hätten Sie Lust, nächstes Wochenende zu einer Dinnerparty zu mir zu kommen? Ihren Schatten, der so unbehaglich zu uns rüberschielt, können Sie in Gottes Namen mitbringen. Ich möchte Sie besser kennenlernen.«

»Was sagt Ihre Lebensgefährtin dazu?« Die Frau an seiner Seite, eine gewisse Evelyn Keyes, die in *Vom Winde verweht* die Suellen

O'Hara gespielt hatte, war, wie sie gehört hatte, heute nicht zugegen.

Mike Todd schlug sich mit den Händen auf die Oberschenkel und lachte wiehernd. »Sie sind mir ein Herzchen. Keine Ahnung, was Evelyn dazu sagt, ich werde sie nicht um ihre Meinung bitten.«

...

Am folgenden Samstag wohnten Elizabeth und ein wortkarger Michael, der an ihrer Seite wie ein stummer Statist wirkte, einem festlichen Abendessen bei Mike Todd bei, nur wenige Tage später lud er sie zu einem Barbecue ein.

Während Michael mit ungesund blasser Gesichtsfarbe und in seinem guten Anzug schwitzend im Schatten des tief herabgezogenen Hausdaches saß – tags zuvor hatte er einen epileptischen Anfall erlitten und daraufhin vierzehn Stunden am Stück geschlafen –, gesellte Todd sich zu Elizabeth, die in einem gelben, rot gepunkteten Kleid mit enger Taille und weitem Rock unter einem Mammutbaum stand, an die raue Rinde gelehnt.

»Ich habe Ihnen einen Teller voller Köstlichkeiten zusammengestellt.« Er reichte ihr einen appetitlich duftenden Berg aus Steaks und Folienkartoffeln. »Ich mag es, dass Sie offensichtlich keine dieser Frauen sind, die stundenlang gelangweilt auf einem Salatblatt herumkauen wie ein Hase, sondern genießen können.«

Elizabeth nahm den Teller entgegen. Todds Kompliment berührte sie unangenehm. Zwar hatte sie in den vergangenen Wochen ein bisschen abgenommen – die Dreharbeiten zu *Das Land des Regenbaums* waren nach Montys Heilung wieder aufgenommen worden, und als Verkörperung der Südstaaten-Schönheit Susanna durfte sie natürlich kein Gramm zu viel wiegen –, doch mochte sie Anspielungen auf ihre Figur nicht. Wieso fühlte sich jeder berechtigt, einen Kommentar zu ihrem Gewicht abgeben zu dürfen? Sara hatte bei ihren regelmäßigen Besuchen im Hause Taylor-Wilding nicht mit Kritik hinterm Berg gehalten, und auch die Presse schien über jeden verschlungenen Schokoladenriegel auf dem Laufenden zu sein. »Du weißt, dass die Schreiberlinge gnadenlos sind«, hatte Sara mit gefurchter Stirn gesagt. »Jedes Foto, das auftaucht, wird gründlich daraufhin untersucht, ob du ein paar Gramm zugenommen hast. Liefere ihnen nicht noch mehr Munition, indem du dich gehen lässt.«

Sie zwang sich, Mutter aus ihren Gedanken zu verbannen. »Danke. Wie geht es Evelyn?« Sie hielt es für strategisch klug, Todds Freundin – oder lediglich Affäre? – zu erwähnen, denn die Haltung, die er ihr, Elizabeth, gegenüber an den Tag legte, verwirrte sie. Er kam so nahe an sie heran, dass sie seinen Geruch nach teurem Aftershave, Zigarren und Rauch vom Holzfeuer wahrnehmen konnte und jede feine Linie, die sich in sein prominentes Kinn eingegraben hatte, wie durch eine Lupe sah.

Er lächelte. »Sie ist noch immer in Europa. Dort kann sie meinetwegen gerne bleiben. Ich habe ihr bestimmt hundert Heiratsanträge gemacht – sie hat keinen angenommen. Aber ich will eine Frau an meiner Seite, die zu mir steht. Eine Frau, die ganz mir gehört, verstehen Sie, Elizabeth?«

Sie schob sich ein Stück Kartoffel in den Mund, verbrannte sich die Zunge daran, so heiß war sie, und nickte lediglich. Was meinte er mit diesen unverblümten Worten und dem Blick, der sich regelrecht an ihr festsaugte?

»Wie sieht's mit Ihnen aus, Lizzy? Sehr glücklich wirken Sie nicht mit dem alten Knaben, der wie ein Schluck Wasser drüben an der Hauswand hängt.«

Seine Unverfrorenheit traf sie wie ein Schlag in den Magen, gleichzeitig empfand sie widerwilligen Respekt vor seiner direkten

Art. Stellte er nicht ein wohltuendes Kontrastprogramm zu Michael dar, dessen einst so ruhige Stärke täglich mehr zu verblassen schien?

»Nennen Sie mich Elizabeth, nicht Liz, und schon gar nicht Lizzy, wenn Sie es sich mit mir nicht verderben wollen«, rügte sie ihn mit blitzenden Augen. Etwas an ihm forderte sie heraus. »Ich hasse diese albernen Kosenamen, die zu unbedarften jungen Dingern passen mögen. Aber nicht zu mir.«

»Sie sind alles andere als unbedarft, auch wenn Sie natürlich jung sind.« Er rückte noch ein Stückchen näher an sie heran, sodass sie die Wärme wahrnahm, die seine Haut abstrahlte. »Und ich finde Sie äußerst anziehend, Elizabeth.« Er betonte ihren Namen, als artikuliere er die Bezeichnung einer besonders köstlichen, exotischen Frucht. »Sie strahlen eine solche innere Kraft aus, ich glaube, Sie sind unzerstörbar – so wie ich. Verabschieden Sie sich von diesem Jammerlappen da drüben, Sie brauchen einen Mann, der Ihnen Halt gibt.«

»Ach, damit meinen Sie aber nicht zufällig sich?«, fragte sie spöttisch und schob sich ein weiteres Stück Kartoffel in den Mund, doch auch wenn sie versuchte, sich unnahbar zu geben, berührte er eine Saite in ihr, brachte etwas in ihr zum Klingen.

»Ich denke, wir würden einander guttun. Wir passen zusammen wie Arsch auf Eimer.«

Elizabeth schnaubte, derlei rohe Redensweisen war sie von Michael wirklich nicht gewöhnt; jedoch vermochte sie nicht, zu leugnen, dass Todds derber Charme sie anzog.

...

»Trink einen Schluck Wasser dazu.« Elizabeth saß auf der Tischkante vor Monty, der gekrümmt auf einem unbequemen Plastikstuhl in einem der Besprechungsräume von MGM kauerte und seine dritte Dosis Schmerztabletten für diesen Tag aus dem Röhrchen kippte. Auffordernd hielt sie ihm ein Glas Wasser hin. Die Jalousien waren heruntergelassen, um die unbarmherzige Julihitze auszusperren, und ein Ventilator an der Decke verteilte träge die stickige Luft.

Monty verdrehte die Augen. »Ja, Mommy.« Angewidert schluckte er seine Medizin.

Offiziell galt er zwar als geheilt, trotzdem hatte sein Autounfall im Mai massive Schäden bei ihm hinterlassen; noch immer litt er unter starken Schmerzen, auch im Gesicht, in dem er sich heftige Schnitte zugezogen hatte. Elizabeth war froh, dass ihm ein chirurgischer Eingriff erspart geblieben war, aber es tat ihr in der Seele weh, zu sehen, wie der Glanz, der Montgomery stets umgeben hatte wie ein Morgenleuchten, abgenutzt schien. Er wirkte wie ein gebrochener Mann.

»Deine Schmerzen werden nicht besser, nicht wahr?«, fragte sie mitfühlend und goss ihm Wasser nach, das er widerwillig trank. Wahrscheinlich bereitete ihm selbst das Öffnen des Mundes Qualen, schließlich war sein mehrfach gebrochener Kiefer verdrahtet.

»Nein. Sie sind allgegenwärtig. Ohne ein paar Schnäpse am Abend könnte ich überhaupt nicht einschlafen.«

»Aber das ist kein Dauerzustand.« Sie wusste, dass Montgomerys Alkohol- und Tablettenproblem, unter dem er bereits beim Dreh von *Ein Platz an der Sonne* gelitten hatte, sich gerade heftig verschlimmerte. Wie konnte sie ihm nur helfen? Sie trug es MGM bitter nach, dass sie Monty nach dem verheerenden Unfall lediglich neun Wochen zur Genesung zugestanden hatten. Sahen die Vorstände nicht, dass er ein menschliches Wrack war? Umso wichtiger, dass sie sich um ihn kümmerte. Hatte Monty ihr bisher immer mit Rat und Tat zur Seite gestanden, nahm nun sie ihn unter ihre Fittiche, beschützte ihn wie eine Vogelmutter ihr Junges.

»Du wirst ein Suchtproblem bekommen, du ...«

»Habe ich das nicht längst?« Selbst seine Stimme klang tiefer. Wenn sie im Schneideraum die einzelnen Szenen von *Das Land des Regenbaums* begutachteten, vermochte jeder Mitarbeiter auf Anhieb zu sagen, welche Aufnahmen vor und welche nach dieser Tragödie, die sein Leben verändert hatte, gedreht worden waren.

»Oh Monty ...« Sie legte den Arm um ihn und hielt ihn einen Moment, so vorsichtig wie eine Papierpuppe, die man nicht zerdrücken will. »Lass uns diesen Film abdrehen, und dann kümmern wir uns um deine Genesung ...«

»Sobald der Film beendet ist, stehe ich in den Startlöchern für den nächsten, du weißt doch, wie das ist. Der Vertrag ist bereits unterschrieben«, erwiderte Monty dumpf.

Elizabeth zupfte seinen Hemdkragen zurecht. »Das Filmbusiness ist manchmal grausam.«

»Erzähl mir was Neues. Aber genug von mir, Bessie Mae. Wir wollen unsere kurze Pause nicht mit einer Unterhaltung über meine Zipperlein verbringen, wir werden ohnehin gleich für die Kostümanprobe geholt, auch wenn ich nicht weiß, wie ich meinen geschundenen Körper in einen dieser engen Anzüge zwängen soll. Ich ersticke, wenn ich mir wieder eine dieser Fliegen um den Hals binden muss.«

»Ich werde mit der Kostümbildnerin sprechen, sie soll die Fliege locker schnüren. Ein bisschen Verständnis muss sie dir gegenüber schon aufbringen«, versprach Elizabeth energisch.

Monty lächelte schwach, als rühre ihn ihr Tatendrang. »Berichte mir doch mal lieber, was an den Gerüchten dran ist, die über dich und diesen Produzenten, Mike Todd, im Umlauf sind.«

»Sag nicht, dass die studioeigene Gerüchteküche bereits brodelt.«

»Natürlich tut sie das, Hollywood ist ein Dorf, das weißt du doch.«

Elizabeth seufzte und sank auf einen der Stühle, während sie gedankenverloren die Wasserkaraffe auf dem Tisch hin und her schob. »Es gibt nichts zu berichten, Monty … Außer vielleicht, dass mich dieser Mann sehr verwirrt. Plötzlich taucht er in meinem Leben auf, ja, er drängt sich geradezu hinein, als stünde ihm ein Platz darin zu … Er ist rau und ungehobelt, und von einem geradezu überwältigenden Selbstbewusstsein, ich glaube, er ist einer dieser Menschen, die sich nehmen, was sie wollen.«

»Sei vorsichtig.« Monty beugte sich trotz seiner offensichtlichen Schmerzen nach vorne, um ihre Hände zu ergreifen. »Ich denke, er will dich für sich einnehmen. Du bist verwundbar, seit bekannt ist, dass du keine Zukunft mit Michael hast, und wahrscheinlich scheut Todd sich nicht, diesen Umstand für sich zu nutzen.«

Elizabeth wusste, dass die Presse schon ewig mutmaßte, wie lange die Ehe zwischen ihr und Michael noch halten würde, aber nachdem gerade eine offizielle Meldung des Studios veröffentlicht worden war, gab es für niemanden mehr einen Zweifel daran, dass sie als Paar gescheitert waren. *In freundschaftlichem Einvernehmen haben wir beschlossen, künftig getrennte Wege zu gehen*, lautete die Nachricht an die Presse, die Elizabeth nach langem Nachdenken formuliert hatte. Michael hatte sich nicht daran beteiligt.

»Denk dir selbst einen Text aus«, hatte er am Telefon geäußert, »ich kann das nicht. Mir genügt es, die Meldung in der Zeitung zu lesen, dann kann ich mir vorgaukeln, es ginge um zwei fremde Menschen, nicht um dich und mich.«

»Ach, Michael.« Sie hatte sich wehmütig das Telefonkabel um

die Finger geschlungen. »Ich liebe dich, das weißt du, ich werde dich immer lieben. Du bist der Vater meiner Söhne, aber ... Aber es ist nicht mehr die richtige Art von Liebe, nicht die, die mich nachts in den Schlaf wiegt und mir sagt, dass mir nichts geschehen kann, weil du an meiner Seite bist ...«

Monty riss sie aus ihren Gedanken. »Ich hoffe, du lässt dich von diesem Todd nicht um den Finger wickeln, Bessie Mae. Der Typ ist ein Schwerenöter. Außerdem könnte er dein Vater sein, er ist mehr als doppelt so alt wie du.«

»Das war Michael auch.« Elizabeth biss sich auf die Lippen. Der Gedanke an ihren Noch-Ehemann verursachte ihr ein brennendes Ziepen im Bauch.

»Das könnte einem zu denken geben, oder?« Monty musterte sie.

Zum Glück ging da die Tür auf, und Monty wandte seine grünen Augen, die ihr bis auf den Grund der Seele zu schauen schienen, von ihr ab.

Es war ausgerechnet Mike Todd, der forsch hereinplatzte; Elizabeth spürte regelrecht, wie rote Flecken auf ihren Wangen erschienen.

»Mitkommen.« Todd nahm von Montgomery keine Notiz, sondern griff nach Elizabeths Ellenbogen, als sei sie allein im Raum, und führte sie ohne ein weiteres Wort hinaus. Die Ärmel seines weißen Hemdes waren hochgekrempelt, die oberen drei Knöpfe geöffnet, und er roch stark nach einer der exotischen Zigarren, die er zu rauchen pflegte.

»Was ...«, begann sie, doch er schüttelte nur energisch den Kopf, fasste sie noch fester und zog sie neben sich her. Sie folgten dem langen Korridor, in dem sich die heiße Luft staute, bogen um die Ecke in einen weiteren Gang. Todd stieß mehrere Türen auf, doch da sich zu seinem offensichtlichen Verdruss bereits Menschen in den Räumen befanden, schob er sie weiter, zwischen den Zähnen wenig salonfähige Flüche ausstoßend. Elizabeth protestierte nicht, ihre Neugier war geweckt. Was sollte das, wohin wollte Todd mit ihr? Warum zerrte er sie durch den gesamten MGM-Bürokomplex, als habe sie etwas ausgefressen?

»Was soll das, um Himmels willen?«

Er knallte eine weitere Tür eines Büros zu, in dem zwei Sekretärinnen an Schreibmaschinen saßen und konsterniert zu ihnen aufgesehen hatten.

»Verdammt noch mal, müssen diese Studioheinis ausgerechnet heute jeden einzelnen Raum belagern?« Schließlich bugsierte er sie in den Aufzug und drückte den Knopf für das oberste Stockwerk. Während sie auf die Anzeige sah – sie war gewiss nicht schüchtern, aber sie wusste nicht, was das hier werden würde und wie sie sich verhalten sollte –, tauchte Todd plötzlich in ihrem Sichtfeld auf und küsste sie mit so grober Zärtlichkeit, dass ihr die Luft wegblieb. Sie war so überrumpelt, dass sie es geschehen ließ und seine überraschend weichen Lippen auf ihren spürte. Sein Geruch nach Tabak stieg ihr in die Nase und brannte in ihren Augen, doch da meldete der Aufzug bereits mit einem melodischen Ping, dass sie die obere Etage erreicht hatten. Der Kuss war so abrupt zu Ende, wie er begonnen hatte, im Nachhinein fragte sie sich, ob sie ihn sich vielleicht eingebildet hatte.

»Was, bitte schön, war das?«, stammelte sie.

Todd ignorierte sie, fand ein leer stehendes Zimmer, schob sie hinein und schlug geräuschvoll die Tür hinter sich zu. Auch dieser Raum war abgedunkelt, um die kalifornische Sommerhitze auszusperren. Durch ein paar winzige Spalten der Jalousien drang gleißendes Licht, in dem die Staubkörnchen tanzten.

»So, da wären wir endlich.« Todd drückte sie auf einen Drehstuhl und lehnte sich gegen den Schreibtisch, auf dem sich zerfledderte Drehbücher und benutzte Kaffeetassen befanden, verschränkte die Arme vor der breiten Brust und musterte sie so eindringlich, dass sie es als verstörend empfunden hätte, wäre sie nicht so durcheinander gewesen.

»Vielleicht besitzen Sie die Güte und sagen mir endlich, warum ...«

»Liz«, unterbrach er sie, schüttelte dann aber grinsend den Kopf und rieb sich die Hände. »Was sage ich da, ich Holzkopf. Elizabeth, meinte ich natürlich. Ich habe die Pressemeldung gelesen, und ich muss gestehen, ich bin überaus erfreut, dass Sie sich endlich von diesem blassen englischen Trauerkloß getrennt haben.«

Elizabeth starrte Todd an, nahm diese vibrierende Lebenslust wahr, die ihn anzutreiben schien wie ein Motor, dieses überbordende Selbstvertrauen und die offenkundige Gewissheit, dass er bekommen würde, was ihm seiner Meinung nach zustand.

»Sie brauchen keinen Waschlappen wie ihn, kein weich gekochtes Ei, ich bin froh, dass Sie das eingesehen haben. Sie sind eine Vollblutfrau, voller Temperament und Leidenschaft, das sieht jeder Mann mit Augen im Kopf.«

Sie öffnete den Mund, um zu Wort zu kommen, schloss ihn jedoch gleich wieder. Himmel, was war das nur für eine Ansprache, hatte er die vorher einstudiert? Er klang so inbrünstig und von sich selbst überzeugt, dass sie nicht anders konnte, als zu ihm hochzusehen, beeindruckt von seiner breiten Brust und dem stechenden Blick, mit dem er sie maß. Seine Hände wirkten, als könnten sie zupacken, sie waren kräftig und rau, vermutlich vermochten sie eine Frau jedoch auch äußerst zart zu berühren. Um Gottes willen, welche Gedanken erlaubte sie sich? Mit erzwungener Ruhe strich sie ihren Rock glatt, doch ihre Finger bebten dabei.

»Sie brauchen einen Mann, der Sie auf Händen trägt, der Ihnen jeden Wunsch von den Augen abliest. Sie schwärmen für Diamanten und Edelsteine, habe ich recht? Für schöne Pelze und seltene Blumen, und Ihre Idealvorstellung von einem Rendezvous besteht darin, dass der Mann, der Ihnen den Hof macht, Sie in sein Privatflugzeug packt und nach New York fliegt, wo er den Rainbow Room nur für Sie reserviert hat. Ist es nicht so?«

Elizabeth rutschte tiefer in ihren Stuhl und schob die Hände zwischen die Oberschenkel. Dieser Mann kannte ihre geheimen Wünsche, so albern und kindisch sie auch sein mochten, auf seine verquere Art schien er einen Zugang zu ihr zu finden, der bisher noch jedem versperrt gewesen war. War das nicht unheimlich? Und doch so absolut romantisch, so wundervoll, dass ihr Herz so heftig schlug, dass sie fürchtete, es würde ihr aus der Brust springen?

»Könnte man so sagen, ja«, flüsterte sie. Todd fixierte sie zufrieden, schien sie zu hypnotisieren, sodass sie nur gebannt zurückstarren konnte. Sie fühlte sich wie ein Kaninchen im Angesicht einer Schlange.

»Gut.« Todd nickte knapp. »Ich mache es kurz: Ich liebe Sie, Elizabeth, und ich werde Sie heiraten. Ich möchte nicht, dass Sie jemals wieder einen anderen Mann anschauen, geschweige denn, es noch einmal mit einem anderen treiben.«

Wie zuvor rauschte das Blut in Elizabeths Ohren.

»Dann wäre das geklärt.« Todd zog sie auf die Füße und geleitete sie am Arm aus dem Büro, den Korridor entlang, im Aufzug nach unten bis zu dem Raum, in dem sie mit Monty gesessen hatte. »Ich melde mich.«

»Aber ... was soll das?« Sie wollte ihm tausend Dinge hinterherrufen – *So geht das aber nicht ...! Warten Sie doch! Was bilden Sie sich ein? Sind Sie noch ganz bei Trost?* –, doch ihr kam kein Wort mehr über die Lippen. Wie vom Blitz getroffen schaute sie ihm hinterher, wie er, die Hände in den Hosentaschen, davonschlenderte, als habe er nicht gerade ihr ganzes Dasein durcheinandergeschüttelt.

»Wir sehen uns.« Er schaute kurz über die Schulter zurück, dann verschwand er um die Ecke. Sie würde Mrs Mike Todd werden, daran gab es nichts zu rütteln. Mike bekam stets seinen Willen, und aus der Tiefe ihrer selbst stieg die glühende Erkenntnis in ihr auf, dass auch sie selbst sich nichts anderes wünschte.

»Sei vorsichtig mit diesem zwielichtigen Typen. Er hat dich ja geradezu bedrängt.« Monty tauchte in der Tür hinter ihr auf, das Gesicht vor Schmerzen verkrampft. Sie biss sich nur auf die Lippen und schüttelte stumm den Kopf, als könne sie so die Gedanken, die durch sie hindurchrasten, vertreiben.

14

Kentucky, 1956

»Dein Tee, Monty. Du trinkst zu wenig, das tut dir nicht gut.«

»Das Schlucken tut mir weh.«

Wie ein Häufchen Elend kauerte Monty in seinem blassblau gestreiften Pyjama auf einem Polstersessel in Elizabeths Hotelzimmer. Sie saß ihm im Nachthemd gegenüber und versuchte, ihm das Frühstück schmackhaft zu machen, das auf dem runden Mahagonitischchen zwischen ihnen stand, so wie sie sich zu Hause bemühte, ihre Söhne Michael junior und Christopher zum Essen zu animieren. Zurzeit drehten sie Außenaufnahmen in Danville, Kentucky, und da Monty sich weigerte, das Frühstück mit dem Rest der Filmcrew im Speisesaal einzunehmen, trafen sie sich jeden Morgen in Elizabeths Zimmer, wo ihnen der Hotelservice die Mahlzeit servierte.

»Nun komm schon, Monty, du kannst nicht mit leerem Magen zum Dreh erscheinen. Bei dieser sengenden Hitze wird dir schlecht werden, denk nur an den Kreislaufkollaps, der mich letzte Woche umgehauen hat. Ein paar Tage lang lag ich im Bett.« Sie schob ihm ein Schälchen Apfelmus hin, doch er verschmähte es. Stattdessen kostete er ein kleines bisschen von dem Vanillepudding, das Einzige, was er derzeit zu sich nahm. Elizabeth betrachtete die Auswahl an geröstetem Brot, Frühstücksspeck und Obst, um Monty das Gefühl zu nehmen, sie beobachte ihn. Sie wusste, wie schwer ihm das Essen fiel, vermochte er doch noch immer kaum den Mund zu öffnen geschweige denn zu kauen. Der gebrochene und verdrahtete Kiefer verursachte ihm Höllenqualen. Da er kaum etwas verzehrte, wirkte er abgemagert, die Augen lagen in tiefen Höhlen. Die Studiobosse erfreute das nicht gerade – wie sollte er in diesem Zustand glaubhaft die Rolle des jungen, dynamischen, attraktiven Lehrers John Shawnessy verkörpern? Elizabeth hätte ihnen gerne gesagt, dass sie sich zum Teufel scheren sollten. Herrje, nahm sie inzwischen bereits das Vokabular Mike Todds an, färbte der Umgang mit ihm derart auf sie ab?

»Versuch nicht, mich zum Essen zu zwingen, Bessie Mae.« Monty schob sein Schälchen nach nur zwei Löffeln von sich weg. »Es geht einfach nicht. Außerdem fühle ich mich wie benebelt – ich musste gestern Abend die doppelte Menge Schmerzmittel nehmen und sie mit ordentlich Whiskey hinunterspülen, sie verlieren allmählich ihre Wirkung.«

»Ich wünschte, ich könnte etwas für dich tun.« Elizabeth schob ihr Frühstücksbrötchen auf dem Teller hin und her und schluckte die Tränen hinunter, die sich salzig in ihrer Kehle ausbreiteten.

In diesem Moment klopfte es an der Tür.

»Nicht schon wieder«, stieß Monty zwischen halb geschlossenen Lippen hervor, doch Elizabeth war schon aufgesprungen und eilte barfuß zur Tür. Ein Hotelangestellter, dessen Kopf hinter zwei Dutzend langstieliger, dunkelroter Rosen verschwand, stand auf dem Korridor.

»Für Sie, Mrs Taylor.«

»Danke schön.« Mit klopfendem Herzen nahm sie die duftenden Blumen entgegen und strich andächtig über die samtigen Blütenblätter – nicht, dass es das erste Mal war, dass sie einen morgendlichen Strauß Blumen erhielt, nein, sie erhielt täglich einen, doch es war jedes Mal von Neuem aufregend. Sie fühlte sich wie etwas ganz Besonderes, umworben, geschätzt, verehrt. Noch nie hatte ihr ein Mann auf solch offensichtliche Weise den Hof gemacht.

»Wie lange will er diese Nummer noch durchziehen?« Monty versuchte, an seinem Tee zu nippen, doch seine Hände zitterten, als er die Tasse anhob.

»Sei nicht so negativ, Monty. Ich freue mich wahnsinnig über die Rosen, und auch über die Geste als solche. Mike zeigt mir, dass ich ihm etwas wert bin, dass er sich um mich bemüht. Weder Nicky noch Michael haben das jemals getan.« Elizabeth stellte die Blumen in eine Vase, die der Angestellte vorsorglich mitgeliefert hatte, und schnupperte noch einmal mit geschlossenen Lidern daran. Sie rochen so süß und verheißungsvoll, als bargen sie ein Versprechen auf eine glänzende Zukunft.

»Ach, Bessie Mae.« Monty seufzte. »Verrenn dich nicht in etwas. Du bist immer so schnell darin, dein Herz zu verschenken. Deinen Leidenschaften nachzugeben. Wie oft hast du diesen Todd getroffen? Dreimal?«

»Sechsmal«, korrigierte sie ihn, wohl wissend, dass die Anzahl ihrer Begegnungen lächerlich gering war. Jedoch – wenn einen ein Mensch derart in seinen Bann schlug, buchstäblich mit einem Zauber belegte, dann war es doch unbedeutend, ob man ihn sechsmal oder sechzigmal getroffen hatte, oder?

»Von Michael hast du dir damals auch so viel erhofft, und anfangs vielleicht auch bekommen. Doch dann stellte er sich als nicht so stark heraus, wie du dir das gewünscht hast. Er offenbarte sich als ein Mensch mit Schwächen und Defiziten, so wie wir alle.«

»Du solltest nicht so viel sprechen.« Sie wusste, welche

Schmerzen ihm jeder Satz verursachte, gleichzeitig war ihr klar, dass die Sorge um sie ihn nicht würde verstummen lassen.

Monty wärmte seine Hände an der Teetasse, achtete nicht auf ihren Einwand. »Und jetzt ist dieser Mike Todd aufgetaucht wie ein Märchenkönig, und in ihm glaubst du all das zu finden, was du an Michael vermisst hast.«

»Wer bist du – ein Therapeut?« Elizabeth verschränkte die Arme vor der Brust. Montys Anteilnahme in allen Ehren, aber allmählich gingen ihr seine Analysen zu weit. Vielleicht, weil er recht hatte? »Trink noch ein wenig Tee, wenn du schon nichts isst.«

»Ich möchte doch nur, dass du es langsam angehst, Bessie Mae.« Montys Tonfall klang so flehend, dass sie augenblicklich weich wurde und seine Hand ergriff. »Er geht in die Vollen, jeden Tag diese riesigen Blumensträuße, und dann der Schmuck, den er dir geschenkt hat ...«

Elizabeth zupfte sich instinktiv die dunklen Haare über die Ohren, um die Amethyststecker zu verbergen, die Mike ihr an ihrem letzten Wochenende in Los Angeles überreicht hatte.

»Sie passen zu deinen wundervollen violetten Augen«, hatte er gesagt, als sie staunend das Schmuckschächtelchen geöffnet hatte, »sie haben exakt dieselbe Farbe, Süße.«

Sie liebte die Ohrringe, bei Schmuck wurde sie nun einmal schwach. Juwelen stellten wie Süßigkeiten eines ihrer Laster dar, doch nur langweilige Menschen waren frei von Fehlern, nicht wahr?

»Was hat er dir noch geschenkt?«

»Einen Pelz«, gestand sie und dachte an den herrlichen, federweichen Mantel, der, sorgfältig in schützende Folie gehüllt, daheim in ihrem Schrank hing.

»Findest du diese großartigen Geschenke nicht ein wenig ... prahlerisch?«

»Nein, finde ich nicht.« Klirrend setzte sie ihre Tasse ab. Ihre Mutter saß ihr bereits im Nacken, dass sie sich von einem Mann wie Mike Todd fernhalten sollte. »Er ist nicht der Richtige für dich, Schätzchen, siehst du das nicht?«, hatte sie letzten Samstag eindringlich gesagt, als Elizabeth ihr mit den Kindern den obligatorischen Wochenendbesuch abgestattet hatte, bevor Mike sie mit seiner Limousine abholen ließ, um sie zu einem fürstlichen Dinner auszuführen. Vater hatte nur sein übliches sauertöpfisches Gesicht gezogen, aber Elizabeths Glück hatte ihn ja noch nie besonders interessiert.

Musste ihr nun auch ihr engster Freund und Vertrauter die Beziehung zu Todd vergällen? Es war doch offensichtlich, dass Mike ehrbare Absichten verfolgte, hatte er ihr nicht klargemacht, dass er sie heiraten wollte?

Monty legte seine zerknüllte Serviette neben seinen unberührten Teller und stemmte sich aus dem Lehnsessel hoch. Sensibel, wie er war, wusste er natürlich, dass er eine unsichtbare Grenze überschritten hatte. »Verzeih bitte. Ich will dir keine Vorschriften machen, ich möchte doch nur, dass du glücklich bist. Bitte sei nicht sauer.«

»Ich weiß, Monty.« Sie stand ebenfalls auf, umrundete den Tisch und umarmte ihn, drückte ihn innig an sich. »Natürlich bin ich nicht wütend. Du bist mein Ein und Alles.«

...

Während der letzten Drehminuten am Abend – Elizabeth schwitzte in ihrem eng geschnürten weißen Kleid mit den langen, vielfach gerüschten Ärmeln, der ausladenden Krinoline und dem weißen, mit lila Blüten geschmückten Hut auf den Haaren – überflog ein kleines Flugzeug mit brummenden Motoren die Szene.

Regisseur Edward Dmytryk fluchte über die Störung, während alle Crewmitglieder nach oben in den noch immer strahlend blauen Septemberhimmel blickten. Das Flugzeug befand sich recht tief und schien in der Nähe, hinter einem Wäldchen, zu landen.

»Das ist nicht das, was ich glaube, oder?« Monty sah Elizabeth mit seinen seegrünen Augen eindringlich an, doch sie hob nur die Schultern, von einer Welle aus Verlegenheit und Aufregung überschwemmt.

»Ich ... ich weiß es wirklich nicht ...« In ihrer Verwirrung vergaß sie, den schleppenden Südstaatenakzent, den sie sich für die Rolle antrainiert hatte, abzulegen.

Als sie nach dem Abschminken und Ausziehen ihrer aufwendigen Garderobe in ein lockeres, malvenfarbenes Kleid geschlüpft war – welch ein Segen, endlich wieder frei zu atmen! – und mit Monty zum Hotel schlenderte, sah sie eine stämmige Gestalt auf der Veranda des Gebäudes sitzen, einen Drink auf den weit gespreizten Knien balancierend.

»Es ist, was ich glaube.« Monty schüttelte den Kopf, doch er schien nach dem langen, aufreibenden Tag und dem vielen Text, den er sprechen musste, so erschöpft, dass er es bei diesem einen Kommentar beließ.

»Ich weiß nicht, wie er plötzlich nach Kentucky kommt ...«, stammelte Elizabeth, doch die Freude, die sie insgeheim empfand, füllte sie aus bis in die Fingerspitzen.

»Wir sehen uns morgen früh.« Monty nickte Mike Todd knapp zu und verschwand im Innern des Hotels.

»Na, das ist ja eine Überraschung.« Elizabeth lehnte sich gegen die Brüstung der Veranda und schüttelte ihre nach dem stundenlangen Tragen des altertümlichen Hutes zerdrückten Haare aus.

Mike grinste und erhob sich, wobei er ihr so nahe kam, dass sie seinen Whiskeyatem wahrnahm. »Ich dachte, heute ist ein schöner Abend für einen kleinen Ausflug.«

»Ein kleiner Ausflug?« Sie lachte heiser. »So nennen Sie den weiten Weg von Kalifornien hierher? Das war vorhin doch Ihre Privatmaschine, oder? Das ganze Team stand kopf, als Sie über uns hinweggebrettert sind.«

Er grinste geschmeichelt. »Ja, das war mein Flieger. Und für dich ist mir kein Weg zu weit, Elizabeth, das weißt du doch. Haben dich meine Rosen erreicht?«

»Ja, alle vierzehn Sträuße.« Die Art, wie er ihr in die Augen sah, voller Bewunderung und noch etwas anderem, Tieferem, roh und unverhohlen, prickelte ihr unter der Haut. Was hatte dieser Mann nur an sich, dass sie sich zu ihm hingezogen fühlte wie die Motte zum Licht?

»Gut. Und nun pack eine Tasche, nimm ein Nachthemd und deine Zahnbürste mit, und außerdem ein aufregendes Kleid, mit dem man sich in einem Nobelschuppen blicken lassen kann. Wir gehen essen.«

»Wozu brauche ich ein Nachthemd, wenn wir lediglich essen gehen?« Ihr flimmerte es vor den Augen, was sicherlich nicht nur an ihrem niedrigen Blutdruck lag, an dem sie in der noch immer sengenden Hitze litt.

»Das Restaurant, in dem ich reserviert habe, befindet sich in St. Louis.« Er sagte das so trocken, als spräche er lediglich über den Wetterbericht, der Gewitter vorausgesagt hatte, und nicht darüber, dass er sein Versprechen wahr machen und sie zum Dinner ausfliegen würde, als sei sie eine Königin, für die das Beste gerade gut genug war. »Wir werden über Nacht bleiben.«

»St. Louis, Missouri?« Sie vermochte kaum zu glauben, was ihre Ohren vernahmen. Ihre Füße kribbelten, am liebsten wäre sie auf der Stelle hoch in ihr Zimmer gelaufen und hätte eines ihrer

Abendkleider aus Paris sowie ein Nachthemd aus feinstem, fast durchsichtigem Satin in eine Tasche gestopft, doch sie wollte nicht allzu eifrig erscheinen. Nicht zu fassen, er rauschte mit seinem Privatjet an, um sie über die Grenze des Bundesstaats zum Essen auszuführen … Noch nie in ihrem Leben hatte sich jemand so viel Mühe um sie gegeben, ihr gezeigt, wie kostbar sie ihm war.

»Genau da.« Mike musterte sie mit zusammengekniffenen Augen, wobei sich seine wettergegerbte Haut in viele kleine Fältchen legte. »Wobei – das Nachthemd kannst du eigentlich hierlassen.«

Ihre Mutter wäre erschüttert gewesen, hätte sie dies gehört, doch zum Glück war sie nicht da. Außerdem war sie, Elizabeth, mittlerweile beileibe alt genug, um zu wissen, was sie wollte. Und sie wollte genau das, was Mike andeutete: sich kopflos in ein fulminantes Abenteuer stürzen, mit ihm durch das warme Purpur und kalte Rosa der Abenddämmerung fliegen, in einer fremden Stadt Champagner trinken und sich unter kühlen Laken an seinen Körper schmiegen. Hatte sie es sich nicht verdient, nach den Fesseln, die sie in ihrer Kindheit und Jugend eingeengt hatten, nach der einsamen Ehe mit Michael, ihre neu gewonnene Freiheit auszukosten wie eine Praline mit einer köstlichen Cremefüllung?

»Aber morgen früh muss ich pünktlich zurück sein«, stellte sie klar. Auf der anderen Seite – Mike schien nicht wie ein Mann, der sich um so etwas scherte.

»Das wirst du, keine Sorge. Ich kann nicht garantieren, dass du viel Schlaf abbekommst, aber vielleicht kannst du auf dem Rückflug ein Nickerchen einlegen.« Mike stellte sein Glas auf der Brüstung ab und strich ihr mit dem Zeigefinger über das Handgelenk, eine subtile Geste, die eigentlich nicht zu ihm passte, dafür umso intensiver in ihr nachklang. In ihrem Magen schienen Wunderkerzen zu sprühen, und Verlangen nach mehr wühlte sie auf.

Als sie in St. Louis ankamen – während des Fluges hatte sie

wie verzaubert in den nun dunklen Himmel gestarrt, an dem die Sterne glitzerten wie Silberpuder –, stand bereits eine Limousine bereit, die sie zu einem Hotel chauffierte, wo Elizabeth hastig mit den Händen versuchte, ihre derangierte Frisur zu Wellen zu formen, und in ein schwarzes, schulterfreies Kleid schlüpfte, das locker ihre Knie umspielte.

»Du siehst umwerfend aus«, raunte Mike ihr zu und küsste ihr den Nacken. Der Rauch seiner Zigarre nebelte sie ein, aber das störte sie nicht, heute Abend schien alles perfekt zu sein.

Im Restaurant wartete eine intime Nische auf sie, die nur von einem halben Dutzend flackernder Kerzen erhellt wurde, ein sanfter Schein, der auch Mikes kantige Gesichtszüge weicher erscheinen ließ.

»Ich muss schon sagen, das alles …«, sie umfasste mit einer Handbewegung das edle Interieur des Restaurants, die bodenlangen, nachtblauen Vorhänge, die teuren Gemälde an den Wänden und das gehobene Klientel, das sich gedämpft unterhielt, »… ist sehr beeindruckend. Geld spielt wohl keine Rolle für dich.«

»Für dich doch auch nicht.« Er schmunzelte, während er ihr mit seinem Champagnerkelch zuprostete. »Wie ich höre, bist du den schönen Dingen des Lebens auch nicht abgeneigt und investierst gerne in Schmuck und andere Kostbarkeiten. Ich habe nämlich Erkundigungen über dich angestellt.«

»Tatsächlich?« Es wunderte sie nicht, dass er ihr Leben wie mit einem Röntgenapparat durchleuchtet hatte, genauso wenig störte sie es – für einen Mann wie Mike Todd galten andere Regeln als für den Rest der Gesellschaft, Regeln, die er selbst definierte.

»Selbstverständlich. Ich möchte doch alles über die Frau wissen, die ich heiraten werde.«

Jetzt wäre der Moment gekommen, ihn darauf hinzuweisen, dass dies – wie Monty ihr versucht hatte zu verdeutlichen – alles ein wenig schnell vonstattenging, sie verpasste ihn jedoch, und das willentlich. An der Seite Mike Todds fühlte Elizabeth sich wie auf einem rasenden Zug, genoss den frischen Wind, der ihr um die Nase wehte, die Spontanität, ein- und auszusteigen, wo sie wollte. Ihr Leben war noch nie so aufregend gewesen, wieso sollte sie von diesem Zug abspringen? Von jeher hatte sie sich gerne von ihren Leidenschaften leiten lassen, wie Monty ihr liebevoll vorgeworfen hatte, doch zum ersten Mal wurde sie nicht von ihrer Mutter, Metro Goldwyn Mayer oder einem trägen Ehemann daran gehindert, impulsiv und spontan zu sein.

»Ich bin gespannt, was du dir noch alles einfallen lässt, um mich für dich zu gewinnen«, sagte sie über den Rand ihres Glases hinweg. Sie hing in seinem Blick wie eine Gestrandete, die sich an dem Mann festklammerte, der sie aus dem Meer gefischt hatte.

»Ich glaube, du gehörst mir schon mit Haut und Haar.« Lächelnd zog er eine kleine Samtschachtel aus seiner Jacketttasche und schob sie über den Tisch.

»Was ist das?« Neugierig löste Elizabeth die rosenrote Schleife und hob den Deckel des Schächtelchens an. Ein goldener Ring mit einem Diamanten, so groß wie eine der Murmeln, die sie als Kind gesammelt hatte, funkelte ihr im Kerzenlicht entgegen. Sprachlos starrte sie das Schmuckstück an, dann schob sie es sich fast andächtig auf den Finger.

»Zwanzig Karat«, erklärte Mike und steckte sich eine Zigarre an. »Ein feiner Klunker, was? Lass uns keine Zeit verschwenden und heiraten, sobald deine Scheidung durch ist.«

»Okay«, erwiderte sie und nahm eine Gabelspitze von dem Kaviar, den Mike für sie beide bestellt hatte. In ihrem Innern stieg ein unkontrolliertes Lachen hoch, das sie im letzten Moment noch unterdrücken konnte. Lass uns heiraten – okay? Das war wohl der unromantischste Antrag, den sie sich vorstellen konnte; trotzdem fühlte sie sich, als explodiere in ihrem Kopf und in ihrem Herzen ein Feuerwerk aus glühendem Gold und königlichem Blau.

»Mach hinne und iss«, forderte Mike sie auf, »wir wollen die Zeit nicht zu Tisch vertrödeln, in unserer Suite ist alles bereit.«

Wie er prophezeit hatte, fanden sie in dieser Nacht keinen Schlaf. Mike war der dritte Mann, mit dem sie intim war, doch es war das erste Mal, dass sie von einer solchen Euphorie erfasst wurde, dass eine fortwährende Gänsehaut sie überzog. Trotz seiner fünfzig Jahre war Mikes Körper fest und sehnig, und als er sich an sie presste, Arme und Beine mit ihren verknotet wie Schlingpflanzen, die man nie wieder zu entwirren vermochte, Haut an Haut und Herz an Herz, und ihr köstliche Obszönitäten ins Ohr flüsterte, fühlte sie sich wie befreit, so als habe sie ihr bisheriges Leben in einem tiefen Schlummer verbracht und sei nun endlich wachgeküsst worden. Mit weit geöffneten Augen starrte sie durch das Fenster auf den beleuchteten Gateway Arch aus Beton und Edelstahl, der sich wie ein Regenbogen über den Mississippi spannte. Tiefschwarz wie dunkle Tinte floss der Strom dahin. Noch nie hatte sie sich so lebendig gefühlt.

15

Los Angeles, 1956

Der Zustand trunkener Verliebtheit, rauschhafter Ekstase, in den Elizabeth eingesponnen war wie in einen Kokon, hielt den gesamten Herbst und Winter über an. Auf den Flug nach St. Louis folgten weitere nach Chicago und New York, wo Mike sie fürstlich ausführte, sie die ganze Nacht über hingebungsvoll liebte, um sie im Morgengrauen mit seinem Privatflugzeug wieder heimzubringen, damit sie übernächtigt und blass wie zerknittertes Seidenpapier ihre Arbeit wieder aufnehmen konnte. Es folgten weitere Rosen, Orchideen, noch mehr Juwelen. Elizabeth hatte das Gefühl, ihr Leben zum ersten Mal auszukosten, alles an Vergnügen und Zuneigung aus ihm herauszupressen, was es hergab.

Scheinbar atemlos hastete sie zwischen ihren Söhnen, Mike und den Dreharbeiten hin und her, blühte auf wie nie zuvor.

Auch Sara nahm ihr warmes Leuchten wahr, das sie umgab wie Sternenflimmern, als sie am Sonntagmittag zum Familiendinner beisammensaßen. Mit mütterlicher Strenge hatte sie darauf bestanden, dass Elizabeth, Michael junior und Christopher teilnahmen; auch Howard und seine Frau Mara, die hochschwanger war, waren zugegen, und Sara strahlte, alle ihre Kinder und Enkel um sich zu haben.

»Komm zu Grandpa, Kleiner.« Francis klopfte sich nach dem reichhaltigen Essen auf die Schenkel, und Michael, den Elizabeth herausgeputzt hatte – er trug ein von Emmy gebügeltes Hemd mit einer Fliege –, sprang auf seine Knie, wo er sich offensichtlich wohlfühlte.

»Zeigst du mir, wie man aus einem Blatt Papier einen Flieger bastelt, Grandpa?«

Einen Flieger … Seit Mike in Elizabeths Leben getreten war, zeigte ihr Ältester ein auffälliges Interesse an Flugzeugen, hatte er doch bereits einige Male mitfliegen dürfen. Natürlich bekamen die Kinder trotz ihres zarten Alters genau mit, dass ihr Vater ausgezogen war und dieser neue Mann, Mike Todd, des Öfteren bei ihnen aufschlug, viel häufiger als Michael Wilding, der seine Söhne zu sporadischen Spaziergängen abholte.

»Natürlich, schau her. Zuerst faltest du das Papier einmal in der Mitte …« Der Dreijährige saß ganz still, den Kopf an die Brust seines Großvaters geschmiegt, und verfolgte aufmerksam jede seiner Bewegungen. Elizabeth versetzte dies einen Stich in der Brust. Als Großpapa war Francis so geduldig und liebevoll, wie er es als Vater nie gewesen war. Wieso war das so? Warum hatte er mit ihr als Tochter scheinbar nie etwas anfangen können, mit Howard und seinen Enkeln aber umso mehr?

Sie riss sich von dem Anblick der beiden los und fütterte Christopher, der auf ihrem Schoß saß und mit den Ärmchen ruderte, eine zerdrückte Banane.

»Schön, dass du es mal wieder hergeschafft hast, Schätzchen.« Sara saß ihr gegenüber, mit abgespreizten Fingern ihre Teetasse haltend. Selbst zum Familienessen hatte sie sich tadellos hergerichtet, trug ein fliederfarbenes Etuikleid mit antiker Brosche, die Haare sorgfältig in eine Außenrolle gelegt. »Man sieht dich ja gar nicht mehr, seit du mit diesem ... diesem Produzenten durch die Weltgeschichte düst.«

In ihrer Stimme lag eine so unverhohlene Abneigung gegen Mike, dass Elizabeth die Augen verdrehte, während Howard in sich hineingrinste.

»Schade, dass ich aus den Zeitungen erfahren muss, was meine Tochter so treibt, und nicht von ihr persönlich.« Anklagend deutete Sara auf eine ihrer Zeitschriften, die fein säuberlich in einem Korb gestapelt lagen. »Findest du es klug, dich von einer Beziehung in die nächste zu stürzen? Außerdem ist dieser Todd ...«

... *doppelt so alt wie du.* In Gedanken konnte Elizabeth den Satz, den sie schon so oft von den verschiedensten Personen gehört hatte, mitsprechen. Was ritten die Leute nur immer auf dem Alter herum? War es nicht viel wichtiger, dass sie sich bei Mike geborgen und geliebt fühlte, zählte das nicht viel mehr als reine Äußerlichkeiten?

»Ich weiß. Aber Liebe fragt nicht nach dem Alter.« Energisch wischte sie Christopher ein Bananenbröckchen vom Kinn.

Howard grinste sie frech an. »Vielleicht hast du einen Vaterkomplex, Schwesterchen.«

Sie versetzte ihm einen spielerischen Rippenstoß, woraufhin er sich gespielt stöhnend gegen Mara fallen ließ. »Au! Mit zunehmendem Alter wirst du immer rabiater!«

Francis hielt sich aus dem Gespräch wie üblich heraus und demonstrierte seinem gebannten Enkel, wie man dem Flugzeug Flügel verpasste. Elizabeth beobachtete die beiden verletzt. Wieso hatte ihr Vater nie eine Meinung, zog sich immer mehr zurück, so als sei sie nur mehr Saras Kind, nicht auch seins?

»Überhaupt ist diese ganze Affäre mehr als unglücklich«, lamentierte Sara, die nichts von den Gefühlen ahnte, die in ihrer Tochter tobten. »Sich in ein Techtelmechtel mit einem neuen

Mann zu stürzen, während man mit einem anderen faktisch noch verheiratet ist, wirft ein schlechtes Licht auf dich. Das kränkt das Moralempfinden der Amerikaner.«

»Sollte es nicht in erster Linie darum gehen, dass ich glücklich bin? Meine Aufgabe ist es doch nicht, die prüde Bevölkerung zufriedenzustellen.« Christopher wedelte mit den pummeligen Armen und schlug ihr den Löffel aus der Hand. Mara, die sich mit ihrem ausladenden Bauch kaum bücken konnte, reichte ihn ihr mühsam, ein Ächzen unterdrückend.

»Elizabeth lebt wohl nach dem Motto: Ist der Ruf erst ruiniert, lebt es sich ganz ungeniert«, warf Howard grinsend ein, woraufhin ihm dieses Mal seine Frau einen Stoß versetzte.

»Ihr Taylor-Frauen seid ja wirklich richtiggehend brutal …«

Sara ignorierte ihren Sohn und fixierte Elizabeth eindringlich. »Schätzchen, denk an deine Karriere! Die Presse hat nicht vergessen, wie du dich damals mit Michael, der zu dem Zeitpunkt noch verheiratet war, eingelassen hast.« Sie hob ihre Hand, um Elizabeths Einwurf, dass die Ehe nur noch auf dem Papier bestanden hatte, im Keim zu ersticken. »Und nun handelst du nach dem gleichen Muster wie er: Du bandelst mit einem Mann an, obwohl du und Michael gerade mal … Wie lange seid ihr getrennt? Ein paar Wochen?«

»Ich weiß wirklich nicht, was du von mir erwartest, Mom.« Elizabeth nahm Christopher in den anderen Arm und küsste ihn auf das weiche Babyköpfchen. Die Stimmen schienen ihn einzuschläfern, denn seine Augen fielen zu, und er bettete die bananenverschmierte Wange an ihre Brust. »Michael und ich haben uns auseinandergelebt, daran gibt es nichts zu rütteln. Soll ich an einer Ehe festhalten, die mir nichts mehr gibt? Und soll ich die wahre Liebe wegstoßen, wenn sie mir begegnet?«

»Leidenschaftlich wie immer, unsere Elizabeth«, flachste Howard, doch weder Sara noch Elizabeth gingen darauf ein.

»Ich mache mir nur Sorgen um deine Karriere, Schätzchen.« Sara zupfte gedankenverloren an ihrer Serviette. »Falsche private Entscheidungen können so viel zerstören, das weißt du. Ich weiß nicht, ob MGM deinen Eskapaden auf Dauer zusieht, ohne einzugreifen. Ich kann dir ein Dutzend Schauspieler aufzählen, die, nachdem sie in Skandale verwickelt waren, keine Rollenangebote mehr bekamen.«

»Über mangelnde Angebote kann ich mich nicht beklagen.« Elizabeth presste die Lippen zusammen und hoffte, Saras Litanei wäre bald zu Ende. Sie war zweifache Mutter – und bald zweifach geschieden –, zudem eine erfolgreiche Schauspielerin, die mit den gefeiertsten Stars Amerikas gedreht hatte, und noch immer tadelte Sara sie wie ein kleines Mädchen. Würde sie irgendwann die Sorge ablegen können, die Mutter zu enttäuschen? Hätte sie irgendwann genug erreicht, um sie zufriedenzustellen?

»Und denk an deine Kinder.« Mutters Stimme klang mit einem Mal begütigend, fast sanft, während sie Michael junior, der mithilfe Francis' nun Fenster auf den Papierflieger malte, den Buntstift fest in der Hand, über das dunkle Haar strich. »Kinder brauchen Stabilität, Strukturen. Davon merke ich bei euch wenig. Wenn du drehst, sind sie bei Emmy, und auch an den Wochenenden bist du so oft mit diesem Todd unterwegs, dass du nicht regelmäßig bei ihnen bist. Sicher, oft nimmst du sie mit, aber das ist doch kein Leben für die Kleinen. Von Hotel zu Hotel geschleift zu werden ...«

»Das Wichtigste, was die Kinder brauchen, ist Liebe.« Verdrossen leckte Elizabeth den klebrigen Babylöffel ab und warf ihn auf den Tisch. War es nicht bezeichnend für Sara, dass sie ihr einen Vortrag über ihre Karriere hielt, erst danach aber auf die Kinder zu sprechen kam? Die Prioritäten ihrer Mutter waren schon immer klar gewesen. Und was warf Sara ihr eigentlich vor? Dass ihre Söhne freier aufwuchsen als sie, dass ihr Leben nicht in rigide Formen gepresst war? Was hatte ihr selbst diese harte Disziplin, die man ihr von klein auf abgefordert hatte, gebracht? Hatte sie dafür nicht auf so vieles, was ein normales Kinderleben ausmachte, verzichten müssen? Ihren Söhnen sollte es anders gehen, niemals würde sie zulassen, dass sie Freundschaften und alltägliche Vergnügungen wie Sport und Kino entbehren mussten. Wen störte es schon, dass Michaels und Christophers Leben wenig Regelmäßigkeiten aufwies, wenn sie bedingungslose Liebe erfuhren?

...

Es entging Elizabeth keineswegs, dass es bei dem Dinner mit Mikes Freund Eddie Fisher und dessen Frau Debbie Reynolds, die ebenfalls als Schauspielerin arbeitete, peinliche Momente gab, doch wurde der ganze Abend so von Mikes einnehmender Präsenz überstrahlt, dass es sie wenig berührte.

Zu viert saßen sie an einem der runden Tische der *Polo Lounge* des Beverly-Hills-Hotels, von den anderen Gästen abgeschirmt durch Bäumchen in Kübeln und riesige Blumengebinde, der Jahreszeit entsprechend in leuchtenden Herbstfarben.

Debbie, die wie Elizabeths Schwägerin Mara hochschwanger war, trug ein sandfarbenes, hochgeschlossenes Kleid mit bravem Rundkragen, das mit ihren zu biederen Locken gedrehten Haaren harmonierte. Die Blicke der vorbeiflanierenden Männer huschten flüchtig über Debbie hinweg, während sie einen Moment länger als schicklich an Elizabeth hängen blieben, wie ihr sehr wohl bewusst war. Ihr flammend rotes Kleid gab den Blick auf die sahneweiße Haut ihres Dekolletés frei, und ihren Hals schmückte ein Collier aus wertvollen Edelsteinen, das Mike ihr geschenkt hatte.

»Auf uns!« Mike hob sein Champagnerglas, und alle taten es ihm nach. Insgeheim amüsiert beobachtete Elizabeth, wie Eddie Mike in allen seinen Gesten und Bewegungen imitierte. Sogar sein Gesichtsausdruck – genießerisch lächelnd, während er an dem prickelnden Getränk nippte – war ähnlich. Elizabeth störte es nicht, dass Eddie so oft mit von der Partie war, immerhin war er Mikes bester Freund. Wäre Montgomery in der Stadt gewesen, hätte sie ihn gewiss auch eingeladen.

»Auf uns!«, echote Eddie. »Was möchtest du bestellen, Liebling?«, wandte er sich an seine Frau, die sich offensichtlich bemühte, Elizabeth nicht unentwegt anzustarren. »Was empfiehlst du, Mike?«

»Nehmt, was ihr wollt.« Mike umfasste mit seiner rauen, prankenähnlichen Hand Elizabeths zarte Finger. »In diesem Nobelschuppen ist alles zu empfehlen, kochen können sie. Und nachher testen wir die Betten aus, was, Schatz?«

Elizabeth hätte lauthals gelacht, hätte Debbie Mike und sie nicht völlig fassungslos angesehen. Hatte diese Frau denn keinen Humor? Sie wirkte wie eine saure Zitrone.

»Ihr übernachtet hier?«, fragte Eddie interessiert. Wahrscheinlich überlegte er, ob er es seinem großen Vorbild nachtun und auch ein Zimmer im Hotel reservieren sollte, doch Debbie machte ihm einen Strich durch die Rechnung.

»Ich verstehe nicht ganz, warum ihr nicht einfach nach Hause fahrt. Deine Villa ist doch nicht weit von hier, Mike, und du, Elizabeth, wohnst doch auch in der Nähe, soviel ich weiß.« Sie presste die Lippen zu einem dünnen Strich zusammen.

Weil es einfach Spaß macht, sich wie ein Paar in einem Liebesfilm ein Zimmer zu nehmen, sich anonym und verrucht zu geben?, dachte Elizabeth, während Mike lediglich lachte und sich eine seiner Zigarren ansteckte, deren Rauch gleich darauf wie eine giftig-graue Wolke unter der Decke schwebte.

»Die Nacht in meinem eigenen Bett verbringen kann ich auch noch, wenn ich achtzig bin. Aber bis dahin vergehen noch dreißig Jahre.« Mike schmunzelte und musterte Debbie über den aufsteigenden Dunst hinweg. Dann wandte er sich suchend um. »Wo bleibt bloß dieser verfluchte Kellner? Wir haben nicht den ganzen Abend Zeit, nicht wahr, Elizabeth? Sobald wir gegessen haben, will ich dich vögeln.«

Dieses Mal vermochte sie sich ein Lachen nicht zu verbeißen. Mike war so erfrischend und unkonventionell, man musste ihn einfach mögen. Auch um Eddies Mundwinkel zuckte es belustigt, nur Debbie wirkte, als habe sie versehentlich auf einen Stein gebissen. Sie schaute sich um, um sich zu vergewissern, dass man ihr Gespräch an den Nachbartischen nicht gehört hatte.

Warum entspannte Debbie sich nicht? Mit ihrem verkrampften Puritanismus erinnerte sie Elizabeth an Michael. Man durfte nicht immer alles so ernst nehmen.

Schließlich erschien der Ober doch noch mit den goldgeprägten Menükarten. Während des Essens unterhielten sich die Männer über das Filmgeschäft. Wie Agent Kurt Frings an Deck der Jacht *The Hyding* bereits angedeutet hatte, schien Eddie seine Film- und Fernsehangebote tatsächlich größtenteils durch die Vermittlung von Mike zu erhalten, das war wohl auch der Grund, weshalb er ihm gegenüber eine solche Ergebenheit an den Tag legte.

»Wann ist es bei dir so weit?«, erkundigte sich Elizabeth bei Debbie, um ihrerseits eine Unterhaltung in Gang zu bringen, und deutete vage auf deren gewölbten Bauch.

»Bald«, antwortete Debbie knapp und spießte geziert ein Stück Steak auf. »Es kann jederzeit losgehen. Wo sind deine Kinder heute Abend? Ich glaube, wenn unser Kleines erst da ist, werde ich es keine Sekunde aus den Augen lassen, es würde mir doch sehr schwerfallen, es von fremden Personen betreuen zu lassen.«

»Oh, damit habe ich kein Problem.« Falls Debbie sie mit ihren Worten kritisieren wollte, ließ Elizabeth dies an sich abprallen. Bei Emmy waren Michael junior und Christopher gut aufgehoben, sie gehörte praktisch zur Familie. »Ich glaube nicht, dass es Kindern guttut, ständig von der Mutter beglückt zu werden.« Die Erinnerung, wie Sara sie als Kind noch nicht einmal unbegleitet zur Studiotoilette hatte gehen lassen, tauchte vor ihr auf, doch sie schob sie rasch beiseite. Um Debbie nicht vollends zu brüskieren, schließlich war sie die Ehefrau von Mikes engstem Vertrauten, fügte sie versöhnlich hinzu: »Aber demnächst werde ich viel mehr Zeit für meine zwei Rabauken haben als bisher. Ich möchte mich aus dem Filmgeschäft zurückziehen, um zu Hause zu bleiben. *Das Land des Regenbaums* ist so gut wie abgedreht, und danach werde ich keine Filmangebote mehr annehmen. Ich werde mich voll und ganz meiner Aufgabe als Mutter und Ehefrau widmen.«

»Aber natürlich. Was solltest du sonst tun?« Debbie schob ein paar Salatblätter auf ihrem Teller hin und her und sah Elizabeth erstaunt an. »Ich meine, es wäre undenkbar zu arbeiten, wenn man Kinder hat, nicht wahr? Karriere und Nachwuchs zu vereinbaren – wie sollte das, bitte schön, gehen? Oder hast du jemals von einer wirklich erfolgreichen Schauspielerin gehört, die beides unter einen Hut bringt?«

»Nur von sehr wenigen«, räumte Elizabeth ein. »Aber ich möchte keine von ihnen sein. Meine Familie soll an erster Stelle stehen.« Tatsächlich hatte sie sich vorgenommen, es in diesem Punkt wie Sara zu halten, die ihr vorgelebt hatte, dass man für seine Kinder da sein musste, auch wenn sie ihr nun ständig predigte, sie dürfe ihre Filmkarriere nicht vernachlässigen. Während der Ehe mit Michael war Elizabeth gezwungen gewesen, zu arbeiten, hatten dessen spärliche Gagen doch nicht für sie beide gereicht, aber nun gestalteten sich die Dinge anders. Mike verfügte über genug Geld, um sowohl ihr als auch den Jungen ein gutes, um nicht zu sagen, luxuriöses Leben zu finanzieren. Und da gab es noch einen anderen Aspekt, der zuweilen des Nachts, wenn sie in New York oder Chicago oder zu Hause in Beverly Hills im Bett lag und grübelte, wie ein Irrlicht durch ihre Gedanken zuckte: Das Leben an Mikes Seite war schnell und rasant, ließ sie oft, sosehr sie es auch genoss, atemlos zurück. Auf Dauer würde sie dieses Tempo nicht beibehalten können, nicht, wenn sie weiterhin Filme drehte. Sie musste Abstriche machen, und sie war mehr als bereit dafür. Sie würde dem Studio den Rücken kehren – aber war ihre Aufgabe an der Seite des reichen Produzenten Mike Todd letzten Endes nicht auch eine Rolle, so wie alle anderen, die sie bisher verkörpert hatte?

Nach dem Dessert – Mike löffelte seine Crème brulée, so rasch er konnte, aus – ließen sie den Abend ausklingen. Als Elizabeth in der Eingangshalle stand und darauf wartete, dass Mike ihren Mantel an der Garderobe holte, hörte sie Eddie und Debbie miteinander flüstern. Offensichtlich hatten sie eine Meinungsverschiedenheit, denn Debbie verzog das Gesicht und runzelte die Stirn, die Hand schützend auf ihren gewaltigen Bauch gelegt, während Eddie auf sie einredete, zu leise, als dass Elizabeth ihn verstanden hätte. Doch dann zischte Eddie vernehmlich: »Sei nicht immer so prüde! Warum kannst du nicht ein bisschen wie *sie* sein?«

Es war klar, wen er mit *sie* meinte. Peinlich berührt wandte Elizabeth sich ab und versuchte, Debbies missbilligenden Blick sowie Eddies, der sie voller Bewunderung streifte, abzuschütteln.

Bahamas, 1957

Elizabeth lag in einem tulpengelben Badeanzug an Deck von Mikes Jacht, eine Sonnenbrille schützte ihre Augen vor dem grellen Licht. Das türkisblaue Wasser spülte gegen den Rumpf des Schiffes, und eine milde Brise liebkoste ihre Haut. Sie döste vor sich hin, in Gedanken noch ganz bei der vergangenen Nacht. Sie und Mike hatten regungslos an der Reling gestanden, Arm in Arm, und das Silvesterfeuerwerk bestaunt, das vom Hafen aus in den schwarzen Himmel geschossen wurde, während Michael junior und Christopher friedlich in ihren Kojen schlummerten.

»Das nächste Jahr wird *unser* Jahr«, hatte Mike gesagt und fest ihre Hand gedrückt. Seine Pupillen waren im Dunkeln geweitet, auf sie geheftet, als existiere in seinem Universum nichts außer ihr. »Deine Scheidung ist unter Dach und Fach, und wir sind frei – frei für ein gemeinsames Leben. Nichts wird uns mehr trennen können. Lass uns so schnell wie möglich heiraten, egal, ob das Studio oder deine Mutter oder die öffentliche Meinung das für schicklich halten, so rasch nach deiner Trennung.«

Elizabeth hatte in die purpurroten, saphirblauen und smaragdgrünen Lichtergirlanden geschaut, die am Himmel aufblinkten und sich im ölgrau erscheinenden Wasser spiegelten, und den Böllerschüssen gelauscht, die das neue Jahr einläuteten. Das Spektakel, das eindrucksvoll wie tausendfacher Blitz und Donner war, erschien ihr wie ein Symbol für ihr neues Leben an Mikes Seite. »Mit keinem Mann war ich jemals so glücklich wie mit dir«, hatte sie geflüstert und den Kopf an seine breite Schulter gelehnt. »Und ich bin mir sicher – das heißt, ich *weiß* –, dass unsere Liebe kein Ende finden wird.« Ihr war, als seien ihre bisherigen Ehen lediglich Übungsstrecken gewesen, die sie auf den Einen, Richtigen vorbereitet hatten. Noch nie hatte sie sich so beschützt gefühlt.

»Februar?« Mike trat neben sie, setzte sich auf den Rand des Liegestuhls und küsste sie auf das Haar. Er duftete nach Kokosöl und sonnenwarmer Haut. »Was hältst du von einer Februarhochzeit? Länger als vier Wochen bin ich nicht bereit, zu warten.«

»Das klingt gut.« Elizabeth lächelte, ohne die Augen zu öffnen. Mike streifte mit seinen Lippen ihren Hals und ihr Dekolleté.

»Wir könnten in Mexiko heiraten. In der Villa in Cantinflas, die Schauplatz von *In achtzig Tagen um die Welt* war.«

»Oh ja.« Elizabeth rekelte sich wohlig unter seinen Liebkosungen. »Ich möchte Gladiolen, Tausende von Gladiolen …« Tagträume von einer sandweißen Villa, in der sie sich das Jawort geben würden, und einem Meer an Blumen zogen an ihr vorüber.

»Die sollst du bekommen.« Mike grunzte zufrieden, und Elizabeth öffnete die Augen und verlor sich in seinem Blick, der voller Zuneigung auf ihr ruhte.

»Mike, schau mal!« Die hellen Stimmen ihrer Söhne unterbrachen den innigen Moment, der ganz ihnen gehörte.

»Was treibt ihr denn da, ihr Racker?« Mike kniete sich zu den Jungen auf den blank geschrubbten Boden und sah ihnen amüsiert zu, wie sie ein Spielzeugschiff in einem Wassereimer schwimmen ließen. »Ihr habt eure eigene Jacht, was?«

»Ja, wie du, Mike! Sie heißt *The Little Hyding*!« Christopher steuerte das Schiff mit seiner kleinen Hand über das Wasser.

Elizabeth betrachtete die drei unter halb geschlossenen Lidern. Es berührte sie, wie liebevoll Mike mit Michael und Christopher umging. Er würde ihnen ein guter Vater sein, auch wenn sie nicht seine leiblichen Kinder waren. Seinen eigenen Sohn, Mike junior, der mit seinen fast achtundzwanzig Jahren drei Jahre älter war als Elizabeth, sah er nur selten, doch an die beiden Kleinen hatte er sofort sein Herz verloren.

»Mommy, komm her, wir wollen dir auch unsere Jacht zeigen!«

Michael winkte sie ungestüm herbei, und sie erhob sich seufzend – in letzter Zeit fühlte sie sich ständig erschöpft, wahrscheinlich forderten die vielen Reisen mit Mike ihren Tribut – und lief barfuß zu ihren Kindern und Mike hinüber, die um den Wassereimer herumhockten.

»Verd... Autsch!« Ehe sie sichs versah, war sie auf einer Wasserlache, die aus dem Eimer geschwappt war, ausgerutscht und lag wie ein Käfer hilflos auf dem Rücken.

»Elizabeth!« Mike sprang erschrocken auf und reichte ihr die Hand, um sie hochzuziehen, doch es gelang ihr nur unter gewaltigen Schmerzen, sich aufzurappeln. Michael und Christopher stürmten ebenfalls herbei und versuchten, sie in eine aufrechte Position zu bugsieren, doch die Stiche in ihrem Rücken waren so scharf, als stoße man ein Messer hinein.

»Lasst mich eine Weile hier sitzen.« Sie lachte unter Tränen. »Es wird gleich wieder gehen.«

Sie war es wahrlich gewohnt, an dem einen oder anderen Zipperlein zu leiden, die Male, die sie in den vergangenen Jahren den Notarzt alarmiert hatte oder ins Krankenhaus chauffiert worden war, konnte sie kaum noch zählen. Trotz diverser Verletzungen bei Filmdrehs, Bronchitis, Erschöpfungszuständen, Schmerzen und unerklärlichen Leiden jedweder Art versuchte sie stets, sich nicht hängen zu lassen. Was half es, solch ein Gewese um sich zu machen wie ihr Ex-Mann, der aus Angst vor epileptischen Anfällen vielversprechende Rollen ausgeschlagen und an manchen Tagen kaum das Haus verlassen hatte?

Doch dieses Mal schien es etwas Ernsteres zu sein, denn sie erholte sich nicht von ihrem Sturz. Bald fühlten sich ihre Beine so taub an, dass sie keinen Schritt mehr zu gehen vermochte, und Mike ließ sie unter dem verstörten Weinen ihrer Söhne kurzerhand ins Columbia-Presbyterian Hospital nach New York fliegen.

Nach vielfältigen Untersuchungen schob man sie in ein geräumiges Privatzimmer, wo sie sich, dank der Schmerzmittel, die man ihr verabreichte, zum ersten Mal seit dem Unfall wieder ausruhen konnte.

»Es bleibt bei der Hochzeit im Februar«, murmelte Elizabeth schlaftrunken, als Mike an ihrem Bett saß und ihre Hand in seiner hielt. Trotz ihrer Benommenheit nahm sie den besorgten Ausdruck in seinem Gesicht sowie die zusätzlichen feinen Linien, die sich plötzlich dort eingruben, wahr, und überwältigende Liebe für ihn rauschte durch ihre Adern. »Egal, was die Ärzte diagnostizieren.«

»Natürlich, Liebes.« Mike blinzelte den Schleier aus Tränen weg, der an seinen Wimpern hing, und sie lächelte darüber, dass ihr sonst so unverwüstlicher Verlobter so verwundbar schien, wenn es um sie ging.

»Notfalls schiebst du mich im Rollstuhl an den Altar.«

»Auf keinen Fall.« Mike sah sie entsetzt an. »Die Ärzte sollen dich wieder zusammenflicken, hoffentlich kriegen sie bald ihre faulen Ärsche hoch, um herauszufinden, was dir fehlt. Ich blase ihnen ganz schön den Marsch, wenn sie uns noch länger im Ungewissen lassen, verlass dich drauf, mein Schatz.«

Trotz ihrer Müdigkeit und des Nebels aus Medikamenten, der sie einhüllte wie eine Wolke, stieg ein Kichern in ihr hoch; auch in diesem Moment der Ungewissheit und Angst verfiel Mike erneut in seine üblichen verbalen Muster.

Es pochte an die Tür, und ein Arzt im weißen Kittel mit einem Klemmbrett voller Papiere trat herein. Nach einem bewundernden Blick auf das Krankenbett – wahrscheinlich durfte er noch nie eine solch prominente Patientin behandeln – fing er sich rasch wieder und räusperte sich.

»Mein Name ist Doktor Rosenbaum. Wir haben Sie gründlich

untersucht, Mrs Taylor, und dabei zwei Dinge festgestellt.« Seine schiefergrauen Augen glitten über Mike, als überlege er, wie viel er in dessen Gegenwart verraten durfte, doch Elizabeth nickte ihm auffordernd zu. Plötzlich war sie hellwach, von ihrer Schläfrigkeit keine Spur mehr.

»Werde ich den Rest meines Lebens ans Bett gefesselt bleiben?«, scherzte sie, doch ihr Herz trommelte wie eine Gewehrsalve.

Mike stöhnte auf. »Nun machen Sie es nicht so spannend, Dok.«

Der Arzt schüttelte den Kopf. »Nein, wir kriegen Sie wieder hin, keine Angst. Aber Sie werden sich einer Operation unterziehen müssen, denn drei Ihrer Bandscheiben wurden bei dem Sturz gequetscht.«

»Oh.« Elizabeth spürte, dass Mikes Hand, die noch immer die ihre umklammerte, stärker zitterte als sie selbst.

»Und was haben Sie außerdem festgestellt? Sie sprachen von zwei Dingen, Dok. Spucken Sie es schon aus.« Mikes Stimme klang heiser, zusammengesunken kauerte er auf der Bettkante.

»Nun.« Doktor Rosenbaum lächelte zum ersten Mal, seit er das Zimmer betreten hatte. »Die zweite Diagnose ist glücklicherweise weitaus erfreulicher als die erste. Sie erwarten ein Kind, Mrs Taylor.«

Elizabeth glaubte sich mit einem Mal mitten in eine Filmszene oder ein Buchkapitel katapultiert, die Äußerung des Arztes erschien ihr so irreal, dass sie sie kaum mit ihrem eigenen Leben in Verbindung zu bringen vermochte. Ein Kind …?

Mike verdaute die Neuigkeit rascher als sie, denn er rieb sich die Hände und strahlte über das ganze Gesicht. »Na, das ist ja der Knüller des Jahres! Ich bin froh, dass Sie nicht nur Hiobsbotschaften auf Lager haben, Dok! Hast du gehört, was er gesagt hat, Schatz?«

»Ja.« Elizabeth lag ganz still und sah Doktor Rosenbaum in die grauen Augen. Die Furcht, er könne seine Mitteilung relativieren, packte sie mit eisernem Griff. *Aufgrund Ihrer Rückenprobleme und der anstehenden Operation werden Sie das Kind leider nicht austragen können, Mrs Taylor ...* Doch er äußerte nichts dergleichen, sondern nickte ihr nur freundlich zu, und da sickerte die Gewissheit, dass sie bald Mutter nicht nur zweier, sondern dreier Kinder sein würde, auch in ihr Bewusstsein. Mike und sie würden ein gemeinsames Baby bekommen, das kleine Menschlein, das in ihr heranwuchs, würde sie noch stärker zusammenschweißen, sie unauflöslich verbinden.

New York, 1957

Fahles Winterlicht fiel durch die Fenster des Krankenzimmers, als Elizabeth erwachte. Im Traum hatte sie ihr Ungeborenes vor sich gesehen, zärtlich seine weiche Haut berührt, über das spärlich behaarte Köpfchen gestrichen. Es würde ein Mädchen werden, da war sie sich ganz sicher, eine Miniaturausgabe ihrer selbst. Sie und Mike würden das Kind, wie die Jungs auch, mit Liebe überschütten, so wie ihre Mutter es bei ihr und Howard gehalten hatte, und trotzdem würden sie ihr den Freiraum lassen, ihre Flügel zu spreizen und sich vom Leben in die Richtung tragen zu lassen, in die es sie zog.

»Schatz.«

Elizabeth rekelte sich und öffnete träge die Lider, spürte Mikes Körperwärme, als er zu ihr unter die steife Krankenhausdecke kroch und den Arm um sie schlang, vorsichtig, um ihr nach ihrer Operation keine zusätzlichen Schmerzen zu bereiten.

»Ich bin so froh, dass du da bist«, murmelte sie und vergrub den Kopf an seiner Schulterbeuge. Sein Geruch nach Zigarren und

Aftershave umhüllte sie wie der vertraute Duft ihres Zuhauses. »Ich kann mir keinen anderen Mann vorstellen, der sich im Krankenhaus einmietet, um seiner Zukünftigen nah zu sein.« Tatsächlich hatte Mike für einen horrenden Betrag das Nebenzimmer gemietet, als handele es sich beim Columbia-Presbyterian um ein Hotel, in dem er nach Belieben ein- und auschecken konnte.

Mike gab ein raues Lachen von sich. »Wenn man schon so viel Knete verdient, sollte man sich nicht scheuen, sie auch auszugeben.«

»Na ja, das Ritz ist es ja nicht gerade. Dieses karge Mobiliar und die leeren weißen Wände, diese sterile Atmosphäre ... Es hätte mir wirklich nichts ausgemacht, wenn du dir ein Hotelzimmer genommen hättest.«

»Ich möchte dir so nah sein wie möglich, auch nachts.« Mike küsste sie, und seine Bartstoppeln piksten auf ihren Wangen. »Apropos – so leer und steril finde ich es hier gar nicht.«

Er knipste das Licht an. Elizabeth riss die Augen auf, und in ihrem Hals bildete sich ein Kloß der Rührung. Die Wände waren nicht mehr kahl wie zuvor, sondern mit prächtigen Gemälden geschmückt, die eine Explosion sinnlicher Farben und weicher Formen präsentierten, allesamt impressionistisch, was ihrer liebsten Stilrichtung entsprach.

»Ist das linke Bild ein Monet?« Ihre Stimme krächzte, so bewegt war sie. Dieser Mann scheute wirklich keine Kosten und Mühen, um sie glücklich zu machen – wer außer ihm käme auf die Idee, wertvolle Kunstwerke in ein Krankenzimmer zu hängen, um die Frau, die er liebte, aufzumuntern und von ihren Schmerzen abzulenken?

»Ja, das ist ein Monet. Rechts befindet sich ein Cézanne, in der Mitte siehst du einen Utrillo und einen Cassatt«, erklärte Mike äußerst zufrieden. »Sind sie nicht wahre Schätzchen?«

»Das Schätzchen bist du.« Elizabeth stützte sich trotz ihrer lädierten Wirbelsäule auf die Ellenbogen, um die Gemälde andächtig betrachten zu können. »Du versetzt mich täglich wieder in Staunen. Ich glaube, mit dir wird das Leben nie langweilig werden.«

Mike grinste und zündete sich eine Zigarre an. Dass er sich damit eine ernste Rüge vom Pflegepersonal einfangen würde, interessierte ihn offenbar wenig. »Darauf kannst du Gift nehmen.«

Am Nachmittag kamen Elizabeths Eltern zu Besuch, die eigens aus Kalifornien eingeflogen waren.

Sara behandelte ihre Tochter wie ein rohes Ei, dessen Schale Sprünge aufwies, während Francis sich wie gewohnt im Hintergrund hielt und die meiste Zeit schwieg.

»Du musst rasch wieder auf die Beine kommen, Schätzchen.« Mit zitternden Fingern ordnete Sara die Rosen, die sie Elizabeth mitgebracht hatte. In Mikes Anwesenheit flatterte sie umher wie ein Schmetterling, der keine Ruhe fand. »Ich hoffe, es ergeht dir nicht wie Montgomery Clift, deinem Busenfreund, der monatelang für die Dreharbeiten ausgefallen ist und das ganze Filmprojekt gefährdet hat. Metro wartet sicherlich bereits ungeduldig darauf, dass du wieder einsatzfähig bist, nicht wahr?«

»Eher nicht.« Mike saß breitbeinig in einem Lehnstuhl unter dem pastellfarbenen Monet und drehte eine Zigarre in der Hand; offenbar schaffte er es nur mit Mühe, sie im Beisein von Elizabeths Eltern nicht anzuzünden. »Wir haben inzwischen einen Hochzeitstermin festgesetzt. Wir werden am zweiten Februar heiraten. Elizabeth wird nicht mehr arbeiten, als meine Frau hat sie das auch gar nicht nötig. Außerdem soll sie sich auf ihre Schwangerschaft konzentrieren, das kleine Muckelchen soll doch gesund zur Welt kommen.«

Elizabeth hatte Sara bereits telefonisch über die anstehende Hochzeit und das Baby informiert, und wie erwartet war deren Reaktion verhalten ausgefallen. Sie missbilligte es noch immer, dass ihre Tochter so rasch nach der Scheidung von Michael wieder in den Hafen der Ehe einlief, noch dazu mit einem solch *gewöhnlichen* Zeitgenossen wie Todd, wie sie ihn unter vier Augen genannt hatte.

»Aber ... Du hast doch immer gearbeitet, Schätzchen.« Mit blutleeren Lippen pflückte Sara ein welkes Rosenblatt ab und zerbröselte es gedankenverloren. »Auch während deiner Schwangerschaften, und auch, als Michael und Christopher Säuglinge waren. Du kannst doch deine Karriere nicht einfach auf Eis legen, wer weiß, ob das Studio dich noch will, wenn du irgendwann zurückmöchtest.«

Elizabeth veränderte, ein Stöhnen unterdrückend, ihre Position im Bett; ihr Rücken schmerzte trotz der Medikamente, die man ihr verabreichte. Es war zu erwarten gewesen, dass Sara ihre Entscheidung, sich von nun an vollkommen auf die Familie zu konzentrieren, infrage stellen würde, etwas anderes hätte nicht zu Mutter gepasst. Trotzdem rief die leise Kritik schwelenden Groll in Elizabeth hervor. Mit ihren fünfundzwanzig Jahren wurde noch immer jeder Schritt, den sie tat, hinterfragt und danach bewertet, ob er mit ihrer Karriere in Einklang zu bringen war. Besaß sie nicht wie jede andere Frau auch das Recht, selbst über ihr Leben zu bestimmen?

»Ich habe deine berufliche Laufbahn sicherlich nicht gefördert, seit du ein Dreikäsehoch warst, damit du jetzt alles hinwirfst.« Sara ließ abrupt von den Rosen ab und setzte sich auf einen Stuhl, den Francis ihr wortlos hinschob. Konnte er zur Abwechslung nicht auch mal den Mund aufmachen? Früher war er dagegen gewesen, dass sie schauspielerte, hatte sich gewünscht, dass sie eine normale Kindheit verleben konnte. Warum sprang er ihr nun nicht zu Hilfe? Elizabeth zwang sich, den Blick von Francis zu nehmen und ihn auf die Gemälde zu richten, die weichen Formen und sanften Farben übten eine beruhigende Wirkung auf sie aus.

Mike schlug lässig die Beine übereinander und klopfte mit der Zigarrenspitze auf sein Knie. »Betrachten Sie es mal von der Seite, Mrs Taylor: Elizabeth will in Zukunft einfach von mir herumkommandiert werden statt von einem Regisseur.«

Dankbar, dass er die angespannte Stimmung durch einen heiteren Spruch aufzulockern versuchte, lächelte Elizabeth ihm zu.

»Er hat vollkommen recht, Mom. Auf Nicky und Michael konnte ich mich nie verlassen, Mike jedoch bietet mir alles, was ich brauche, und ich möchte es endlich einmal genießen, mich um meine Kinder und meine Ehe kümmern zu können, ohne ständig von Drehort zu Drehort zu hetzen. Gönn es mir bitte.«

Sie sah ihre Mutter flehend an, doch Sara vermied jeglichen Blickkontakt; stumm zog sie das verrutschte Bettlaken gerade. Elizabeth legte den Kopf wieder auf dem Kopfkissen ab und schloss für einen Moment die Augen. Enttäuschung, bitter wie Hustensaft, brannte in ihrer Kehle.

Beverly Hills, 1957

Vor den bodentiefen Panoramafenstern leuchteten himbeerrosa Wolken über den Hügeln, die sich bald auflösen und mit der hereinbrechenden Dunkelheit verschwimmen würden. Für gewöhnlich liebte Elizabeth den Ausblick, den der Salon in der großzügig geschnittenen Villa, die Mike gemietet hatte, bis sie etwas Eigenes finden würden, bot; doch heute hatte sie kein Auge für die Schönheit der Berge. Voller Ungeduld trommelte sie mit den Fingern auf das Sofa und starrte die impressionistischen Gemälde an, die Mike hatte anbringen lassen. Zu den Kunstwerken aus dem Krankenhaus waren inzwischen noch mehrere andere hinzugekommen, auch nach ihrer Hochzeit verwöhnte ihr frischgebackener Ehemann sie über alle Maßen mit Bildern, Schmuck und Pelzen.

»Ich weiß nicht, wo der Herr bleibt«, bemerkte sie säuerlich und strich Christopher, der zu ihren Füßen auf dem teuren Perserteppich kniete und mit seinem Bruder einen Turm aus Bauklötzen baute, über das Haar. »Er sollte seit zwei Stunden hier sein, er weiß doch, dass ihr heute zu Besuch seid.«

Eddie und Debbie Fisher saßen ihr gegenüber, der Gesprächsstoff war ihnen mittlerweile längst ausgegangen. Mikes Freund nippte an einem flammend roten Cocktail, den die Haushälterin ihm serviert hatte, bevor sie sich nach getaner Arbeit zurückgezogen hatte, während Debbie den Schlaf ihres inzwischen sechs Monate alten Babys, der kleinen Carrie, überwachte, die in eine zartrosa Decke eingewickelt in einem Körbchen lag, die winzigen Hände zu Fäustchen geballt. Normalerweise konnte Elizabeth sich an dem puppenhaft niedlichen Wesen nicht sattsehen, weckte es in ihr doch Sehnsucht nach ihrem eigenen Kind, das im Sommer zur Welt kommen würde. Heute jedoch war ihre Frustrationsgrenze bereits deutlich überschritten.

»Ständig kommt er zu spät und lässt mich alleine zu Hause sitzen. Und euch noch dazu.« Heftig schnaubend strich sie sich über den gewölbten Bauch; das Ungeborene schien ihre Verärgerung zu spüren, denn es strampelte wild.

»Wenn er nicht bald kommt …« Debbie, die eines ihrer üblichen formlosen Kleider in einem mausigen Grau trug, die Haare nach der Schwangerschaft stumpf und brüchig, zupfte Carries Babydecke zurecht. »Wir können unseren Kartenabend ein anderes Mal nachholen.«

Eddies Kopf schnellte zu seiner Frau herum. »Auf keinen Fall.«

Elizabeth verdrehte unmerklich die Augen. Natürlich würde

Eddie niemals auf einen geselligen Abend mit seinem großen Idol Mike verzichten, ließ dieser ihn auch noch so viele Stunden auf seiner Couch sitzen und warten.

Seit ihrer Hochzeit vor zwei Monaten hatten sie und Mike viel Zeit mit den Fishers verbracht. Eddie war ihr ein Stück weit ans Herz gewachsen, er war ein liebenswürdiger, unterhaltsamer Mann, der immer stärker nicht nur an Mike, sondern auch an ihr zu hängen schien, seinen interessierten und bewundernden Blicken nach zu urteilen. Debbie blieb dies natürlich nicht unbemerkt, doch sie machte gute Miene zum bösen Spiel. Elizabeth kam gut mit ihr aus, ihr Verhältnis gestaltete sich höflich-distanziert, eine enge Freundschaft war jedoch bisher nicht zwischen ihnen entstanden. Ihr engster Freund war nach wie vor Monty. Ihm vertraute sie alles an, was sie bewegte.

Debbie sah ihren Mann verärgert an. »Carrie muss irgendwann in ihr Bett, sie kann die Nacht wohl kaum in diesem wackligen Körbchen verbringen. Kinder brauchen feste Strukturen.«

Elizabeth unterdrückte ein Gähnen. Kinder brauchten dies, Kinder brauchten das, sie konnte es nicht mehr hören. Was war so schlimm daran, dass sie ihre Jungs ein bisschen länger spielen ließ, damit sie ihren geliebten Stiefvater noch zu Gesicht bekamen, bevor sie schlafen gingen? War Zuwendung nicht viel wichtiger als eine willkürlich festgelegte Uhrzeit, an die man sich sklavisch hielt?

»Sie ist ein Säugling, es ist ihr völlig egal, wo sie schläft«, konterte Eddie, den Blick sanft auf Elizabeth gerichtet, nicht auf seine Frau. »Wir haben uns auf diesen Abend gefreut, also werden wir warten, bis Mike kommt. In einer wichtigen Position wie der seinen kann er sich im Studio nicht immer loseisen, wenn es ihm gefällt.«

Debbie schwieg, die Gesichtszüge verkrampft. Um die entstehende, peinlich anmutende Gesprächspause zu überbrücken, nahm Elizabeth eines der zahlreichen gerahmten Hochzeitsfotos zur Hand, das auf dem Beistelltisch stand, und betrachtete es. Ihre Vermählung war ein rauschendes Fest gewesen, Millionen von Sternen schienen eigens für sie an den mexikanischen Himmel geworfen. Nach der jüdischen Zeremonie war bis ins Morgengrauen hinein gefeiert worden, fünfzehntausend weiße Gladiolen, die Mike wie gewünscht für sie hatte liefern lassen, bildeten eine traumhafte Kulisse. Leider war sie aufgrund ihrer Schwangerschaft zu erschöpft gewesen, um die ganze Nacht durchzuhalten, und hatte sich bald in ihr Schlafzimmer zurückgezogen.

»Mike ist da!«, jubelte Michael junior und riss sie aus ihren Erinnerungen. Ungestüm den Turm aus Holzklötzchen umwerfend, flog er seinem Stiefvater entgegen, der ihn lachend auffing. Auch Christopher wackelte ihm auf seinen plumpen Beinchen entgegen.

»Na, ihr kleinen Racker?« Mike lockerte seine Krawatte, klemmte je einen der Jungs unter seine muskulösen Arme und schwenkte sie herum, worüber sie vor Entzücken kreischten. »Zum Glück seid ihr noch auf, sonst hätte ich euch gar nicht mehr gesehen.«

Elizabeth blieb nicht unbemerkt, dass Debbie die Lippen zu einem dünnen Lächeln verzog. »Jetzt aber hoch mit euch.« Mike übergab Emmy die ein Protestgeheul ausstoßenden Kinder, die der Kinderfrau widerwillig zu den Schlafzimmern folgten.

»Na, hast du die Karten schon gemischt, alter Junge?« Mike krempelte seine Hemdsärmel hoch und goss sich an der Hausbar einen Whiskey ein. Wie aufs Stichwort zog Eddie einen Stapel Spielkarten aus seinem Jackett und mischte ihn mit geübten Fingern.

»Na klar, Mike.«

»Ich glaube, ich bin im falschen Film.« Elizabeth klaubte ein paar Holzklötze vom Teppich auf und warf sie geräuschvoll in die hölzerne Spielzeugkiste ihrer Söhne. In ihrem Magen schwoll eine glühend heiße Kugel der Wut an. »Zuerst lässt du uns zwei geschlagene Stunden hier warten, wie bestellt und nicht abgeholt, und jetzt, wo du dich dazu herabgelassen hast, uns mit deiner Anwesenheit zu beehren, gehst du zur Tagesordnung über, als wäre nichts geschehen? Kannst du dich nicht mal für deine Verspätung entschuldigen?«

Mike ließ sich neben sie auf das Sofa sinken, zündete sich eine Zigarre an und paffte genüsslich. »Nun reg dich mal nicht so künstlich auf, mein Schatz. Es ist ja nicht so, als hättest du in sibirischer Kälte an einem einsamen Bahnhof warten müssen, oder? Bei uns lässt es sich doch ganz gut aushalten, nicht wahr?« Mit einer lässigen Handbewegung deutete er auf das teure Mobiliar aus edlem Holz, die weichen Teppiche, die Kunstgegenstände und Gemälde.

Wie konnte er ihren Ärger so lapidar herunterspielen? Eddie war ja ein recht angenehmer Zeitgenosse, allerdings hätte sie gut darauf verzichten können, mit seiner Frau zusammenzusitzen und dem Ticken der großen viktorianischen Standuhr zu lauschen. »Darum geht es nicht. Es ist respektlos, so mit der Zeit anderer Menschen umzugehen.« Sicher, aufgrund der Schwangerschaftshormone, die ihr Inneres auf links stülpten, war sie im Moment recht reizbar, doch erwartete sie die Disziplin, die man ihr eingebläut hatte, seit sie neun Jahre alt gewesen war, auch von anderen Menschen, vor allem von ihren Lieben. Mike hatte sie bereits bei den unmöglichsten Gelegenheiten sitzen lassen, allmählich reichte es ihr.

»Sag du mir nicht, was respektlos ist, du Frauenzimmer!« Ein Stück Glut von seiner Zigarre fiel auf den Teppich und brannte ein Loch hinein. Mike kümmerte sich nicht darum, bemerkte es nicht einmal. »Ich bin der Mann im Haus, ich verdiene die Moneten, ich lese dir jeden Wunsch von den Augen ab. Habe ich dir zur Hochzeit nicht dieses Diamantarmband für schlappe neunzigtausend Kröten geschenkt, auf das du so heiß warst? Ich erwarte Respekt von *dir*!«

Elizabeth presste die Hände auf den Leib, um die heftigen Tritte ihres Babys abzumildern. »So redest du nicht mit mir …! Spar dir diesen unverschämten Tonfall für deine Untergebenen im Studio …!«

Mike hieb ihr mit der flachen Hand ins Gesicht, schnell wie eine Fliegenklatsche, mit der man ein lästiges Insekt erschlug. Eddie biss mit flackerndem Blick die Zähne zusammen, während Debbie, das Gesicht bleich wie Wachs, sich dem Baby zuwandte. Es wimmerte, als spürte es die Eiseskälte, die den Raum nun auszufüllen schien.

Elizabeth hielt sich die brennende Wange, bemüht, den Tumult in ihrem Kopf und ihrem Herzen unter Kontrolle zu bekommen. Mike hatte sie geschlagen …! Das war unerhört, was erlaubte er sich …?

Ihre Gedanken waren zu verworren, als dass sie klar hätte denken können, ihr Körper entschied für sie. Nur Sekunden nach seinem Angriff erhob sich wie von selbst ihre Hand, um Mike zurückzuschlagen, ihm den Schmerz und die Kränkung zurückzuzahlen.

»Tu das nie wieder! Nie wieder, hörst du?« Sie hasste den schrillen Klang ihrer Stimme, hoch wie eine Sirene, die lauter und lauter wurde. In diesem Moment dachte sie kaum an ihre Söhne im oberen Stockwerk, die sie womöglich wecken würde, sondern wollte nur noch dieser grellen, alles verzehrenden Wut Ausdruck verleihen.

»Nie wieder!« Tränen brannten hinter ihren Augenlidern und

in ihrer Kehle, und sie versetzte Mike einen Schubs. Begriff er denn nicht, wie sehr er sie durch sein Verhalten verletzte?

»Hör auf, mich anzugehen, du Miststück!« Mike zog sie grob an den Haaren und schleuderte sie ein Stück zurück, sodass sie mit einem Knall zu Boden stürzte. Eines der Hochzeitsfotos auf dem Beistelltisch fiel herunter, das Glas zersplitterte.

»Aufhören, alle beide!«, kreischte Debbie alarmiert, drückte ihrem Mann, der wie gelähmt wirkte, das Babykörbchen in die Arme und ging zwischen das sich keilende Paar, nicht ohne selbst ein paar unsanfte Stöße abzubekommen. »Hör auf, Mike, sie ist schwanger, verstehst du, sie ist schwanger, in Gottes Namen!«

Doch Mike schien wie von Sinnen, hieb mit beiden Händen auf Elizabeth ein, die ihm wilde Tritte versetzte, um ihn abzuschütteln. Ihr Verstand hatte längst ausgesetzt, sie bestand nur noch aus kaltem Zorn, der ihr wie Frostwasser durch die Venen rauschte.

»Ich hasse dich!«, brach es verzweifelt aus ihr heraus, während er sie rüttelte, als wolle er ihr jeglichen eigenen Willen austreiben.

»Lass sie los!« Mutig sprang Debbie auf Mikes Rücken, der sie abzuwerfen versuchte wie eine räudige Katze.

»Halt dich da raus, du verklemmte Kuh!«

Ein Lachen stieg in Elizabeth auf, ein bitteres, hohles Geräusch, das aus der schwärzesten Tiefe ihrer Seele aufzusteigen schien, halb hysterisch, halb klagend. Verlor sie gerade den Verstand? Wenn ihrem Baby etwas geschehen sollte, würde sie Mike umbringen, so viel war klar.

Im nächsten Augenblick pressten sich seine Lippen auf ihre, schmeckten nach Whiskey und Rauch, und seine Arme schlangen sich fest um sie, hielten sie verzweifelt, sodass sämtliche Gedanken, die eben noch durch ihren Kopf gefegt waren, sich auflösten wie Konfetti und schwerelos niedersanken.

»Ich liebe dich, du bist mein Ein und Alles«, stieß Mike hervor und bedeckte ihren Mund, ihre Wangen und ihren Hals mit Küssen, die sie aufnahm wie eine Verdurstende den rettenden Schluck Wasser. Es war alles wieder gut, hämmerte es in ihr, alles war wie zuvor, noch immer waren sie einander innig zugetan, ihre leidenschaftlichen Temperamente hatten lediglich ein Ventil gebraucht, um abzukühlen.

Erst Minuten später bemerkte Elizabeth Debbie, die wie ein Schatten an der Wand lehnte und ihr zerknittertes Kleid in Ordnung brachte.

»Oh Debbie«, murmelte sie, hin- und hergerissen zwischen Scham und dieser überwältigenden Erleichterung, mit Mike wieder im Reinen zu sein. Seine Arme umschlossen sie so kraftvoll, dass sie das Gefühl hatte, nie wieder zu fallen, nie wieder unsicher zu sein. »Danke ...«

Debbie schob sich eine blonde Haarsträhne, die sich aus ihrer adretten Frisur gelöst hatte, hinter das Ohr, ihr Kinn kräuselte sich, als würde sie gleich beginnen zu weinen. »Ihr zwei seid wirklich verrückt ... Absolut wahnsinnig ... Ich fühle mich wie in einer Schmierenkomödie oder einem Groschenroman ... Ihr benehmt euch wie asoziales Pack.«

16

Los Angeles, 1958

»Welch ein zuckersüßes Püppchen.« Hedda Hopper, trotz ihres inzwischen fortgeschrittenen Alters noch immer angesehene und aktive Klatschkolumnistin, beugte sich über Elizabeths Schulter und berührte den winzigen Daumen der kleinen Liza. »Sie müssen sehr glücklich sein, nach zwei Söhnen nun auch eine Tochter zu haben.«

Elizabeth lächelte und küsste das Baby, das inzwischen fünf Monate alt war, auf die rosige, nach Creme und Milch duftende Wange. Das Kind regte sich kaum merklich im Schlaf, schlug kurz die blauen Augen auf und schlummerte dann an Elizabeths Brust gedrückt friedlich weiter. Ihre kleine Prinzessin. Die Geburt im August war aufreibend gewesen und hatte in einem Kaiserschnitt geendet, doch sie hätte nicht stolzer sein können. Auch Mike verwöhnte seine Tochter nach Strich und Faden und trug sie nachts herum, wenn sie wimmerte oder unruhig war.

»Ja, wir sind sehr glücklich. Unsere Familie ist nun komplett.« Elizabeth deutete auf einen Sessel aus Goldbrokat. »Aber setzen Sie sich doch, Hedda.«

»Danke.« Die Kolumnistin, die noch immer dieselbe aufrechte und Respekt einflößende Haltung zur Schau trug wie damals, als

Elizabeth im zarten Kindesalter vor ihr vorsingen musste, räumte stirnrunzelnd ein paar Modellautos beiseite, die Michael und Christopher, die sich unter dem Tisch balgten, in alle Richtungen warfen.

»Aufhören, Jungs!« Elizabeth schoss ihnen einen strengen Blick zu, woraufhin sie hervorkrochen und sich einen Spaß daraus machten, Minky zu jagen, die es sich zu einem Schläfchen auf dem Teppich bequem machen wollte.

»Bei Ihnen tobt das Leben, das muss ich schon sagen«, bemerkte Hedda, und es klang nicht wie ein Kompliment. Mit steifem Oberkörper zog sie ihr Notizbuch hervor und zückte ihren Bleistift, um sich Notizen zu machen.

»Es sind Kinder. Sie sollen spielen dürfen.«

Mrs Hopper sollte in ihrem Artikel ruhig schreiben, dass ihre Kinder gewisse Freiheiten genossen und sie nicht von ihnen erwartete, still in ihren Zimmern zu sitzen; genauso wenig, wie sie, wenn die Kleinen erst etwas älter waren, ihre gesamte Freizeit mit nützlichen Aktivitäten verplanen würde, so wie Sara es bei ihr getan hatte. Wenn ihre Söhne Feuerwehrmänner, ihre Tochter Floristin werden wollten, durften sie dies getrost tun, sie würde sie bei allem unterstützen, was sie sich vornahmen.

»Hm, ja, sehr progressive Einstellung.« Hedda lächelte künstlich. »Die ganz im Gegensatz zu der Ihrer Frau Mutter steht. Ich erinnere mich noch, wie sie Sie zu mir geschleppt hat, in der Absicht, einen Star aus Ihnen zu machen.«

»Mutter tat, was sie für richtig hielt.« Nie würde sie so weit gehen, sich abfällig über ihre Mutter zu äußern. Letzten Endes war es gleich, was sie Hedda erzählte, diese würde in ihrem Artikel ohnehin schreiben, was ihr gefiel. Es wäre nicht das erste Mal, dass sie unter spitzzüngigen Kommentaren der Kolumnistin zu leiden hätte. »Aber wir wollten über mich sprechen, nicht wahr?«

»Richtig.« Hedda räusperte sich und strich sich über ihr gepflegtes weißes Haar, das sorgsam aufgesteckt war. »Sie machen einen blühenden Eindruck, wenn ich das so sagen darf.«

Elizabeth verzog das Gesicht. *Blühend*, das war Heddas Synonym dafür, dass sie mittlerweile recht kurvig war. Natürlich war sie es inzwischen gewohnt, dass die schreibende Zunft ihr Gewicht zur Sprache brachte, mit dem sie in den vergangenen Jahren immer wieder zu kämpfen gehabt hatte. Was erwarteten die Leute? Sie hatte drei Kinder geboren, wundervolle Wesen, die sie neun Monate in ihrem Leib getragen hatte, war es nicht normal, dass sie nicht mehr das zierliche, elfengleiche Persönchen aus Jugendtagen war?

Hedda riss sich vom Anblick von Elizabeths prallen Brüsten los. »Anscheinend stecken Sie die Tatsache, dass Sie und Ihre Familie mehr unterwegs als zu Hause sind, recht gut weg? Ständig sind Sie auf Reisen, fliegen für das Wochenende an die Ostküste, besuchen sämtliche Großstädte der USA, um den Film Ihres Ehemannes zu promoten ... Wie kommen Sie zur Ruhe, Elizabeth?«

Gar nicht, lag es Elizabeth auf der Zunge, doch sie verbiss sich die Antwort und schmunzelte nur geheimnisvoll. »Wissen Sie, Hedda, wenn man wie ich den Großteil seines Lebens nur gearbeitet hat, genießt man es, zur Abwechslung mal nur zum Vergnügen zu reisen.«

»Sie führen ein recht ausschweifendes Leben, wie man hört.« Hedda blätterte in ihrem Büchlein, und Elizabeth fühlte sich wie bei einem Verhör. Sie hörte, wie Michael junior und Christopher die Treppe hinaufpolterten, es klang, als trampelten ein paar Elefanten durch das Haus. »Bei jedem Auftritt in der Öffentlichkeit sieht man Sie mit neuen Schmuckstücken, bei der Silvesterparty vor zwei Wochen trugen Sie einen fantastischen Pelz ... Ihr Mann hat sich kürzlich dieses neue Privatflugzeug angeschafft, das er *The Liz* taufte …«

»Wer viel arbeitet, darf sein hart verdientes Geld auch ausgeben, oder nicht?« Elizabeth lagerte das Baby auf den anderen Arm um. Hedda würde sie in ihrem Artikel bestimmt zerreißen und als genusssüchtig und verschwenderisch darstellen. Warum nur hatte sie sich breitschlagen lassen, sich mit ihr zu unterhalten? Vielleicht, weil Sara ihr am vergangenen Samstag beim obligatorischen Kaffeeklatsch dringend zu diesem Interview geraten hatte. »Halte dich gut mit der Presse, Schätzchen«, hatte sie mit weise erhobenem Zeigefinger gesagt. »Jetzt, wo du dich leider Gottes aus dem Filmgeschäft zurückgezogen hast, musst du den Reportern irgendwie im Gedächtnis bleiben. Stell dir vor, du möchtest eines Tages zurück zum Film, und keiner kennt dich mehr?«

Als ob, hatte Elizabeth spöttisch gedacht.

Eine stechend riechende Rauchwolke waberte in den Salon, kurz darauf gefolgt von Mike, der an seiner Zigarre zog. Michael und Christopher stürzten aus dem Treppenhaus herbei und hängten sich mit Indianergeheul an seine Beine, woraufhin er sie lachend abschüttelte. »Nicht so wild, Jungs. Hallo, Hedda.«

Lässig sank er neben Elizabeth in die weichen Polster des Sofas und legte den Arm um sie. Dies brachte die Kolumnistin ein wenig aus dem Konzept. Mit fahrigen Bewegungen rückte sie ihre schwarz umrandete Brille gerade.

»Elizabeth, Mike … Es gibt durchaus kritische Stimmen, die es Ihnen übel nehmen, dass Sie in Saus und Braus leben. Man wirft Ihnen eine gewisse Prahlerei vor.«

Elizabeth öffnete den Mund, um heftig zu widersprechen, doch da ergriff Mike bereits das Wort. »Ach, das sind Dummschwätzer, Hedda, dämliche Wichtigtuer. Das können Sie wörtlich in Ihr Schundblättchen schreiben.«

»Wir sind im Grunde sehr bodenständig«, fügte Elizabeth rasch hinzu. Lebten sie nicht wie jede andere Familie auch? Mike verdiente das Geld, und sie kümmerte sich zu Hause um die Kinder. Gut, sie verfügten über Bedienstete und sahen viel von der Welt, aber …

»So ist es«, unterbrach Mike sie und sah Hedda mit funkelnden Augen an. »Wir sind einfache und bescheidene Menschen. Elizabeth gießt sich ihren Champagner selbst ein, und ich bereite mir meine Kaviarhäppchen selbst zu.«

Er lachte so wiehernd, dass die kleine Liza ihre blauen Augen aufriss und nervös zu strampeln begann, während Elizabeth sich auf die Lippen biss, um ihre Erheiterung zu verbergen. Hedda verstand natürlich keinerlei Spaß, sondern kritzelte nur verbissen in ihr Notizbuch.

Mike zwinkerte Elizabeth zu. Sie liebte seinen Humor, und auch, dass er sich selbst nicht so ernst nahm, imponierte ihr. Waren sie nicht wie geschaffen füreinander, auch wenn die Presse des Öfteren auf ihnen herumhackte?

»Stellt Sie Ihr Dasein als Mutter und Hausfrau zufrieden, Elizabeth?«, fragte Hedda mit gespitzten Lippen.

»Ja.« Die Antwort kam aus vollem Herzen. »Die Aufgabe füllt mich aus, mehr, als es die Schauspielerei je vermocht hat.« Tatsächlich erschien ihr die Zeit beim Film mittlerweile wie etwas lange Vergangenes, an das man sich nur flüchtig erinnert, wie eine alte, vergilbte Fotografie, die man zufällig in einer Kiste auf dem Dachboden wiederfindet. Hatte sie ihre Arbeit als Schauspielerin nicht von jeher als Hobby, als Liebhaberei empfunden? So richtig berufen hatte sie sich dazu nie gefühlt.

Mike rutschte plötzlich unruhig neben ihr herum und grummelte etwas in sich hinein. Sie warf ihm einen erstaunten Seitenblick zu – wollte er etwas anmerken? Doch er paffte nur nachdenklich seine Zigarre und starrte aus dem mit weißem Stuck umrahmten Fenster hinaus auf die Nadelbäume, die die Villa im Coldwater Canyon, die sie seit Kurzem bewohnten, dunkel beschatteten.

»Kommen wir zu Ihrer Ehe.« Heddas Bleistift kratzte über das linierte Papier. »Wie man hört, fliegen bei Ihnen gerne mal die Fetzen. Es soll zuweilen sogar zu Handgreiflichkeiten kommen.«

»Wer erzählt so eine gequirlte Scheiße?« Wie um ihre innige Verbundenheit zu demonstrieren, lehnte Mike seinen Kopf gegen Elizabeths Schulter. Seine Augen ruhten kalt auf der Kolumnistin, die sich jedoch nicht aus der Ruhe bringen ließ.

»Nun, es gibt etliche Zeugen, die einige hitzige Gefechte mitbekommen haben, auch in der Öffentlichkeit. Sicherlich haben Sie das Foto gesehen, das neulich geschossen wurde. Es zeigt Sie beide bei einem erbitterten Streit, ja, Sie haben sogar die Fäuste erhoben. Was sagen Sie dazu?«

In Elizabeth verkrampfte sich alles. Wieso genoss Hedda es, in ihren Wunden zu stochern? Spürte sie dabei irgendeine verquere Art der Befriedigung, oder ging es ihr lediglich darum, die Auflagenzahl ihres Blattes zu erhöhen? Was ging es sie an, auf welche Art und Weise sie und Mike ihre Auseinandersetzungen führten? Sie hatte genug davon, ein Leben auf dem Präsentierteller zu führen, wollte nur noch in Frieden gelassen werden. »Ausgemachter Unsinn«, sagte sie so scharf, dass Liza beim Klang ihrer Stimme zusammenzuckte. Beruhigend drückte sie das Baby an sich. »Das sind böse Verleumdungen. Mike und ich respektieren uns, wir würden uns nie gegenseitig schlecht behandeln, nicht wahr, Liebling?«

»Absolut.« Provozierend blies Mike Hedda den Rauch seiner Zigarre ins Gesicht, woraufhin diese angewidert mit der Hand wedelte.

»Wir sprechen uns in zwanzig oder dreißig Jahren wieder, dann werden Sie sehen, dass wir noch genauso glücklich sein werden wie heute.« Elizabeth atmete tief durch, um das Brennen in ihrem Brustkorb zu besänftigen. Was wussten die Leute schon? Niemals würden sie verstehen, wie leidenschaftlich ihre Beziehung war; dass es geradezu Spaß machte, sich bei Meinungsverschiedenheiten zu zanken bis aufs Blut, um sich dann umso zärtlicher wieder zu versöhnen. Mike und sie führten ein Leben der Superlative – Krethi und Plethi würden den Rausch ihrer Kämpfe, die Heftigkeit ihres rasch verrauchenden Hasses und die Tiefe ihrer alles verschlingenden Liebe in tausend Jahren nicht nachvollziehen können, und auch Hedda Hopper nicht. Dabei war alles besser als die Eintönigkeit, die lähmende Langeweile, die sie jahrelang mit Michael erfahren hatte. Nein, dergleichen wollte sie nie wieder, sie sehnte sich mit jeder Zelle ihres Körpers danach, sich hellwach zu fühlen, zu pulsieren vor Lebenslust – und Mike machte das möglich. Noch nie hatte sie sich so lebendig gefühlt wie mit ihm.

...

Nachdem Hedda Hopper sich verabschiedet hatte, stöhnte Mike auf. »Endlich ist sie weg, die aufdringliche Gewitterziege. Möchtest du auch einen Cocktail zum Runterkommen?«

»Unbedingt.« Elizabeth gab die zunehmend quengelnde Liza an Emmy weiter, die sie zum Füttern in die Küche brachte. Nach Interviews dieser Art fühlte sie sich stets gereizt und brauchte entweder Alkohol oder Schokolade, um ihre Nerven zu beruhigen.

Sie zog die Beine auf das Sofa, lehnte den Kopf gegen das Rückenteil und beobachtete, wie Mike sich an der Hausbar zu schaffen machte.

»Warum hast du mich vorhin so merkwürdig von der Seite angesehen, als Hedda mich nach meiner Rolle als Hausfrau und Mutter gefragt hat?«

Mike schüttelte fachmännisch Rum, Kokosmilch und Ananassaft in einem Mixer und reichte ihr wenig später eine mit Ananasscheiben verzierte Piña colada. »Dir bleibt aber auch nichts verborgen, Schatz, nicht wahr?«

»Als Mutter zweier Söhne habe ich Übung darin, euch Jungs mit Röntgenblick hinter die Stirn zu schauen.« Elizabeth nippte an ihrem kalten Cocktail; herrlich, das Getränk war wie dazu geschaffen, die Erinnerung an die unselige Hedda und ihre neugierigen Fragen zu verscheuchen – wenn es nur nicht so viele Kalorien hätte.

Grinsend sank Mike zu ihr auf die Couch und legte seine Füße, die in edlen Budapestern steckten, auf den Tisch, dessen Fläche unter den zahlreichen babyrosa Spucktüchern, Bausteinen und Modellautos nur noch zu erahnen war. »Ja, darin bist du unschlagbar, Mommy. Nun, um ehrlich zu sein, spukt mir etwas im Kopf herum. Ich finde, du solltest eine Pause von deinem Alltag als Beste-Mutter-und-Ehefrau-des-Jahres einlegen und ein kleines Comeback wagen.«

»Wie bitte?« Empört setzte Elizabeth ihr Glas ab und fixierte ihn mit verengten Augen. »Wie kommst du auf diese Idee? Ich dachte, es wäre auch in deinem Sinne, dass ich zu Hause bleibe und mich um die Kinder kümmere. Wer hat noch mal damit geprahlt, *seine Frau habe es nicht nötig, zu arbeiten?*« Halb hoffte sie, Mike würde sie lediglich aufziehen – sie verspürte gar keine Lust, sich erneut der strengen Disziplin eines Filmsets unterzuordnen, genoss sie das späte Aufstehen, das stundenlange Herumtrödeln mit den Kleinen und nicht zuletzt die vielen Reisen in Mikes Privatjet doch viel zu sehr –, halb wusste sie jedoch, dass er es ernst meinte.

Sein Blick ruhte auf ihr, so als wolle er ausloten, wie weit er gehen konnte.

»Dieses dämliche Interview war überflüssig wie ein Kropf, aber es hat mir gezeigt, dass die Öffentlichkeit noch immer ein immenses Interesse an dir hat, sonst wäre diese alte Heuschrecke nicht so scharf drauf, über dich zu schreiben. Wieso sollten wir das nicht ausnutzen? Hat Frings dir nicht gerade ein tolles Angebot zukommen lassen?«

Vor Kurzem hatte Elizabeth den Agenten Kurt Frings, den sie damals auf Mikes Jacht kennengelernt hatte, tatsächlich engagiert – was hauptsächlich auf Saras Drängen zurückzuführen war.

»Er ist ein erstklassiger Agent«, hatte sie Elizabeth bei einem ihrer Besuche beschworen. »Sieh doch nur, zu welch grandiosen Angeboten er seinen anderen Klientinnen verholfen hat. Audrey Hepburn badet im Ruhm, seit er ihr Rollen vermittelt, denk nur an *Krieg und Frieden*, *Ein süßer Fratz* und wie die Streifen alle heißen ...«

»Wozu brauche ich einen neuen Agenten, wenn ich im Moment gar nicht daran denke, einen Film zu drehen?«, hatte Elizabeth entgegnet, und wie so oft, wenn sie sich mit ihrer Mutter auseinandersetzte, hatte Trotz in ihrer Stimme mitgeklungen.

»Du wirst wieder Filme drehen!«, hatte Saras unerbittliche Antwort gelautet.

Elizabeth hatte sich letzten Endes gefügt und Kurt Frings tatsächlich engagiert, ihm aber rigoros klargemacht, vorerst nicht zur Verfügung zu stehen. Trotzdem hatte Frings ihr ein Drehbuch geschickt, mit der Bitte, es sich wenigstens anzuschauen. Der Text lag jedoch unangetastet auf ihrem Nachttisch, noch nicht mal als Einschlaflektüre übte er einen Reiz auf sie aus.

»Was soll das, Mike?« Elizabeths Misstrauen wuchs ins Unermessliche. »Hast du Kurt genötigt, mich für diese unselige Rolle vorzuschlagen? Eine Tennessee-Williams-Verfilmung, ich bitte dich! Als ob das zu mir passen würde! Genauso gut könnte ich versuchen, die heilige Jungfrau zu spielen, niemand würde mir das bei meiner Vergangenheit abnehmen.«

»Es wäre eine neue Herausforderung.« Mike grinste sie an wie ihre Söhne, wenn sie etwas angestellt hatten, und legte ihr die Hand aufs Knie. Vehement schob sie sie weg. »Und nein, letztendlich war es Kurts Idee, dir das Drehbuch anzubieten, sagen wir, ich habe ihm lediglich einen Schubs in die entsprechende Richtung gegeben.«

»Warum, Mike? Ist unser Leben nicht wunderbar, so wie es ist?« Elizabeth rückte ein Stück von ihm weg und drückte sich in die Sofaecke. Warum drängte er sie dazu, ihr behagliches Leben aufzugeben, um sie erneut in Vierzehn-Stunden-Tage außer Haus zu pressen?

»Nun ja, ich habe mit Kurt gesprochen. Bei dem Film würden 125 000 Dollar für dich rausspringen, Geld, das wir gut gebrauchen könnten.«

Sie umklammerte ihr Cocktailglas, das sich feucht und kühl an ihre Haut schmiegte. »Seit wann haben wir Geldnöte? Dein Privatjet, die Jachten, die Immobilien … das alles finanzierst du doch aus der Portokasse, wie du nicht müde wirst, zu betonen.«

»Schon.« Mike wirkte ungewöhnlich kleinlaut. »Allerdings habe ich keinen müden Cent auf der hohen Kante für *Don Quixote*, mein neues Filmprojekt, du weißt, wie sehr mein Herz daran hängt. Im Sparen war ich noch nie besonders gut. Nimm die Rolle in *Die Katze auf dem heißen Blechdach* an, Schatz, sieh es als eine Art Investition in unsere Zukunft, in unsere Familie.«

»Schön ausgedrückt – Investition in unsere Familie. Damit verschleierst du in Wahrheit doch nur deinen eigenen Egoismus. Ich soll meine Kinder allein zu Hause lassen, um dein Herzensprojekt zu finanzieren. So ist es doch, gib es wenigstens zu!« Zorn stieg in Elizabeth auf. Ehe sie sichs versah, hatte sie ihr Cocktailglas auf den Boden geworfen, wo es in zwei Hälften zerbrach. Wie betäubt sah sie zu, wie die zähe sahneweiße Flüssigkeit in den Teppich sickerte.

»Sei nicht so melodramatisch.« Mike hielt sie an beiden Handgelenken fest und zwang sie, ihm in die flackernden Augen zu sehen.

»Lass mich los!« Elizabeth wand sich unter seinem festen Griff, den er jedoch nur noch verstärkte. »Du zwingst mich nicht dazu, diese seltsame Rolle anzunehmen …!«

»Liebling, es wäre das Beste für uns alle … Nach den ganzen Investitionen bin ich nicht flüssig, ich …«

Blitzschnell biss sie ihn in die Hand, sodass er leise aufkeuchte und sie wider Willen losließ. Nur eine Sekunde – dann packte er sie erneut und hielt ihre Arme wie in einem Schraubstock, bestimmt würde sie blaue Flecken davontragen, was nicht zum ersten Mal geschähe. Sie versuchte, ihre Füße gegen ihn zu stemmen, um freizukommen. Dies war das Muster ihrer Beziehung, die inzwischen nur allzu vertraute Art und Weise, sich gegeneinander zu behaupten; nun, wo Hedda Hopper längst über alle Berge war, brauchten sie ihre ungestümen Veranlagungen nicht mehr unter dem Deckmantel der Sanftmut zu verbergen. Sie waren nun einmal wie zwei Magnete, die sich gleichzeitig abstießen und anzogen.

»Mommy? Kämpft ihr miteinander?« Unbemerkt war Michael junior im hellblauen Flanellschlafanzug hereingekommen. Elizabeth hatte angenommen, Emmy hätte ihn längst zu Bett gebracht. Der Fünfjährige starrte verunsichert von seiner Mutter zum Stiefvater, im Unklaren darüber, ob die Szene, der er gerade beiwohnte, Spaß oder bitterer Ernst war.

Elizabeths Groll auf Mike fiel in sich zusammen, sie zog die ausgestreckten Füße, mit denen sie ihm eben noch heftige Tritte verpasst hatte, unter sich und schmiegte sich an ihren Mann. Augenblicklich löste er seine Hände von ihr und schlang die Arme um sie, drückte ihr gar einen zärtlichen Kuss auf den Scheitel.

»Nein, Liebling, überhaupt nicht. Kannst du nicht schlafen?«

»Ich habe geträumt. Von einem Monster unter meinem Bett. Es war grün wie Gift und hatte drei Mäuler und Zähne so riesig und spitz wie Scheren.« Michael kletterte auf Elizabeths Schoß, und sie legten beide die Arme um ihn und wiegten ihn, so wie sie es mit Liza taten, wenn sie weinte. Über den dunklen Haarschopf des Jungen hinweg sahen sie einander an, und Mike hauchte ihr einen weiteren Kuss entgegen. Sie lächelte und nickte unmerklich zu der mit dickem weinrotem Teppich ausgelegten Treppe, die nach oben zum Schlafzimmer führte. Ein herrlicher Abend lag vor ihnen. Sie würden ihre Versöhnung mit Kerzen auf den Nachttischen, einem Glas Champagner im Bett und dem Vergnügen körperlicher Liebe zelebrieren, so wie sie es immer taten, wenn sie aneinandergeraten waren. In ihrem Innern kribbelte es bereits erwartungsfreudig, und sie erkannte an Mikes glänzenden Augen, dass es ihm genauso ging.

»Mein armer Liebling.« Sie drückte Michael fest an sich. »Wir werden dich nach oben bringen und dieses schreckliche, giftgrüne Monster unter deinem Bett vertreiben. Mike wird es so in den Senkel stellen, dass es sich nie wieder zu uns traut, nicht wahr, Mike?«

»Ich werde ihm gehörig die Leviten lesen, dem dreisten Stück. Was erlaubt es sich, einen rechtschaffenen Indianer wie dich zu belästigen?« Mike zwinkerte dem Jungen zu, dann nahm er ihn huckepack und jagte mit ihm die Treppe hoch. Elizabeth klaubte die Scherben des Cocktailglases zusammen und folgte ihnen lächelnd, bis in die Zehenspitzen angefüllt mit Zuneigung und Zärtlichkeit für diese wundervolle, chaotische Familie.

17

Los Angeles, 1958

»Die ganze Zeit fühle ich mich wie eine Katze auf einem heißen Blechdach!«, sprach Elizabeth eindringlich auf Paul Newman ein, der, selbst in seinem grauen Schlafanzug sehr adrett anzusehen, auf eine Krücke gestützt herumhumpelte.

»Dann spring von dem Dach, Maggie, spring runter. Katzen springen von Dächern, und sie landen unverletzt. Tu es, spring!« Verdruss lag in Pauls hellblauen Augen, die so viele Emotionen auszudrücken vermochten.

Elizabeth bemühte sich, ein erkleckliches Maß an Verzweiflung in ihre Stimme zu legen, doch sie fühlte sich hölzern und steif.

Es war März, und außerhalb des Studios fiel ein feiner Regen, der Los Angeles mit einem ungewohnt trüben Schleier überzog. Noch lief die Kamera nicht, sie lasen lediglich die Textstellen, die sie heute filmen würden. Regisseur Richard Brooks, dessen hervorstechendstes Merkmal die abstehenden Ohren waren – bestimmt war er als Kind oft gehänselt worden –, saß auf einem dreibeinigen Hocker und nippte an einem Pfefferminztee, während sich seine beiden Hauptdarsteller unter den noch kalten Scheinwerfern gegenüberstanden. »Noch mal, mit mehr Inbrunst. Ihr spielt gerade wie zwei Teenager in der Theatergruppe auf der Highschool.«

»*Sie* spielt wie ein Teenager«, brummte Paul Newman und fixierte Elizabeth so durchdringend, dass sie sich verlegen abwandte und an ihrer figurbetonten weißen Bluse zupfte. Herrje, er hatte ja recht. Sie war noch nie so schnell in eine neue Rolle geworfen worden wie in *Die Katze auf dem heißen Blechdach*. Ihr Vorhaben, bei den Kindern zu Hause zu bleiben, hatte sie rasch aufgegeben, sie sah ein, dass sie ihre Gage dringend benötigten. So langsam sickerte die Tatsache, dass sie über ihre Verhältnisse lebten, erst richtig in ihr Bewusstsein. Nun, es half alles nichts, sie war niemand, der jammerte oder sich beklagte. Wenn sie wieder spielen musste, um ihren Lebensstandard zu halten, dann würde sie es eben tun. Rücken durchdrücken, Lippenstift auflegen, und weiter ging's. Außerdem – so musste sie sich selbst eingestehen – genoss sie es tatsächlich ein kleines bisschen, wieder zu drehen. Die Rolle der Maggie Pollitt in der Tennessee-Williams-Verfilmung war eine wahre Herausforderung, wahrscheinlich die anspruchsvollste Rolle, die sie je angenommen hatte. Das Netz aus Liebe, Hass und Neid, das die Geschichte trug, war so dicht gewebt, dass es Elizabeth bereits beim Lesen des Drehbuchs gepackt hatte. Es war intensiv, und sie hoffte, ihrer vielschichtigen Rolle gerecht zu werden, auch wenn sie unter Anfangsschwierigkeiten litt.

»Ja, das tut sie«, stimmte Brooks Paul zu, klang jedoch nicht beunruhigt. »Aber das wird schon, keine Sorge.«

Paul setzte sich missmutig auf das Sofa des Pollitt'schen Wohnzimmers, die Krücke ließ er achtlos zu Boden sinken. »Ihr fehlt das Feuer, die Leidenschaft. Als Maggie ist sie so farblos wie ein Schluck Wasser.«

»Sie knipst das Feuer an, sobald die Kameras laufen.« Noch immer wirkte Brooks gelassen; in aller Seelenruhe rührte er in seinem Tee.

Elizabeth hasste es, wenn man über sie in der dritten Person sprach, so, als sei sie gar nicht anwesend. Geschwind wischte sie die Scham über ihre leblose Interpretation Maggie Pollitts beiseite. »Ich habe eine andere Herangehensweise als du, Paul. Du warst auf der Schauspielschule …«

» … ich habe die Yale Drama School besucht«, unterbrach Paul sie düster.

Elizabeth verdrehte die Augen. »Beeindruckend, Paul. Ich selbst hatte nie Schauspielunterricht, muss ich zu meiner Schande gestehen. Ich spiele eher instinktiv, verstehst du? Aus dem Bauch heraus. Mir fehlen die Techniken, die du von der Pike auf gelernt hast, aber …«

»Das wissen wir, Elizabeth.« Dieses Mal war es Brooks, der ihr ins Wort fiel. Allmählich schien er doch etwas ungeduldig zu werden. »Du brauchst dich nicht unterlegen zu fühlen. Ich weiß von vielen Regiekollegen, dass du dein Können erst zeigst, sobald die Kameras auf dich gerichtet sind. Dann schöpfst du aus dem Vollen. Bei den Trockenübungen zuvor bist du regelmäßig blockiert.«

Elizabeth nickte verlegen. Sie sehnte sich nach ihren früheren Filmpartnern zurück, Rock Hudson, Spencer Tracy und natürlich Montgomery. Diese hatten sie so einfühlsam angeleitet, das Beste aus ihr hervorgeholt, dass sie ihre Filmpersönlichkeiten wie durch Zauberei verinnerlichte, Charakterzüge und Eigenarten aufsog, um sie authentisch wiederzugeben. Paul Newman, diesem Besserwisser, schien das nicht zu gelingen, er konzentrierte sich zu sehr auf sich selbst.

»Kameras an«, ordnete Brooks an, der Diskussionen überdrüssig. Er stellte seine leere Tasse beiseite. »Wir legen los.«

Wie er prophezeit hatte, entspannte sich Elizabeth, als die

Scheinwerfer auf sie gerichtet waren. Plötzlich fühlte sie sich lockerer, Mimik und Gestik entwickelten sich von alleine, so als habe ihr Geist nur darauf gewartet, zu Höchstform auflaufen zu dürfen. Auch Paul Newman schien besänftigt.

Die folgenden Drehtage verliefen zufriedenstellend, Paul beklagte sich nicht mehr. An den Abenden kehrte Elizabeth erschöpft und ausgelaugt nach Hause in den Coldwater Canyon zurück; zum Glück ließ Emmy die Kleinen auf ihren Wunsch hin lange auf, sodass sie noch etwas mit ihnen spielen und sie im Arm halten konnte, bevor sie schlafen gingen.

»Ich habe eine Einladung vom Friars Club bekommen«, bemerkte Mike eines Abends, als sie im Bett lagen, er rauchend, sie mit einem Roman auf der Brust, obwohl sie bei jedem Absatz drohte einzuschlafen. Die Tage im Studio waren so unendlich lang und aufreibend, auch wenn sie immer mehr Gefallen daran fand, sich mit ihrer komplizierten Rolle auseinanderzusetzen. Der Regisseur zeigte sich sehr zufrieden mit ihrer charakterlichen Darstellung.

»Hm?« Schläfrig klappte sie ihr Buch zu. Das Licht der Nachttischlampen spiegelte sich in den Fenstern und verbarg den Blick auf die tiefen Wälder, die die Villa umgaben wie eine schützende Mauer. Es war absolut still, man vernahm lediglich das Rauschen des Windes in den Ästen und das laute Schnarchen der Hunde im unteren Stockwerk.

»Sie möchten mir eine Auszeichnung überreichen. Für besondere Dienste im Filmgeschäft. Nächstes Wochenende schon. Wie sieht es aus, hüpfst du mit mir rüber?«

Elizabeth schnaubte. Sie knipste die Lampe aus und schmiegte sich mit geschlossenen Augen an Mikes nackte Brust. »Rüberhüpfen? Ein Katzensprung ist es nicht gerade nach New York.«

»Na und? Wozu besitzt man denn einen Privatjet?« Sie spürte, wie Mike im Dunkeln schmunzelte. »Wir könnten uns ein paar schöne Tage machen. Shoppen auf der Fifth Avenue, Tee im Rainbow Room …«

»Von mir aus.« Sie war kurz davor, in den Schlaf hinüberzugleiten. Sie war müder als sonst, zudem verspürte sie Halskratzen, und ihre Nase war verstopft.

Als sie am Freitag vom Studio heimkehrte, litt sie unter leichtem Fieber, und ihre Rippen schmerzten vom Husten. Unmöglich, für ein Wochenende nach New York zu fliegen und bei der Preisverleihung an Mikes Seite zu lächeln, sie schaffte es ja gerade noch, in ein Nachthemd zu schlüpfen und die Haushälterin anzuweisen, ihr eine Wärmflasche zu bringen. Ihr Bett würde sie so rasch nicht mehr verlassen.

»Ist es dir recht, allein nach New York zu fliegen?«, krächzte sie mit heiserer Stimme, die Decke bis zum Kinn hochgezogen. Liza lag in ihrer Wiege neben ihr und schlummerte friedlich, während Michael und Christopher über die Matratze robbten und sich balgten.

»Aufhören, Jungs! Ab zu Emmy!« Mike verscheuchte die beiden und sank zu Elizabeth auf die Bettkante. »Wird wohl nicht anders gehen, mein Schatz. Bleib zu Hause und kurier dich aus, damit du am Montag wieder vor der Kamera stehen kannst.«

»Gut.« Sie nickte schwach, dann wurde sie von einem erneuten Hustenanfall gequält, der ihr die Brust zu zerreißen schien. Sie wollte nur noch schlafen, die Welt um sich herum im feinen Nieselregen versinken lassen, der in Rinnsalen an der Fensterscheibe herablief.

...

Sie erwachte in der Dunkelheit, doch hinter den feuchten Glasscheiben war bereits eine bleigraue Dämmerung zu erahnen. Noch immer regnete es, nun stärker als am Vorabend. Dicke Tropfen prasselten gegen die Fenster, ein trommelndes Stakkato, das bis in ihre Träume gekrochen war.

»Elizabeth ...« Eine Hand rüttelte an ihrer Schulter, die männliche Stimme, die in der Finsternis des Schlafzimmers schwebte, klang vage vertraut.

Mike, war ihr erster, schlaftrunkener Gedanke. Doch Mike war in New York. Das Gefühl, dass etwas ganz und gar nicht stimmte, ließ sie hochschrecken. Abrupt drehte sie sich zur Seite, um die Nachttischlampe anzuschalten. Der Mann, der sich mit besorgtem Gesicht über sie beugte, war kein Fremder, doch ihr Gehirn benötigte ein paar Sekunden, bis sie ihn einzuordnen vermochte.

»Doktor Kennamer ...« Was tat ihr neuer Hausarzt in ihrem Haus, ohne dass sie ihn herbestellt hatte, noch dazu im Morgengrauen? Wie war er in die Villa gekommen, hatte ihm die Haushälterin geöffnet? Panik wallte in ihr hoch, ließ ihr Schweißperlen auf die Stirn treten und einen flachen Herzschlag in den Ohren pochen. Sie schob sich ans Ende des Bettes, so weit weg von ihm wie möglich, als könne sie sich so vor ihm schützen – oder vor dem, was er zu verkünden hatte, denn ohne Zweifel war etwas Schreckliches passiert. Warum sonst sollte er unangekündigt in den frühen Morgenstunden auftauchen? Die Kinder ...! Während sich der Arzt auf die äußerste Bettkante setzte und sich ratlos über das graue Haar strich, als nähme er all seinen Mut zusammen, um ihr gleich eine Hiobsbotschaft zu verkünden, die ihre Welt auf den Kopf stellen würde – sie wusste einfach, dass es so war –, fuhren ihre Gedanken Achterbahn. Die Kinder schliefen in ihren Betten, am anderen Ende des Flurs. Wären sie plötzlich krank geworden, hätte Emmy sie geweckt. Nein, die Kinder waren sicherlich wohlauf. Blieb noch ...

»Elizabeth.« Doktor Kennamer schluckte trocken. »Ich war früh dran heute, weil ich nicht schlafen konnte ... Da habe ich es im Radio gehört.«

Sie starrte ihn mit weit aufgerissenen Augen an, drückte sich in ihre Kissen und wartete, jeder Muskel ihres Körpers so angespannt, dass es schmerzte.

»Es gab einen Unfall ... Über den Zuni Mountains, in New Mexico ...«

»Mike ...«, flüsterte sie mit brechender Stimme. Ein Schreckensszenario erhob sich vor ihr, setzte sich wie winzige Puzzleteile zusammen zu einem Gesamtbild. Mike war gestern Abend nach New York aufgebrochen, sein Privatflugzeug *The Liz* hatte auf dem Gelände eines kleinen privaten Flughafens bereitgestanden. Der Regen schlug härter gegen das Fenster, vermischte sich mit dem Rauschen in ihrem Kopf.

Doktor Kennamer nickte niedergeschlagen. »Leider ja. Es tut mir so leid, Elizabeth. Im Radio sagten sie, während des Fluges verschlechterten sich die Wetterbedingungen dramatisch, es bildete sich dichter Nebel. Das Flugzeug ist über den Bergen abgestürzt.«

»Wie schwer ist er verletzt, liegt er im Krankenhaus, kann ich ihn sehen?« Sie würgte die Worte hervor, ihr Tonfall klang fremd, schrill, unnatürlich wie eine uralte Schallplatte, über die eine Nadel kratzte.

Der Arzt ergriff tröstend ihre Hand, doch sie entzog sie ihm, konnte keinerlei Berührung ertragen. Ihr Körper und ihr Geist funktionierten lediglich in einer Art Notfallmodus, für Mitgefühl war sie nicht empfänglich. »Elizabeth ... Mike ist tot. Auch die beiden Piloten haben den Absturz nicht überlebt. Es war ein furchtbares Unglück.«

Elizabeth strampelte die Decke von sich, wobei sich ihre nackten Füße im Stoff verfingen, kaum befreit kroch sie aus dem Bett und stürzte aus dem Zimmer, die Treppe hinab. Nur hinaus aus diesem Zimmer, in dem sie so viele Nächte und gleichzeitig viel zu wenige mit Mike geschlafen hatte, weg, weg von alledem. Wenn es ihr möglich gewesen wäre, wäre sie gerannt, hätte das Haus verlassen und wäre den Bäumen entgegengelaufen, die finster, die Äste vor Wasser triefend, wie eine traurige Kulisse den Canyon säumten. Hysterische Schluchzer sprudelten aus ihrer Brust empor, vermischten sich mit dem Husten, erzeugten ein rasselndes, wehklagendes Geräusch, das wie die verzweifelten Laute eines angeschossenen Tieres klang.

»Elizabeth!« Der Arzt kam ihr hinterher, polterte die Treppe hinunter, und auch Emmy schien wach zu sein, in ihrem Zimmer regte sich etwas.

»Mike ist tot!«, schrie sie Doktor Kennamer entgegen, als er sie keuchend einholte. Sie öffnete die Schiebetür zur Veranda, um die eisige Luft hereinzulassen, die sich über dem Tal staute. Wind und Regen peitschten gegen das Haus, Wassertropfen rannen ihr Gesicht herab, durchnässten ihre Haare. Auf dem Swimmingpool trieben Blätter und abgerissene Zweige, die Umgebung sah aus, wie sie sich fühlte: eine düstere Welt, die in Hoffnungslosigkeit ertrank. »Mein Leben ist zu Ende, hören Sie, wenn Mike tot ist, ist auch mein Leben zu Ende!«

»Ist es nicht, auch wenn es sich im Moment so anfühlt.« Dem Arzt gelang es, die Verandatür wieder zuzuziehen, um das Tosen des Sturmes auszusperren. Im Wohnzimmer herrschten frostige Temperaturen, Elizabeth zitterte am ganzen Körper.

»Sie werden noch kränker, als Sie ohnehin schon sind, Mrs Todd«, murmelte Emmy, die mittlerweile im Nachthemd heruntergekommen war, und wickelte sie fürsorglich in eine der teuren Kaschmirdecken, die auf dem Sofa lagen.

»Mike ist tot ... Ohne ihn kann ich nicht weitermachen, es geht nicht ...« Elizabeth ließ sich von Emmy auf einen Sessel ziehen, wo sie vollends zusammenbrach. Sie schlug die Hände vor das Gesicht, wimmerte trostlos und wippte mit dem Oberkörper vor und zurück, als wäre diese Bewegung das Einzige, was sie daran erinnerte, dass sie noch am Leben war.

Doktor Kennamer kniete sich vor sie, nahm eine Spritze aus seiner Arzttasche und zog sie auf. »Es wird weitergehen, Elizabeth, es muss, verlassen Sie sich drauf. Im Moment erscheint Ihnen alles ausweglos, aber denken Sie daran, Sie haben drei Kinder, die Sie brauchen. Ich gebe Ihnen etwas zur Beruhigung, das wird dem Schmerz vorerst die Spitze nehmen. Wen können wir benachrichtigen? Jemand muss sich um Sie kümmern.«

»Mutter.« Das Wort war kaum hörbar, aber der Arzt schien es verstanden zu haben, denn er nickte. Dann spürte sie einen leichten Einstich, und Momente später lullte sie eine künstlich erzeugte Ruhe ein, schlug sich wie eine zu schwere Decke um sie. Sara würde kommen, ja, Mutter würde ihr zur Seite stehen, wie ihr ganzes Leben schon. Sie wäre ihr Rettungsanker, an den sie sich am schlimmsten Tag ihres Lebens klammern konnte.

»Mutter«, flüsterte sie vor sich hin, immer wieder, während der Arzt und Emmy sie behutsam auf das Sofa betteten und zudeckten. Die Creme- und Beigetöne des Raumes verschwammen vor ihren Augen, bis sie in einen leichten, barmherzigen Schlummer fiel, der die Tragödie für kurze Zeit aus ihrem Bewusstsein löschte.

Chicago, 1958

»Diese verdammten Aasgeier.« Elizabeth, die ihre geschwollenen Augen hinter einer großen Sonnenbrille verbarg, versuchte, den Blick von den Paparazzi abzuwenden, die entlang der Friedhofsmauer verharrten, die Kameras einsatzbereit. Es tat gut, zu fluchen, konnte sie sich doch auf diese Weise ein winziges Ventil für ihren abgrundtiefen Schmerz verschaffen.

Ihr Bruder Howard fasste sie am Arm und führte sie die engen Wege zwischen den Gräbern des jüdischen Friedhofs entlang; ihre Schuhe knirschten auf der feuchten Erde und den Kieselsteinen, ihr schwarzer Mantel fühlte sich klamm an. Über dem Lake Zurich schwebte dichter Nebel wie ein rauchiger Wolkenberg, man vermochte das Gewässer lediglich zu erahnen.

»In puncto Vokabular hast du dir einiges von Mike abgeschaut, das muss ich schon sagen«, murmelte Howard. Die Erwähnung ihres Mannes entfachte die heiße Trauer, die in ihr brannte, von Neuem. Seit der Schreckensnachricht befand sie sich in einem Ausnahmezustand. Dass sie überhaupt noch atmete, dass ihr Herz noch schlug, verdankte sie ihrer puren Willenskraft – sie musste schließlich weiterhin funktionieren, allein um der Kinder willen.

Am Morgen hatte sie sich erstmals seit Tagen aus dem Bett geschält und sich von Sara, die bisher keine Sekunde von ihrer Seite gewichen war, Trauerkleidung anlegen lassen wie einer Anziehpuppe.

»Du bist stark, du wirst auch das überstehen«, hatte Sara sie beschworen und ihr eindringlich in die Augen geschaut, doch sie hatte den Blick abgewandt. Mutter hatte gut reden.

»Ich habe mich noch nie im Leben so schwach und verloren gefühlt«, hatte sie gemurmelt. Ihre Augen brannten, doch Tränen wollten keine mehr fließen.

»Unsinn. Auch wenn dir im Moment alles wie ein riesiger Berg erscheint, den du unmöglich erklimmen kannst – es wird weitergehen, Schätzchen, glaub mir.« Sara hatte den Kragen ihres schwarzen Kostüms zurechtgezupft und ihr eine Haarsträhne aus der Stirn geschoben. Elizabeth hatte nur stumm den Kopf geschüttelt, ihr fehlte die Energie, mit Mutter zu diskutieren.

Auf dem Flug – einer von Mikes zahlreichen Freunden hatte sie in einem Privatflugzeug nach Chicago transportiert – hatte Mutter die ganze Zeit über ihre Hand gehalten und geschwiegen. Worte hätte sie nicht ertragen. Als Monty, der an jenem verhängnisvollen Samstag, an dem das Unglück über sie hereingebrochen war, zu ihr geeilt war, sie mit leisen Worten zu trösten versuchte, hatte sie sich lediglich die Hände auf die Ohren gepresst, wie ein Kind, das nichts hören will. Es war alles zu viel gewesen. Die Gewissheit, dass es sich nicht um einen bösen Traum handelte, sondern um grausame Realität – Mike würde nie wieder zurückkommen, nie wieder dieses Haus betreten, sie nie wieder zärtlich berühren, nie wieder! –, brach ihr Herz in tausend Stücke.

»Sieh sie dir doch an, diese verfluchten Leichenfledderer«, flüsterte Elizabeth Howard zu. Hinter ihnen gingen Eddie Fisher, die Miene grau vor Traurigkeit, Montgomery und Sara. Francis hatte es vorgezogen, in Kalifornien zu bleiben, was sie nicht verwunderlich fand. Hatte sie in ihrem Leben jemals auf ihn zählen können? Auch Debbie war nicht nach Chicago geflogen, sie hütete in Los Angeles Elizabeths Kinder, denen die verwirrende Bestattungszeremonie erspart bleiben sollte. »Bestimmt haben sie schon vor dem Morgengrauen ihre Plätze auf dem Friedhof bezogen, um das große Spektakel nicht zu verpassen. Mike Todds letzte große Show.«

»Sei nicht so verbittert, das steht dir nicht.« Howard schlang den Arm um sie, als sie umzuknicken drohte, und stützte sie. Auch ihm entging wohl der ganze Unrat nicht, den die Reporter hinterließen. Butterbrotpapiere, Bonbonfolien und Verpackungen von Schokoriegeln lagen zu ihren Füßen, doch mit dem Auftauchen der Trauergemeinde waren sie zu sehr mit dem Schießen des besten Fotos beschäftigt, als dass sie sich um den Dreck kümmerten.

Elizabeth zuckte die Achseln. Im Grunde war ihr alles gleichgültig. Von nun an war sie allein, weder ihre Mutter noch ihre Freunde konnten ihr die Geborgenheit und Zärtlichkeit vermitteln, die Mike ihr geschenkt hatte. War er nach Nicky und Michael, diesen traurigen Fehlbesetzungen, nicht ihre große Liebe gewesen? Er hatte sie verstanden wie kein anderer, auch wenn Außenstehende diese Beziehung voller Dramatik, handfesten Streitigkeiten und liebevollen Versöhnungen misstrauisch beäugt hatten.

Die Trauerfeier und die Zeremonie am Grab nahm Elizabeth wie durch einen Schleier hindurch wahr, die Gesichter der Familienangehörigen und zahlreichen Freunde Mikes liefen wie ein in Grau- und Schwarztönen gehaltenes Aquarellgemälde ineinander über. Auch die Worte des Rabbis vernahm sie wie durch Watte, zu sehr bemühte sie sich, eine aufrechte Haltung zu bewahren und sich nicht vor Schmerz gekrümmt vornüberzubeugen. Ihre Schultern vermochten die Last ihres Verlustes kaum zu tragen.

»*Wisse, woher du kommst und wohin du gehst und vor wem du wirst einst Rechenschaft ablegen müssen.*«

Die kleine Liza war nun eine Halbwaise, sie war noch zu jung, um auch nur eine einzige Erinnerung an ihren Vater zu bewahren. Dieser Gedanke war einer der schlimmsten. Sie musste wohl hörbar gekeucht haben, denn sofort schlossen sich von beiden Seiten starke Arme um sie, von rechts Howard, von links Eddie. Instinktiv flog ihr Blick zu Mikes bestem Freund – auch in seinen Augen glitzerten Tränen, sein Gesicht war weiß wie Papier. Sie erkannte die gleiche rohe Trauer, die sie selbst zerfleischte, in seinen Zügen, und ihr Herz flog ihm ein winziges Stück entgegen. Vielleicht war er der Einzige auf dem Friedhof, der das Ausmaß ihrer Verzweiflung zu begreifen vermochte, hatte er Mike doch auch geliebt und verehrt, als Mentor, als Freund, als Bruder.

»Keine Angst, Elizabeth, ich bin bei dir«, flüsterte er, nah an ihrem Ohr, während das Gebet des Rabbis zu einem monotonen Hintergrundrauschen verblasste. »Und ich werde an deiner Seite bleiben, solange du willst. Ich werde für dich sorgen, so wie Mike es getan hat. Du bist nicht allein.«

»Danke, Eddie.« Ihre Stimme brach, und sie lehnte den Kopf gegen seine Schulter, spürte den rauen Wollstoff seines Mantels. Ihr ganzer Körper bebte vor ersticktem Schluchzen, doch er hielt sie fest, und gemeinsam durchlebten sie eine der bittersten Stunden ihres Lebens.

18

Los Angeles, 1958

Zusammen saßen sie auf dem Sofa aus Korbgeflecht auf der Veranda. Dieses idyllische Fleckchen, von dem aus man einen atemberaubenden Ausblick auf den Canyon mit den steil emporragenden Bäumen hatte, war der einzige Ort der Villa, an dem Elizabeth sich noch aufzuhalten vermochte, ohne das beklemmende Gefühl zu verspüren, die allgegenwärtige Trauer sprenge ihr den Brustkorb. Nur hier draußen schaffte sie es, frei zu atmen, vor allem am Abend, wenn die Schatten länger wurden. Ein Glas Whiskey nahm dem Schmerz zusätzlich die Schärfe.

»Du solltest nicht so viel trinken«, mahnte Eddie leise, doch seine Stimme klang nachsichtig. Er legte seinen Arm auf die Rückenlehne des Sofas und berührte mit den Fingerspitzen ihr Haar. Sie sog diese zufälligen Berührungen hungrig in sich auf, sehnte sich nach allem, was ein bisschen Zuwendung versprach, denn seit Mikes Tod war ihr kalt und einsam ums Herz. »Vor allem nicht in Verbindung mit den Schlaftabletten.«

»Wem sagst du das.« Seufzend streckte Elizabeth ihre Beine aus und starrte in den leuchtenden Abendhimmel. Abende wie diesen hatten Mike und sie vor seinem Tod geradezu zelebriert, sie hatten sich ein Glas Champagner gegönnt, über ihren Tag gesprochen und in die untergehende Sonne geschaut, die wie ein glühender Ball hinter den Bäumen versank. Nun hatte sie niemanden mehr, mit dem sie die Schönheit der Welt genießen konnte – außer Eddie, der sein Versprechen hielt und sich um sie kümmerte. Er war an ihrer Seite, jeden Tag, jeden Abend, so als habe er Mike geschworen, auf sie achtzugeben. Was Debbie wohl davon hielt, dass ihr Mann sich mehr bei ihr als zu Hause aufhielt?

»Ich weiß, dass Alkohol und Tabletten keine gute Kombination sind. Schau dir Monty an. Getrunken hat er schon immer viel, aber seit er durch seinen Unfall diese ganzen Schmerztabletten nehmen musste, ist er vollends in die Sucht abgerutscht.«

»Dann hör auf damit.« Eddie nahm ihr sanft das Glas aus der Hand und stellte es vor sie auf den Tisch. »Ich will nicht, dass es dir genauso ergeht, das könnte ich nicht ertragen.«

Elizabeth spürte, wie salzige Tränen in ihr aufstiegen. Hastig griff sie wieder nach ihrem Glas und stürzte einen Schluck der in der Kehle beißenden Flüssigkeit hinunter. »Ich kann nicht. Meine Tabletten wirken nicht mehr, nur mithilfe des Alkohols schaffe ich es, ein paar Stunden Schlaf zu bekommen. Ansonsten liege ich die ganze Nacht wach und spüre die Leere des Raumes, es ist, als ob auf Mikes Bettseite sein Geist liegt, der in der Dunkelheit flüstert ...«

Sie schlug die Hände vor das Gesicht und fing die Tränen auf, die aus ihren Augen quollen. Eddie schlang einen Arm um sie und küsste sie tröstend auf den Scheitel, und tatsächlich beruhigte sie diese innige Umarmung ein wenig. »Weißt du noch, wie wir im Sommer immer hier saßen und Karten spielten und Mike die Schauspieler aus *In achtzig Tagen um die Welt* imitierte? Das konnte er so gut, wir haben uns ausgeschüttet vor Lachen.«

»Ich erinnere mich, als ob es erst gestern gewesen wäre. Mein

Gott, Elizabeth, ich vermisse ihn so, er war der beste Freund, den man haben kann.«

Nun war es an ihr, ihm Worte des Trostes zuzuflüstern und ihn an sich zu drücken. So saßen sie eine ganze Weile eng beieinander und suchten Zuflucht in der Gegenwart des anderen, während das Feuerrot des Abendhimmels allmählich zu dunkleren Tönen wie Königsblau und Bleigrau verschwamm.

»Ohne ihn wäre ich heute nicht da, wo ich bin.« Eddies Stimme klang erstickt. »Ich weiß nicht, ob er es dir gegenüber jemals erwähnt hat, aber ich stamme aus sehr einfachen Verhältnissen. Ich bin das vierte von sieben Kindern, mein Vater war Schneider, aus Russland immigriert. Bei so vielen Geschwistern wird man leicht übersehen.« Er lachte bitter, und Elizabeth dachte wehmütig an ihre eigene Kindheit zurück; manchmal hätte sie sich gewünscht, übersehen zu werden und nicht ständig im Fokus von Saras Bemühungen zu stehen.

»Deshalb habe ich eines Tages angefangen zu singen, so laut und deutlich ich konnte. Und bald hörte mir jeder zu und bestätigte mir, dass ich eine musikalische Ader habe – ich sänge wie ein Engel, sagte der Rabbi unserer Gemeinde. Als junger Bursche sang ich in Klubs und Hotels, und als ich aus meinem Militärdienst in Korea zurückkehrte, bekam ich eine eigene Fernsehshow. Dass ich so weit gekommen bin, habe ich nur Mike zu verdanken.«

»Er hat dich entdeckt, nicht wahr?« Elizabeth spielte gedankenverloren mit einer Locke von Eddies tiefschwarzem Haar.

»Er hat mich umsorgt und behütet wie einen Sohn, und dafür werde ich ihm stets dankbar sein.« Eddie wischte sich mit dem Handrücken über die Augen, und Elizabeth reichte ihm fürsorglich ein Taschentuch. Was täte sie dieser Tage nur ohne Eddie? Sie stützten sich gegenseitig und verliehen einander Halt, ansonsten wäre sie tief hinabgestürzt in den Abgrund ihrer Verzweiflung.

In diesem Moment klingelte im Wohnzimmer das Telefon. Träge erhob sich Elizabeth und taumelte durch die Glastüren nach drinnen.

»Elizabeth? Ist Eddie bei dir?«

Sie schloss für einen Moment die Augen. Debbies anklagende Stimme war mehr, als sie in ihrem Ausnahmezustand ertragen konnte. Es war das vierte Mal, dass Debbie in dieser Woche spätabends anrief, um nach dem Verbleib ihres Mannes zu fragen.

»Ja.«

»Hol ihn bitte ans Telefon.« Debbie klang mühsam beherrscht, so als lauere unter ihrer immer höflichen, liebenswürdigen Oberfläche eine gewisse Reizbarkeit, die kurz davorstand, hervorzubrechen wie die Lava eines Vulkans.

Elizabeth legte den Hörer neben den Apparat und rief Eddie durch die offen stehende Tür. Irritiert stemmte er sich hoch und kam ins Haus, offensichtlich ebenso betrunken wie sie.

Elizabeth überkreuzte die Arme vor der Brust und kauerte sich in einen Sessel; obwohl es Frühling war, kühlte es an den Abenden im Coldwater Canyon rasch ab, zudem litt sie seit Mikes Verlust immerzu an einem Frösteln, das vom Grund ihrer Seele aufzusteigen schien. Sie starrte in den nun schwarzen Himmel, an dem einzelne Sterne silbern leuchteten, und hörte mit halbem Ohr das Gespräch zwischen Eddie und Debbie mit.

»Mach nicht so ein Drama«, herrschte Eddie seine Frau an. »Du wirst wohl ein paar Abende ohne mich auskommen, sonst verzehrst du dich auch nicht gerade vor Sehnsucht nach mir. Elizabeth braucht mich jetzt mehr als du.«

Kurzes Schweigen folgte, Eddie lauschte wohl Debbies Erwiderung. Wahrscheinlich setzte sie ihn auf subtile Weise unter Druck, das würde zu ihr passen. Elizabeth ermahnte sich innerlich. Debbie Vorwürfe zu machen wäre unangebracht, es war nur natürlich, dass sie ihren Mann zu Hause haben wollte. Wie so oft wallte Groll gegen ihr unbarmherziges Schicksal in ihr auf. Wieso wurde ausgerechnet ihr so jung der geliebte Mann genommen?

»Ich komme, sobald Elizabeth mich nicht mehr braucht. Und vielleicht denkst du auch mal an meine Gefühle, Debbie. Ich habe meinen besten Freund, meinen Mentor verloren. Auch ich leide. Auch ich brauche jemanden, mit dem ich über Mike sprechen, mit dem ich Erinnerungen teilen kann. Dieser Mensch ist nun einmal Elizabeth.«

Er legte den Hörer behutsam auf die Gabel und wandte sich mit geröteten Augen zu Elizabeth um. »Keine Sorge, daheim werde ich noch einmal mit Debbie sprechen und ihr klarmachen, dass sie mir nicht hinterhertelefonieren soll wie einem Sechzehnjährigen, der sich nicht an seine Zeiten hält.«

»Du solltest nach Hause gehen. Debbie braucht dich, und deine Kleinen auch.« Es kostete Elizabeth einiges an Überwindung, sich so selbstlos zu geben, am liebsten hätte sie die ganze Nacht mit Eddie verbracht, mit ihm auf der Terrasse gesessen und in Erinnerungen an Mike geschwelgt. Doch Debbie hatte jedes Recht der Welt, ihren Ehemann für sich zu beanspruchen, zumal sie mit zwei kleinen Kindern allein war. Erst vor wenigen Wochen hatte sie einen Jungen geboren, der auf Eddies Insistieren Todd getauft worden war.

»Du bist im Moment wichtiger.« Er nahm sie an der Hand und zog sie wieder nach draußen auf die Veranda. Ein nebliger Schleier legte sich auf die in Finsternis versinkenden Bäume. »Kann ich dir noch bei irgendetwas helfen, Elizabeth?«

»Hm ... ja.« Nach einigem Nachdenken – sie war in letzter Zeit so unkonzentriert, dass ihr jeder klare Gedanke schwerfiel, das konnte nicht nur an dem Mix aus Tabletten und Whiskey liegen – griff sie nach einem Bündel Unterlagen, das sie schon vor Stunden bereitgelegt hatte. »Diese vielen Briefe, die seit seinem Tod hier eingetrudelt sind … Eddie, ich bin völlig überfordert damit, ich verstehe nur die Hälfte davon. Mir ist, als schrumpfe mein Gehirn vor lauter Traurigkeit auf die Größe einer Walnuss.«

Eddie versuchte sich an einem Schmunzeln, das reichlich schief ausfiel. »Geht mir genauso. Aber ich schaue mir die Papiere gerne an.«

Die folgende halbe Stunde verbrachten sie damit, im flackernden Schein der Windlampe die Schreiben diverser Anwälte, Banken und der Steuerbehörde durchzuarbeiten. Nachdem sie den letzten Brief gelesen hatten, legte Eddie stöhnend die Hände an die Schläfen. »Tut mir leid, Elizabeth, das sieht nicht gut aus. Mike hatte ganz offensichtlich Schulden, vor allem Steuerschulden. Wie es aussieht, hatte er keinen Cent mehr. Ich … ich kann es gar nicht glauben.«

Wie sollte es nun weitergehen? Wieso hatte Mike den großspurigen Lebemann, der das neueste Flugzeug und die teuerste Limousine besitzen musste, gespielt? »Ich weiß, dass wir keinerlei Ersparnisse hatten … Aber Schulden? Wie konnte er das nur vor mir geheim halten?«, brachte Elizabeth wütend hervor.

»Er hat immer den Eindruck erweckt, sein Reichtum wäre endlos.« Eddie ließ den Kopf hängen. Ob sein großes Idol nun ein Stück weit seinen Heiligenschein verlor? »Was tun wir jetzt?«

»Na was wohl.« Elizabeth stand auf und trat an den Rand der Veranda, sah hinab in das farblose Tal, aus dem die unheimlichen Geräusche herumstreifender Tiere drangen. Ihr war schwindlig vom Whiskey. Ein Käuzchen schrie, und zwischen einigen Büschen glaubte sie ein paar glühende Augen auszumachen. »Ich muss das tun, was ich mein Leben lang getan habe: Filme drehen. Ich muss ans Set von *Die Katze auf dem heißen Blechdach* zurückkehren und meine verdammte Rolle spielen! Auch wenn ich innerlich zerbreche.« Mit dem Fuß trat sie heftig gegen einen steinernen Pflanzenkübel, während ihr heiße Tränen in die Augen schossen. Oh, diese Ungerechtigkeit, dieses grausame Leben, das ihr zuerst den Ehemann, den sie von allen dreien am meisten geliebt hatte, genommen hatte und sie danach zwang, ihren Schmerz auszuknipsen, um wieder in die Rolle der Maggie Pollitt zu schlüpfen. Ganz, als sei nichts gewesen, als drehe sich die Erde noch genauso wie an jenem Freitag, an dem Mike in sein Flugzeug gestiegen war, um in New York seine Auszeichnung entgegenzunehmen. Sie schluchzte, dass ihre Schultern bebten, doch dann spürte sie, wie Eddie hinter sie trat und sie fest in die Arme nahm. Sie wandte sich zu ihm um, ließ sich von ihm halten, vergrub ihre Hände in seinem drahtigen Haar, und ehe sie sichs versah, küsste er sie, so innig und zärtlich, dass ihr Herz vor Rührung zu brechen drohte.

»Hör auf!« Sie erwiderte den Kuss wohl einige Sekunden länger, als sie sich erlauben wollte, schmeckte dem salzigen Geschmack seiner Lippen nach, dann riss sie sich abrupt los und taumelte einen Schritt zurück. »Das dürfen wir nicht!«

»Warum nicht?«

Sie erkannte die verzweifelte Zuneigung in seinem Blick und verschränkte die Arme vor dem Körper, als könne sie so einen Schutzschild um sich herum erbauen.

»Ich hatte schon immer Gefühle für dich, Elizabeth ... Für Debbie habe ich nie so empfunden, wir wurden vom Studio zusammengeworfen, weil wir so ein medienwirksames, hübsches Paar abgaben ...«

Elizabeth lachte bitter auf. »Ich bin sicher, Debbie würde eine andere Version eurer Ehe erzählen.« Doch insgeheim wünschte sie sich, es wäre so, wie Eddie es darstellte. Dann könnte sie sich in seine Arme flüchten ...

»Ich meine es ernst, Elizabeth. Denk nicht an Debbie, denk an uns. Wir sind die Menschen, die am meisten um Mike trauern, wir müssen zusammenhalten. In jeder Hinsicht.«

Elizabeth schüttelte schwach den Kopf. Sie fühlte sich zu kraftlos, Eddie abzuweisen, wusste aber auch, wie falsch es wäre, ihm einen Platz an ihrer Seite zu gewähren. Zu ihrer Erleichterung hörte sie in diesem Moment Liza im oberen Stockwerk weinen.

»Du findest alleine heraus, Eddie, nicht wahr? Ich muss nach der Kleinen schauen.« Sie ließ ihn stehen, hastete die Treppen hoch, das Herz voller Sehnsucht nach Eddie, nach seiner tröstlichen Gegenwart, seinen Berührungen, seinen sanften Worten, mit denen er Mike ein Stück weit am Leben hielt.

...

Eddie verbrachte mehr und mehr Zeit im Coldwater Canyon. Er half Elizabeth mit dem lästigen Papierkram, den sie noch immer nicht so recht durchschaute, er reparierte die Modellautos von Michael und Christopher, baute mit ihnen Drachen, und er trug Liza herum und zog lustige Grimassen, wenn sie quengelte. Abends saßen sie draußen, sogen den süßen Blütenduft ein, der, je weiter der Frühling voranschritt, wie ein blaues Band durchs Tal wirbelte, und gruben in ihren Erinnerungen nach Erlebnissen mit Mike, die sie einander anvertrauen konnten, weinend und lachend zugleich. So hart es auch war, gewöhnte sich Elizabeth daran, jeden Morgen in aller Herrgottsfrühe am Set zu erscheinen, um zu drehen und ihre Kinder Emmys Fürsorge zu überlassen. Es schmerzte, so wenig Zeit mit ihnen zu verbringen, aber was half es, zu jammern? Ihr Leben hatte eine unerwartete Wendung genommen, die sie akzeptieren musste. Gott sei Dank war Eddie an ihrer Seite.

»Weißt du, durch dich habe ich das Gefühl, als sei er noch immer bei uns.« Elizabeth schmiegte ihren Kopf an Eddies Brust, während sie den Jungs eines Sonntagnachmittags zusahen, wie sie mit Bausteinen eine Garage für ihre Autos bauten. Liza saß daneben und ließ das Bauwerk mit ihren kleinen Händchen ein ums andere Mal in sich zusammenkrachen.

Eddie nickte, ein verräterisches Glitzern in den dunklen Augen. »Ich auch. Wir müssen ihn lebendig halten, Elizabeth, indem wir über ihn reden. Auf keinen Fall dürfen wir zulassen, dass er in Vergessenheit gerät.«

»Wohnst du jetzt bei uns, Eddie?« Michael ließ ein Modellauto, das er gerade mit Karacho in die Garage fahren wollte, in der Luft schweben. Seit Mikes Tod war er, wie sein jüngerer Bruder auch, stiller geworden; der Stiefvater fehlte ihnen. Wenigstens war auf Michael Wilding Verlass, der sich regelmäßig um seine Söhne kümmerte und ihnen half, mit ihrem Verlust zurechtzukommen. »Du bist immer da.«

»Natürlich nicht, Schätzchen, Eddie wohnt bei Debbie, Carrie und Todd«, antwortete Elizabeth rasch, bevor Eddie sich eine Antwort zurechtlegen konnte. Es war alles so kompliziert, sie wusste ja selbst nicht so recht, was zwischen ihr und Eddie passierte. Wie sollte sie es dann ihren Kindern erklären können?

Natürlich war sie sich bewusst, dass es falsch war, Eddie so sehr für sich zu beanspruchen. Aber sie konnte nicht anders – sie brauchte Eddie wie die Luft zum Atmen, brauchte ihn, um gemeinsam mit ihm die nagende Trauer um ihren Mann zu verarbeiten. Außerdem – niemand zwang Debbie, allein mit Carrie und Todd zu Hause zu sitzen. Hätte sie Eddie nicht begleiten können? Tief im Innern wusste sie natürlich, dass das nicht möglich war, die Zeiten, in denen sie als Kleeblatt gesellige Stunden miteinander verbracht hatten, sie und Mike, Eddie und Debbie, waren lange vorbei. Die oberflächliche Freundschaft zwischen ihr und Debbie hatte sich aufgelöst wie Brausepulver, nicht zuletzt durch Eddie, der Elizabeth klar den Vorzug gab.

»Glaub mir doch, dass ich nie viel für sie empfunden habe«, setzte Eddie ihr beinahe täglich niedergeschlagen auseinander. »Und auch wenn wir anfangs ganz gut miteinander auskamen, streiten wir seit ein, zwei Jahren nur noch.«

»Wegen mir«, erwiderte Elizabeth nüchtern und zog Liza auf ihren Schoß, um ihr eine Banane zu geben.

»Nicht wegen dir. Nicht nur. Debbie und ich haben nie zusammengepasst. Sie verrennt sich in das Bild der perfekten Beziehung, die es so nie gegeben hat.«

Nachdem Liza mit der Banane in der Hand von Elizabeth geklettert war und sich wieder zu ihren Brüdern gesellte, küsste Eddie sie sanft auf die Schläfe und wanderte dann mit seinen Lippen über ihre Wange zu ihrem Mund. Mittlerweile erwiderte sie seine Zärtlichkeiten nur zu bereitwillig, verscheuchte ihr schlechtes Gewissen. Solange sie mit Eddie zusammen war, war alles gut, hielt sie die finsteren Wolken in Schach, die stets am Rand des Horizonts lauerten.

New York, 1958

Elizabeth trat durch die gläserne Drehtür, die zum Plaza-Hotel führte. Dort hatte MGM eine Suite für sie reserviert. Erschöpft ließ sie die Verkehrsgeräusche sowie das Stimmengewirr der New Yorker Familien, die den warmen Augustabend dazu nutzten, im Central Park gegenüber spazieren zu gehen, hinter sich, in der Nase die Gerüche von Eiscreme und Hotdogs, die an der Straße verkauft wurden, und die sich mit jenen der exklusiven Menüs der Hotelküche mischten.

Das stilvolle Interieur mit der an die Renaissance angelehnten Ausstattung, den Marmorsäulen und majestätischen Palmen in Kübeln, den Kronleuchtern, die eines Palastes würdig gewesen wären, und den Bogenfenstern schien sie in seine gediegene Stille aufzunehmen, sodass sie endlich aufatmen konnte. Es war ein anstrengender Tag gewesen; ein Empfang hatte sich an den anderen gereiht, ein Interview war auf das nächste gefolgt. Ob sie wollte oder nicht, das Leben ging nach Mikes Tod erbarmungslos weiter, und das Studio erwartete, dass sie sich, ein knappes halbes Jahr nach ihrem Verlust, allmählich wieder an die Regeln hielt.

Sie war nach New York geflogen, um *Die Katze auf dem heißen Blechdach* zu bewerben. Der Film wurde von den Kritikern bereits kurz nach Erscheinen als Klassiker bezeichnet, was ihrer und Paul Newmans beeindruckender schauspielerischer Darstellung zu verdanken war. Ihre drei Kleinen hatte sie wieder einmal schweren Herzens in Emmys Obhut gelassen.

Mit dem Aufzug fuhr sie nach oben zu ihren Räumen im Penthouse, froh, der Welt für eine weitere Nacht den Rücken kehren zu können. Während sie aus dem schwarzen, taillierten Kleid schlüpfte – die Studiobosse hatten ihr klargemacht, wie ihre Trauergarderobe auszusehen hatte –, sah sie aus den Fenstern auf den Park, der zu ihren Füßen lag. Das Gras war von der Hitze verdorrt, doch die Bäume, die ein schützendes Dach über den Anlagen zu bilden schienen, waren noch kräftig und grün. Allzu bald schon würde der Herbst Einzug halten und das Laub in leuchtenden Farben färben.

Sie goss sich an der Bar ein Glas Champagner ein, doch es bereitete wenig Spaß, allein zu trinken. Ungeduldig schaute sie auf die Uhr. Wo Eddie nur blieb? Auch in New York war er ihre Rettung. Unmöglich, auf sich gestellt ans andere Ende Amerikas zu reisen, dazu fühlte sie sich noch genauso wenig in der Lage wie in den ersten Tagen nach Mikes verhängnisvollem Flugzeugabsturz.

Bald dämmerte es, und noch immer stand sie am Fenster und schaute, zunehmend frustriert, auf den Central Park, über dem ein Schleier aus Grau- und Aschtönen lag. Eddie würde nicht kommen. Etwas hatte ihn daran gehindert, zu ihr nach New York zu fliegen. Vielleicht Debbie? Ihr Verhältnis zu Eddies Frau war angespannt – zwar hielten sie beide noch immer den Anschein höflicher Kameradschaft aufrecht, doch brodelte es unter der Oberfläche.

Elizabeth goss sich Champagner nach, obwohl sie wusste, dass ihr der Alkohol in Verbindung mit den Schlaftabletten, die griffbereit auf dem Tisch lagen, Albträume verursachen würde. Aber das war ihr gleichgültig, genauso, wie ihr im Moment jeder Gedanke an Debbie egal war. Es kostete sie solche Kraft, zu funktionieren, dass es ihr unmöglich war, Rücksicht auf Debbie zu nehmen.

Plötzlich brach ihr schwallartig der Schweiß aus, rann über ihre Stirn und den Rücken hinab, ihr Herz trommelte, als würde es sich gleich überschlagen, und Wellen der Übelkeit peitschten ihr durch den gesamten Körper. Was geschah mit ihr? Bekam sie einen Herzinfarkt? Sie ließ ihr Glas fallen und krümmte sich, suchte mit der Hand krampfhaft Halt am Fensterbrett. Heftig keuchend verharrte sie so einige Sekunden, Minuten, während die Ängste in ihr Achterbahn fuhren. Wenn Eddie nur hier wäre! Sie würde sterben, so viel war klar, ihr flimmerte es bereits vor Augen, gleich würde sie das Bewusstsein verlieren. Sie würde sterben, in einem einsamen Hotelzimmer, nie mehr ihre Kinder sehen, erst morgen früh würden die Zimmermädchen sie finden.

Doch dann ebbte das Herzklopfen, das Dröhnen in den Ohren, das flaue Gefühl im Magen ab, die hellen Pünktchen, die vor ihren Augen tanzten, erloschen.

Mit weichen Knien sammelte sie die Glasscherben ein, nahm sich an der Bar einen neuen Champagnerkelch und goss sich nach. Sie trank wie eine Verdurstende, hieß den Schwindel, der sich ihrer bemächtigte, willkommen, verwischte er doch diese schreckliche Panik, die sie gerade noch gespürt hatte.

Was war das nur gewesen? Was auch immer gerade mit ihr geschehen war, es hatte ihr eines gezeigt: Sie war nicht zum Alleinsein geschaffen, noch nie zuvor hatte sie sich derart verlassen und elend gefühlt wie in den letzten Minuten.

Als es leise an die Tür der Suite pochte – sie lag im Bademantel auf dem Sofa, zusammengerollt wie ein Fötus –, atmete sie erleichtert auf und stellte mit zittrigen Fingern ihren Champagnerkelch ab. Gott sei Dank, er hatte es doch noch zu ihr geschafft! Nun traute sie auch ihren Beinen wieder, kam wackelig auf die Füße und eilte zur Tür.

»Eddie!« Er hatte kaum die Suite betreten, da fiel sie ihm bereits um den Hals und drückte ihr Gesicht an seine Brust, atmete den vertrauten Geruch seiner Haut ein.

»Liebes, ich bin da. Es ist alles gut.« Er hielt sie und küsste sie auf das Haar, während sie ihn umklammerte.

»Ich befürchtete schon, du würdest nicht kommen ... Eben habe ich eine furchtbare Episode erlebt, ich glaubte, ich würde ersticken oder einen Herzanfall bekommen, aber es war wohl am ehesten eine Panikattacke ... Warum kommst du so spät?«

»Setz dich erst mal hin, du siehst ganz aufgelöst aus.« Wie ein Kind ließ sie sich von ihm, kaum dass er sein Gepäck abgestellt hatte, zum Sofa führen und hinsetzen, bevor er eine wollene Decke um sie schlug.

»Hat Debbie dich nicht gehen lassen?«

»Ach wo.« Einen Moment wich Eddie ihrem Blick aus. »Ich

habe ihr nicht erzählt, dass ich dir in New York Gesellschaft leiste, ich habe behauptet, ich hätte einen Geschäftstermin.«

»Oh.« Eddie hatte seine Frau angelogen – noch vor wenigen Tagen hätte ihr dies missfallen, war sie doch für schonungslose Ehrlichkeit, aber heute Abend konnte sie gut damit leben. Dass Eddie an ihrer Seite war, war alles, was zählte.

»Mein Flugzeug hatte Verspätung, deshalb komme ich erst jetzt. Keine Sorge, nun bin ich da, und ich bleibe bei dir, solange du in New York sein wirst. Ich weiß doch, dass du es momentan nicht gut aushältst, allein zu sein. Verständlich, nach allem, was du durchgemacht hast. Debbie wird es wegstecken, sollte sie davon erfahren.«

»Meinst du?« Zweifelnd sah Elizabeth ihm in die dunklen Augen, mit denen er sie voller Zuneigung musterte.

»Ganz sicher.« Eddie nickte beruhigend und strich ihr mit dem Zeigefinger über die Wange. »Und wie oft soll ich dir noch versichern, dass meine Ehe lediglich noch auf dem Papier existiert?«

Elizabeth wollte ihm so gerne glauben, aber tief in ihrem Innern flüsterte eine Stimme, dass Debbie ihre Beziehung keineswegs am Ende sah. Wieso sonst sollte sie Eddie ständig hinterhertelefonieren und ihn anflehen, nach Hause zu kommen?

»Wenn du meinst.«

»Hör zu.« Eddie legte seine Stirn an ihre, eine intime Geste, die sich wie lindernder Balsam über ihre aufgewühlte Seele legte. »Es ist schon spät, ich nehme mir ein Taxi zum Essex-House-Hotel, aber morgen früh komme ich gleich zum Frühstück. Und sobald deine Werbetermine erledigt sind, führe ich dich zum Essen aus. Wir können auch in eine Broadway-Show gehen oder in ein Konzert ... Und abends zum Tanzen ... Du hast es dir verdient, mal ein bisschen rauszukommen.«

Seine Worte klangen allzu verlockend, suggerierten sie ihr

doch, dass sie als junge Witwe nicht dazu verdonnert war, elend zu Hause zu sitzen und sich zu grämen. Das Leben ging schließlich weiter, und vielleicht ... vielleicht wäre sie irgendwann wieder in der Lage, Freude zu verspüren. »Wenn die Presse uns sieht, wird es Kritik hageln«, gab sie nach kurzem Überlegen zu bedenken. »Es wird erwartet, dass ich das Trauerjahr einhalte, mich in Sack und Asche kleide und mich nicht in Gesellschaft zeige.«

»Elizabeth.« Eddie strich ihr über ihr dunkles, etwas zerzaustes Haar, so behutsam, wie man eine kostbare Puppe berührte. »Mike würde nicht wollen, dass du zerbrichst. Er hat sein Leben genossen, und er würde erwarten, dass du das auch tust.«

»Du hast recht.« Elizabeth stellte resolut ihr Glas ab. Der Champagner war geleert, die Konturen der Möbel verschwammen im spärlichen Licht der Stehlampe, ebenso die Sorgen, die sie sich im nüchternen Tageslicht gemacht hätte. »Man lebt nicht, um der verfluchten Presse zu gefallen, was? Sollen die Schmierfinken doch schreiben, was sie wollen, das tun sie ohnehin.«

»Mike würde es genauso ausdrücken. So gefällst du mir.« Eddie stand auf, doch anstatt sich zu verabschieden und sie für die Nacht zu verlassen, blieb er zaudernd vor ihr stehen, einen rätselhaften Ausdruck in den Augen. Handelte es sich um ... Sehnsucht? »Ich muss gehen, Elizabeth ... Bis morgen.«

Unschlüssig beugte er sich zu ihr, um ihr einen sanften Kuss auf die Stirn zu drücken, doch sie umschlang ihn mit beiden Armen und zog ihn zu sich auf das Sofa.

»Bleib da. Lass mich heute Nacht nicht allein.«

Nur zu bereitwillig zog er sie an sich, ihre Lippen trafen sich, und bald küssten sie sich nicht nur, sondern liebkosten sich mit den Händen, erforschten die nackte Haut unter ihren Kleidern. Elizabeth strich ihm über die behaarte Brust, spürte die Wärme seines Körpers, den Herzschlag, der kräftig unter seinen Rippen wummerte; als stünde sie unter Strom, presste sie die Lider zusammen und genoss es, wie seine Finger über ihre Brüste glitten, über ihren Bauch nach unten wanderten. Das Verlangen nach mehr ließ ihren ohnehin schon champagnerduseligen Kopf glühen.

»Debbie …«, wandte sie in einem schwachen Versuch, das Rechte zu tun, ein, doch Eddie schnitt ihr rau das Wort ab.

»Sprich nicht von ihr. Im Moment gibt es nur dich und mich. Seit Ewigkeiten warte ich darauf, dich ganz für mich zu haben, dich mit allen Sinnen zu spüren.« Er fasste sie am Arm und zog sie ins Schlafzimmer, wo sie sich unter den kühlen Laken liebten, Haut an Haut, erhitzt, in einem atemlosen Schwindel gefangen, Arme und Beine ineinander verknotet, als bildeten sie von nun an ein neues Ganzes, unauflösbar.

Der Gedanke an Debbie, der eben noch wie ein gräuliches Spinnennetz am Rande von Elizabeths Bewusstsein gelauert hatte, zerriss endgültig. Wenn Eddie behauptete, seine Ehe sei vorbei, dann war das so. Sie vermochte sich dem starken Wunsch nach mehr, der sie in Eddies Gegenwart überkam, nicht länger zu widersetzen, ihr fielen auch keinerlei Gründe mehr ein, wieso sie dagegen ankämpfen sollte. Mike hätte gewollt, dass sie und Eddie aufeinander achtgaben, waren sie nicht die beiden Menschen gewesen, die ihm am meisten am Herzen gelegen hatten? Und letztendlich – sie schaffte es einfach nicht, sich heroisch für die Einsamkeit zu entscheiden, dazu war sie nicht gemacht. Ohne Mann an ihrer Seite fühlte sie sich unvollkommen, nackt und verletzlich. Sicher, es gab sie, diese emanzipierten Frauen, die behaupteten, sich selbst zu genügen, aber zum Teufel mit ihnen! Sie hatte zu viel Liebe und Wärme zu geben, als dass sie diese Gaben hätte vertrocknen lassen, und auch sie selbst war ein Geschöpf, das Zuneigung brauchte.

...

Sie absolvierte ihre Werbetermine, gab Interviews für den Rundfunk und die Zeitungen. Ein ums andere Mal brachte sie die Moderatoren und Reporter zum Lachen, wenn sie schonungslos ehrlich und mit der ihr eigenen pikanten Wortwahl, die von Mike auf sie abgefärbt hatte, von ihrem Film und den Erlebnissen beim Dreh berichtete.

Die Abende und Nächte gehörten Eddie. Wie sie es genoss, auszugehen, ins Theater, zum Dinner, zum Tanzen! Verdammt waren die Trauerkleider, in denen die Presse sie sehen wollte, sie war sechsundzwanzig, um Himmels willen! Wer von ihr erwartete, ihre neu erwachte Lebenslust in unförmigen schwarzen Säcken zu verstecken, war wohl nicht mehr ganz bei Trost. Sie war keine alte Frau, sondern jung und voller Vitalität, und durch Eddie, der nicht von ihrer Seite wich, fühlte sie sich noch immer begehrenswert, ja, zum ersten Mal seit Langem wieder lebendig.

Sie speisten fürstlich im *Harwyn*-Nachtklub, so dicht beieinander, dass sich ihre Oberschenkel auf den weiß gepolsterten, ledernen Rundbänken berührten, und tanzten danach eng umschlungen zu den Klängen der kleinen Kapelle, die *True Love* von Cole Porter spielte. Elizabeth hatte das Gefühl, es gebe nur sie beide auf der Welt, alle anderen Gäste des Klubs schienen nichts weiter zu sein als eine gesichtslose Masse, so unbedeutend wie die Topfpflanzen, die die Tanzfläche säumten.

Als grelle Blitzlichter aufleuchteten und sie die Konturen der Reporter sah, die sie fotografierten, schloss sie lediglich die Augen und schmiegte sich noch inniger an Eddie. Was kümmerte es sie, was in den morgigen Ausgaben der Zeitungen stehen würde? Konnte ihr die Presse, nachdem sie durch die Hölle gegangen war, nicht ein bisschen Privatsphäre zugestehen?

»Achte nicht auf dieses leidige Pack«, flüsterte Eddie ihr ins Ohr. »Sie werden uns diesen wundervollen Abend nicht verderben.«

»Ich weiß.« Elizabeth klammerte sich an den glatten Stoff von Eddies Jackett. »Wir sind niemandem Rechenschaft schuldig.«

...

Offenbar war sie doch jemandem Rechenschaft schuldig, und zwar ihrer Mutter. Am übernächsten Morgen stellte die Rezeption einen Anruf in ihre Suite durch, den sie, noch im Bademantel, entgegennahm. Eddie saß ihr gegenüber an dem runden Glastisch und löffelte sein Frühstücksei, das mit knusprigem Toast, Orangensaft und Kaffee serviert worden war. Er trug nur ein Unterhemd, und mit dem dicken, schwarzen Haar, das sich nach dem Duschen zu feuchten Knäueln zusammenbauschte, wirkte er äußerst attraktiv.

»Meine Mutter«, gab sie ihm leise zu verstehen, woraufhin er in aller Seelenruhe fortfuhr, zu frühstücken.

Sara hielt sich nicht lange mit einer Begrüßung auf. »Hast du die Zeitungen gelesen?«

»Nein.« Zwar hatte der Zimmerservice außer dem Frühstück auch einen Stapel der größten Tageszeitungen geliefert, aber Eddie und sie waren zu sehr mit sich selbst und ihrem jähen Glück beschäftigt, um einen Blick darauf zu werfen. Doch sie konnte sich schon denken, weshalb Mutter anrief. Sicherlich schmückten Bilder von ihr und Eddie Seite zwei oder drei, nicht nur im *Harwyn* waren sie abgelichtet worden, auch an den Tagen zuvor hatte es in ihrer Umgebung unheilvoll geblitzt.

»Dann führ dir die Berichte in den Klatschspalten mal zu Gemüte, Schätzchen.« Sara klang ungehalten.

Seufzend schlug Elizabeth die *New York Times* auf, wobei sie die

Augen in Eddies Richtung verdrehte. Schmunzelnd tunkte er eine Toastscheibe ins flüssige Eigelb.

»Ich sehe den Bericht, Mom.« Rasch überflog sie die eng bedruckten Spalten, in denen eine Kommentatorin sich darüber empörte, dass sie das Trauerjahr nicht respektierte, sondern sich stattdessen ins New Yorker Nachtleben stürzte. »*Es schickt sich absolut nicht, so früh nach dem Verlust des Ehepartners, den man in Interviews als die große Liebe bezeichnete, oberflächlichen Vergnügungen mit anderen Männern nachzugehen. Die Mehrheit unserer Leser dürfte dies als anstößig betrachten. Dass Mrs Taylor, verwitwete Mrs Todd, in dieser Angelegenheit keinerlei Fingerspitzengefühl zeigt, ist bedenklich.*«

Sie drehte die Zeitung so, dass Eddie mitlesen konnte, er ließ den Artikel jedoch unkommentiert und aß ungestört weiter.

»*Noch verwerflicher ist jedoch, dass Mrs Taylor ausgerechnet mit dem besten Freund ihres verstorbenen Ehemannes um die Häuser zieht, bekanntlich ist dieser mit der Schauspielerin Debbie Reynolds verheiratet. Diese Tatsache scheint weder Mrs Taylor noch Mr Fisher sonderlich zu stören. Mrs Reynolds dafür umso mehr. Von Reportern befragt, behauptete sie, ihr Mann befände sich lediglich zu geschäftlichen Besprechungen in New York. Bedauerlich, dass die gehörnte Ehefrau gezwungen ist, diese Schutzbehauptung aufrechtzuerhalten, um in den Augen der Leser nicht allzu gedemütigt zu erscheinen. Ob Mrs Taylor und Mr Todd an Debbies Gefühle denken oder sich lediglich ihrer frischen Liebe hingeben?*«

»Nun, was sagst du dazu, Schätzchen?« Saras Stimme klang nun doch etwas spitz.

»Scheiße«, entfuhr es Elizabeth. Eddie grinste sie über den Frühstückstisch belustigt an, doch sie konnte geradezu spüren, wie Sara am anderen Ende des Kontinents entsetzt das Gesicht verzog. »Der Artikel ist sehr unerfreulich, Mom, da gebe ich dir recht. Allerdings geht es die Presse einen Dreck an, mit wem ich meine freie Zeit verbringe, oder nicht?«

»Elizabeth! Diese Sprache! So nett Mike auch war, in puncto Benehmen übte er einen überaus schlechten Einfluss auf dich aus, deinen Vater hat das von Anfang an gestört.«

»Ach ja?«, fragte Elizabeth höhnisch. Natürlich war Francis gegen die Heirat gewesen, auch wenn er ihr das nie ins Gesicht gesagt hatte. Aber Vater pflegte ja noch nie viel mit ihr zu sprechen, das war offenbar unter seiner Würde. Ein scharfer Schmerz durchzuckte sie, und ihre Lippen zitterten. Rasch nippte sie an ihrem Orangensaft.

»Ja.« Sara seufzte. »Erkennst du nicht, dass du gerade dabei bist, es dir endgültig mit der Presse zu verscherzen? Die Öffentlichkeit beginnt, sich gegen dich zu wenden. Das ist eine Katastrophe, Elizabeth! Gerade jetzt, wo du wieder vor der Kamera stehst, um deinen Lebensunterhalt zu verdienen. Du wirst keine großen Erfolge mehr erzielen, wenn du ein schlechtes Image hast. Bisher hattest du einen Mitleidsbonus – die schöne, vom Schicksal gebeutelte Schauspielerin, deren Mann so früh und so tragisch verstorben ist –, doch mittlerweile wirst du nur noch als … als …«

»Schlampe gesehen. Sprich es ruhig aus, Mom.« Elizabeth starrte aus dem Fenster auf den Central Park, dessen Grün im milden Sonnenlicht des Spätsommermorgens leuchtete.

»Schon wieder diese entsetzliche Wortwahl.« Mutter schnaufte. »Ich hoffe, so sprichst du nicht mit den Journalisten, sonst ist dein Ruf endgültig zerstört.«

»Ich wüsste nicht, was ich mit der Presse zu besprechen hätte. Mein Privatleben geht sie nichts an.« Elizabeth merkte selbst, dass sie wie ein trotziges Kind klang, aber sie kam nicht dagegen an. Dass sie sich vor Mutter – und dem Rest Amerikas – erklären sollte, ging ihr gehörig gegen den Strich. Konnten sie sie nicht einfach alle in Ruhe lassen?

Einen Moment schwieg Sara, vermutlich war sie mit ihrem Latein am Ende. Dann schien sie Anlauf zu nehmen, um das Gespräch in eine andere Richtung zu lenken. »Wenn du dich schon so rasch nach Mikes Tod wieder einem Mann an den Hals werfen musst – wieso muss es ausgerechnet Eddie Fisher sein? Ein verheirateter Mann …! Schätzchen, willst du schuld am Zerbrechen einer Ehe sein?«

Elizabeth warf Eddie einen Blick zu, doch er hatte sich inzwischen den Sportteil der Zeitung geschnappt und gab vor, zu lesen. Natürlich hörte er jedes ihrer Worte mit, was ihr mehr als unangenehm war. Wobei – Eddie wusste um all ihre Geheimnisse, ihre inneren Kämpfe, ihre Verzweiflung und Trauer. Die Diskussion mit Sara mitzuhören würde nichts an ihrer Beziehung ändern.

»So ist das nicht!« Sie sog scharf die Luft ein. »Eddies und Debbies Ehe ist bereits seit Jahren nichts als eine Farce. Ich nehme Debbie nichts weg, ich mache nichts kaputt, was nicht vorher schon kaputt war.«

»Das glaubst du wirklich?«, fragte Sara leise.

Die Enttäuschung, die in ihren Worten mitschwang, versetzte Elizabeth einen Stich. Herrgott, war sie etwa noch immer das kleine Mädchen, das sich nach dem Lob der Mutter sehnte?

»Es ist so, glaub es oder lass es bleiben«, murmelte sie.

»Trenn dich von Eddie«, beschwor Sara sie. »Er ist nicht der Richtige für dich.«

Elizabeth spürte, wie eine Träne ihre Wange herabrann, und wischte sie rasch mit dem Ärmel ihres Morgenmantels weg. Eddie sah fragend zu ihr, doch sie drehte ihm den Rücken zu. Der Streit mit Mutter ging ihr jetzt doch zu nah, als dass sie ihn teilhaben lassen wollte.

»Niemals. Eddie und ich haben so viel gemeinsam durchgemacht, das hat uns zusammengeschweißt. Ich fühle mich mit niemandem so eng verbunden wie mit ihm, selbst mit Monty nicht. Er ist der Einzige, der meine Trauer verstehen kann.«

»Hörst du dir eigentlich selbst zu?« Am anderen Ende der Leitung vernahm Elizabeth ein Rauschen, wahrscheinlich war Mutter so aufgebracht, dass sie sich ein Glas Wasser zur Beruhigung eingießen musste. »Du *glaubst*, Eddie zu lieben. In Wahrheit klebt ihr aber nur aneinander, um die Erinnerungen an Mike wachzuhalten, um in der Vergangenheit zu leben. Das ist ungesund! Du musst dich deiner Trauer stellen, Schätzchen, sie verarbeiten, und dann nach vorne schauen! Irgendwann wirst du einen anderen Mann lieben, unbelastet von der Vergangenheit. Aber nicht Eddie Fisher.«

»Ich finde es sehr übergriffig von dir, meine Gefühle für Eddie abzuwerten und mir zu unterstellen, ich benutze ihn nur, um mich an Vergangenes zu klammern.« Was glaubte Sara, wer sie war? Sie hatte nicht das Recht, ihr zu sagen, wen sie lieben durfte.

»Schätzchen, jemand muss dir vor Augen führen, was Sache ist. Wer außer mir tut es sonst?«

Elizabeth schwieg und tastete in der Tasche ihres Morgenmantels nach einem Taschentuch, um sich die brennenden Augen abzutupfen, doch Eddie war schneller und reichte ihr ein kariertes Tuch, in das seine Initialen eingestickt waren. Sacht berührte er sie am Arm, und sie drehte sich zu ihm um und griff nach seiner Hand. Das war es, was sie brauchte, Liebe und Zärtlichkeit, keine Vorwürfe.

»Du hast deine Meinung deutlich geäußert, Mom.« Sie zerknüllte das Taschentuch. »Nun reicht es. Weißt du, Mike ist tot. Für immer von mir gegangen. Aber Eddie ist da, an meiner Seite. Das ist alles, was für mich zählt.«

»Du hast nie gelernt, allein zu sein, Schätzchen.«

Konnte Mutter es nicht einmal gut sein lassen? Musste sie immer alles besser wissen, ihr ständig widersprechen? Sie war selbst

Mutter dreier Kinder, doch noch immer glaubte Sara, sie bevormunden zu können wie damals, als sie sie zum Film geschleift hatte.

Sie atmete geräuschvoll aus. »Was soll das wieder bedeuten?«

»Zuerst hast du bei Vater und mir gelebt, dann hast du mit Nicky zusammengewohnt, danach mit Michael, zuletzt mit Mike. Du bist es nicht gewohnt, auf dich allein gestellt zu sein, deshalb hängst du dich nun an Eddie. Er ist dein Strohhalm, der dich davor rettet, zum ersten Mal mit dir selbst klarkommen zu müssen.«

Elizabeth biss die Zähne zusammen, um den scharfen Schmerz, den Saras Worte in ihr verursachten, zu ertragen. »Ich muss Schluss machen, Mom. Du hörst von mir, sobald ich wieder zu Hause lande.«

Sie warf den Hörer auf die Gabel, dann fiel sie Eddie in die Arme und schmiegte sich in seine Halsbeuge. »Wenn Mutter das nächste Mal anruft, gehe ich nicht ran. Warum muss sie mir immer Vorhaltungen machen?«

Eddie strich ihr tröstend über den Rücken. »Sie meint es nur gut.«

Elizabeth wusste, dass er recht hatte, trotzdem spukte ihr das Telefonat noch einige Tage im Kopf herum. Mutters Unmut auf sich gezogen zu haben belastete sie mehr, als sie sich eingestehen wollte.

Los Angeles, 1958

»Willst du wohl hierbleiben, Schätzchen?« Atemlos hastete Elizabeth hinter ihrer Tochter her, die mit ihren eindreiviertel Jahren recht agil war; zu ihren Lieblingsbeschäftigungen gehörte es, wie ein Springkreisel durch das Haus zu sausen, sämtliche Schränke aufzureißen und die Inhalte auszuräumen.

»Fang mich!« Liza kreischte vor Vergnügen, während sie um die Ecke des Salons verschwand und in die Küche rannte.

Kurz hielt sich Elizabeth den Rücken; ihre Wirbelsäule schmerzte wie so oft, nach der Operation damals bereitete sie ihr immer wieder Sorgen. Doch sie hatte wenig Lust darauf, gleich alle Schüsseln und Töpfe, die Liza aus den Schränken zog, wieder einzusortieren, zumal Emmy heute ihren freien Tag hatte und sie allein für die Kinder verantwortlich war. Was Michael und Christopher wohl gerade trieben? Am besten fragte sie erst gar nicht genauer nach. Seit sie in die Villa in Bel Air gezogen war, die Tyrone Power ihr verkauft hatte – sie hatte es im Coldwater Canyon nicht mehr ausgehalten, alles dort erinnerte sie an Mike –, betrachteten die Jungs das neue Haus als Abenteuerspielplatz, in dem es endlos viel zu entdecken gab. Stundenlang erkundeten sie den Garten mit den knorrigen Olivenbäumen oder durchstöberten den Dachboden. Elizabeth gönnte es ihnen.

Endlich gelang es ihr, Liza einzufangen, und sie küsste sie auf das seidenweiche braune Haar. »Nun habe ich dich, Mäuschen. Das Geschirr lassen wir schön in den Schränken, hm? Sonst geht es noch zu Bruch.«

Schelmisch feixend versteckte Liza einen großen Teller hinter ihrem Rücken.

»Auch den Teller räumen wir weg.« Elizabeth konnte sich ein Lächeln nicht verkneifen, auch wenn die Kleine, die nur so sprühte vor Selbstbewusstsein und Schalk, sie derart heftig an Mike erinnerte, dass es wehtat. Behutsam nahm sie ihr den Teller weg und platzierte ihn wieder im Küchenschrank.

In diesem Augenblick läutete das Telefon, und ihre Stimmung sank. Das konnte nur die unselige Hedda Hopper sein. Auf Anraten ihres Agenten Kurt Frings hatte sie deren Bitte um ein erneutes Telefoninterview nachgegeben. Die alte Schreckschraube hatte es sich offenbar zur Lebensaufgabe gemacht, sie zu belästigen. Gab es nicht genügend andere Schauspielerinnen, denen sie hinterherspionieren konnte? Was war mit Audrey Hepburn? Aber leider bot diese für Heddas Klatschkolumne keinerlei Potenzial, sie war einfach zu brav, absolut skandalfrei.

Schlecht gelaunt packte sie Liza, warf sie sich wie eine Teppichrolle über die Schulter und eilte mit ihr in den Salon, wo das Telefontischchen stand. Am liebsten hätte sie es einfach klingeln lassen.

»Du musst ein wenig still sein, Mommy muss telefonieren.« Um sie ruhig zu halten, drückte sie Liza einen Block und einen Bleistift in die Hand, woraufhin das Kind begeistert draufloskritzelte.

»Elizabeth!«, säuselte Hedda am anderen Ende der Leitung. »Wie nett von Ihnen, für eine kleine Plauderei zur Verfügung zu stehen!«

So würde ich es nicht gerade nennen, dachte Elizabeth grimmig. »Was wollen Sie wissen, Hedda? Fassen wir uns kurz.«

»Nun ja, wie soll ich es ausdrücken …? Ganz Amerika sorgt sich ein bisschen um Sie, meine Liebe. Nach Mikes Tod scheinen Sie ein wenig vom rechten Weg abgekommen zu sein.«

Elizabeth biss sich verdrossen auf die Lippen, Heddas Scheinheiligkeit widerte sie an. Zu ihrem Unmut begann Liza, die ihren Stift so stark aufgedrückt hatte, dass nun ein Loch im Papier prangte, so laut zu heulen, dass sie kaum noch ein Wort von dem, was Hedda von sich gab, verstand.

»Pscht … Ich gebe dir gleich einen neuen Block, Schätzchen … Was sagten Sie, Hedda? Wenn Sie keine echte Frage haben, beenden wir unser Gespräch wohl besser.« Sie setzte sich in den Lehnsessel, der neben dem Telefontisch stand, zog Liza auf ihren Schoß und strich ihr beruhigend über das flaumige Haar.

»Sie müssen nicht gleich wie ein Igel Ihre Stacheln aufstellen, meine Beste.« Hedda gab ein gezwungenes kleines Lachen von sich. »Auch wenn das in letzter Zeit Ihre Grundhaltung ist. Kein Wunder, dass Ihnen die Presse nicht gerade wohlwollend gegenübersteht. Der *Tatler* hat nachgerechnet, wie viel Sie seit Ihrer Affäre mit Eddie Fisher zugenommen haben. Von Kummerspeck kann wohl keine Rede sein, was? Es sieht eher so aus, als ließen Sie es sich richtig gut gehen. Was sagt das Studio zu Ihrer Gewichtszunahme?«

Elizabeth krampfte die Finger um den Hörer, während sie Liza mit der anderen Hand an ihre Brust drückte, in der Hoffnung, ihr trotziges Geschrei würde verstummen. Sie hätte Hedda erwürgen können. Unter dem Mäntelchen der liebenswürdig-verständnisvollen Berichterstattung versuchte diese, die Schwächen der Prominenten hervorzuheben, egal, ob es sich um eine unpassende Garderobe, Falten und Übergewicht oder verbotene Liebesgeschichten handelte. »Was geht MGM mein Gewicht an? Was geht es irgendwen an? Da Sie sich jedoch so große Sorgen um mich zu machen scheinen, versichere ich Ihnen gerne, dass ich mich vollkommen wohlfühle in meinem Körper.« Das war zwar eine glatte Lüge, aber das würde sie der Klatschkolumnistin natürlich nicht auf die Nase binden, diese würde die Information lediglich für ihr Schundblatt ausschlachten. Insgeheim wünschte sie sich natürlich, ihr Essverhalten, das zurzeit wieder einmal ausuferte, unter Kontrolle zu bekommen, aber trotz aller Verliebtheit setzten ihr der Streit mit Sara und die ständige harsche Kritik der Presse doch beträchtlich zu.

»Sie wirken recht gereizt, meine Liebe«, flötete Hedda. »Dann lassen Sie uns das Interview etwas abkürzen, ich werde mich auf das Wesentliche beschränken. Mich erreichen täglich unzählige Briefe von Frauen aus ganz Amerika, die sich darüber empören, dass Sie die Moral mit Füßen treten, Elizabeth. Man nimmt Ihnen Ihre Affäre mit Eddie Fisher sehr übel – er ist ein verheirateter Mann …!« Aus ihren Worten troff Entrüstung.

Liza zappelte auf ihrem Schoß herum, deshalb stellte Elizabeth ihre Tochter kurzerhand auf dem Boden ab, woraufhin diese ein umso wütenderes Gezeter anstimmte.

Elizabeth wich den herumfuchtelnden Ärmchen aus und holte tief Luft. »Ich weiß durchaus, dass Eddie verheiratet ist, Hedda, danke für den Hinweis. Was erwarten Sie von mir? Soll ich allein schlafen?«

Benommen spielte sie mit dem Telefonkabel. Was war nur in sie gefahren, so eine sarkastische Antwort zu geben? Aber es war ihr alles zu viel – der Rummel um ihre Person, die ständigen entsetzten Schlagzeilen, die wahlweise ihre Beziehung zu Eddie oder ihre Zunahme kritisierten. Als ob sie nicht selbst wüsste, dass ihr Partner verheiratet war oder dass sie nach ihren zahllosen nächtlichen Schokoladen- und Kuchenschlachten mehr denn je wie eine plumpe Hausfrau aussah und immer weniger wie ein glamouröser Hollywoodstar?

Hedda keuchte so laut ins Telefon, dass Elizabeth den Hörer ein Stück vom Ohr weghielt. Was sollte diese dramatische Showeinlage nun wieder?

»Elizabeth …! Diese Antwort kann ich unmöglich drucken lassen!«

»Dann lassen Sie es bleiben. Stattdessen können Sie schreiben, dass Eddie und ich heiraten, sobald er geschieden ist.« Sie warf den Hörer auf die Gabel und nahm Liza auf den Arm, die sich nun glücklich an sie schmiegte, als sei auch sie erleichtert, dass das Gespräch beendet war.

Teil V

Die Königin von Rom
1959–1962

—•◆•—

Echte Freunde zeigen sich, wenn du in einen
Skandal verwickelt bist.
Elizabeth Taylor

19

London, 1959

Schweigend saß Elizabeth neben Eddie, der die Mietlimousine durch den dichten Verkehr in Richtung der Shepperton-Studios steuerte. Wie so oft in England fiel ein sanfter Nieselregen, der die Düfte des Frühlings in sich trug und den Geruch nach frischer, feuchter Erde.

»Bist du nervös, Liebes?«

»Hm?« Sie war in Gedanken bei ihren Kindern, die zu Hause in Los Angeles geblieben waren. Der Abschied war tränenreich verlaufen, aber sie vertraute Emmy, dass sie sich gut um ihre Kleinen kümmerte. Und dann gab es ja noch immer die Möglichkeit, sie an den Wochenenden einfliegen zu lassen.

»Ob du nervös bist. Es wäre jedenfalls nicht verwunderlich. Ein neuer Film, neue Kollegen, ein fremder Regisseur, der erste Drehtag ...«

»Ich bin nicht nervös.« Elizabeth starrte aus dem Fenster, an dem sich nasse Rinnsale gebildet hatten, die das Bild des morgendlichen Londons verschwimmen ließen. »Endlich wieder ein Film mit Monty – so lange habe ich mich danach gesehnt, wieder mit ihm drehen zu dürfen.«

Sie hatte den Freund einige Zeit kaum zu Gesicht bekommen,

was sie mit Wehmut und Sorge erfüllte. Seit seinem Unfall vor einigen Jahren war er nie mehr der Alte geworden. Seine Melancholie hatte sich in tiefe Schwermut entwickelt, und sein zunehmender Tabletten- und Alkoholkonsum beängstigte sie. Ob er der neuen Rolle gewachsen war? Würde es ihm gelingen, die Figur des Doktor Cukrowicz in *Plötzlich im letzten Sommer*, einer Verfilmung des gleichnamigen Bühnenstücks von Tennessee Williams, überzeugend zu verkörpern? In ihren Anfangstagen als Schauspielerin hatte er sich rührend um sie gekümmert, war ihr ein hingebungsvoller Mentor gewesen, doch die Rollen waren seit langer Zeit vertauscht. Sie war fest entschlossen, Monty während des Drehs zu unterstützen und auf ihn achtzugeben.

»Ich hole dich heute Abend wieder ab.« Eddie klang angespannt, es fiel ihm schwer, sich auf den ungewohnten Linksverkehr zu konzentrieren, zudem regnete es nun stärker, was die Sicht erschwerte. Er fuhr durch eine Pfütze, und ein Schwall Wasser ergoss sich gegen die Scheibe. »Vielleicht können wir dann zusammen essen gehen.«

»Das entscheiden wir heute Abend.« Eigentlich verspürte sie wenig Lust darauf, mit Eddie auszugehen. Himmel, was war nur mit ihr los? Sie hatten erst vor zwei Wochen geheiratet! Aber sie sehnte sich einfach danach, den Feierabend mit Montgomery zu verbringen, sich alles von der Seele zu reden, was sich bei ihr aufgestaut hatte, und sich im Gegenzug mit dessen Nöten zu befassen, für ihn da zu sein.

»Was treibst du heute den ganzen Tag?«, setzte sie nach, um ihren ein wenig schroffen Tonfall wiedergutzumachen.

»Ich weiß es noch nicht.« Seine Kiefermuskeln verkrampften sich.

Seufzend verschränkte sie die Arme vor der Brust. »Bitte fang nicht an wie Michael. Sobald er mit mir verheiratet war, ließ er sich gehen. Die Leute nannten ihn bereits Mr Taylor statt Mr Wilding. Ich würde so etwas ungern noch einmal durchleben.«

»Was kann ich dafür, wenn ich in letzter Zeit keine Angebote mehr bekomme?«, fuhr Eddie sie an.

Déjà-vu, dachte Elizabeth verstimmt. Würden sich die Erlebnisse ihrer zweiten Ehe während ihrer vierten wiederholen? Sie versuchte, die aufkommende Panik niederzuatmen. Konnte Eddie nicht seinen Hintern hochbekommen und sich um neue Engagements kümmern? »Sprich mit deinem Agenten. Neue Angebote kommen nicht einfach so angeflogen, man muss sich schon ein bisschen darum bemühen.«

»Seit dem Skandal rund um meinen Ehebruch und die Scheidung erscheine ich überall in einem schlechten Licht, ich bin nirgends mehr willkommen.«

Herrje, wie klagend seine Stimme klang. Dabei war er wahrhaftig nicht der Einzige, dem seitdem ein fragwürdiges Image anhaftete. Sie grämte sich jedenfalls nicht deswegen, Hedda Hopper, Louella Parsons und wie sie alle hießen, konnten ihr gestohlen bleiben. Ihr Lebenszweck bestand doch nicht darin, es den Klatschkolumnisten recht zu machen.

»Das mag sein. Trotzdem willst du die nächsten Jahre gewiss nicht damit verbringen, mich von Drehort zu Drehort zu chauffieren und abends wieder abzuholen, oder?«

Eddie schwieg, ein verletzter Zug lag um seinen Mund. Dann warf er ihr einen verstohlenen Seitenblick zu. »Wie lange willst du eigentlich noch Mikes Ehering tragen? Das kränkt mich, Elizabeth, schließlich bist du nun mit mir verheiratet.«

Sie schlang die Finger ineinander, als ob sie instinktiv ihre Ringe verstecken wollte. Links trug sie den neuen Ring, den Eddie ihr vor zwei Wochen angesteckt hatte, rechts noch immer Mikes, den sie nicht abzulegen vermochte. Unmöglich, das goldene

Schmuckstück in einem Schächtelchen in ihrem Nachttisch zu verwahren. Es würde sich anfühlen, als ob sie sich ein Loch ins Herz riss. »Durch Mike haben wir erst zueinandergefunden, Eddie, vergiss das nicht. Die Trauer um ihn hat uns zusammengeführt.« In der Tat gab es außer den gemeinsamen Gefühlen für Mike wenig, das sie mit Eddie zu verbinden schien. In welch ein Dilemma hatte sie sich hineinmanövriert? Sie mochte gar nicht darüber nachdenken, sonst bekam sie Bauchschmerzen, die manchmal in wahre Krämpfe ausarteten, so als wehre sich ihr Körper dagegen, dass sie zu viel grübelte.

»Das stimmt natürlich«, räumte Eddie ein, »aber ... aber du kannst doch nicht die Eheringe zweier Männer tragen. Es ist, als wärst du mit uns beiden verheiratet, so als führten wir eine Ehe zu dritt, nur mit dem Unterschied, dass der Dritte im Bunde ein Toter ist, ein Geist ...«

Wie unheimlich das klang. Trotzdem haftete seinen Worten etwas Wahres an. Erleichtert stellte sie fest, dass die Shepperton-Studios in Sicht kamen, und ergriff die Gelegenheit, das unerquickliche Gespräch zu beenden.

»Bis heute Abend.« Sie küsste ihn flüchtig auf die Wange, als er vor den imposanten Gebäuden des Filmgeländes, die wie Fabrikhallen farblos im Regen standen, hielt. Bevor er auf die Idee kam, auszusteigen, um den Wagen herumzulaufen und ihr die Beifahrertür zu öffnen, schälte sie sich rasch aus ihrem Sitz, winkte ihm noch einmal zu und lief im Slalom um die Wasserpfützen, bedacht darauf, ihre eleganten Pumps nicht allzu sehr zu beschmutzen. Erleichtert atmete sie auf. Im Grunde war es ihr egal, wie ihr Mann den Tag verbrachte, solange ihr nur eine Pause von ihm vergönnt war.

...

»Wunderbar, nun sind wir alle versammelt.« Joseph L. Mankiewicz, der Regisseur, war etwa fünfzig Jahre alt und wirkte mit seinem runden Gesicht, dem breiten Lächeln und der hellen Haartolle auf sympathische Weise gemütlich. Der Reihe nach musterte er die Schauspieler. Katharine Hepburn, ebenfalls um die fünfzig, trug eine bequeme Hose und robuste Schnürschuhe, was dem Londoner Wetter sicherlich angemessener war als Elizabeths pfirsichfarbenes, kurzärmeliges Kostüm. Sie saß auf einem dreibeinigen Hocker und strickte, trotzdem schien sie Mankiewiczs Ausführungen über das Drehbuch aufmerksam zuzuhören. Elizabeths Augen flogen immer wieder zu der älteren Schauspielerin hinüber; sie kannte sie bisher noch nicht persönlich, doch das, was sie über sie gehört und gelesen hatte, beeindruckte sie. Katharine schien vom Hollywood-Glamour rein gar nichts zu halten, blieb Partys grundsätzlich fern und wirkte eher wie eine bodenständige Schuldirektorin als eine Berühmtheit. Elizabeth hätte sich gerne eine Scheibe von ihrer ruhigen Gelassenheit abgeschnitten. Auch Männergeschichten unterhielt Katharine offenbar nicht, man munkelte lediglich, dass sie mit ihrem Kollegen Spencer Tracy eine Liebelei verband, doch ob dies der Wahrheit entsprach, wusste niemand.

Dann war da natürlich noch Monty, ihr geliebter Freund. Wie ein Schatten seiner selbst kauerte er auf einer umgedrehten Kiste. Nach dem Unfall waren seine Wunden allesamt verheilt, sein Gesicht makellos, doch etwas in ihm war für immer zerbrochen. Es tat ihr weh, ihn so zu sehen, doch sie hielt sich mit Fragen zurück; sobald sie allein wären, würde sie sich nach jeder Einzelheit seines Lebens erkundigen.

Die anderen Darsteller, wie Albert Dekker und Mercedes McCambridge, kannte sie noch nicht.

»Sie hatten nun alle einige Wochen Zeit, sich mit dem Skript vertraut zu machen.« Mankiewicz schritt im Kreis auf und ab, wobei er wie zahlreiche andere Regisseure eine Pfeife schmauchte. »Für Sie, Elizabeth, ist es nicht die erste Tennessee-Williams-Verfilmung, die Sie in Angriff nehmen, nicht wahr?«

»Nein, ich bin Tennessees Haus- und Hofschauspielerin.« Elizabeth dachte an die Dreharbeiten zu *Die Katze auf dem heißen Blechdach* zurück, die durch den Albtraum um Mikes Tod unterbrochen worden waren. Rasch schüttelte sie die Erinnerungen ab, sie waren noch immer zu schmerzhaft und verstörend.

»Für die Filmversion mussten wir, auf Drängen der Kirche, auf homosexuelle Bezüge verzichten«, dozierte der Regisseur.

Elizabeth spähte unauffällig zu Monty hinüber, dessen graues Gesicht unbeteiligt blieb, lediglich sein rechtes Augenlid zuckte. Ob er wohl wieder unglücklich verliebt war?

Doch sie versuchte, sich auf Mankiewiczs Ausführungen zu fokussieren; sie musste eine gute Leistung abliefern, denn sie brauchte die Gage dringend. Eddie steuerte ja keinerlei Einkünfte zum gemeinsamen Haushalt bei. *Plötzlich im letzten Sommer* handelte von der jungen Catherine, gespielt von Elizabeth, die sich nach dem Tod ihres Cousins in psychiatrische Behandlung begeben musste. Ihre Tante, in Gestalt von Katharine Hepburn, verfolgte den perfiden Plan, sie einer Gehirnoperation zu unterziehen, um die Wahrheit über den Tod ihres Sohnes zu verschleiern. Montgomery stellte einen Neurologen dar, der sich in finanzieller Bedrängnis befand und deshalb auserkoren wurde, die Operation durchzuführen. Ein schwieriger Stoff, aber Elizabeth sorgte sich mehr darum, wie Monty ihn bewältigen sollte, als dass sie sich über ihre eigene Rolle Gedanken machte.

»Würden Sie sich bitte einmal hinstellen, Mrs Taylor?« Plötzlich stand der Regisseur vor ihr und klopfte auf seine Pfeife. Verwundert stand sie auf.

»Darf ich?« Ohne ihr Einverständnis abzuwarten, griff er nach ihrem Arm und hob ihn hoch. Sie presste die Lippen zusammen, beschlich sie doch das Gefühl, gleich vorgeführt zu werden.

»Tun Sie, was Sie nicht lassen können«, bemerkte sie trocken.

Mankiewicz grinste zerknirscht, während er sanft in die herabhängende Haut ihres Oberarms zwickte. Es pikste in dem überschüssigen Fett, das sie sich angefuttert hatte. »Nichts für ungut, Mrs Taylor, ich persönlich liebe kurvige Frauen, aber vielleicht … ähm … Könnten Sie sich vorstellen, für den Film ein wenig abzuspecken? Eine etwas schlankere Silhouette würde der zerbrechlichen Catherine gut stehen.«

Elizabeths Wangen begannen zu brennen, doch sie ließ nicht zu, dass übermäßige Verlegenheit Besitz von ihr ergriff. In welch einer Welt lebten sie, in der Männer ungestraft den Körperbau einer Frau kritisieren durften? Katharine Hepburn schien ähnliche Gedanken zu hegen, denn sie starrte Mankiewicz so verkniffen an, als wolle sie ihn am liebsten erwürgen, und auch Montgomerys eben noch so teilnahmslose Miene wirkte nun mitfühlend.

Sie schluckte die Antwort herunter, die Mike gegeben hätte – sie wäre zu obszön gewesen, und sie brauchte diese Rolle dringend.

»Kann ich mir durchaus vorstellen«, erwiderte sie eisig, riss ihren Arm zurück und setzte sich wieder auf ihren Hocker, die Hände vor dem Bauch gekreuzt, um weitere Speckrollen zu verbergen.

»Gut.« Mankiewicz tat, als sei nichts vorgefallen, und salbaderte weiter über die Aussage des Films.

...

In der Mittagspause begab sie sich mit Monty in die Kantine, einen abgehaftert wirkenden Raum in einer der kleineren Hallen auf dem Filmgelände. Noch immer rieselte der Regen auf das Flachdach, doch Elizabeth mochte das Geräusch, es wirkte wie eine beruhigende Hintergrundmelodie.

»Endlich Pause«, stöhnte sie, als sie sich in der Schlange an der Essensausgabe einreihten.

»Was möchtest du?« Monty ließ sich von der Servicekraft ein riesiges Steak mit Kartoffeln auf den Teller laden. Wenigstens hatte er bei aller Niedergeschlagenheit noch nicht den Appetit verloren.

»Einen grünen Salat ohne alles.« Elizabeth verzog das Gesicht. »Du hast Mankiewicz ja gehört.«

»Ich hoffe, du nimmst dir seine Worte nicht zu Herzen. Du siehst großartig aus, Bessie Mae, außerdem darf man nicht vergessen, dass du drei Kinder geboren hast.«

»Ich sehe aus wie ein aufgedunsener Pfannkuchen, Monty, da gibt es nichts zu beschönigen.«

Als ihre Tabletts beladen waren, setzten sie sich im hinteren Bereich der Halle an einen freien Tisch. Elizabeth genoss die Zweisamkeit, die ihr so gefehlt hatte, auch wenn sie sehnsüchtig auf Montys Steak schielte und wenig Vergnügen an ihrem in Öl ertränkten Salat fand.

»Du hast dich sehr rargemacht, Monty.« Elizabeth betrachtete den Freund prüfend, während sie lustlos auf einem welken Blatt herumkaute. Was gäbe sie für ein saftiges Stück Steak und diese köstlich aussehenden Rosmarinkartoffeln! »Wie geht es dir?«

»Wie soll es mir schon gehen?« Montgomery wich ihrem Blick aus, trotzdem erkannte sie das Gehetzte in seinen einstmals so leuchtenden grünen Augen. »Ohne meine Tabletten schaffe ich es weder zu schlafen noch aufzustehen, geschweige denn den Tag durchzustehen. Der Unfall hat mich zerstört. Manchmal wünschte ich, du wärst nicht zu meiner Rettung geeilt und hättest mich allein in dem Autowrack liegen lassen. Vielleicht wäre ich gestorben, und das ganze Elend hätte ein Ende gehabt.«

»Monty!« Blankes Entsetzen erfüllte Elizabeth. Wann hatte er jeglichen Lebensmut verloren? Es mussten diese verfluchten Pillen sein, die die Energie aus ihm herauspressten. Zwar vermochte auch sie nur mithilfe von Medikamenten in den Schlaf zu finden, doch hoffte sie, niemals in eine solche Abhängigkeit zu geraten wie Montgomery. »So etwas darfst du nicht sagen, ich möchte nie wieder hören, dass du solche Worte von dir gibst, mein Lieber!«

»Ich weiß nicht, wie ich die Rolle dieses Doktor Cukrowicz verkörpern soll, Bessie Mae. Mir gelingt es ja kaum, meine Zeilen zu behalten. Ich fühle mich so hölzern wie Pinocchio.« Montgomery sprach so leise, dass sie ihn kaum verstand, zumal der Regen noch immer auf das Flachdach der Kantine trommelte.

»Mach dir keine Sorgen. Laut Drehbuch beschränkt sich dein Text ja darauf, dass du die Aussagen der anderen Personen als Frage wiederholst. So wie echte Seelenklempner das auch tun. Das kriegst du schon hin. Ich helfe dir, versprochen. Wir können uns abends im Hotel zusammensetzen und üben. Und Katharine wirkt so nett, sie unterstützt dich bestimmt auch.«

Montgomery sah sie dankbar an. Sein Essen schob er mehr auf dem Teller herum, als dass er es verzehrte. Ob sie ihn darum bitten sollte, ihr ein paar Kartoffeln abzutreten? Besser nicht, sie musste eisern bleiben, auch wenn ihr Körper nach Kohlehydraten schrie.

»Das ist lieb von dir, Bessie Mae. Aber du kannst dir unmöglich die Abende mit mir um die Ohren schlagen. Eddie wird nicht sehr begeistert sein. Er hat dich eigens nach England begleitet, um das junge Eheglück zu genießen. Ihr seid praktisch noch in den Flitterwochen!«

»Ach was.« Elizabeth schnaubte unwillig. »Von meiner Seite

aus hat es sich längst ausgeflittert. Eddie geht mir höllisch auf die Nerven. Sein Selbstmitleid, seine Passivität ... Ich glaube ...« Sie beugte sich vertraulich vor, die Worte, die ihr über die Lippen drängten, waren so ungeheuerlich, dass sie sie selbst kaum zu glauben vermochte. »Ich glaube, ich habe Eddie nie geliebt.«

»Aber ihr habt gerade geheiratet – entgegen Tausender Widerstände! Eddie hat seine Frau betrogen und verlassen, er sieht seine Kinder nicht mehr, ihr steckt in einem handfesten Skandal ... Wieso das alles, wenn du ihn nicht liebst?« Monty starrte sie erschüttert an. Aber er hatte ja recht.

Sie verstand selbst nicht mehr, was sie geritten hatte, als sie einer Heirat zustimmte. Hatte die Trauer um Mike ihren Verstand dermaßen vernebelt, dass sie Zuflucht bei dem erstbesten Mann gesucht hatte, der ihren Weg kreuzte, um bei ihm den Halt und die Geborgenheit wiederzufinden, die sie verloren hatte? »Weißt du, die Verzweiflung über Mikes Tod hat Eddie und mich verbunden. Er war genauso unglücklich wie ich, hat er Mike doch verehrt wie einen Heiligen. Es war tröstlich, stundenlang mit ihm Erinnerungen auszutauschen, auf diese Weise konnten wir Mike ein Stück weit lebendig halten. Doch jetzt merke ich, dass das als Fundament für eine Ehe nicht reicht. Monty, was soll ich nur tun?« Ihre Stimme brach, und in ihrem Magen und ihren Beinen kribbelte es, als krieche ein Schwarm Ameisen hindurch. Sie fühlte sich wie eine Gefangene – gefangen in einer Ehe, die sich als Fehlentscheidung entpuppte, kaum dass sie sich das Jawort gegeben hatten.

Montgomery legte seine Hand auf ihre und drückte sie. »Oje, in welch einen Schlamassel hast du dich hineinmanövriert!«

»Das kannst du laut sagen. Wie konnte ich so stockdumm sein?« Elizabeth konnte nicht an sich halten und stibitzte eine Kartoffel von Montgomerys Teller.

»Sei nicht so hart zu dir, du warst einfach unglücklich.« Montgomery schob ihr seinen Teller hin, und sie bediente sich heißhungrig. Mit der Diät würde sie eben morgen anfangen.

»Trotzdem muss ich nun unter den Folgen leiden. Eddie habe ich erst mal an der Backe.« Sie seufzte mit vollem Mund.

Montgomery sah zu, wie sie die Kartoffeln verschlang. »Für deine Jungs ist er der dritte Vater, mit dem sie zurechtkommen müssen.«

»Meine Kinder sind äußerst anpassungsfähig.« Elizabeth steckte sich einen Bissen Steak in den Mund, herrlich, wie es auf ihrer Zunge seinen köstlichen Geschmack entfaltete. »Am Wochenende lasse ich sie mit Mutter und dem Kindermädchen einfliegen. Ich vermisse sie furchtbar, außerdem kann ich mir auf diese Weise Eddie ein bisschen vom Leib halten.«

...

Auch die darauffolgenden Tage regnete es, und das Studiogelände glich einem matschigen Sumpf. Elizabeth nahm sich ein Beispiel an Katharine Hepburn und erschien morgens in praktischer Kleidung, die sie in der Garderobe gegen ihre Filmkostüme tauschte.

Eddie chauffierte sie nach wie vor, es schien die einzige Aufgabe zu sein, mit der er sich zu beschäftigen vermochte. An manchen Tagen verließ er die Shepperton-Studios erst gar nicht, sondern folgte Elizabeth ins Gebäude.

»Was soll das, Eddie?«, fuhr sie ihn dann regelmäßig an, obwohl sie ihren schroffen Tonfall sogleich bereute. »Du wirst mich doch nicht den ganzen Tag bemuttern und mich keinen Schritt allein machen lassen? Du bist nicht meine Mutter!«

»Natürlich nicht.« Eddie klang gekränkt, während er sich an die Wand des Ankleideraumes drückte, so als wolle er sich so klein wie möglich machen. »Aber ich könnte mich ein wenig nützlich machen, dir Kaffee bringen oder einen Snack.«

»Snacks hat man mir verboten«, fauchte sie, »der Regisseur hat mich auf Diät gesetzt. Aber hol mir in Gottes Namen einen Kaffee, es ist ja kaum mitanzusehen, wie du in der Ecke kauerst wie ein armes Waisenkind, das niemand haben will.«

Obwohl sie sich von Eddie eingeengt fühlte, legte Elizabeth schauspielerisch eine exzellente Leistung hin, wie ihr Joseph Mankiewicz ein ums andere Mal versicherte. Montgomery dagegen versagte regelmäßig, wie er prophezeit hatte, wirkte er vor der Kamera leblos und steinern. Doch sie wollte nicht akzeptieren, dass seine besten Tage tatsächlich der Vergangenheit angehörten, deshalb unterstützte sie ihn, wo sie nur konnte, ging während des Schminkens, der Mahlzeiten und der Pausen seinen Text mit ihm durch und trainierte mit ihm seine Mimik.

Trotzdem unterbrach Mankiewicz bereits in den ersten Drehtagen eine Aufnahme und stopfte gemächlich seine Pfeife, bevor er ernst aufsah. »So geht das nicht, Montgomery, so leid es mir tut. Haben Sie das Schauspielern verlernt? Sie wirken wie ein Laiendarsteller aus einem staubigen Kaff im Mittleren Westen.«

Elizabeths Herz klopfte ihr bis zum Hals; das fing nicht gut an, hoffentlich kam der Regisseur nicht auf die Idee, Montgomery gegen jemand anderen austauschen zu wollen, was beim Film nicht unüblich war. Ihr Freund dagegen schien völlig teilnahmslos, mit müden Augen und dumpfem Blick sah er Mankiewicz an, als erwarte er sein Todesurteil.

»Wir drehen erst ein paar Tage«, beeilte sich Elizabeth zu sagen, »wir müssen alle erst mal in unsere Rollen hineinfinden.«

»Eben, wir drehen erst seit ein paar Tagen«, wiederholte Mankiewicz und sah über die kleine Rauchwolke, die seiner Pfeife entstieg, von Elizabeth zu Montgomery. »Das heißt, es ist noch Zeit, einen Ersatz für Sie zu finden, Montgomery.«

Monty sank mit hängenden Schultern auf eine Bank, Kraft, für sich einzustehen, konnte er wohl nicht aufbringen. Elizabeth blutete die Seele. Ihn so gebrochen zu sehen konnte sie kaum ertragen.

»Nur über meine Leiche!«, brach es heftig aus ihr heraus.

Der Regisseur drehte sich verwundert zu ihr herum, offenbar war er keinen Widerspruch gewohnt.

»Wenn Sie Monty feuern, können Sie meine Rolle auch gleich neu besetzen!« Ihr Puls ging flach und schnell, und Schweiß lief ihr den Rücken herab. Doch sie meinte, was sie sagte – ohne Monty würde sie diesen Film nicht zu Ende drehen, auch wenn sie auf die Gage angewiesen war. Es würde sich schon eine andere Rolle auftun. Ihren Freund hängen zu lassen war keine Option.

»Aber …« Mankiewicz kratzte sich ratlos am Kopf.

»Ich schließe mich an.«

Elizabeth schnellte herum, und trotz ihrer Nervosität breitete sich ein Lächeln auf ihrem Gesicht aus. Katharine Hepburn tauchte mit verschränkten Armen aus dem Schatten auf und fixierte den Regisseur frostig. »Wenn Sie Montgomery entlassen, werfe auch ich das Handtuch.«

Katharines Blick traf für den Bruchteil einer Sekunde Elizabeths, und sie erkannte die stille Kameradschaft, die darin auffunkelte. Ihr Herz flog der älteren Kollegin zu.

Mankiewicz seufzte. »Sie erpressen mich, alle beide.«

»Das haben Sie richtig erkannt.« Elizabeth entspannte sich, ihre verkrampften Muskeln wurden wieder weich. Sie spürte, dass der kurze Kampf gewonnen war.

»Lassen Sie uns weitermachen, ich möchte pünktlich in den

Feierabend«, bemerkte Katharine so sachlich, als sei nichts geschehen.

Elizabeth begab sich wieder auf ihre Position, sie spürte den dankbaren Blick Montgomerys in ihrem Rücken. Sie würde alles für ihn tun, so wie er für sie.

20

New York, 1960

Obwohl es kaum Vormittag war und sie eigentlich einen kühlen Kopf bewahren sollte, bestellte Elizabeth einen Bourbon. Sie traf ihren Agenten Kurt Frings in der *Champagner Bar* des Plaza-Hotels, da war es doch naheliegend, dass man sich ein Gläschen gönnte, oder? Ihre Nerven lagen blank, war es doch bereits nach dem Aufstehen zu einer ihrer üblichen Missstimmungen mit Eddie gekommen. Sie hatte vergessen, worum es dieses Mal gegangen war. Seine bloße Anwesenheit reizte sie. Musste er ihr wie ein Hündchen auf Schritt und Tritt folgen? Selbst jetzt saß er mit am Tisch.

»Ich habe einige vielversprechende neue Angebote in der Tasche.« Kurt, dessen Gestalt, der man den ehemaligen Profiboxer ansah, die Nähte des grauen Anzugs zu sprengen schien, kramte in seiner reichlich abgenutzten Aktentasche. »Du bist in der Position, dir auszusuchen, was dir gefällt, Elizabeth. In *Plötzlich im letzten Sommer* hast du wahrhaft geglänzt, die Kritiker zeigten sich beeindruckt von deiner schauspielerischen Leistung.«

»Ich kann es noch immer nicht glauben.« Unfassbar, dass sie, die niemals Schauspielunterricht erhalten hatte, so positive Bewertungen erhielt, wohingegen Montgomerys Darstellung kaum Lob fand. Seine privaten Probleme hatten ihn die gesamten Dreharbeiten über belastet, nur mithilfe von Elizabeth und Katharine Hepburn hatte er bis zum Ende durchgehalten.

»Du wurdest für den Oscar nominiert, Liebes!« Eddies Gesicht glühte vor Stolz, doch sie wandte sich missmutig von ihm ab.

»Ich habe ihn aber nicht bekommen«, murmelte sie. Nach *Im Land des Regenbaums* und *Die Katze auf dem heißen Blechdach* war es ihre dritte Nominierung gewesen, aber im Grunde stimmte es sie nicht traurig, auch dieses Mal übergangen worden zu sein. Auszeichnungen waren nicht wichtig, sie waren nichts, was einen nachts warm hielt, wenn man allein im Bett lag.

»Schau dir mal dieses Drehbuch an.« Kurt legte einen dünnen, gehefteten Blätterstapel auf den Tisch.

»Drehbuch? Wie viele Seiten sind das? Zwölf?« Elizabeth blätterte mit spitzen Fingern durch das spärliche Skript.

»Es ist noch nicht fertig.« Kurt trank einen Schluck seines Eiswassers. »Aber sieh es dir trotzdem an. *Cleopatra*. Es soll ein monumentales Epos werden. Eine Riesenproduktion. Zehntausende Statisten werden benötigt. Vielleicht verhilft dir dieser Film zu einem Oscar.«

»Klingt das nicht verlockend?« Eddie beugte sich dicht zu ihr, um ebenfalls einen Blick in das Heftchen werfen zu können. Instinktiv rückte sie ein Stück weg. Die *Champagner Bar* war großzügig geschnitten, eine Bar der Superlative – riesige Kronleuchter hingen hoheitsvoll von der Kassettendecke, die Fenster erstreckten sich über die mehrere Meter hohe Außenfront, und die cremefarbenen Sessel waren gemütlich und ausladend –, aber dennoch fühlte sie sich eingeengt. Konnte Eddie sich nicht um seine eigenen Geschäfte kümmern, statt an ihr zu kleben?

Sie ignorierte seine Frage. »Wer wirkt alles mit?«, fragte sie Kurt.

»Rouben Mamoulian führt Regie, Peter Finch und Stephen

Boyd spielen die männlichen Hauptrollen, Julius Caesar und Marcus Antonius.« Kurt sah sie erwartungsvoll an. »Zögere nicht zu lange, Elizabeth, außer dir sind Audrey Hepburn und Marilyn Monroe im Gespräch.«

»Marilyn? Eine blonde Cleopatra? Äußerst glaubwürdig.« Elizabeth vermochte den spöttischen Unterton nicht aus ihrer Stimme zu verbannen. Sie war in letzter Zeit ständig etwas gereizt, aber war das nicht verständlich, wo sie sich doch ständig von Eddie in einem Klammergriff gehalten fühlte?

Kurt schmunzelte. »Dann greif zu.«

»Wo wird gedreht?«

»In den Pinewood-Studios, westlich von London.«

Elizabeth schnaubte. »Wer auf diese Idee gekommen ist, kann nicht mehr alle Tassen im Schrank haben. Ägypten nach England zu verlegen ... Das kommt im Film genauso authentisch rüber wie eine platinblonde Sexbombe als Cleopatra!«

»Wie sind die Konditionen?«, mischte sich Eddie rasch ein. Der Eifer in seinem Gesicht stieß Elizabeth ab; ihr Mann spielte sich mehr und mehr als ihr Manager auf, ja, manchmal bezeichnete er sich selbst als solchen. Das schien ihm eine gewisse Erfüllung zu verschaffen, bekam er doch selbst kaum noch Angebote.

Kurt lächelte. »Sie sind ausgezeichnet. 125 000 Dollar pro Woche, bei einer längeren Drehzeit kannst du Millionen mit nach Hause nehmen. Du bekommst eine großzügige Hotelsuite für dich und deine Familie gestellt, und man verköstigt euch umsonst.«

Das klang in der Tat gut. Was sie am meisten überzeugte, war die Tatsache, ihre Kinder mit nach England nehmen und sie die gesamte Drehzeit über bei sich haben zu können. Sie hatte sie sehr vermisst, als sie *Plötzlich im letzten Sommer* gedreht hatte, auch wenn die Kleinen alle paar Wochen zu Besuch gekommen waren.

»Wir nehmen die Rolle.« Eddie rutschte auf seinem Stuhl

herum, als sei er ein kleiner Schuljunge, der einen besonders aufregenden Ausflug in Aussicht gestellt bekam.

Wieder ärgerte sie sich über ihn. *Wir* – was sollte das heißen? Hatte er vor, auch mitzuspielen?

Sie schaute ihn vernichtend an. »Danke, dass du dieses großartige Angebot an Land gezogen hast, Kurt. Ich nehme es natürlich an.« Das *Ich* betonte sie, um Eddie zu zeigen, wer im Hause Taylor-Fisher das Sagen hatte.

London, 1960

Michael, Christopher und Liza rannten ihr freudig entgegen, als sie nach dem ersten Drehtag in ihren Räumen im Dorchester-Hotel ankam.

»Mommy, wir waren mit Eddie im Park und haben einem Kasperletheater zugesehen!« »Aber dann fing es an zu regnen ...« »Mommy, Mommy, wir sind mit Eddie in einem Taxi heimgefahren ...« »Wir haben ganz viele Doppeldeckerbusse gesehen!«

Die Kinder bestürmten sie, redeten wie üblich alle durcheinander und zogen an ihr, sodass sie es kaum schaffte, ihren Mantel auszuziehen, der von dem ewigen Londoner Regen unangenehm klamm war und nach feuchter Wolle roch. Vielleicht sollte sie ihn jedoch anlassen, in der Suite, die die Filmgesellschaft für sie gemietet hatte, war es eisig kalt, obwohl sie die Dienstboten, die sie umsorgten, angewiesen hatte, den Kamin zu befeuern. Die Kälte saß dem Hotel anscheinend in allen Ritzen.

»Nun lasst mich erst mal zu Hause ankommen, Kinder.« Sie gab jedem ihrer Sprösslinge einen Kuss und sah zu, wie sie wieder davonstoben, zweifellos, um die noch fremden Räume ihrer Unterkunft zu erkunden.

»Wie lief es?« Eddie trat mit einem Stapel frisch zusammengelegter Wäsche aus dem Kinderzimmer. Zumindest machte er sich nützlich, wenn er schon nichts zum gemeinsamen Einkommen beitrug, und kümmerte sich um die Kinder, als seien es seine.

»Absolut chaotisch.« Elizabeth nieste. Hoffentlich erkältete sie sich nicht, sie verspürte keinerlei Lust, mit laufender Nase, Kopfweh und Husten in den verregneten Kiefernwäldern des Studiogeländes zu drehen. »Das Skript ist noch immer nicht fertig geschrieben, und das, was bereits an Text vorhanden ist, wird gefühlt jede Stunde umgeschrieben. Auch die Kulissen sind alles andere als fertig. Ich frage mich, wie aus diesem Durcheinander am Ende ein Film werden soll.«

»Ach, wird schon werden«, gab Eddie unbesorgt zurück.

Er hatte gut reden, er musste ja nicht täglich zehn Stunden bis auf die Knochen frierend in einem dünnen Gewand arbeiten. Ihre Verstimmung über ihren Ehemann riss nicht ab, und die schwierigen Dreharbeiten trugen zusätzlich dazu bei, dass sie angespannt und verkrampft war.

Sie schien sich tatsächlich einen Infekt zugezogen zu haben, doch sie biss die Zähne zusammen und hielt durch, erschien jeden Tag im frühen Morgennebel, der wie ein Schleier über den Kiefernwäldern hing, am Drehort.

Bis es nicht mehr ging. Kaum zwei Wochen nach Produktionsbeginn litt sie unter pochenden Kopfschmerzen und Fieber, sodass Regisseur Mamoulian sie von ihrem Fahrer nach Hause bringen ließ. Eddie machte ein großes Gewese um sie, ließ ihr aus der Hotelküche Tee und Hühnersuppe bringen, und sogar die Kinder schlichen nur auf Zehenspitzen in ihr Schlafzimmer.

Unruhig wälzte sie sich in ihren Kissen, fror entsetzlich, während die Welt außerhalb des Hotels in Regen und Nebel ertrank. Sie verfiel in einen wenig erholsamen Halbschlaf, träumte von

Montgomery und ihrer Mutter, bis Eddie wieder an ihrem Bett erschien und ihr über die heiße Stirn strich.

»Ich habe einen Arzt aufgetrieben«, flüsterte er. »Das heißt, nicht irgendeinen. Den Leibarzt der Queen, stell dir das vor.«

Sie stöhnte auf. Wollte er gelobt werden? Sah er nicht, wie elend es ihr ging? »Spitze«, murmelte sie so trocken, wie es in ihrem Zustand möglich war.

Zu ihrem Entsetzen diagnostizierte der Arzt, der wenig später in einer studioeigenen Limousine vorgefahren wurde, keine verschleppte Grippe, sondern einen Abszess an einem Zahn.

»Der Zahn muss gezogen werden«, verkündete er, als er seine Arzttasche wieder packte. Er sprach ein so hochgestochenes britisches Englisch, dass er in Elizabeths Ohren wie die Karikatur eines britischen Snobs klang. »Das muss in einer Klinik geschehen, der Abszess ist zu weit fortgeschritten.«

»Aber ... ich habe einen Film zu drehen«, begehrte Elizabeth verzweifelt auf. *Cleopatra* stand unter keinem guten Stern. Ein unfertiges Drehbuch, fehlende Dekoration, das scheußliche Wetter, das den künftigen Zuschauern wohl kaum zu suggerieren vermochte, die Geschichte spiele in Ägypten ... und jetzt fiel sie auch noch als weibliche Hauptdarstellerin aus. Der Regisseur würde toben.

»Ihre Gesundheit geht vor.« Der Arzt blieb unnachgiebig. »Oder wollen Sie, dass sich der Abszess auf Ihr Gehirn ausbreitet?«

So wurde Elizabeth eine Stunde später in eine Klinik transportiert, wo sie operiert und mit Antibiotika behandelt werden sollte. Aus dem Autofenster sah sie noch schemenhaft die kleinen, vor Weinen bebenden Silhouetten ihrer Kinder, die mit Eddie im Hoteleingang standen.

Die Tage ihrer Genesung waren lang. Nervös lag sie in ihrem Bett, sah hinaus in den Regen, der gegen die Fensterscheiben sprühte, und wartete auf Nachrichten aus dem Studio. Ob man sie entließ? Die Produktionsgesellschaft verlor eine Unmenge an Geld durch sie.

Dann erreichte sie ein kurzer Brief von Kurt, der ihr neben liebevollen Genesungswünschen ans Herz legte, rasch wieder gesund zu werden, da man erneut Audrey Hepburn oder Marilyn Monroe als Cleopatra ins Gespräch brachte.

Sie nötigte Eddie, der sie jeden Nachmittag besuchte, ihr sämtliche Zeitungen mitzubringen.

»Es wurden bereits zwei Millionen Dollar in den Sand gesetzt«, klagte sie, während sie sich einen Eisbeutel an die geschwollene Wange drückte. Die Schmerzen mochten nicht abklingen, sie fühlte sich wie gerädert. »Die Filmgesellschaft wird das nicht länger hinnehmen. Was schreibt der *Tatler*?«

Wortlos reichte Eddie ihr die Zeitung.

»*Wohin ist Elizabeth Taylor verschwunden?*«, las sie stirnrunzelnd vor. »*Die Schauspielerin befindet sich nicht mehr am Set ihres neuen Filmes Cleopatra. Hat sie das Handtuch geworfen, weil sie mittlerweile zu dick für die Kostüme ist?*«

Besänftigend legte Eddie ihr die Hand auf den Arm, doch sie schüttelte ihn ab. Der Zorn brannte in ihr, ließ ihr Herz hart gegen ihre Rippen schlagen. »Diese dreckigen Schmierfinken!«

»Du solltest das nicht lesen, Liebling. Es ist unwichtig, was sie schreiben.« Eddie zog sie an sich, und sie lehnte sich an seine Brust und ließ den Tränen freien Lauf. Sie fühlte sich wie ein Wrack, körperlich wie seelisch. Ihr Gesicht war durch das Ziehen des Zahns geschwollen, als litte sie unter Ziegenpeter, in ihrem Magen rumorte es durch die hochdosierten Antibiotika, und die Presse verunglimpfte sie noch immer wegen ihrer Figur. Wenigstens Eddie hielt zu ihr; heiße Scham über ihr kühles Verhalten ihm gegenüber erfüllte sie.

21

Rom, 1961

Elizabeth trat an die steinerne Brüstung der *Villa Papa*, die die Filmgesellschaft für sie gemietet hatte, und schaute in den mediterranen Garten. Es war zwar Herbst, doch die Temperaturen waren mild, fast warm, und unter ihr blühten violette Bougainvilleen um einen plätschernden Springbrunnen herum. Die steinernen Mauern, die das weitläufige Grundstück umgaben, wurden von weit verzweigten Zypressen, Zitronen- und Granatapfelbäumen gesäumt.

Sie hatte nicht mehr daran geglaubt, dass die Dreharbeiten zu *Cleopatra* nach der langen Zwangspause noch einmal weitergeführt werden würden, und noch weniger daran, dass sie ihre Rolle behalten durfte. Wie immer, wenn ihre Gedanken zu den schrecklichen letzten Monaten schweiften, die sie fast das Leben gekostet hatten, spürte sie, wie sich eine lähmende Eisschicht um ihre Seele zu legen schien. Rasch schob sie die Erinnerungen weg und stützte sich mit den Ellenbogen auf die Brüstung.

»Ärgert mir die Hunde nicht zu sehr!«, rief sie ihren Kindern zu, die die Tiere, die sie aus Los Angeles mitgebracht hatten, um den Brunnen jagten. Auch Minky war mit von der Partie, auch wenn die Katze inzwischen recht betagt war und sich meistens ein ruhiges Plätzchen zum Dösen suchte.

»Komm runter und spiel mit uns, Mom!« Liza, die mittlerweile vier Jahre alt war, ein niedliches Kind mit ebenso dunklen Haaren wie Elizabeth, winkte ihr ungestüm zu.

»Ein anderes Mal, Schätzchen.« Unvorstellbar, mit den Kindern durch den Garten zu toben, nach ihrer Tracheotomie und der langen Rekonvaleszenz fühlte sie sich noch immer geschwächt.

»Merkst du schon, wie sich deine Lebensgeister wieder regen?« Eddie war unbemerkt hinter sie getreten und legte die Arme um sie.

Unwillkürlich trat sie ein Stück zur Seite, sie konnte es immer weniger ertragen, von Eddie angefasst zu werden, ging er ihr doch immer mehr gegen den Strich. Sicher, er hatte sich während ihrer langen Krankheitsphase rührend um sie gekümmert, aber trotz ihrer Bemühungen, sich ihm wieder näher zu fühlen, schien sie sich emotional immer weiter von ihm zu entfernen. Sie wollte ja, dass ihre Ehe funktionierte, aber die Zuneigung, die sie einst für ihn empfunden hatte – von Liebe wollte sie im Zusammenhang mit Eddie wirklich nicht sprechen –, war versandet. »Ich bin den Studiobossen sehr dankbar, dass wir nicht im unleidlichen London mit seinem ewigen Regen weiterdrehen müssen. Das Klima in Italien wird mir guttun.«

»Denkst du nachher an deinen Arzttermin? Du musst dich wirklich noch einmal durchchecken lassen, bevor am Montag die Dreharbeiten weitergehen.« Musste er sich wie ihr persönlicher Sekretär aufspielen – oder ihre Mutter – und ihr ständig ihre Termine vorbeten? Um ehrlich zu sein, musste sie sich allerdings eingestehen, dass alles, was Eddie tat oder von sich gab, sie reizte. Eine wahrhaft verzwickte Situation. Wie sollte es mit ihrer Ehe nur weitergehen?

»Ich weiß. Und glaub mir, ich bin nicht so leichtsinnig, meine Gesundheit noch einmal aufs Spiel zu setzen. Ich wäre vor einem halben Jahr fast gestorben!« Das war nicht übertrieben; wenige Zeit nach ihrer Zahnoperation hatte sie sich eine Lungenentzündung zugezogen – es war ihr unverständlich, wie jemand im feuchtkalten Klima Englands gesund bleiben konnte –, die ihr derartige Atemprobleme beschert hatte, dass die Ärzte in einer Londoner Klinik im letzten Moment einen Luftröhrenschnitt durchgeführt hatten. Ohne diesen Eingriff hätte sie nicht überlebt. Noch immer stellten sich ihr sämtliche Härchen auf, wenn sie daran dachte, wie knapp sie davongekommen war.

»Wenigstens können die Schundblatter nun nicht mehr über meine Figur herziehen. Durch meine Krankheit habe ich ganz schön abgespeckt, findest du nicht?«

Eddie nickte beflissen, ohnehin sagte er zu allem, was sie von sich gab, Ja und Amen. »Du siehst toll aus. Du wirst eine grandiose Cleopatra darstellen.«

»Ja, wenn das Drehbuch denn mal fertig wird.« Elizabeth seufzte. Mit dem Film ging es noch immer nicht so recht voran, mittlerweile waren mehrere Millionen in den Sand gesetzt worden. Dass sie selbst monatelang ausgefallen war, kam noch erschwerend hinzu. »Hoffentlich taugen die beiden Neubesetzungen was, die am Montag zum Set stoßen.«

Da sich die Dreharbeiten so lange hinauszögerten, waren die ursprünglichen männlichen Protagonisten nicht mehr verfügbar, die Rollen des Marcus Antonius und des Julius Caesar übernahmen nun Richard Burton und Rex Harrison. Auch der Regisseur war ausgetauscht worden, statt Rouben Mamoulian oblag nun Mankiewicz die Aufgabe, Ordnung in das Chaos zu bringen.

»Es sind erfolgreiche Schauspieler, die dir das Wasser reichen können.«

Elizabeth verzog das Gesicht. »Richard Burton habe ich vor Jahren bei einer Party getroffen. Damals war ich noch mit Michael verheiratet.«

Wie immer, wenn einer seiner Vorgänger erwähnt wurde, zuckte Eddie unmerklich zusammen. Er wäre wohl gerne der einzige Mann an ihrer Seite gewesen. Na, da war er etwas zu spät gekommen.

»Burton war ein bisschen sehr von sich eingenommen, der Gute, aber schauen wir mal, wie sich die Zusammenarbeit gestaltet.«

»Du hast allen Grund, genauso selbstbewusst aufzutreten.« Eddie ließ seine Hand auf ihrer Schulter liegen. Spürte er nicht, dass sie momentan keinen Wert auf Tuchfühlung legte? »Schließlich bist du seit diesem Jahr Oscar-Preisträgerin.«

»Dieser Oscar ist ein Witz.« Elizabeth verdrehte die Augen. Die Auszeichnung war ihr für die Rolle der Gloria Wandrous in dem Beziehungsdrama *Telefon Butterfield 8* verliehen worden, das sie im Anschluss an *Plötzlich im letzten Sommer* gedreht hatte. »Dieser Film ist so scheiße, er hätte noch nicht mal einen Blumentopf verdient. Es ist doch sonnenklar, dass der Preis ein Mitleids-Oscar ist. Ich wäre fast abgekratzt, allein deshalb wurde ich von der Jury bedacht. Ganz bestimmt nicht aufgrund meiner schauspielerischen Leistungen, die absolut erbärmlich waren.«

»Wie auch immer.« Eddie mochte es nicht, wenn sie ihre Verdienste kleinredete, deshalb wechselte er wie üblich das Thema. »Wir müssen uns noch mit den Adoptionsformalitäten befassen. Kommst du auf einen Sprung ins Arbeitszimmer?«

»Ja.« Elizabeth warf einen Blick auf die Kinder, die sich inzwischen mit Wasser aus dem Brunnen nass spritzten und dabei hellauf jauchzten. »Treibt es nicht zu wild, ihr Rabauken!« Sie gönnte den Kleinen den Spaß. Sie waren noch sehr jung, dennoch hatten sie mitbekommen, wie krank ihre Mutter gewesen war, und die Schlagzeilen sensationsgieriger Reporter, die ihren baldigen Tod prophezeit hatten, waren auch nicht spurlos an ihnen vorübergegangen.

Plötzlich bemerkte sie eine Bewegung in den Bäumen außerhalb der Grundstücksmauern. Verdrossen stemmte sie die Hände in die Hüften. Schon wieder! Diese lästigen Paparazzi verfolgten sie auf Schritt und Tritt. Natürlich war es ihnen gelungen, ihre Adresse in Rom ausfindig zu machen, und nun belagerten sie sie, in der Hoffnung, ein paar exklusive Schnappschüsse von ihr und der Familie zu ergattern.

»Kinder, kommt rein, ihr müsst leider drinnen weiterspielen.«

Michael, Christopher und Liza murrten, gehorchten aber und rannten an ihr vorbei ins Innere des Hauses, wo Emmy sie beschäftigen würde. Sie waren es gewohnt, sich zurückzuziehen, sobald Reporter in Sicht waren.

Seite an Seite mit Eddie ging auch Elizabeth der mediterranen Villa entgegen, darauf bedacht, einen gewissen Abstand einzuhalten, nicht, dass er noch auf die Idee kam, ihre Hand zu ergreifen. War es eine gute Idee, gemeinsam ein Kind adoptieren zu wollen? Aber es war das Einzige, was ihr einfiel, um ihre Ehe in eine positive Richtung zu lenken. Außerdem – sie sehnte sich nach einem weiteren Kind. Sie hatte so viel Liebe zu geben, es bereitete ihr eine solche Freude, ihren Kleinen ein warmes Nest zu schaffen, in dem sie aufwachsen, sich zu großartigen Menschen entfalten konnten. Nach der Geburt Lizas hatte ihr Leibarzt, Doktor Kennamer, ihr dringend davon abgeraten, noch einmal schwanger zu werden, es würde nach den Kaiserschnitten ein zu großes Risiko für ihren Körper darstellen. Zudem wäre der Moment, selbst mit ärztlicher Erlaubnis, ungünstig, denn sie hatte einen Film zu drehen. Unmöglich, die Dreharbeiten durch weitere Ausfälle hinauszuzögern.

»Es ist ein Brief von Maria Schell für dich gekommen«, verkündete Eddie, als sie im mit Marmorfliesen ausgelegten Arbeitszimmer an dem großen Mahagonischreibtisch saßen, und reichte ihr einen Umschlag. »Was schreibt sie? Lies vor, Elizabeth.«

Maria Schell, eine österreichisch-schweizerische Schauspielerin, die Elizabeth durch Bekannte von Bekannten kannte, hatte ihr großzügig angeboten, sich nach einem europäischen Kind umzusehen, solange sie in Italien weilten.

Mit zitternden Fingern öffnete sie das Schreiben. Heftige Sehnsucht, ein zartes Baby in den Armen zu halten und beschützen zu dürfen, brannte in ihr. »Auf Marias Anzeige in einer großen deutschen Tageszeitung hin hat sich eine Familie gemeldet.« Ihre Stimme klang heiser, brachte sie diese Neuigkeit ihrem innigen Wunsch doch ein ganzes Stück näher. »Eine recht mittellose Familie, wie Maria schreibt. Sie haben ein kleines Mädchen, Petra heißt sie. Sie wurde mit einem Geburtsschaden geboren, ein Hüftleiden. Die Eltern haben nicht die Mittel, sie adäquat ärztlich versorgen zu lassen.«

»Ein Hüftleiden?« Eddie schaute besorgt drein. »Sie bieten uns ein krankes Kind an?«

Elizabeth ließ den Brief sinken und funkelte ihn an. »Wir sind wie geschaffen als Eltern für die Kleine. Wer, wenn nicht wir, hat die finanziellen Mittel, ihr die beste ärztliche Versorgung zukommen zu lassen? So kann ich die Millionen, die mir *Cleopatra* einbringt, bestmöglich anlegen. Wir werden die modernsten Kliniken für das arme Ding ausfindig machen.« Elizabeth spürte, wie sie bereits jetzt, wo ihr das Kind noch völlig unbekannt war, ihr Herz an es verlor. Sie würde es über alles lieben, es sollte es gut haben in ihrer Familie. Sicher würden Michael, Christopher und Liza es in ihre Mitte aufnehmen und die neue kleine Schwester ebenfalls lieb gewinnen.

...

»Marcus Antonius – hier gibt es niemanden, der so heißt; kein Lebender«, stieß Richard Burton hervor. Er saß in seinem opulenten Überwurf vor quadratischen, mit üppigen Bildern verzierten bronzenen Säulen und schaute trotzig-ernst zu Elizabeth hoch. Langsam schritt sie ihm entgegen, die dunklen Haare unter einem schwarzen Umhang verborgen. Sie verpasste ihm eine kräftige Ohrfeige, dann noch eine und noch eine. Mit einem unergründlichen Gesichtsausdruck erhob sich Richard alias Marcus Antonius und versetzte Cleopatra einen so heftigen Hieb, dass sie zu Boden stürzte und ihr rotes Kleid unter dem Mantel sich entfaltete. Mit ihren mit dickem schwarzem Kholkajal umrandeten Augen starrte sie ihn erschrocken an.

»Das reicht vorerst.« Regisseur Mankiewicz wedelte mit seiner Pfeife, und die zwei Schauspieler richteten ihre in Unordnung geratenen Gewänder und setzten sich.

Gestern erst war Richard Burton mit seiner Frau Sybil in Rom eingetroffen, und heute hatten sie sich zu einer ersten Probe in den Cinecittà-Studios zusammengefunden. Die Szene, die sie eben angerissen hatten, weckte Erinnerungen in Elizabeth, hatten Mike und sie doch ebenso leidenschaftliche, handfest ausgetragene Streitigkeiten geführt. Mike ... Doch im Moment blieb wenig Zeit für Wehmut. »Ihr zwei müsst noch daran arbeiten, eine gewisse Chemie zu entwickeln, aber das wird schon.«

»Besteht die Chance, dass das Drehbuch demnächst fertiggestellt wird?«, fragte Elizabeth spitz, Richard Burton von der Seite her verstohlen betrachtend. Ob er sich daran erinnerte, dass sie sich vor Jahren einmal getroffen hatten? Er strahlte ein so natürliches Selbstbewusstsein aus, schien ganz gefangen von seiner eigenen Wichtigkeit, dass ihr dies unwahrscheinlich vorkam.

»Sicher.« Mankiewicz brachte ein gequältes Lächeln zustande. »Und die Kostüme auch, dann braucht ihr euch nicht mehr mit diesen behelfsmäßigen Kitteln zu begnügen.«

»Hoffen wir das Beste«, bemerkte Richard mit seinem kultivierten britischen Akzent, der sie an ihre Kindheitstage in London erinnerte. »Auf einen Flop in meinem Lebenslauf kann ich gerne verzichten.«

»Wird es nicht werden«, brummte Mankiewicz und zog sich, seine Pfeife stopfend, zu einer kurzen Pause zurück.

»Wie nett, dass Sie sich bereit erklärt haben, den Marcus Antonius zu spielen.« Elizabeth musterte den Waliser; sein Gesicht war von leichten Pockennarben gezeichnet, doch tat dies seiner Attraktivität keinen Abbruch. Sein sandfarbenes Haar war etwas struppelig, was ihm ein verwegenes Aussehen verlieh, und mit seinen meergrünen Augen betrachtete auch er sie aufmerksam. »Normalerweise stehen Sie auf Theaterbühnen, nicht wahr?«

»*Wir wissen wohl, was wir sind, aber nicht, was wir werden können*«, deklamierte Richard plötzlich mit überzeugendem Bariton und starrte sie so eindringlich an, als richte er sich an ein gespannt lauschendes Publikum.

Sie lächelte, fand sie ihn doch überaus unterhaltsam und auch ein wenig geheimnisvoll mit diesem Blick, der sie streifte, als wolle er ihr tiefstes Inneres ergründen. »Hamlet, Ihre Paraderolle, stimmt's?«

»Stimmt genau. Wir haben uns schon mal getroffen, wenn ich mich recht erinnere, oder?«

Wieder fixierte er sie mit seinen hellen Augen.

»Das ist richtig.«

»Auf dieser überaus ermüdenden Party damals. Wer war noch mal der Gastgeber?«

Sie wussten es beide nicht mehr, was sie zum Schmunzeln brachte.

»Sie waren damals überhaupt nicht auf Konversation aus. Sie lagen im Bikini auf einem Liegestuhl, die Augen geschlossen, wie eine aus Stein gegossene Statue. Als ich ein Gespräch mit Ihnen beginnen wollte, haben Sie sehr kurz angebunden reagiert.«

Sie erinnerte sich daran, wie sie, die Augen im grellen Sonnenlicht zusammengekniffen, zu ihm hochgeblinzelt hatte. Michael hatte wie ein Schatten seiner selbst an der Hauswand gelehnt und sie beobachtet, sodass sie es bereut hatte, der Einladung überhaupt gefolgt zu sein. »Mir ging es damals nicht gut. Meine Ehe war zerrüttet, mir stand der Sinn eigentlich nicht nach einer Party. Außerdem redeten Sie mir einfach zu viel. Haben Sie damals nicht auch mit Shakespeare-Zitaten um sich geworfen?«

Was war nur mit ihr los? Sie ertappte sich doch tatsächlich dabei, wie sie selbst wieder in einen britischen Akzent verfiel, so wie damals als Kind. Burton schien eine Wirkung auf sie auszuüben, derer sie sich nicht zu entziehen vermochte.

»*Wo Worte selten sind, haben sie Gewicht.*«

»Na ja, dieses Zitat scheint mir bei Ihnen nicht so passend.«

Er streifte sich sein Gewand über den Kopf, und bereits halb durch die Tür warf er ihr ein schiefes Grinsen zu. »Wir könnten in der Mittagspause zusammen essen. Ich habe gehört, in der Kantine gibt es wunderbar zerkochte Pasta.«

Sie lachte. »Warum nicht?«

Burton machte sie neugierig, und sie hatte nichts dagegen, Zeit mit ihm zu verbringen. In sich hineinlächelnd, zog auch sie sich ihren Umhang über den Kopf und steuerte ihre Garderobe an, um in ihr Kleid zu schlüpfen. Als sie den dämmrigen Korridor entlanglief – Fenster gab es keine, und es roch nach dem Staub alter Kostüme –, drangen ihr gedämpfte Stimmen ans Ohr. Sie wäre weitergelaufen, hätte sie nicht ihren Namen vernommen. Unwillkürlich blieb sie stehen und lauschte. Offenbar handelte es sich um Mankiewicz und Burton, die sich in einer entfernten Ecke unterhielten.

»Sie scheint ja recht humorvoll zu sein.« Das war der Waliser mit seinem hochgestochenen Akzent, als befände er sich auch nun auf einer Bühne und nicht in einem stickigen Gang, in dem die Spinnweben von der Decke hingen.

»Sicher, das ist sie«, bestätigte Mankiewicz, »ich kenne sie ja von früheren Drehs. Allerdings hat sie Haare auf den Zähnen ... Wenn ich daran denke, wie sie mich praktisch erpresst hat, Montgomery Clift nicht zu feuern ...«

»Recht hübsch ist sie ja.« Richard Burton klang nachdenklich. »Aber vom Aussehen her nicht so umwerfend, wie alle Welt tut.«

Elizabeth stockte der Atem. Eigentlich sollte sie nun so rasch wie möglich ihre Garderobe aufsuchen, Burtons Analyse ihres Äußeren war wirklich nichts, was sie unbedingt hören wollte.

»Diese lavendelblauen Augen sind apart, aber sie hat ein Doppelkinn.«

Was erlaubte sich dieser dreiste Kerl? Würde sie Fremden gegenüber jemals die Pockennarben erwähnen, die seine Wangen zierten? Wobei – er hatte nicht unrecht. Gedankenverloren berührte sie mit der Hand ihr weiches Kinn. Die ständige Zu- und Abnahme, unter der sie seit Jahren litt, blieb leider nicht ohne Spuren.

»Und ihre Brüste sind monströs, ich persönlich mag das nicht.«

Elizabeth schluckte. Wie demütigend, in der Finsternis des Korridors zu kauern und mitzuhören, wie Richard Burton ein abfälliges Urteil über sie fällte.

»Hm.« Mankiewicz gab einen Kommentar ab, der so leise war, dass sie ihn nicht verstand.

Plötzlich stieg ein schier unkontrollierbares Kichern in Elizabeth hoch, das sie rasch erstickte, indem sie sich die Faust vor den Mund presste. Welch skurrile Szene – Burton führte sich auf, als sei er ein Metzger, der ein Stück Fleisch begutachtete. Er konnte sich auf was gefasst machen, bei nächster Gelegenheit würde sie ihm seine Frechheiten heimzahlen.

...

Diesen Vorsatz setzte sie jedoch nicht in die Tat um, verstand sie sich mit Richard doch von Tag zu Tag besser. Die Abende verbrachte sie mit Eddie, Michael, Christopher und Liza in der *Villa Papa*, doch zum Lunch traf sie sich beinahe täglich mit dem Kollegen in der Kantine der Cinecittà-Studios.

Der Herbst verabschiedete sich, und der Winter hielt Einzug, die Temperaturen blieben jedoch so mild, dass sie von ihrer chronischen Bronchitis, die sie regelmäßig in kälteren Gefilden heimsuchte, verschont blieb. Nicht auszudenken, wenn der Drehplan sich ihretwegen wieder verzögern würde.

Eines Mittags im November überreichte ihr Richard ein in fettiges Zeitungspapier eingeschlagenes Päckchen, als sie über einer Portion Spaghetti saßen.

»Charmante Verpackung.« Nach dem Auspacken wischte sie sich die Hände, die dunkel von Druckerschwärze waren, an ihrem weißen Kleid ab, das daraufhin deutliche Spuren aufwies.

»Charmante Manieren«, gab er spöttisch zurück.

Überrascht hielt sie gleich darauf eine Ausgabe des *Hamlet* in der Hand, die bereits mehrere Jahrzehnte auf dem Buckel zu haben schien, so vergilbt und zerfleddert war sie. Elizabeth sog den Geruch der feuchten Seiten in sich ein.

»Das habe ich in einem Antiquariat gefunden«, erklärte Richard. »Neulich, als ich mit Sybil in der Stadt unterwegs war.«

Ob es seiner Frau gefallen hatte, dass er ein Geschenk für seine Kollegin gekauft hatte? Was trieb die gute Sybil eigentlich den lieben langen Tag in Rom, saß sie wie Eddie tatenlos zu Hause herum?

»Du bist zu gut zu mir. Danke schön.« Elizabeth versuchte, ihre Rührung hinter dem Mantel der Ironie zu verbergen. »Du versuchst, meine erbärmlichen Shakespeare-Kenntnisse aufzupolieren, ich habe es ja auch bitter nötig. Ich habe ja noch nicht mal eine richtige Schule besucht.«

Richard grinste, das Geplänkel mit ihr schien ihn zu amüsieren. »Es gefällt mir, dass du dich selbst nicht so ernst nimmst.«

»Was soll ich anderes tun? Mich grämen, dass mich meine Kollegen als fette Kuh bezeichnen?« Da war sie – die Gelegenheit, Richard zu zeigen, dass sie über seine Lästereien im Bilde war.

»Ach, da ist aber jemand plötzlich empfindlich. Um ehrlich zu sein, ich finde dich jeden Tag schöner. Wenn man dich erst näher kennt, sieht man über deine Speckröllchen hinweg und erkennt die witzige und bodenständige Frau, die du bist.« Richard drehte ein Dutzend Spaghetti auf seine Gabel und stopfte sie sich in den Mund.

»Du kannst mich mal kreuzweise, Richard.«

»Und dieses erlesene Vokabular, diese gewählte Sprache ...« Richard verdrehte gespielt beeindruckt die Augen.

»Halt die Klappe und iss, du Hohlkopf.«

Sie genoss das Zusammensein mit Richard. Gleichzeitig wurden ihr die Abendessen in der *Villa Papa* immer unangenehmer, was vor allem an Eddie lag. Der stille, leidende Ausdruck in seinen

Augen widerte sie an, die Furcht, er würde vielleicht versuchen, sie nachts im Bett zu berühren, kauerte ständig in einem Hinterstübchen ihres Bewusstseins. Sie empfand eine derartige Ablehnung, dass sie überlegte, ihm getrennte Schlafzimmer schmackhaft zu machen. Sie könnte es damit begründen, dass sie morgens früh aufbrechen musste und ihn nicht wecken wollte. Ob es eine gute Idee war, gemeinsam ein Kind zu adoptieren? Ihre Sehnsucht nach der Kleinen wuchs. Hoffentlich ging es ihr allmählich besser. Sie befand sich seit Wochen in einer Klinik in Deutschland, wo man ihr Hüftleiden operiert hatte, Elizabeth wartete täglich auf die Nachricht, sie abholen zu dürfen.

Bis es so weit war, verschaffte ihr Richard Burton Zerstreuung. Eines Morgens erschien er reichlich angetrunken am Set – du liebe Güte, hatte sie in ihrem Leben nur mit trunksüchtigen Männern zu tun? Wobei sie selbst in dieser Hinsicht auch nicht unschuldig war; abends brauchte sie einfach ihren Bourbon, um Eddie ertragen zu können.

Mankiewicz stauchte ihn sogleich vor versammelter Mannschaft zusammen. »Herrschaftszeiten, Richard, was soll das? Soll ich dich zum Ausnüchtern heimschicken, oder wie stellst du dir das vor? Eigentlich wollte ich gleich loslegen.«

»Tut mir leid.« Richard wirkte verlegen, er rieb sich mit fahrigen Bewegungen über das unrasierte Gesicht. »Ich fühle mich leider nicht gut ... Sybil und ich haben gestritten, es kam eins zum andern ...«

»Und da hast du dir aus Frust einen hinter die Binde gekippt!« Mankiewicz begann, in seiner Jackentasche hektisch nach seiner Pfeife zu wühlen. »Gott schenke mir einen Schauspieler, der nicht säuft. Es scheint keinen mehr zu geben.«

»Hack nicht auf ihm herum, das hilft ihm jetzt auch nicht weiter.« Elizabeth fühlte sich genötigt, einzugreifen, es lag ihr im Blut, für alle Kollegen, die eine schwierige Phase durchlitten, Partei zu ergreifen. »Er braucht einen starken Kaffee. Gib ihm eine halbe Stunde, dann ist er einsatzfähig, vertrau mir, Joseph.«

Mankiewicz schnaubte und verließ türenschlagend das Studio, und Elizabeth machte sich daran, Kaffeepulver in die Maschine zu löffeln und darauf zu warten, dass die Kanne sich füllte.

Richard bettete den Kopf auf den auf dem Tisch überkreuzten Armen, als wolle er vor der ganzen Welt die Augen verschließen. Sanft berührte sie ihn an der Schulter.

»Dein Kaffee, Richard.«

Stöhnend schaute er auf, selbst diese kleine Bewegung verursachte ihm offenbar Schmerzen oder Schwindelgefühle.

»Da hat es jemand aber wirklich mächtig übertrieben, was?« Behutsam stellte sie die dampfende Tasse ab und setzte sich neben ihn.

»Unsere Auseinandersetzung war heftig.« Seine Stimme klang kratzig; zu gern hätte sie gewusst, worüber Sybil und er gestritten hatten, aber es ging sie nichts an. Es gelang ihm nicht, den Henkel der Tasse zu ergreifen, seine Finger zitterten zu stark. Frustriert ließ er die Hand sinken.

»Ich helfe dir.« Sie nahm die Tasse selbst und führte sie an seine Lippen, wobei ihr nicht unbemerkt blieb, wie sinnlich sie geschwungen waren. Er trank einen Schluck, während sein Blick sie über den Porzellanrand hinweg fixierte, fast so, als wolle er ihre Seele erforschen. Sie fühlte sich merkwürdig dabei, nackt und verletzlich, und doch wie etwas ganz Besonderes, deshalb wich sie seinem Blick nicht aus.

»Danke«, flüsterte er heiser, und als sie die Tasse abstellte, streifte ihre Hand die seine. Sie spürte die Kühle seiner Haut, es war, als zögen sie sich wie zwei Magnete gegenseitig an. Die Berührung hatte etwas Elektrisierendes.

Auch Richard schien es gespürt zu haben, denn er hielt sie noch immer in diesem intensiven Blick seiner rot geäderten Augen fest, als wolle er erspüren, ob sie tief in sich verschüttet Gefühle für ihn hegte, die über das rein Kollegiale hinausgingen.

22

Wasserburg, 1961

Der Flug von Rom nach München dauerte nicht allzu lange. Elizabeth hatte sich Auszüge des Drehbuchs – beziehungsweise den spärlichen Teil, der bereits existierte – mit ins Flugzeug genommen, um sich ihre Textpassagen einzuprägen, doch sie vermochte sich nicht zu konzentrieren. Zu aufregend war die Mission, die vor ihr lag.

Als sie in Deutschland ankam, setzte sie sich trotz des Schneetreibens, das über der bayerischen Hauptstadt herrschte, ihre große Sonnenbrille auf. Auf Publicity konnte sie gut verzichten, denn sie war rein privat unterwegs, niemanden ging es etwas an, was sie hier tat oder wen sie besuchte, schon gar nicht die omnipräsenten Paparazzi. Zur Sicherheit versteckte sie noch ihre dunklen Haare unter einem beige gemusterten Hermès-Tuch. Ihr Aufzug schien seinen Zweck zu erfüllen, denn sie konnte das Flughafengebäude mitsamt ihrem kleinen Koffer unbehelligt verlassen.

»Elizabeth!« Maria Schell winkte ihr ungestüm. Ihr Mercedes parkte in zweiter Reihe vor einer langen Schlange weißer Taxis, die bereits Hauben aus Schnee auf den Dächern trugen. »Hier stehe ich!«

»Maria!« Elizabeth eilte zu der Schauspielerin, die sie in ihre

Arme schloss. Sie hatten sich erste wenige Male getroffen, hatten jedoch gemeinsame Bekannte; an der Seite von Yul Brunner hatte Maria in der Dostojewski-Verfilmung *Die Brüder Karamasow* nicht nur im deutschsprachigen Raum, sondern auch in Hollywood Ruhm erlangt. »Ich freue mich so, dich zu sehen! Ich bin dir so dankbar für alles, was du für uns getan hast … Und noch tust! Ich kann es kaum erwarten, die Kleine zu sehen.«

Maria lächelte über Elizabeths Wortschwall. Sie war Mitte dreißig und mit ihren blauen Augen und der Pelzmütze, die sie auf ihre blonden Haare gesetzt hatte, eine attraktive Erscheinung. Ein wenig bieder zwar, aber eine Seele von Mensch, das spürte Elizabeth. »Ich bin auch gespannt, wie sich euer erstes Zusammentreffen gestaltet, meine Liebe.«

»Geht es ihr gut?«, fragte Elizabeth besorgt, während Maria den Wagen vorsichtig über die rutschigen Straßen in Richtung Wasserburg lenkte, wo sie mit ihrer Familie wohnte. Da Weihnachten vor der Tür stand, waren alle Geschäfte hell erleuchtet und mit Zweigen und Sternen dekoriert, Kerzen brannten hinter den Fensterscheiben der Wohnhäuser, und in den Gärten, die mehr und mehr unter einer zuckrigen weißen Decke verschwanden, erhellten auf Tannen gesteckte elektrische Lichter die einsetzende Dämmerung. Elizabeth, die in ihrem Leben wenig Schnee gesehen hatte, erschien dies alles wie ein märchenhaftes Wunderland, und durch die Aussicht, bald ihr Baby in den Armen zu halten, wurde ihr ganz feierlich zumute.

»Aber ja doch.« Maria nickte beruhigend. Die Scheibenwischer ihres Mercedes kamen kaum nach, die feuchten Flocken zu beseitigen, die die Sicht erschwerten. »Sie ist nun völlig gesund, die Ärzte sagten, sie hat keinerlei Beeinträchtigungen mehr. Alle sind dir sehr dankbar, Elizabeth, dass du der Kleinen zu so viel mehr

Lebensqualität verhilfst. Die leiblichen Eltern hätten sich die kostspieligen Operationen nicht leisten können.«

Elizabeth traten die Tränen in die Augen. Wie schrecklich musste es für die Eltern des Kindes sein, es an eine fremde Familie abzugeben! Schon jetzt floss sie über vor Liebe zu dem winzigen, hilflosen Wesen.

Aufgrund der Wetterverhältnisse benötigten sie weit mehr als die übliche Stunde, um nach Wasserburg zu kommen. Elizabeth brannte vor Ungeduld, was Maria zu bemerken schien.

»Du kannst es kaum erwarten, was? Nun hast du so lange auf das Baby gewartet, eine halbe Stunde länger wirst du verschmerzen können.«

»Nur schwerlich.«

Beide Frauen lachten.

»Du weißt, dass du die Kleine auch heute nicht wirst mitnehmen können«, bemerkte Maria dann, wieder ernst. »Das Adoptionsprozedere zieht sich Ewigkeiten hin. Es stehen noch eine Menge Formalitäten aus.«

»Ich weiß.« Elizabeth schob den Gedanken, das Mädchen noch nicht mit nach Rom nehmen zu dürfen, weit von sich. Es würde schmerzhaft werden, Petra in den Armen zu halten, sie jedoch weiterhin hierlassen zu müssen, auch wenn sie wusste, dass sie bei Maria in guten Händen war. »Geduld ist leider nicht meine Stärke.«

Wasserburg war eine idyllische Stadt am Inn, die so gar nichts mit den amerikanischen oder europäischen Städten gemein hatte, die Elizabeth kannte. Alles atmete eine ruhige Beschaulichkeit aus, die Uhren schienen hier langsamer zu ticken.

Im gemütlichen Heim der Schells kochte Maria erst einmal eine Kanne Kaffee – auf dem Esszimmertisch standen bereits köstlich aussehende Streuselschnitten bereit, die sie selbst gebacken hatte –, Elizabeth jedoch konnte dies alles nicht schnell genug gehen.

»Die Kleine schläft noch. Meine Sekretärin, Frau Königsbauer, ist bei ihr. Lass uns erst ein Stück Kuchen essen, du bist sicher erschöpft von dem Flug. Eine kleine Verschnaufpause wird dir guttun.«

»Na gut.« Während Maria in der angrenzenden Küche werkelte, trat Elizabeth an die hohen Verandatüren und sah hinaus auf den Inn, der gemächlich dahinfloss, granitgrau und unergründlich tief im Schneegewirbel. Gemächlichkeit war ja schön und gut – waren in Deutschland alle Menschen so? –, aber so langsam waren ihre Nerven zum Zerreißen gespannt, die Sehnsucht nach dem Baby, ihrem langersehnten Baby, das von der Sekretärin behütet im oberen Stockwerk schlummerte, riss an ihr.

»Ich habe ein paar neue Fotos von Petra.« Maria zog ein paar Bilder aus einer Mappe, als sie endlich auf hochlehnigen Mahagonistühlen am Tisch saßen und den Kuchen aßen. »Aber du isst ja gar nichts, Elizabeth, hast du keinen Appetit?« Maria musterte sie mit ihren großen blauen Augen besorgt, wie eine Mutter, die sich Sorgen um ihren Sprössling macht. Kein Wunder, dass sie in Deutschland den Spitznamen *Seelchen* trug.

»Nein, leider nicht, auch wenn das ein Zustand ist, den ich so gar nicht kenne.« Elizabeth grinste schief. »Ich bin ...«

In diesem Moment erklang aus der oberen Etage ein Maunzen, fast wie das eines kleinen Kätzchens. Elizabeth besaß genug Erfahrung mit Kindern – sie hatte schließlich drei davon! –, um den Laut richtig einschätzen zu können. Nichts hielt sie mehr an der Kaffeetafel, sie sprang auf und lief, so schnell ihre Füße sie trugen, die mit dicken Teppichfliesen ausgelegten Treppenstufen hoch.

»Nicht so stürmisch, sonst stürzt du noch«, rief Maria ihr hinterher, doch in ihrer Stimme lag Nachsicht.

Elizabeth stieß die Tür auf, aus der das Wimmern gekommen war, und erstarrte auf der Schwelle. In einem Ohrensessel aus flaschengrünem Plüsch saß Marias Sekretärin, Frau Königsbauer, die eine mit grellen, geometrischen Mustern bedruckte Bluse trug, und hielt das eben aufgewachte Baby in den Armen.

»Frau ... Frau Taylor ...« Vor Ehrfurcht, eine Berühmtheit wie Elizabeth in dem Schlafzimmer zu begrüßen – es musste sich um Marias Eheschlafzimmer handeln, da es ein breites Doppelbett beherbergte –, kam die Sekretärin ins Stammeln.

Elizabeth hatte kaum einen Blick für sie, gebannt starrte sie auf das in eine flauschige rosa Decke eingewickelte Bündel, dessen Fäustchen wild in der Luft herumfuchtelten.

»Möchten Sie ... möchten Sie sie halten?« Das Englisch von Frau Königsbauer klang gebrochen, mit stark bayerischem Einschlag, doch Elizabeth verstand sie trotzdem. Fast andächtig nahm sie das kleine Wesen entgegen und wiegte es in ihren Armen.

Ihr Herz schmolz, verflüssigte sich vor Liebe und Zuneigung, und sie wusste, sie würde diesen Moment nie wieder vergessen. Es war wie bei den Geburten von Michael, Christopher und Liza – als sie ihre Kinder das erste Mal berührt hatte, war ein unauflösliches Band entstanden, das sie für immer zusammenhalten würde. Wen scherte es, dass sie Petra nicht selbst in ihrem Bauch getragen hatte? Sie konnte sie nicht stärker lieben als in diesem magischen Augenblick, in dem die Kleine sie mit weit geöffneten Augen ansah und ergründete, als spüre auch sie, dass ihr Leben nun eine Wendung nehmen würde. Behutsam streifte Elizabeth das Händchen, das sich sofort um ihren Zeigefinger schloss, und sog den Duft nach Milch und Puder in sich auf.

»Mein kleiner Schatz«, flüsterte sie hingebungsvoll, »mein Liebling, bald nehme ich dich mit nach Hause, dann lernst du deine Geschwister kennen, die dich genauso sehnsüchtig erwarten wie ich ... Du wirst es gut bei uns haben ... Ich werde immer bei dir sein und dich beschützen und auf dich achtgeben, es soll dir an nichts mangeln.« An Eddie dachte sie in diesem Moment nicht.

Maria war hinzugekommen und betrachtete sie gerührt, strich sanft über das Babyköpfchen. »Ihr seht aus wie füreinander geschaffen. Ich glaube sogar, dass es zwischen euch gewisse Ähnlichkeiten gibt, sie scheint so dunkles Haar zu bekommen wie du, wenn es denn erst einmal kräftig sprießt. Pass auf, in wenigen Jahren sieht sie aus wie du, und kein Mensch erkennt mehr, dass sie adoptiert ist.«

Elizabeth war es egal, wie die Kleine aussah, Hauptsache, sie konnte sie mit Liebe und Zärtlichkeit überschütten und sie auf ihrem Weg in ein erfülltes Leben begleiten. Trotzdem freuten sie Marias Worte. »Sie ist das kostbarste Geschenk, das ich je erhalten habe.« Ihre Stimme klang dunkel vor Tränen, die in ihrer Kehle festsaßen. »Wie kann man etwas so Wundervolles weggeben?«

Maria zupfte einen Zipfel der Babydecke zurecht. Die Kleine war wieder eingeschlafen und atmete ruhig, nur ihre Augenlider zuckten; sie schien zu träumen. »Petra wurde in ärmliche Verhältnisse hineingeboren. Sie ist das dritte Kind ihrer leiblichen Eltern, die Familie lebt auf vierzehn Quadratmetern zusammen. Es ist ihnen sehr schwergefallen, sie zur Adoption freizugeben, aber sie verstehen, dass es das Beste für sie ist.«

Wie mussten die Eltern über den Verlust ihres Kindes trauern! Elizabeth spürte ihren Schmerz, als wäre es ihr eigener. »Ich werden ihnen schreiben und mich bedanken. Das ist das Mindeste, was ich für sie tun kann.«

»Tu das«, erwiderte Maria sanft.

»Und ich werde sie umbenennen.« Entschlossen blickte Elizabeth zu ihrer Freundin auf. »Sie soll Maria heißen, so wie du.«

»Im Ernst?«

Elizabeth lächelte über den überraschten Ausdruck in Marias Gesicht. »Ja. Maria. Ein wunderschöner Name. Ich werde dir für immer dankbar sein, dass du mir zu diesem zauberhaften Kind verholfen hast. Ich hoffe, sie wird von einer solchen inneren Ruhe erfüllt sein wie du.«

Rom, 1962

Um das sehnsüchtige Warten auf die Ankunft der kleinen Maria zu verkürzen, stürzte Elizabeth sich nach ihrem Ausflug nach Wasserburg wieder in die Dreharbeiten.

»Ich musste so lange warten«, flüsterte sie Marcus Antonius inbrünstig zu, »ohne dich möchte ich nicht in dieser Welt leben.«

»Alles, was ich festhalten oder lieben oder haben will, ist hier bei mir«, antwortete Richard und umarmte sie innig.

»Schnitt!« Mankiewicz wischte sich über die schweißnasse Stirn. Es war Februar, über den Dächern Roms lag ein kühler Nebelschleier, doch das Studio war aufgeheizt von den grellen Scheinwerfern – und vielleicht auch von den hitzigen Szenen, die sie und Richard spielten. Gott, Elizabeth liebte diese Arbeit, mit Richard zu drehen war himmlisch. Seine Berührungen, sein weiches sandfarbenes Haar unter ihren Händen …

Mankiewicz beobachtete stirnrunzelnd, wie seine beiden Hauptdarsteller voneinander abließen, gefühlte Ewigkeiten, nachdem die Szene abgedreht war. »Ich komme mir vor wie ein Spanner, wenn ich euch so zusehe«, brummte er. »Ich möchte gar nicht wissen, was hinter den Kulissen zwischen euch läuft.«

Elizabeth senkte nach einem verschwörerischen Lächeln in Richards Richtung den Blick, doch in Wahrheit kratzte sie Mankiewicz' peinlich berührtes Verhalten wenig. Seit wann war es verboten, glücklich zu sein? Und das war sie, so glücklich, als schwebe sie auf einer rosaroten Wolke und betrachte die Nichtigkeiten des Lebens lediglich aus der Distanz.

Auch Rex Harrison alias Julius Caesar räusperte sich vielsagend. Offenbar nahmen alle im Studio Anwesenden, vom Regisseur über die Schauspieler bis hin zu den Kameramännern, das Knistern wahr.

»Man gewinnt leicht den Eindruck, dass ihr gar nicht schauspielert, sondern dass eure Darstellung absolut echt ist«, bemerkte Rex, der bereits in seinem Caesar-Kostüm für die nächste Szene bereitstand.

»Tatsächlich?« Elizabeth tat unschuldig, während Richard ein Lachen unterdrückte, sodass es wie ein Schnauben klang. »Wie kommst du auf die Idee?«

»Was ihr beiden abliefert, wirkt sehr ... authentisch.« Mankiewicz sah sie über den Qualm, der seiner Pfeife entstieg, forschend an.

»Ist das nicht gut?« Gleich würde es sie vor Lachen zerreißen, da war sie sicher. Richard dagegen, der ungeduldig auf der Stelle trat, vibrierte offenbar vor Ungeduld. Sie spürte, dass er sie am liebsten an sich gerissen und leidenschaftlich geküsst hätte, was er zweifellos nachholen würde, sobald sie in der Garderobe waren.

Aus den gemeinsamen Mittagessen, angefüllt mit Neckereien und Spötteleien, war über die Wochen mehr geworden, etwas Tieferes. An Eddie verschwendete sie kaum einen Gedanken, die Gefühle für Richard, all die Liebe, die in ihr geschlummert hatte und darauf gewartet zu haben schien, aus ihrem Dornröschenschlaf gerissen zu werden, überrollten sie nun.

Sie verlegten ihre Lunchs von der Kantine, wo sie jeder sah, in Elizabeths Garderobe, rührten die Mahlzeiten jedoch kaum an.

Nach Drehschluss verschwanden sie Hand in Hand, stahlen sich eine weitere gemeinsame Stunde.

»Die Kostümierung steht dir, du solltest eine Spionin in einem Thriller spielen«, zog Richard sie auf, als sie nach einer wahren Odyssee per Bus, Taxi und zu Fuß an einem ihrer Lieblingsplätze ankamen, an dem sie sich schon manches Stelldichein gegeben hatten. Elizabeth trug wie in Deutschland ihre große, schwarze Sonnenbrille, die einen Großteil ihres Gesichts verdeckte, und ein Seidentuch um das Haar, sodass nicht ersichtlich war, ob es blond oder dunkel war.

»Ich würde alles tun, um mir diese Flitzpiepen von Reportern vom Hals zu halten.« Elizabeth ließ sich auf der steinernen Umrandung der Fontana dell'Acqua Paola nieder und hielt ihre Hand in das kühle Wasser des Brunnens. Hier oben, auf einem der sieben Hügel Roms, konnte sie ganz sie selbst sein, hier verfolgten sie weder die neugierigen Blicke der Kollegen am Filmset noch die der Paparazzi. »Endlich allein.«

»Endlich allein«, echote Richard leise und küsste sie. Es war nicht der erste Kuss des Tages, doch die anderen Liebkosungen hatten vor laufender Kamera und Publikum stattgefunden. Richards Lippen schmeckten nach Rotwein und Oliven, und sie ließ sich fallen, um seine Nähe und Wärme auszukosten, glaubte, sich aufzulösen in seiner Umarmung. Ihre Ehe war Geschichte. Sie verspürte ein solches Verlangen, eine solche Sehnsucht nach ihrem Kollegen, dass es ihr den Atem abschnürte.

Als sie voneinander abließen, saßen sie stumm beieinander auf dem Brunnenrand und lauschten den kleinen Wasserfällen, die sich in Schalen ergossen, und dem Strahl der Wasserspeier. Andächtig sahen sie hinab auf die Stadt, die in der tintigen Dämmerung versank. In Rom war alles großartig, von beeindruckender Architektur und Grandezza, alles atmete den Glanz vergangener

Jahrtausende, vergangener Triumphe, und vor diesem Hintergrund erschien Elizabeth auch die Faszination, die sie für Richard empfand, als etwas ganz Besonderes, das es um jeden Preis zu bewahren galt.

»Was sagt der Göttergatte dazu, dass du seit Neuestem immer so spät zu Hause auftauchst?« Richard streckte die Beine weit von sich, wirkte lässig und unbesorgt. Anders als Eddie nahm er alles gelassen, zumindest, was die ehelichen Verpflichtungen anging.

»Zum Teufel mit Eddie!«, brach es ungestüm aus ihr heraus. Eddie zu heiraten war der größte Fehler ihres Lebens gewesen, aber Fehler konnte man korrigieren, oder? Der Gedanke, weiterhin mit ihm zusammenzuleben, als wären sie eine harmonische Familie, verursachte ihr geradezu Übelkeit. Sie musste mit ihm sprechen. »Unsere Beziehung ist schon lange am Ende. Wir haben uns seinerzeit nur zusammengetan, um gemeinsam über Mikes Tod hinwegzukommen.«

»Ein erstaunliches Motiv, den Bund der Ehe einzugehen.« Richard klang sarkastisch, wie so oft. »*Die Liebe, die uns folgt, wird oft lästig, doch dann dankt man ihr als Liebe …*«

»Verschone mich mit deinem Shakespeare. Der wird mir allmählich lästig«, erwiderte Elizabeth lachend, und dann küssten sie sich wieder, und sie krallte die Finger in Richards wuscheliges Haar, um so viel wie möglich von ihm zu ergattern, ihn ganz nah an sich zu spüren. Sie wusste, bald würde es ihr nicht mehr reichen, sich abends ein verstohlenes Rendezvous zu ergaunern, und sie würde mehr, alles, von ihm wollen.

»Was ist mit Sybil?«, fragte sie keuchend, als sie beide einen Moment Luft holten.

»Was soll mit Sybil sein?« Seine Antwort kam so gleichgültig, als mache es ihm nichts aus, dass er seine Frau betrog; als stelle eine Affäre eine alltägliche Angelegenheit dar. Täuschte sie sich in ihm, und er sah sie lediglich als netten Zeitvertreib während der Dreharbeiten? Die Vorstellung konnte sie kaum ertragen, empfand sie doch so viel für Richard, ihre Gefühle vertieften sich von Tag zu Tag.

»Was ist das für eine Frage, Richard? Meinst du, sie ahnt etwas? Hast du vor, ihr zu gestehen, dass wir beide …« Wie sollte sie es bloß formulieren? Dass sie ein Paar waren? Aber vielleicht war es für diese Wortwahl noch ein bisschen zu früh.

»Lass uns im Hier und Jetzt leben«, sagte er rau und küsste sie erneut mit fast verzweifelter Begierde.

...

Der Mond hing wie eine schief hängende Laterne am Himmel und tauchte die *Villa Papa* in fahlen Schein, als Elizabeth sich wie eine Einbrecherin hereinstahl. Das Haus war still, die Dienstboten und die Hunde schliefen bereits, nur hier und da knackte eine Bodendiele. Leise öffnete sie die Türen zu den Kinderzimmern und sah nach ihren Kleinen, zog da eine Decke zurecht, hauchte dort einen Kuss auf eine zarte Kinderstirn. Marias Wiege war noch leer, unter dem rosa Betthimmel schlummerte noch niemand, doch ihr Herz zog sich vor Vorfreude zusammen; bald würde das Mädchen zu ihnen ziehen und ihre Familie bereichern, es standen nur noch wenige Formalitäten aus. Zum Glück schickte Maria Schell wöchentlich neue Fotos, anhand derer sie die Entwicklung des Kindes verfolgen und bestaunen konnte.

Im Salon goss sie sich einen Bourbon ein; den brauchte sie jetzt wahrhaftig, denn nun galt es wie jeden Abend, sich mit Eddie auseinanderzusetzen.

Er saß auf der Terrasse und starrte über die steinerne Brüstung auf den Brunnen. Das Wasser brach sich im Mondlicht und plätscherte sanft, während in den Sträuchern ringsum Grillen zirpten, hoch und aufgeregt.

»Hallo, Eddie.« Elizabeth zog sich einen Korbstuhl heran und ließ sich hineinsinken. Sie merkte, wie müde sie war. Das frühe Aufstehen, der lange, anstrengende Drehtag, das Rendezvous auf dem Hügel – all das forderte nun seinen Tribut.

Eddie stieß lediglich ein Grummeln aus, erst nach einer Weile, in der sie scheinbar einträchtig in den nächtlichen Garten gesehen und den Geräuschen gelauscht hatten, drehte er den Kopf zu ihr. »Wo warst du so lange?« Sein Blick war anklagend, wie so oft.

»Es hat etwas länger gedauert.« Selbstverständlich wusste sie, dass dies eine völlig unsinnige Antwort war. Aus der Finsternis schlich Minky heran und sprang auf ihren Schoß. Froh über die Ablenkung, strich sie ihr über das weiche Fell.

»Im Moment dauert es jeden Tag länger«, erwiderte er bitter. »Man könnte meinen, dich zieht nichts nach Hause.«

»Natürlich zieht mich ganz viel nach Hause. Die Kinder ...« Gedankenverloren drückte sie die liebesbedürftige Katze an sich. »Ich bin froh, dass morgen das Wochenende beginnt und ich viel Zeit mit ihnen verbringen kann. Wir sollten einen Ausflug machen.«

Aus dem Augenwinkel bemerkte sie, dass Eddie die Lippen zusammenpresste, hatte er doch wahrgenommen, dass sie nur die Kleinen erwähnte, ihn aber nicht mit einbezog. »Mein Typ ist anscheinend nicht erwünscht, verstehe. Sag es am besten geradeheraus, Elizabeth: Hast du eine Affäre? Gibt es einen anderen? Ich spüre doch, dass da was ist!«

Als ob du sonst so empfindsam wärst, dachte Elizabeth erschöpft. Seit Längerem herrschte bereits diese kühle Distanz zwischen ihnen, doch schien dies bisher an ihm vorbeigerauscht zu sein. Um Zeit zu gewinnen, streichelte sie sachte über Minkys

Köpfchen. Die smaragdgrünen Augen der Katze glühten im Dunkeln.

»Hast du was mit Rex Harrison?«

Beinahe hätte sie gelacht. Rex? Er war ein sympathischer Kollege, aber sie fand ihn wenig anziehend. Wer mochte schon fades Leitungswasser, wenn er ein Glas prickelnden Champagner haben konnte?

Eddie verstand ihr verstohlenes Schnauben offenbar falsch. »Das ist doch gar nicht so abwegig, oder? Wie alt ist Harrison? Mitte fünfzig? Du hast eine Schwäche für ältere Männer, versuch gar nicht erst, das abzustreiten. Denk nur an Michael Wilding oder Mike, Gott hab ihn selig.«

»Hör auf mit dem Unsinn«, fauchte sie, harscher als beabsichtigt. Mit seinen Mutmaßungen und dem nörgelnden Tonfall nervte er sie bereits wieder.

»Ist es Richard Burton? Dass du ebenfalls ein Faible für Männer mit britischem Akzent hast, weiß spätestens seit Michael die ganze Welt.«

»Wie schön, dass die ganze Welt weiß, was ich mag und was nicht.« Minky sprang von ihrem Schoß, um im Gebüsch zu verschwinden, wahrscheinlich hatte sie eine Maus gehört. Elizabeth kippte einen großen Schluck ihres Bourbons herunter. »Aber ja, du hast recht. Es ist Richard Burton. Ich habe mich verliebt, Eddie, so leid es mir für dich tut.«

So, nun war es heraus. Ihr Geständnis war längst überfällig. Sie mochte es nicht, unehrlich zu sein und die Wahrheit zu verschleiern, auch wenn sie Menschen damit verletzte. Doch je länger sie ihr Versteckspiel trieb, desto mehr Schaden würde sie anrichten, deshalb war es sicherlich besser, Eddie zu diesem Zeitpunkt einen kleinen Schock zu versetzen, als ihn monatelang an der Nase herumzuführen. Das hatte selbst Eddie nicht verdient.

»Das glaube ich nicht.« Eddie stand auf, als hielte er es keine Sekunde länger neben ihr aus, und schritt an der Brüstung entlang, die Hände vor das Gesicht geschlagen. »Das ist ein böser Scherz.«

»Eddie.« Sie sprach äußerst sanft, um den Schock abzumildern. »Du kannst nicht leugnen, dass es schon lange nicht mehr gut läuft zwischen uns.«

»Aber das liegt an dir und deinem Verhalten …!«, begehrte er auf. »Du bist so kühl zu mir … Womit habe ich das verdient? War ich nicht immer gut zu dir? Haben wir uns nach Mikes Tod nicht gegenseitig aufgefangen …?«

Elizabeth seufzte. »Ja, und genau da liegt das Problem. Wir hätten einfach gute Freunde bleiben sollen, die sich gegenseitig trösten. Wir haben unseren Zusammenhalt, als Mike gestorben war, mit Liebe verwechselt, das war ein fataler Fehler.«

»Nenn es, wie du willst. Ich liebe dich, für dich habe ich alles aufgegeben, Debbie, meine Kinder … Ich lasse nicht zu, einfach gegen Ehemann Nummer fünf ausgetauscht zu werden …« Wie ein Tier im Käfig schritt er auf der Terrasse auf und ab, während es immer kühler wurde und mehr und mehr Sterne am nachtschwarzen Himmel aufblinkten. Elizabeth fröstelte und wünschte, sie hätte sich einen Schal mit hinausgenommen. Am liebsten hätte sie Eddie Gute Nacht gesagt und wäre ins Bett gegangen, doch natürlich war es undenkbar, ihn in seinem verwirrten Zustand alleine hier draußen zu lassen. Sie musste ihm die Zeit zugestehen, die er brauchte, um seine Gedanken zu ordnen.

»Du widersprichst mir nicht … Das heißt, es handelt sich nicht nur um eine Affäre, eine Bettgeschichte mit diesem Waliser, oder? Willst du uns wirklich aufgeben?« Eddie blieb vor ihr stehen und raufte sich das dichte, schwarze Haar, schiere Verzweiflung in den Augen.

»Du hast recht, ich bin nicht nur an Sex mit ihm interessiert.

Wie ich vorhin sagte, ich habe mich verliebt. Mit Haut und Haaren.« Sie griff nach Eddies Hand und zog ihn auf den Stuhl zurück. »Eddie. Unserer Ehe ist nicht mehr zu helfen, siehst du das nicht ein? Eine Zeit lang habe ich gehofft, die kleine Maria könnte unsere Beziehung retten, aber ich glaube nicht, dass das noch möglich ist.«

»So kannst du mit mir nicht umspringen.« Eddie klang wie ein schmollendes Kind, doch sie spürte den Schmerz, der hinter seinen Worten steckte. »Weißt du was? Ich glaube, ich verreise eine Weile. Ja, das ist eine gute Idee. Ich lasse diese verdammte Stadt hinter mir und fliege nach … Portugal. Und in die Schweiz. Beide Länder wollte ich schon immer mal kennenlernen.«

Es klang, als führte er ein Selbstgespräch, und Elizabeth ließ ihn vor sich hin sinnieren. Es wäre nicht das Schlechteste, wenn er sich tatsächlich rarmachte, sie wäre die Letzte, die ihn aufhalten würde.

Eddie nickte heftig. »Genau so mache ich es. Ich mache Urlaub allein. Vielleicht kommst du dann zu dem Schluss, dass ich dir fehle. Dass die Liebelei mit Burton eine Eintagsfliege ist.«

Voll neuer Energie sprang er auf. »Morgen früh packe ich gleich und lasse mich an den Flughafen bringen.«

»Tu das«, antwortete sie gelassen. Erwartete er, dass sie ihn bitten würde, zu bleiben? Nein, sollte er ruhig wie ein trotziger Junge die Flucht ergreifen, das würde schon mal einen gewissen Abstand zwischen ihnen schaffen. Alles Weitere würde sich finden. Sie wartete einige Minuten, bis Eddie im Haus verschwunden war, dann ging auch sie hinein. Heute Nacht würde sie sicher tief schlafen, die Gewissheit, dass das gefürchtete Gespräch mit Eddie nun hinter ihr lag, war ein sanftes Ruhekissen. Doch ihr graute davor, die Fragen der Kinder zu beantworten, denen Eddies vorläufige Abreise natürlich sofort auffallen würde. Über kurz oder lang würde

Eddie völlig aus ihrem Leben verschwinden, für die Jungen wäre es die dritte Vaterfigur, die sie verlieren würden. Sie hoffte, die baldige Ankunft ihrer neuen Schwester würde sie von ihrem Trennungsschmerz ablenken.

23

Rom, 1962

»Sie ist so winzig, wie eine Puppe.« Michael, Christopher und Liza hatten zunächst gestritten, wer von ihnen die kleine Maria als Erstes halten durfte, doch Elizabeth hatte kurzerhand bestimmt, dass Michael als der Älteste zuerst in den Genuss kommen sollte, das Schwesterchen willkommen zu heißen.

»Kann sie schon sprechen? Spricht sie Englisch?«, fragte Liza beinahe ehrfürchtig und ergriff die kleine Hand Marias.

»Aber nein, Schätzchen.« Elizabeth schoss mit ihrem Fotoapparat Dutzende von Bildern. Nun war ihre Familie komplett, Maria Schells Sekretärin hatte das Baby eigenhändig nach Rom gebracht, damit es fortan bei seiner neuen Familie leben konnte, auch wenn noch längst nicht alle Formalitäten erledigt waren. Selten hatte sie sich so ausgefüllt gefühlt wie in diesem Moment. Was bedeuteten Popularität, Ruhm und Reichtum, was bedeuteten alle ihre Auszeichnungen, man denke nur an den Oscar für ihre lächerliche Leistung in *Telefon Butterfield 8*, gegen die Liebe, die man für seine Kinder empfand? Ihr Herz glich einem mit Zuneigung gefüllten Krug, der kurz vor dem Überlaufen stand.

»Maria ist noch so klein, sie kann noch nicht sprechen. Aber sie wird es bald lernen, deshalb sprecht nur fleißig mit ihr.«

»Jetzt bin ich aber dran«, beschwerte sich Christopher und nahm seinem Bruder vorsichtig das Baby aus den Armen, um es zu halten und ebenso verträumt anzuschauen wie Michael. Maria saß wie eine dralle Puppe auf seinem Schoß und lächelte, aufgeregt mit den Füßen strampelnd. »Sie hat schon Zähnchen, Mommy.«

»Schade, dass Daddy nicht da ist.« Michaels rundes Gesicht verdüsterte sich für einen Moment, was auch Elizabeths überbordende Freude trübte. Nicht, weil Eddie sich im Urlaub befand, sondern weil sie einen Moment lang den Anflug eines schlechten Gewissens spürte. Eddie war der dritte Mann, den Michael und Christopher *Daddy* nannten. Dies war unzumutbar, fand Sara, die nicht müde wurde, sie bei ihrem wöchentlichen Telefonat darauf hinzuweisen, dass ihren Kindern dieser ständige Wechsel der Bezugspersonen schadete.

»Du traumatisierst deine Kinder«, hatte Sara erst gestern gesagt. »Wahrscheinlich denken sie, es sei normal, die Partner zu wechseln wie andere Leute ihre Socken. Willst du, dass sie zu bindungsunfähigen Wesen heranwachsen? Wenn sie erwachsen sind, werden sie Probleme haben, dauerhafte Beziehungen einzugehen.«

»Unsinn.« Elizabeth hatte ungeduldig das Telefonkabel um ihre Finger gewickelt. »Kinder sind flexibel wie Weidengerten. Es schadet ihnen nicht, verschiedene Beziehungsmuster und Lebensformen kennenzulernen.«

Sara hatte nur geschnaubt, und Elizabeth hatte sich wie so oft verpflichtet gefühlt, sich vor ihrer Mutter zu rechtfertigen. »Schau, Mom, den dreien geht es prächtig. Sie sehen etwas von der Welt, werden von Emmy und dem übrigen Personal liebevoll umsorgt, sie dürfen ihre Hobbys frei wählen …« Diesen Seitenhieb auf Saras autoritäre Erziehung konnte sie sich bei keinem Telefongespräch verkneifen. »Und schließlich bin ich ja auch noch da. Meinen Kindern fehlt es an nichts, sie sind fröhlich und aufgeweckt.« Dem wusste Sara nichts mehr entgegenzusetzen, und sie hatte lediglich eine unbestimmte Antwort in sich hineingemurmelt.

Elizabeth versuchte, die Erinnerung an das leidige Telefonat aus ihrem Kopf zu verbannen und sich wieder auf ihre Kinder zu konzentrieren, die das Baby liebevoll streichelten. Wieso nahm Sara noch immer so viel Raum ein in ihren Gedanken?

»Wo ist Daddy überhaupt, wann kommt er wieder?« Liza, die mit ihren kaum fünf Jahren nicht ganz durchschaute, warum ihr Stiefvater Hals über Kopf abgereist war, fixierte Elizabeth mit ihren großen blauen Augen.

Was sollte sie den Kindern nur sagen? Dass Eddie, selbst wenn er bald nach Rom zurückkehrte, wahrscheinlich nicht länger bei ihnen in der *Villa Papa* wohnen würde? Doch sie wollte den schönen Moment, der durch die Ankunft der kleinen Maria entstanden war, nicht durch eine solch verstörende Nachricht zerstören. Eins nach dem anderen, ermahnte sie sich und atmete tief durch.

»Du wirst ihn bald wiedersehen«, beruhigte sie Liza und strich ihr über das dunkle Haar, das ihrem eigenen so ähnelte.

Derweil setzte sich ihre Tändelei mit Richard Burton fort, sowohl hinter als auch vor der Kamera. Was scherte es sie schließlich, was die anderen dachten? Durch das Zusammenleben mit Maria, die sie zärtlich umhegte, und die Gefühle für Richard, die sie wohlig warm erfüllten, war ihr fast euphorisch zumute. Wann war sie das letzte Mal so sorglos glücklich, ganz sie selbst gewesen? Während ihrer Ehe mit Eddie hatte sie diesen Zustand gewiss nie erlebt.

»Schön, dass ihr die Zuschauer an eurer Affäre teilhaben lasst«, spottete Rex Harrison vergnügt. Er saß während der Liebesszenen zwischen Cleopatra und Marcus Antonius neben Mankiewicz auf einem Hocker, sog eisgekühlte Limonade durch einen Strohhalm und amüsierte sich offensichtlich sehr über die zwei Kollegen, deren Filmküsse so leidenschaftlich ausfielen, dass jedermann wusste, dass das, was sich vor den Kameras abspielte, absolut echt war. »Das nenne ich einen wahren Fan-Service.«

»Halt den Rand, Rex.« Elizabeth strich sich die schwarze Perücke glatt, die durch Richards ungestüme Umarmung verrutscht war. Ihre Lippen fühlten sich rau und geschwollen an, vielleicht hatten sie und Richard es etwas übertrieben.

»Immer die feine Dame, was, Liz?« Geräuschvoll schlürfte Rex den Rest seines Safts. Er liebte es, sie aufzuziehen. »Offensichtlich magst du ja alles, was britisch-edel ist, schade, dass sich das nicht in deiner Wortwahl widerspiegelt.«

»Nenn mich nicht Liz.« Sie verdrehte die Augen, während die Visagistin sie für die nächste Szene nachpuderte. »Ich hasse diese ach so verniedlichende Koseform, das weißt du genau.«

»Niedlich bist du wahrhaftig nicht.« Rex grinste diebisch. »Eher eine Mischung aus Diva, Vorort-Mutti und Skandalnudel.«

Elizabeth schnaubte, um ihr Lachen zu unterdrücken. Skandalnudel ... das nahm sie als Kompliment. Wer mochte schon so ein makelloses Image pflegen wie viele ihrer Kolleginnen? Audrey Hepburn oder Shirley MacLaine zum Beispiel, zweifellos liebreizende, überaus intelligente Frauen, aber doch ein wenig langweilig.

»Spar dir deinen Spott«, schritt nun Richard ein. »Was Frauengeschichten betrifft, bist du ja selbst nicht gerade für Diskretion bekannt.«

»Aber ich lebe sie nicht öffentlich vor der Kamera aus«, feixte Rex.

Elizabeth wurde der Kabbelei überdrüssig und zog Richard beiseite, um ein paar ungestörte Minuten vor der nächsten Szene mit ihm zu haben. Zu ihrem Erstaunen löste er sich aus ihrem Griff, und seine Miene wirkte verschlossen.

»Was ist los?«, flüsterte sie. Rex Harrison und einige der Kameramänner schauten interessiert in ihre Richtung, sie wollte ihnen nicht noch mehr Zündstoff bieten. »Macht dir das Gerede über uns zu schaffen?«

»Ach was.« Er winkte voller Unmut ab, doch sie spürte, dass er etwas vor ihr verbarg. »Lass uns in der Mittagspause ein wenig spazieren gehen, wir müssen reden.«

...

Dunkle Wolken bauschten sich wie Schmutzflecken am Himmel zusammen, als sie am Mittag über das Gelände der Cinecittà-Studios schlenderten, vorbei an instabilen Tempelanlagen mit Säulen aus Pappe, die als Kulisse für *Cleopatra* dienten. Der betonierte Platz davor lag verlassen da, alle Schauspieler und Mitarbeiter hatten sich wohl in die Kantine oder in ihre Garderoben zurückgezogen, um dem klammen Februarwetter zu entgehen.

»Du bist plötzlich so anders.« Elizabeth fröstelte und ging dichter neben ihm, sodass sich ihre Schultern berührten.

»Ja, ich …« Richard war niemand, der Hemmungen verspürte, zu sagen, was er dachte, und auch jetzt nahm sein Gesicht einen entschlossenen Ausdruck an. »Es muss aufhören, Elizabeth. Unsere Affäre muss enden.«

»Affäre?« In ihr zerriss etwas, und das Erste, was ihr in den Sinn kam, um den Schock abzufedern, war, sich an diesem einen Wort festzuhalten, das ihr alle Welt um die Ohren schlug. »Wieso bezeichnet jeder das, was wir haben, als Affäre? Ist es nicht viel mehr als das? Für mich ist es etwas viel, viel Tieferes, Richard. Ich bin in dich verliebt, das weißt du.«

Er sah starr geradeaus, als sie an einem altertümlichen Brunnen, der von Nahem recht künstlich aussah, vorübergingen. Der Himmel zog sich immer mehr zu, vielleicht würde es gleich regnen, aber es war ihr egal, ob ihr Make-up verwischte. »Wir sind beide verheiratet, schon vergessen?«

»Verheiratet?« Ihre Stimme schraubte sich in die Höhe, und ihre Verwirrung machte einem Brocken Wut Platz, der sich in ihrer Luftröhre festzusetzen schien. »Das fällt dir jetzt ein? Die letzten Wochen hattest du kein Problem damit!«

»Nun, mein Kopf war etwas benebelt …« Richard hob einen kleinen Stein auf und ließ ihn in den Brunnen fallen, wo er dumpf auf dem Betonboden landete. »Aber … Das Problem ist, dass Sybil natürlich mitbekommen hat, was die Presse so schreibt. *Lizund-Dick*, so schreiben sie in ihren Schlagzeilen.«

»Und jetzt merkst du auf einmal, dass Sybils Meinung eine Rolle für dich spielt?« Elizabeth war verletzt und sauer zugleich, sie verstand Richard einfach nicht. Woher kam dieser Meinungsumschwung? Hatte Sybil ihm die Leviten gelesen? War er nicht Manns genug, für seine Gefühle einzustehen?

Richard verzog schmerzlich das Gesicht. »Das tut sie in der Tat. Sybil ist eine großartige Frau, mir liegt an unserer Ehe. Ich kann nicht mit einem Schlag alles zerstören, was mir wichtig ist.«

»Ach ja, richtig, ich habe tatsächlich vergessen, wie ernst du dein Ehegelübde nimmst.« Die Ironie konnte kaum den Zorn verschleiern, der in ihr schwelte. Es war ungewohnt für sie, dass ein Mann, den sie liebte, seiner Frau den Vorzug gab, das hatte sie nie zuvor erlebt. Michael Wilding hatte Marlene Dietrich abserviert, als sie, Elizabeth, auf der Bildfläche erschien, Mike Todd hatte mit Evelyn gebrochen, und für Eddie war Debbie spätestens zu dem Zeitpunkt, in dem Mike starb, Geschichte gewesen. Was für eine Frau Sybil wohl war? Das Bild einer blondierten Britin, die äußerst kultiviert und distinguiert wirkte, also das Gegenteil von ihr selbst darstellte, erschien vor ihr.

»Hör zu, Elizabeth.« Richard trat vor sie und sah sie nun erstmals an, verknüpfte den Blick mit ihrem. In seinen grünen Augen las sie großes Bedauern, aber zugleich eine solche Entschlossenheit, dass ihr Herz in tausend winzige Brösel zerfiel. Sie durfte ihn nicht verlieren, obwohl ihre Beziehung von so kurzer Dauer war, bedeutete er ihr doch so viel, eigentlich alles. Seine Wärme, wenn er sie festhielt, die Nachsicht, mit der er über ihre wenig damenhaften Scherze lächelte, die Sicherheit, die er ihr verlieh, wenn sie sich einsam fühlte und er, nur er, die Finsternis für sie zu vertreiben vermochte. »Ich habe genauso starke Gefühle für dich, wie du sie für mich empfindest. Aber ich kann unsere Geschichte nicht weiterführen. Es geht einfach nicht. Ich kann Sybil nicht derart verletzen, und, um ehrlich zu sein, möchte ich sie auch nicht verlieren. Ich hoffe, du verstehst das.«

»Sicher.« Ihre Antwort kam ganz automatisch, obwohl sie rein gar nichts verstand, nicht verstehen wollte. Sie liebte Richard, doch er wies sie zurück. Ganz allmählich löste sich das erste Entsetzen auf, wurde von Fassungslosigkeit und Trauer überlagert. Dunkelheit breitete sich in ihrem Innern aus, floss zäh wie schwarze Melasse durch ihre Adern, verklebte ihren Brustkorb, sodass sie kaum mehr atmen konnte.

»Das ist gut.« Richard klang erleichtert und wandte sich um, um den Rückweg einzuschlagen. Die Wolken hingen nun so tief, dass man den Eindruck hatte, sie mit den Fingerspitzen berühren zu können. »Ich bin froh, dass wir die Sache wie Erwachsene klären konnten. Ich hatte befürchtet, du würdest eine Szene hinlegen, das Temperament dazu hast du ja.« Er zwinkerte ihr zu.

»Ich, eine Szene? Bilde dir bloß nichts ein.« Elizabeth presste die Lippen aufeinander und beschleunigte ihren Schritt, plötzlich wollte sie nur noch weg, weg von Richard und seinem selbstgefälligen Grinsen. Sie würde sich in ihrer Garderobe einschließen und ihren Tränen freien Lauf lassen, diesen selbstherrlichen Briten verfluchen, ihren Kummer mit Bourbon herunterspülen, Montgomery anrufen … Sie befand sich im bloßen Überlebensmodus.

...

Ihren Text leierte sie den Rest des Tages mechanisch herunter, ihre Verkörperung der schönen, starken Cleopatra wirkte hölzern, was Rex Harrison zu weiteren spöttischen Bemerkungen veranlasste. Ob das verliebte Paar sich gezankt habe, fragte er mit süffisantem Grinsen, doch Elizabeth fuhr ihn lediglich an, dass er sich um seinen eigenen Mist kümmern sollte, während Richard sich zu keiner Antwort herabließ.

Es dämmerte bereits, als sie von der studioeigenen Limousine zu ihrer Villa chauffiert wurde, doch sie hatte keinen Blick für die wenigen Sterne, die gelegentlich zwischen vorüberziehenden Wolken hervorblitzten, und kein Ohr für Minky, die im Garten auf Beutefang ging und in den Büschen raschelte.

Sie ließ ihren Pelzmantel, der einst ein Geschenk von Mike gewesen war, in der Eingangshalle auf die Marmorfliesen fallen und zog sich müde am Treppengeländer hoch zu den Schlafräumen.

»Die Kinder schlafen tief und fest«, teilte ihr Emmy mit, die auf einer gepolsterten Bank vor dem Babyzimmer saß und strickte. Offenbar hatte sie auf sie gewartet. »Wir waren spazieren, und sie haben ordentlich getobt. Auch Maria hat unser kleiner Ausflug gefallen, die Großen waren ganz versessen darauf, abwechselnd den Kinderwagen zu schieben.«

»Schön.« Elizabeth wünschte, Emmy würde aufhören zu plappern, sie war viel zu müde, erstickt von der Verzweiflung, die ihr den Brustkorb abdrückte, als dass sie Kraft für ein Schwätzchen gehabt hätte. »Sie dürfen Feierabend machen, Emmy.«

Das Kindermädchen nickte, offenbar froh, den langen Tag ausklingen lassen zu dürfen, und zog sich in ihre Räume zurück.

Elizabeth schlich auf Zehenspitzen in die Kinderzimmer und gab ihren Sprösslingen einen sanften Kuss auf die Stirn. Christopher war trotz der Februarkühle nicht zugedeckt; behutsam, um ihn nicht zu wecken, zog sie seine Decke hoch. Michael junior hatte sich wie immer die Decke bis zur Nasenspitze gezogen, sodass man außer seinem verwuschelten braunen Haarschopf kaum etwas von ihm sah. Lizas bereits reichlich abgenutzter Teddybär, dem ein Ohr fehlte, lag auf dem Teppich vor dem Bett, sie hob ihn geräuschlos auf, um ihn neben ihre Tochter zu legen, damit sie ihn nicht vermisste, sollte sie aufwachen. Nebenan schlummerte Maria in ihrer Wiege unter dem rosa Tafthimmel, der Raum schwach erhellt vom trüben Schein eines sternförmigen Nachtlichts. Zärtlich berührte sie die rosige Wange der Kleinen, woraufhin diese das Näschen krauszog, das Köpfchen mit dem flaumigen Haar zur anderen Seite drehte und selig weiterschlief. Wieder schwoll diese grenzenlose Liebe, die sie für sie empfand, in ihr an, doch einen Moment später überschattete der Verlust Richards wieder alle Emotionen, sodass sie sich stumpf und leer fühlte.

Leise schloss sie die Tür des Babyzimmers und betrat ihr eigenes Schlafzimmer. Sie machte sich kaum die Mühe, ihr dramatisches Film-Make-up abzuwaschen, sondern schlüpfte aus ihrem Kleid, behielt, energielos, wie sie war, die Unterwäsche an, und kroch ins Bett, die Augen von dickem blauem Lidschatten und schwarzem Kajal verschmiert, die Haare struppig und zerdrückt, hatte sie doch den ganzen Tag über eine Perücke getragen. Mithilfe des abgestandenen Bourbons, der noch von der vergangenen Nacht neben dem Bett stand, spülte sie ihre übliche Dosis Schlaftabletten herunter, doch noch Stunden später war sie wach, eine Gefangene ihres Kummers und der quälenden Bilder von Richard und Sybil, die wie ein Film vor ihr vorüberrauschten. Er zog es vor, bei seiner Frau zu bleiben, obwohl er, wie er gestanden hatte, starke Gefühle für sie, Elizabeth, hegte ... Wie konnte er nur? Wie konnte er alles wegwerfen, was in den Monaten ihrer Zusammenarbeit zwischen ihnen gewachsen war, diese unvergleichliche Nähe, das Vertrauen, diese Leidenschaft, die in ihnen beiden hochkochte, sobald sie einander berührten? Ihre Gefühle brannten in einer solchen Intensität in ihr, wie sie sie bisher nur aus ihrer Ehe mit Mike gekannt hatte. Vielleicht waren ihr zwei große Lieben im Leben beschieden – Mike und Richard.

Ausgelaugt vor Erschöpfung, wälzte sie sich in den kalten Laken umher. Sie fror entsetzlich, und sie war so allein, so schrecklich allein ... Wenn ihr ruheloser Geist doch nur in den Schlaf finden würde, damit sie eine Auszeit von ihren zermürbenden Gedanken bekäme ...!

Als sie Stunden später noch immer mit weit offenen Augen in die Finsternis starrte, die sich an der Zimmerdecke zusammenballte, tastete sie entschlossen nach der Schachtel mit den Schlaftabletten in der Nachttischschublade und nahm ein paar heraus. Die, die sie vorhin bereits eingenommen hatte, hatten nicht gewirkt, deshalb schluckte sie noch ein paar – besser ein paar mehr als zu wenig, sie wollte auf Nummer sicher gehen, um diese Qual, der sie ausgesetzt war, ein für alle Mal zu beenden, wenigstens für heute Nacht.

Bald spürte sie, wie in ihrem Kopf alles verschwamm, zu einer dicklich weißen Masse wurde wie ein zäher Brei aus Marshmallows. Ah, welch köstliche Erleichterung, sich leichter und leichter zu fühlen, davonzuschweben ...

...

Wo war sie gelandet? Als sie die Augen aufschlug, die sich trocken und verklebt anfühlten, so, als habe sie sehr lange geschlafen, starrte sie verständnislos in eine grelle Leuchte, die an der weiß getünchten Decke hing. Vorsichtig drehte sie den Kopf, aber er schien in Ordnung zu sein, lediglich ihr Hals und ihre Kehle brannten, als habe sie Feuer geschluckt.

»Elizabeth! Endlich bist du wieder bei dir.«

Mankiewicz saß auf einem Stuhl neben ihrem Bett, ganz vorne auf der Kante, als scheue er sich, hier zu sein. Der Raum, der sich plötzlich um Elizabeth zu drehen begann – empfand sie doch mit einem Mal eine eiskalte Angst –, war spartanisch eingerichtet, außer ihrem Bett, einem einfachen Schrank, zwei unbequem wirkenden Besucherstühlen und einem Holzkreuz an der Wand gab es nichts, was die sterile Atmosphäre aufgelockert hätte.

»Verflucht ... Wo bin ich?« Ihre Kehle schmerzte nicht nur, sie schien völlig aufgerissen und wund, sodass die Worte nur heiser hervordrangen.

»Im Krankenhaus. In der Salvator-Mundi-International-Klinik.« Der Regisseur sah sie bekümmert an, und wieder überschwemmte sie eine Woge der Furcht. Was war nur geschehen, um Himmels willen? Krankenhausaufenthalte hatte sie in den vergangenen Jahren genug gehabt, doch nie war sie so weggetreten gewesen, dass sie nicht wusste, wieso sie eingeliefert worden war.

»Was ist passiert?«, krächzte sie und suchte mit den Augen hektisch den Nachttisch ab. Mankiewicz erlöste sie, indem er ihr einen Becher Wasser reichte, den sie gierig herunterstürzte.

»Das könnte man genauso gut dich fragen, meine Liebe. Dein Kindermädchen hat dich in den frühen Morgenstunden gefunden, sie wollte dir deine Kleinste bringen, die geschrien hat wie am

Spieß und sich nicht beruhigen ließ. Da fand sie dich, das arme Ding, du hast kaum noch geatmet. Zum Glück war sie geistesgegenwärtig genug, den Notarzt zu verständigen. Mit heulenden Sirenen haben sie dich hergefahren und dir den Magen ausgepumpt.«

»Wann war das?« Elizabeth versuchte, sich im Bett aufzusetzen, aber sie fühlte sich zu matt. Der Regisseur half ihr, griff sie unter den Achseln, zog sie ein Stück nach oben und schüttelte das Kissen zurecht, sodass sie sich dagegenlehnen konnte.

»Gestern in aller Herrgottsfrühe. Du hast dreißig Stunden geschlummert wie ein Murmeltier.«

»Die Kinder …!« Ein Schreck durchzuckte Elizabeth, so stark, als würde sie vom Blitz getroffen. Was war mit ihren Kleinen, wer kümmerte sich um sie, sorgte dafür, dass es ihnen gut ging?

»Keine Sorge.« Mankiewicz tätschelte ihr beruhigend die Hand. »Das Kindermädchen ist bei ihnen, und auch das übrige Personal versieht seinen Dienst wie üblich. Es ist für alles gesorgt. Sag, Elizabeth, sollen wir deinen Mann benachrichtigen? Ich hätte es längst getan, wenn ich gewusst hätte, wo genau er sich aufhält. Er scheint ja auf Reisen zu sein.«

»Das ist auch gut so. Ich möchte nicht, dass er hier aufschlägt, das würde mir den Rest geben.« Sie biss die Zähne aufeinander, dass ihr Kiefer schmerzte. Nein, wirklich, Eddie war der Letzte, den sie zu sehen wünschte, sehnte sie sich doch nur nach dem einen. Sicherlich hatte er mitbekommen, dass sie in der Klinik lag. Ob er sie besuchen würde? Beim Gedanken an ihn kratzte es nicht nur in ihrem Hals, auch ihr Herz schien von einer nagenden Flamme aufgefressen zu werden.

»Hör zu, Elizabeth, eigentlich will ich gar nicht genau wissen, was in dieser Nacht passiert ist, warum du diesen Schritt gegangen bist …« Mankiewicz war es sichtbar unangenehm, jenes Thema anzuschneiden, und auch sie verspürte keine Lust, darüber zu sprechen. Sie konnte sich kaum mehr an die grässlichen Stunden, in denen alles verloren schien, erinnern, hatte lediglich ein in Grautönen gezeichnetes Bild vor Augen, in dem sie verzweifelt nach Schlaf suchte, der Schmerz um den Verlust Richards sie jedoch wach hielt. Ohne Richard war alles sinnlos, hatte sie gedacht, immer und immer wieder.

»Ich konnte nicht schlafen und habe Schlaftabletten genommen«, erklärte sie knapp. Das war alles, was sie zuzugeben bereit war. Hatte sie versucht, ihrem Leben ein Ende zu setzen? Diese Vorstellung war so ungeheuerlich, dass sie sie in einen entlegenen Winkel ihres Bewusstseins verbannte. Niemals hätte sie dergleichen getan, nie würde sie es fertigbringen, ihre Kinder schutzlos zurückzulassen! Sie brauchten sie doch. War sie nicht zurechnungsfähig gewesen in dieser Nacht, hatten der Alkohol und die Pillen sie jedes klaren Gedankens beraubt?

Sie stöhnte auf und griff erneut nach dem Wasser, um ihren geschundenen Hals zu kühlen. Ob sie jemals herausbekommen würde, was sie sich gedacht hatte, als sie zu dieser zusätzlichen Tablettendosis gegriffen hatte?

»Jaja.« Mankiewicz winkte mit verzerrtem Gesicht ab, offensichtlich wollte er die Tragödie, die sich in der *Villa Papa* abgespielt hatte, nicht so genau ergründen. »Schon okay. Unser Problem ist nun, dass die Presse wild spekuliert, was mit dir los ist. Sie schreiben gerade eine Menge Schwachsinn über deinen Klinikaufenthalt. Ohne die genaueren Umstände zu kennen, habe ich mir erlaubt, durchsickern zu lassen, dass du an einer Lebensmittelvergiftung leidest. Ich denke, das ist am unverfänglichsten. Du solltest dich auch an diese Geschichte halten.«

Elizabeth nickte dankbar. Eine Lebensmittelvergiftung, das klang gut.

Mankiewicz zog seine Pfeife aus der Jackentasche, schien sich dann aber zu besinnen, dass Rauchen im Krankenhaus nicht geduldet wurde, und steckte sie geistesabwesend wieder ein.

»Ich muss dann mal wieder. Wir haben den Drehplan umgestellt und filmen heute ein paar Szenen, in denen du nicht auftrittst. Versprich mir, dass du so schnell wie möglich wieder auf die Beine kommst, damit wir diesen elenden Film fertigstellen können.« Gequält lächelnd, küsste er sie auf die Stirn, und sie nickte.

Die Frage, wie es Richard ging, ob er sich auch um sie sorgte, zermarterte ihr das Gehirn, doch es hätte bedürftig gewirkt, sich nach ihm zu erkundigen. Denk nicht mehr an diesen aufgeblasenen Waliser, trommelte ihr die Vernunft ein, doch ihr Herz sagte etwas anderes. Wenn er sie doch nur besuchen käme – was gäbe sie für fünf Minuten mit ihm allein, für eine Berührung seiner Hand, ein paar tröstende Worte. Ein Leben ohne ihn war unvorstellbar, dunkel und hoffnungslos.

»Bis bald. Spätestens übermorgen erwarte ich dich am Set.« Mankiewicz hatte es eilig, das karge Krankenhauszimmer zu verlassen und zum Studio zurückzukehren, doch sie verstand ihn. Durch die vielen Verzögerungen bei den Dreharbeiten waren Millionen in den Sand gesetzt worden, er konnte es sich nicht leisten, Müßiggang zu betreiben.

Kaum hatte er die Hand auf der Klinke, wurde die Tür von außen geöffnet, und niemand anderes als Richard Burton trat herein. Er grüßte den Regisseur lediglich flüchtig, denn er hatte nur Augen für Elizabeth.

Sie zog den wenig schmeichelhaften Krankenhauskittel zurecht und strich sich über die verfilzten Haare; sicherlich sah sie wie eine Vogelscheuche aus.

»Hallo, du.« Richard lächelte verlegen und lud einen riesigen Strauß gelber Rosen vor ihr ab.

»Hallo, du«, echote sie und sah sich vergeblich nach einer Vase um. »Leg die Blumen einfach auf den Nachttisch. Die Schwester wird nachher eine Vase bringen. Sie sind wunderschön, du scheinst dich meinetwegen in Unkosten gestürzt zu haben.«

»Man tut, was man kann.« Richard grinste schief, und anders als Mankiewicz setzte er sich nicht auf den Plastikstuhl, sondern auf die Bettkante. Mit unbeholfenen Bewegungen, die nicht zu seiner sonstigen selbstbewussten Attitüde passten, präsentierte er ihr ein in Folie verpacktes, zerknautschtes Etwas, das sich als ein Stück Schokoladenkuchen entpuppte.

»Wie komme ich zu der Ehre? Erst einen Blumenstrauß, dann ein zerdrücktes Küchlein?« Der Spott half ihr, ihre bange Hoffnung, Richard möge seinen Rückzug bereuen, zu verbergen.

»Ich weiß doch, dass du süchtig nach dem Zuckerzeug bist, Pummelchen.«

»Werd nicht frech, Pockengesicht.«

Da war er wieder, dieser wunderbar zwanglose Ton zwischen ihnen, diese liebevollen Neckereien, die sie so vermisst hatte. Vielleicht war doch noch nicht alles verloren. Wie hatte sie nur so dumm sein und die Tabletten schlucken können, wäre es nicht viel sinnvoller gewesen, in dieser verhängnisvollen Nacht zu Richard zu fahren und zu versuchen, ihn mit allen Reizen, die ihr zur Verfügung standen, umzustimmen, ihn zurückzugewinnen?

»Ich bin froh, dass es dir gut geht.« Richard wirkte noch immer zerknirscht, seine meergrünen Augen flackerten hin und her, er schien es nicht zu wagen, sie direkt anzusehen. »Ich ... Elizabeth, es tut mir so leid, was geschehen ist. Alles. Unser Streit, wie wir auseinandergegangen sind.«

»Schon gut.« Da er sich so reumütig zeigte, fiel es ihr leicht, großzügig zu sein.

»Ich war ein Idiot.«

»Da muss ich dir leider recht geben.« Beinahe wieder vergnügter Stimmung biss sie in den Schokoladenkuchen; er zerging auf der Zunge und schmeckte köstlich, auch wenn ihr das Schlucken einige Mühe bereitete.

»Als ich hörte, was dir passiert ist, habe ich mich entsetzlich um dich gesorgt. Ich hatte Angst, dich zu verlieren.« Er ergriff ihre Hand, zögerlich, als wisse er nicht, ob er noch das Recht besaß, sie zu berühren, doch natürlich ließ sie es geschehen, das Herz weit geöffnet für seine Nähe. »Dieses Risiko will ich nicht noch einmal eingehen.«

»Was schlägst du vor?«, fragte sie kauend.

»Versuchen wir es noch einmal miteinander?« Er sah sie bittend an, die Augen nun eindringlich auf sie geheftet.

»Und was ist mit Sybil?« Dieser eine Punkt verursachte ihr noch Bauchschmerzen; hatte er nicht gestern noch betont, dass er seine Ehe niemals für sie beenden würde?

»Ich habe eingesehen, dass es unmöglich ist, euch beide zu haben. Ich habe meine Entscheidung getroffen, und ich stehe hinter ihr.«

»Du wirst es nicht bereuen.« Plötzlich klang ihre Stimme wieder brüchig, und die Gefühle fuhren in ihr Achterbahn, grenzenlose Erleichterung, dass nichts, aber auch gar nichts, verloren war, Zuversicht, an Richards Seite endlich glücklich zu werden, und Liebe, eine so gewaltige Liebe, die den Schmerz der vergangenen Tage linderte wie Balsam.

Er ergriff nun auch noch ihre andere Hand und drückte sie, und so saßen sie einen Moment in stillem Schweigen verbunden da, eingeschlossen in den Zauber der gegenseitigen Anziehung.

»Du wirbelst mein Leben ganz schön durcheinander.« Richard schüttelte den Kopf, als könne er selbst nicht glauben, wie ihm geschah. »Noch nie habe ich so intensiv gefühlt. Und dann die

Presse … Es ist unfassbar, plötzlich verfolgen mich die Reporter und interessieren sich für mich, für mich, den unbedeutenden Theaterschauspieler aus Wales. Und auch bei Produzenten und Filmgesellschaften stehe ich auf einmal hoch im Kurs: Allein in den letzten beiden Wochen trudelten eine Unmenge neuer Filmangebote für mich ein.«

»Du versöhnst dich aber nicht nur deswegen mit mir, weil du durch mich im Fokus der Öffentlichkeit stehst und ich dir durch meine Popularität dazu verhelfe, deine Karriere voranzutreiben, oder?«, fragte Elizabeth ironisch, doch Richard ließ sie kaum aussprechen, sondern küsste sie lange und leidenschaftlich. Sie sog den Duft seines herben Rasierwassers ein, als sei es ihr Lebenselixier, und genoss die Wärme seiner Haut. Sie spürte, dass sie von nun an untrennbar miteinander verbunden waren, dass er ihr Sicherheitsnetz sein würde, das sie vor Stürzen, wie sie gerade einen erlebt hatte, bewahren und beschützen würde.

24

Rom, 1962

Die Bar war in das schummrige Licht unzähliger Kerzen gehüllt, und in Halterungen in den rauen Steinmauern steckten Fackeln, die einen flackernden Schein über die Feiernden warfen, sämtliche Gesichter mit orangerotem Schimmer überzogen. Elizabeth, die ein aus goldenem Satin geschneidertes Kleid mit eng geschnürter Taille und weitem Tellerrock trug, wie es zurzeit Mode war, farblich dazu passende Pumps und eine Kette mit auffälligen, gelben Saphiren, tanzte ausgelassen zu den Klängen von *Twist and Shout* von den Isley Brothers. Trotzdem gelang es ihr nicht, das leise Unbehagen abzuschütteln, das von ihr Besitz ergriffen hatte, seit Eddie sie in den Nachtklub ausgeführt hatte.

»Gefällt dir mein Geschenk?« Eddie, der nur eine Handbreit von ihr entfernt tanzte – seine Bewegungen erinnerten eher an das Zappeln eines überaktiven Kleinkinds –, sah ihr forschend ins Gesicht.

Elizabeth betrachtete kurz den Diamantring, der an ihrem Finger blitzte; zugegeben, das Stück war wunderschön, doch sie wünschte, Eddie hätte ihr nichts geschenkt. Musste sie sich ihm gegenüber nun verpflichtet fühlen? Seit Kurzem war er von seiner Reise zurückgekehrt, noch genauso grimmig, wie er aufgebrochen war, zumal seine Abwesenheit nicht zum erwünschten Ergebnis geführt hatte. Ihm war rasch klar geworden, dass Elizabeth sich nicht nach ihm verzehrt hatte, im Gegenteil, der Schuss war wohl nach hinten losgegangen. Nach ihrem Krankenhausaufenthalt zeigte sich Elizabeth ungeniert mit Richard Burton in der Öffentlichkeit, ging nach Drehschluss mit ihm Pasta essen oder spazieren, so wie jedes andere verliebte Paar auch.

»Ja, der Ring ist wunderschön. Oh … verzeih bitte.« Versehentlich war sie Eddie auf den Fuß getreten, sie schienen mittlerweile auch auf der Tanzfläche nicht mehr miteinander zu harmonieren, vom echten Leben ganz zu schweigen.

Eddie verzog schmerzhaft das Gesicht, sagte aber nichts.

»Trotzdem, Eddie. Das Schmuckstück ändert nichts daran, dass … dass unsere Ehe nicht mehr zu retten ist. Akzeptier das bitte. Weder ein großzügiges Geschenk noch diese Überraschungsparty, die du heimlich organisiert hast, können uns einander wieder näherbringen.«

»Aber … ich dachte, du freust dich.« Mit enttäuschter Miene wies Eddie in den Raum, als wolle er sie auf das stylishe Interieur des römischen Klubs sowie auf die illustren Gäste – er hatte nicht nur viele ihrer Arbeitskollegen vom Filmset eingeladen, sondern eigens ihre Familie aus Los Angeles einfliegen lassen – aufmerksam machen. »Man wird nur einmal dreißig, Liebes, und ich möchte, dass du das gebührend feierst. Dass wir deinen Geburtstag zusammen feiern.«

Elizabeth seufzte. Er verstand einfach nicht, dass all die Mühe, die er sich gab, umsonst war. Ihre Gefühle für ihn waren seit Langem abgekühlt, gleichgültig, was er sich noch einfallen ließ, nichts vermochte sie wieder aufzuwärmen. Richard füllte jeden ihrer Gedanken aus, war immer präsent, er hatte sie von Kopf bis Fuß verzaubert.

»Diese Geburtsparty ist eine schöne Idee, das stimmt«, räumte sie ein, um einen versöhnlichen Tonfall bemüht, schließlich konnte sie es vor der intimen Kulisse des Lokals nicht auf einen Streit ankommen lassen. Ihre Mutter, die mit ihrem Vater auf hohen Hockern an der Bar saß und eine Margarita trank, würde ihr, sobald sich die Gelegenheit bot, gehörig den Kopf waschen, war sie doch ohnehin alles andere als erbaut von den Negativschlagzeilen um ihre Tochter und deren Schauspielkollegen. »Aber lass uns in den nächsten Tagen in Ruhe reden und entscheiden, wie wir weiter vorgehen.«

Eddie fuhr sich erregt durch sein wolliges Haar. »Du bist also fest entschlossen, mich zum Teufel zu jagen, nicht wahr? Nicht mit mir, ich habe da auch noch ein Wörtchen mitzureden …«

»Nicht jetzt!«, zischte sie ihm ungehalten zu. Ihr Vater durchbohrte sie mit Blicken, die nicht anders als abfällig zu bezeichnen waren.

Gerade als die Töne von *Hey Baby* von Bruce Channel erklangen, erlöste ihr Bruder sie von Eddies Beharrlichkeit.

»Sieht aus, als ob dir der Göttergatte ein paar Probleme macht, Schwesterchen.« Howard grinste schief und wirbelte sie einmal im Kreis herum.

»Kann man so sagen. Danke für die Rettung.«

»Sehr großzügig von ihm, die ganze Sippschaft auf eigene Kosten einzufliegen, das muss man ihm lassen.«

Elizabeth schnaubte. »Wohl eher auf meine Kosten, Brüderchen. Ich bin diejenige, die das Geld verdient, er dient nur repräsentativen Zwecken.«

»Unsere alten Herrschaften scheinen sich auf deiner Party auch nicht gerade zu amüsieren. In deiner Haut möchte ich nicht stecken. Mutter hat während des gesamten Fluges über das Skandälchen lamentiert, in dem du wieder steckst.«

»Ich kann's nicht ändern.« Elizabeth brummte unleidlich. Ihre Eltern waren heute erst angekommen, und zunächst hatte ihre gesamte Aufmerksamkeit Maria, dem neuen Enkelkind, gegolten, das sie entzückend fanden. Spätestens morgen würde Mutter sie in die Zange nehmen, ihr bezüglich ihrer Ehe, ihrer Beziehung zu Richard und der Schlagzeilen, mit denen sie derzeit in den Klatschspalten stand, die Leviten lesen. Manche Dinge änderten sich wohl nie, auch nicht, wenn man dreißig war.

»Welch ein Glück, dass ich auf Hawaii lebe«, neckte Howard sie. »Aber im Gegensatz zu dir bin ich ja auch ein braver Junge.«

Elizabeth hob spöttisch die Augenbrauen. »Brav sein war nie mein Ziel. Brav sein kann ich auch noch, wenn ich im Grab liege.«

Später saß sie mit Montgomery in der hintersten Ecke der Bar, möglichst unbemerkt von ihren Eltern und Eddie, der mit Mankiewicz und Rex Harrison einen Cocktail nach dem anderen hob und deren lautstark vorgetragenen Anekdoten von den Dreharbeiten lauschte.

»Du bist der einzige Gast, über dessen Anwesenheit ich mich wirklich aufrichtig freue.« Sie saßen eng beieinander, Schulter an Schulter, und starrten in die weiße Kerze, deren Flamme einen winzigen Lichtkreis auf den dunklen Holztresen warf. Elizabeth lehnte ihren Kopf gegen Montgomerys Schulter und sog dessen vertrauten Geruch nach Seife und Rasierwasser ein, den sie so lange vermisst hatte. »Mit Ausnahme meines Bruders natürlich. Ich bin Eddie dankbar, dass er dich eingeladen hat.«

»Richard Burton hat es wohl nicht auf die Gästeliste geschafft, was?« Ein seltenes Lächeln huschte über das Gesicht des Freundes, dessen Miene sich in den vergangenen Jahren immer mehr zu verdüstern schien. Es tat ihr im Herzen weh, dass Monty noch immer nicht sein Glück gefunden hatte, ja, er schien immer weiter im Sumpf seiner Depressionen zu versinken.

»Eddie würde ihn eher mit bloßen Händen erwürgen, als ihn einzuladen.« Sie zuckte zusammen, als das laute Gelächter ihres Mannes zu ihr herüberdrang. Musste er sich so bei Mankiewicz und Harrison anbiedern? Jetzt nahm er auch noch probeweise die Pfeife des Regisseurs zwischen die Lippen und versuchte, genauso nonchalant zu paffen wie dieser, was jedoch in einem kläglichen Hustenanfall endete. »Ist ja auch verständlich.«

»Und für dich ist dieser Hamlet-Verschnitt das große Glück, Bessie Mae?« Montgomery betrachtete sie prüfend, mit so viel Verständnis und Zuneigung im Blick, dass ihr ganz warm wurde. Wie sie Monty vermisst hatte! Ihr wurde ganz wehmütig zumute, wenn sie daran dachte, wie lange es her war, dass sie als Backfisch mit ihm am Lake Tahoe gesessen und für ihn geschwärmt hatte. Es schien in einem anderen Leben gewesen zu sein, als sie noch jung, naiv und reichlich unerfahren gewesen war, den Kopf voller romantischer Vorstellungen von der Liebe. Nun, die hatte sie noch immer, auch wenn sie mittlerweile ein Stück weit desillusionierter war.

»Die wievielte große Liebe ist das nun? Ich habe aufgehört zu zählen.« Er grinste sie schelmisch an, bevor er wieder in sich zusammenfiel.

»Werd nicht frech, Freundchen«, erwiderte sie in genauso scherzhaftem Ton, um über diese unverkennbare finstere Wolke aus Traurigkeit hinwegzugehen, die erneut über ihm aufzog. »So viel gibt's da gar nicht zu zählen. Du stehst natürlich bei den Männern, die ich liebe, immer an allererster Stelle.« Sie küsste ihn flüchtig auf die Wange. »Und von dir einmal abgesehen, habe ich nur zweimal so richtig geliebt, bedingungslos und ausschließlich ... Das heißt, ich tue es noch. Mit Mike wäre ich sicher noch zusammen, wenn er nicht ... wenn er nicht von mir gegangen wäre. Und Richard ... Nun, Richard ist der erste Mann nach Mike, für den ich genauso heftig empfinde.«

»Ich hoffe, dass du mit ihm glücklich wirst, Bessie Mae.« Montgomery schlang den Arm um sie, und sie verharrten still aneinandergeschmiegt. Elizabeth wünschte, sie würde mehr von dem Freund bekommen als sporadische Treffen hier und da. Wenn sie mehr Zeit füreinander hätten, wäre sie vielleicht in der Lage, ihm den Halt zu schenken, den er so offensichtlich benötigte, aber nirgends bekam.

»Was ist mit dir, Monty?«, flüsterte sie.

Er zuckte die Schultern, einen geradezu verzweifelten Ausdruck in den grünen Augen. »Ich glaube, es gibt Menschen, denen ist kein Glück beschieden. Ich hoffe, ich werde mich nie wieder verlieben – denn meine Gefühle werden entweder nicht erwidert, oder die Beziehung bricht in tausend Stücke, bevor sie begonnen hat. Und dann diese Anfeindungen gegen Männer wie mich ... Ob wir jemals gesellschaftlich anerkannt werden?«

»Du hast das gleiche Recht auf Liebe wie alle anderen Menschen auch.« Zorn gegen all jene, die es Montgomery schwer machten, brodelte in ihr. »Ich habe gehört, dass du es am Set von *Freud* nicht gerade leicht hattest.«

Montgomery lachte bitter auf. »Gelinde ausgedrückt. Huston, der Regisseur, meinte, mich ständig aufgrund meiner ... nennen wir es Vorlieben, bloßstellen zu müssen. Es war eine grässliche Zeit, Bessie Mae.«

»Wir sollten sämtliche Filme zusammen drehen.« Elizabeth legte ihre Fingerspitzen zärtlich auf seine. »Dann könnte ich auf dich achtgeben.«

»Das hast du immer getan.« Montgomery versuchte sich an einem Lächeln. Sie hätte ihn am liebsten in die Arme genommen, bis sein Schmerz verging, aber Eddie näherte sich, von einer stechend riechenden Rauchwolke umwabert, und forderte sie erneut zum Tanzen auf.

»Jetzt nicht.« Ungeduldig schlug sie ein Bein über das andere. »Hier sind genügend Frauen, such dir eine andere aus, notfalls tanz mit meiner Mutter.«

...

Auch wenn Richard nicht zu ihrer Party eingeladen worden war, überraschte er sie am folgenden Morgen mit einem Geschenk. Während ihre Haarstylistin ihre schwarze Perücke befestigte, vermochte sie sich gar nicht sattzusehen an der wertvollen Brosche, die mit Diamanten und Smaragden besetzt war. Unzählige Male hatte sie das Stück im Schaufenster von Bulgari bewundert, daher wusste sie auch exakt, was Richard dieses Geschenk gekostet hatte: schlappe hundertfünfzigtausend Dollar.

»Zauberhaft«, murmelte sie ein ums andere Mal, »woher wusstest du, dass ich mir diese Brosche gewünscht habe?«

Richard schmunzelte, doch seine Visagistin wies ihn an, das Gesicht still zu halten, da sie gerade mit Grundierung versuchte, seine narbigen Wangen abzudecken. »Du hast mir oft genug einen Wink mit dem Zaunpfahl gegeben, wenn wir an dem Schmuckgeschäft vorbeispaziert sind. Außerdem weiß doch jeder, der auch nur entfernt von dir gehört hat, dass du eine Schwäche für große Klunker hast. Dezenz ist ja nicht gerade dein Stil.«

»Ich liebe Schmuck, deshalb darf man ihn ruhig an mir sehen«, konterte Elizabeth. »Und du weißt, ich bin keine Frau der leisen Töne. Je auffälliger, desto besser. Und wenn man wie ich ständig mit seinem Gewicht zu tun hat, ist es von Vorteil, wenn großartiger Schmuck von der Figur ablenkt.«

»Ganz deiner Meinung, Dickerchen.«

Elizabeth schlug nach ihm, doch die Haarstylistin ermahnte sie, sich nicht zu bewegen. Richards Kosenamen waren nicht sehr schmeichelnd, allerdings zahlte sie es ihm meistens mit gleicher Münze heim und zog ihn mit seiner unregelmäßigen Haut oder seiner Vorliebe für salbungsvolle Zitate auf. Sie liebte ihre Wortgefechte, die zugegebenermaßen manchmal recht hitzig ausfielen; wenn sie sich stritten – und das taten sie oft –, kollidierten ihre Temperamente doch regelmäßig, fielen noch viel heftigere Ausdrücke, es war auch schon zu blauen Flecken gekommen, die am nächsten Morgen sorgfältig überschminkt werden mussten. Elizabeth störte das wenig, alles war besser als die lähmende Eintönigkeit, wie sie sie jahrelang mit Eddie erlebt hatte.

Nach Feierabend steckte sie die Brosche an ihr schneeweißes Kleid, setzte ihr Pillboxhütchen auf und ließ sich ausnahmsweise gleich in die *Villa Papa* kutschieren, statt wie üblich noch mit Richard Händchen haltend in einer dämmrigen Taverne zu sitzen, Pasta zu verschlingen und Rotwein zu trinken. Ihre Eltern warteten, und sie wollte Saras Unmut nicht weiter entfachen. Ihre Mutter schien die täglichen Schlagzeilen, die die Presse über ihre Tochter veröffentlichte, geradezu zu inhalieren, todsicher würde es heute zu dem erwarteten Donnerwetter kommen.

»Musst du gleich wieder zu Alkohol greifen?« Sara verzog unwillig das Gesicht, als Elizabeth sich an der Hausbar ein Glas Bourbon eingoss. Eddie war nicht zugegen, wahrscheinlich leckte er irgendwo seine Wunden und schmollte, weil sie ihn gestern am späten Abend abgewiesen und seine Annäherungsversuche abgeschmettert hatte. Francis saß etwas abseits in einem Ohrensessel, damit beschäftigt, seinen Enkeln den *Zauberer von Oz* vorzulesen. Wie so oft, wenn sie ihren Vater mit den Kindern sah, beschlich Elizabeth ein eigentümliches Gefühl, ein leise nagender Schmerz. Ihr hatte er nie vorgelesen.

»Alle Schauspieler trinken, das weißt du doch bestimmt aus den Zeitungen«, bemerkte sie ironisch.

»Ein kleines Gläschen ist eine gute Idee.« Howard erhob sich, um sich ebenfalls an der Bar zu bedienen, und sie lächelte ihm zu, dankbar für die Schützenhilfe. Solange ihr Bruder anwesend war, würde sich das Gespräch, oder vielmehr Verhör, lockerer gestalten. Howard blinzelte ihr zu, obwohl er den Tag mit seinen Eltern verbracht hatte, wirkte er aufgeräumt und gut gelaunt. Im Gegensatz zu Francis, der in einem dunklen Anzug und in steifer Haltung auf seinem Sessel saß, trug er ein Hawaiihemd in papageibunten Farben, wie sie gerade in Mode waren, den obersten Knopf lässig geöffnet.

»Eine bezaubernde Brosche trägst du da.« Sara beugte sich vor, um das teure Stück in Augenschein zu nehmen. »Ein Geburtstagsgeschenk? Gestern habe ich gar nichts davon mitbekommen.«

»Sie wurde mir auch erst heute überreicht.« Elizabeth nahm einen großen Schluck Bourbon, der ihr heiß und nussig die Kehle herabrann. Um die Frage nach dem Schenkenden und das unwillkürlich darauf folgende Verhör abzukürzen, fügte sie hinzu: »Von Richard Burton.«

»Ich habe es geahnt.« Sara holte tief Luft, wie um sich für eine aufreibende Diskussion zu wappnen. »Am Telefon hast du dich in letzter Zeit ja sehr bedeckt gehalten, Elizabeth, deshalb habe ich meine Informationen über dich und diesen Waliser aus der Presse bezogen. Wenn nur die Hälfte davon stimmt, Schätzchen, dann ...«

Sie ließ den Satz unheilvoll verklingen, doch es war klar, was all das Ungesagte implizierte: Elizabeth war dabei, sich in einen unerhörten Skandal zu verwickeln, besser gesagt, sie steckte bereits mittendrin.

»Welcher Art die Schlagzeilen sind, die Elizabeth produziert, ist doch völlig schnuppe.« Howard schlug lässig die Beine übereinander und fixierte seine Mutter amüsiert. »So läuft es doch im Filmgeschäft, oder? Hauptsache, es wird über einen geschrieben, sodass man in den Köpfen präsent ist, das ist doch alles, was zählt.«

Abermals warf Elizabeth ihm einen dankbaren Blick zu, den er achselzuckend erwiderte.

»So ist es nicht!« Saras Stimme schraubte sich nach oben. »Natürlich ist es gut, im Gespräch zu sein, aber doch nicht so! Spätestens jetzt ist dein Ruf zerstört! Als du Debbie Reynolds den Mann ausgespannt hast, hat die Presse dich bereits in der Luft zerrissen, aber nachdem das nun zum zweiten Mal passiert, hast du endgültig den Ruf einer verruchten Ehebrecherin inne. Lies dir doch mal die Leserkommentare in den Klatschspalten durch, Elizabeth …! Viele bezeichnen dich als Flittchen.« Sara schlug verschämt die Hand vor den Mund, als verbrenne ihr dieses Wort die Zunge.

Elizabeth unterdrückte ein freudloses Lachen. »Sollen sie doch, Mutter, was stört es mich? Ich bin in Richard verliebt, und das ist alles, was für mich zählt. Wenn es der Öffentlichkeit nicht gefällt, ist das eben so. Ich verzichte nicht auf mein Glück, nur weil sich irgendjemand daran stößt.« Im tiefsten Innern traf es sie durchaus, wie die Reporter auf ihr herumhackten, doch bemühte sie sich deshalb nur umso stärker, dagegen anzukämpfen und jegliche Kritik und Anfeindungen an sich abperlen zu lassen. Das Image des braven Mädchens, das sie in jungen Jahren wie ein zu enges Kleidungsstück getragen hatte, hatte sie vor Langem abgelegt; hätte sie es nicht getan, wäre sie wohl noch immer mit Nicky Hilton verheiratet und hätte die wahre Liebe nie erfahren.

»Weil sich irgendjemand daran stößt …«, wiederholte Sara ungläubig. »Nicht nur irgendjemand, Schätzchen … Du hast Debbie und Sybil Burton sehr unglücklich gemacht, tut dir das denn gar nicht leid?«

Nervös spielte Elizabeth mit ihrer Brosche und strich gedankenversunken über die kühlen, glatten Schmucksteine; den Gedanken an die beiden Ehefrauen, vor allem an Richards Gattin, schob sie weit von sich, sie erlaubte sich ohnehin nur selten, an sie zu denken. Sicher, sie war nicht stolz darauf, Sibyl den Mann ausgespannt zu haben. Aber hieß es nicht immer, eine intakte Ehe sei unzerstörbar?

»Elizabeth hat viel durchgemacht«, kam ihr erneut Howard zu Hilfe. »Sie hat einen Ehemann verloren, war oft sehr krank … Mutter, sie wäre in London fast gestorben, hätten die Ärzte nicht in buchstäblich letzter Sekunde diesen Luftröhrenschnitt vollzogen. Wir sollten es ihr einfach gönnen, dass sie noch einmal die Liebe gefunden hat. Eddie zu heiraten war gewiss falsch, aber diese Entscheidung geschah aus der Trauer heraus, außerdem – begehen wir nicht alle Fehler?«

»Leider unterlaufen deiner Schwester eine Menge dieser Fehler«, knurrte Francis, der sich die ganze Zeit aus dem Gespräch herausgehalten hatte, aus seinem Sessel heraus. Mit seinem grauen Schopf und den bunt verpackten Bonbons, die aus seiner Sakkotasche herauslugten, wirkte er wie ein liebender Großvater. Verstärkt wurde dieser Eindruck durch Liza und Maria, die auf seinem Schoß saßen, die Köpfe an ihn geschmiegt, und Michael und Christopher, die zu seinen Füßen kauerten, um ebenfalls einen Blick auf die Illustrationen im *Zauberer von Oz* zu erhaschen. Elizabeth griff mit bebenden Fingern nach ihrem Glas, um einen Schluck zu nehmen.

»Es war absolut ungehörig von diesem Burton, dir als verheirateter Mann ein solches Geschenk zu machen. Ich möchte, dass du ihm die Brosche auf der Stelle zurückgibst.« Francis musterte sie mit festem Blick.

»Was?« Elizabeth glaubte, sich verhört zu haben. Die Gedanken trommelten ihr nur so durch den Kopf, von einem piepsigen Ton begleitet, sausten sie ihr in den Ohren. Die Brosche, diese Liebesgabe von Richard, zurückgeben? Niemals. Das Schmuckstück symbolisierte für sie die stürmische Liebe, die sie beide umfangen hielt, eine Liebe, die von Tag zu Tag stärker wurde, sie fester aneinanderband, ganz zu schweigen davon, dass sie in das Glitzern der Diamanten und der Smaragde ganz vernarrt war und sie nicht mehr missen wollte.

Und würde Richard es nicht als Affront empfinden, wenn sie ihm die Brosche zurückgab? Er verdiente an *Cleopatra* weit weniger als sie, war er doch viel unbekannter; er musste sich den horrenden Betrag für das Stück mühsam zusammengespart haben. Von der Millionengage, die sie selbst für den Film einheimste – als erste weibliche Schauspielerin überhaupt –, konnte er nur träumen.

»Du hast mich schon gehört.« Francis musterte sie scharf, während er Liza und Maria liebevoll an sich drückte. »Du gibst Burton das Ding zurück, dann ist die Sache vom Tisch.«

Elizabeths Blick flog zu ihrer Mutter, die nachdrücklich nickte. »Es ist das Beste, Schätzchen, glaub mir. Du kannst die Brosche unmöglich behalten. Immerhin bist du verheiratet, und zwar mit Eddie, nicht mit Burton.«

Aber nicht mehr lange, tobte es in Elizabeth, aber sie biss sich auf die Zunge, um den Streit nicht weiter anzufeuern. Mit Mutter konnte man reden, endlos diskutieren, aber Vater würde jedes weitere Wort kalt abschmettern, wie es seine Art war. Die Vorstellung, Richard die Brosche am folgenden Morgen im Studio zurückzugeben, war unerträglich, doch sie würde Vater gehorchen. Ihr Leben lang hatte sie ihren Eltern gehorcht, und daran würde sie auch mit dreißig Jahren festhalten, auch wenn der Widerwille sie innerlich zerriss. Herrje, vermochte man die Rolle des ewigen Kindes, die man seinen Eltern gegenüber innehatte, denn niemals abzustreifen?

...

Am nächsten Tag blieb sie dem Studio fern, schützte Migräne und Übelkeit vor. In Wahrheit wütete wilder Schmerz in ihr – wieso wurden ihr in der Liebe so viele Steine, ja, Felsbrocken, in den Weg gelegt, warum durfte sie den Mann ihres Herzens nicht einfach lieben und mit ihm zusammen sein, so wie es anderen Menschen vergönnt war? Wieso musste sich die Presse ständig in ihre privatesten Angelegenheiten mischen und schadenfroh Schnappschüsse von ihr und Richard zeigen, wie sie sich den harmlosesten Vergnügungen, wie einem Eis auf der Spanischen Treppe, hingaben? Und ihre Eltern ... Von Sara war sie es gewohnt, dass sie sich um ihre Tugend sorgte – herrje, welche Tugend? Diese hatte sich spätestens mit dem Kennenlernen Michael Wildings in Wohlgefallen aufgelöst. Dass aber nun auch ihr Vater sich anmaßte, ihr Vorschriften zu machen, war zu viel.

Elizabeth schlug mit den Fäusten auf ihr Kopfkissen ein, das Gesicht heiß und glühend. Hatte Francis sich nicht seit ihrer Kindheit vornehm zurückgehalten?

»Schätzchen?« Sara klopfte gegen die Tür, doch sie vergrub den Kopf nur noch tiefer im Kissen. »Schieb den Riegel zurück und lass mich rein. Wir müssen reden. Du musst dir die Schlagzeile der heutigen Zeitung ansehen, sie übertrifft leider alles, was bisher über dich geschrieben wurde ... Wir müssen reden.«

»Einen Dreck muss ich.« Sie warf sich auf den Rücken, wohl wissend, wie albern sie sich aufführte. Aber sie wollte nur noch in Ruhe gelassen werden.

»Drück dich nicht so gewöhnlich aus, die Kinder könnten mithören.« Elizabeth vernahm Saras aufgeregtes Schnaufen durch die Tür hindurch, blieb aber regungslos liegen. »Ich meine es ernst, steh auf. Die katholische Kirche hat sich zu dir geäußert, auch im Radio berichten sie gerade von dir und Richard, und Eddie, der Arme ...« Sara pausierte, um Luft zu holen. Als sie weitersprach, bebte ihre Stimme. »Eddie sagt, er erträgt die Schmach nicht mehr. Er möchte sich nicht weiter demütigen lassen, deshalb packt er gerade seine Koffer, um nach New York zu flüchten. Du musst ihn aufhalten.«

»Wieso sollte ich das tun?« Sie starrte an die Decke. Im Zimmer war es düster, denn sie hatte die schweren Holzläden geschlossen, wünschte sich, in dieser Welt aus Dunkelheit und Stille zu versinken, nie wieder hinauszumüssen ins grelle Tageslicht, unter Menschen. Eddie verließ Italien. Der Gedanke hinterließ nichts als Leere in ihr, obwohl sie sich doch seit Monaten nach nichts anderem sehnte, als dass er von der Bildfläche verschwand.

»Du bist einfach unmöglich, Schätzchen!« Sara klang zunehmend verzweifelt, während sie erneut gegen die Tür klopfte, als könne das stakkatoartige Pochen Elizabeth überzeugen, sich doch noch zu zeigen.

Sie vergrub sich bis zum Morgen in ihrer finsteren Höhle, aber dann, sie sah es ein, musste sie sich wohl oder übel ins Studio begeben. Als Erstes gab sie Richard die Brosche zurück, schmallippig und ohne weiteren Kommentar.

»Aber ...« Überrascht, mit einem gekränkten Ausdruck in den grünen Augen, sah er sie an und hielt das Schmuckstück in der Hand, als verbrenne es ihm die Haut. »Was soll das bedeuten, Elizabeth? Ist das eine verquere Art und Weise, unsere Beziehung zu beenden?«

»Nein!« Heftig schüttelte sie den Kopf. Um Himmels willen, wie konnte er ihre Geste nur so fehlinterpretieren? Niemals würde sie ihn fallen lassen, mochte die ganze Welt auch gegen sie sein. So weit käme es noch, dass sie sich wie ein verschrecktes Mäuschen zurückzog, um die Gunst des Publikums nicht zu verlieren! Auf ihren Ruf musste sie sowieso nicht mehr achten, war sie doch bekannt dafür, sich von einer Ehe in die nächste zu stürzen. »Mein Herr Vater hält es nicht für schicklich, dass ich ein solches Geschenk von dir annehme«, setzte sie mit gekräuselten Lippen hinzu.

Richard starrte sie ungläubig an, dann machte sich um seine Mundwinkel ein belustigtes Zucken bemerkbar. »Dein Vater? Wie alt bist du, Pummelchen? Neun?«

Elizabeth zog ihr Kleid zurecht, das nach der Geburtstagsparty, bei der sie sich ungeniert an der Kuchenschlacht beteiligt hatte, um die Taille ein wenig spannte. »Nenn mich nicht immer so, du Idiot! Gegen die Eltern kommt man einfach nicht an, gleichgültig, ob man neun oder dreißig oder fünfzig ist, weißt du das nicht?«

Er versuchte gar nicht erst, sein Grinsen zu verbergen. »Nein, leider nicht. Ich habe zwölf Geschwister, meine Mutter starb, als ich zwei war, und mein Vater trank. Meine ältere Schwester hat mich aufgezogen.«

»Ich weiß, verzeih mir meine unbedachte Äußerung. Du armer Schatz.« Ihre eigenen Misslichkeiten verschwanden augenblicklich im Hintergrund, und sie schlang die Arme um ihn, um ihn tröstend an sich zu drücken. Sein Schicksal schnitt ihr ins Herz, und wie so oft überkam sie das Bedürfnis, ihm all das zu geben, was er als Kind vermisst hatte, Geborgenheit und Schutz.

»Genug geturtelt.« Mankiewicz näherte sich, und mit ihm der süßlich-aufdringliche Dunst seiner Pfeife. Mit zusammengezogenen Augenbrauen musterte er das Paar. »Elizabeth, da du gestern unpässlich warst, weiß ich nicht, ob du auf dem Laufenden bist über die neueste Entwicklung bezüglich des Skandals *LizundDick*.«

»Was schreibt das Pressepack jetzt schon wieder?« Elizabeth stöhnte verärgert auf. »Es macht mich so wütend, dass sich diese verdammten Reporter nicht auf unsere Leistung als Schauspieler konzentrieren und diese anerkennen. Wird der Film nicht großartig werden, Joseph? Aber nein, das zählt natürlich nicht. Alles, was die Journaille interessiert, sind die aufgebauschten Skandälchen drum herum.«

»Dieses Mal geht es nicht um die Reporter. Es ist der Papst höchstpersönlich, der sich auf euch beide eingeschossen hat.«

»Johannes der Dreiundzwanzigste.« Richard trat von einem Fuß auf den anderen.

»Genau der.« Mankiewicz zog heftig an seiner Pfeife. »Er hat sich zu Wort gemeldet, nachdem die Journaille die letzten Wochen kein anderes Thema mehr hatte als eure Romanze. *Cleopatra* wird in Rom gedreht, sagt er, der Heiligen Stadt. Er befürchtet, durch euch beiden mutiert Rom zu einer Stadt der Perversion.«

In Elizabeth stieg ein perlendes Lachen hoch. »Unglaublich, nachdem Hedda Hopper mir zeit meines Lebens auf den Fersen war wie die heilige Inquisition, habe ich nun den Papst an den Hacken. Das nenne ich eine Steigerung.«

Mankiewicz griente. »Nun, falls der Skandal dem Film zu höheren Quoten verhilft, beschwere ich mich keineswegs.«

»Was schaust du so nachdenklich?« Elizabeth berührte Richard sanft am Ellenbogen, er schien tief in Gedanken versunken. »Jagt es dir Angst ein, womöglich in der Hölle zu schmoren?«

Richard stimmte nicht in ihr Gelächter ein, geistesabwesend starrte er die Brosche an, die noch immer auf seiner offenen Handfläche lag. Als er zu Elizabeth und Mankiewicz aufsah, waren seine Augen dunkel vor Sorge. »Das nicht, nein. Aber ich denke gerade an die Massenszene, die wir heute drehen. Cleopatras triumphaler Einzug in Rom. Tausende von Statisten wirken mit, sie sind, wie vermutlich alle Römer oder Italiener, katholisch.«

»Denkst du, sie proben den Aufstand?« Mankiewicz schaute erschrocken drein, wahrscheinlich war ihm dieser Gedanke noch gar nicht gekommen.

Auch Elizabeth verging die Heiterkeit. Sie sah die Szene, die heute gefilmt wurde, bildlich vor Augen. Was, wenn die Statisten wie ein wütender Mob über sie herfielen? Gottesfürchtig, wie sie wohl waren, duldeten sie es womöglich nicht, dass Elizabeth, herausgeputzt wie eine Königin, auf einer Sänfte durch die Straßen des Filmgeländes getragen wurde, während sie offen ihre lästerliche Beziehung zu einem verheirateten Mann auslebte?

»Egal«, entschied sie, all ihren Mut zusammennehmend. »Wir müssen das Risiko eingehen, dass die Situation eskalieren könnte. Was sonst sollen wir tun? Wir haben einen Film zu drehen, und die Dreharbeiten dauern für meinen Geschmack schon ein paar Jahre zu lang an.«

Damit erstickte sie jede Diskussion im Keim, und wenig später putzte man sie in der Maske heraus. Alles an ihr erstrahlte in Gold, das Kleid, der aufwendige Kopfschmuck.

Bei strahlendem Sonnenschein hielt sie auf ihrem riesigen Gefährt, einer geheimnisvoll blickenden Sphinx mit gigantischen Ausmaßen, die von Statisten getragen wurde, ihren feierlichen Einzug inmitten der pompösen Filmkulisse. Fanfaren ertönten, der ohrenbetäubende Lärm von Musikern, Tänzern und dem Trappeln von Pferdehufen erfüllte die nach Sand und Staub riechende Luft. Der Film würde monumental werden, und trotz aller lästiger Begleiterscheinungen verspürte sie in diesem Moment Stolz, darin mitwirken zu dürfen.

Sie starrte geradeaus, blinzelte kaum, saß bewegungslos wie

eine Statue auf ihrer Sänfte, in der Hoffnung, alles möge glimpflich verlaufen. Weit vorne saß Rex Harrison alias Caesar auf seinem Thron und blickte ihr erwartungsvoll entgegen, und Richard stand in einer roten, mit Gold bestickten Toga neben ihm, gefasst und ruhig, doch sie ahnte, dass in seinem Innern ein ebensolcher Tumult herrschte wie in ihrem.

»Dergleichen hat Rom noch nicht gesehen, solange es besteht.«

Sie kannte Richards Text auswendig, aber natürlich befand er sich in so großer Entfernung, dass sie ihn nicht hörte, zumal die Statisten lautstark jubelten.

Langsam näherte sie sich dem Thron, die Augen noch immer starr auf Caesar gerichtet; egal, was geschehen würde, nichts würde sie erschüttern. Sie hatte bereits so viel erlebt, was konnte ihr der Unmut einer Menschengruppe anhaben? Sie würde auch das durchstehen, sie war stark und mutig. Außerdem, das spürte sie ganz deutlich, bestand da dieses ungewöhnlich feste Band zwischen ihr und Richard, das ihr Kraft verlieh. Aus dem Augenwinkel nahm sie ihn wahr, wie er neben dem Thron verharrte.

Dann war der Moment gekommen, in dem ihre Sänfte vorne ankam. Sie stieg herunter, würdevoll, stolz, wie es einer Cleopatra gebührte, und verneigte sich vor Rex.

Die Massen skandierten: »Cleopatra! Cleopatra! Cleopatra!«, doch unmerklich wandelte sich ihr Sprechgesang, mutierte zu einem inbrünstigen: »Liz! Liz! Liz!«

Elizabeth brannten Tränen hinter den Lidern. Ihr verschwommener Blick hielt Richard fest, der genauso bewegt schien wie sie. Die Bürger Roms scherten sich nicht um die Meinung des Papstes, sie schienen Elizabeth zu lieben und ihr durch ihre begeisterten Rufe zu verstehen zu geben, dass sie auf sie zählen konnte. Sie feierten sie, als sei sie eine wahre Königin, die Königin von Rom. Ihr Herz weitete sich, und eine Welle der Euphorie berauschte sie. Niemals würde sie zulassen, dass ihrer Liebe zu Richard Grenzen gesetzt wurden; sie gehörten zusammen, würden sich nicht trennen lassen.

...

Sie verlangte von Richard die Brosche zurück und trug sie ohne schlechtes Gewissen. Ihr Vater war längst zurück in Los Angeles, und selbst wenn er sie in der Regenbogenpresse mit dem Schmuckstück auf der Brust sähe – sollte er sie doch kritisieren und mit Verachtung strafen.

Richard hielt sich nun ständig in der *Villa Papa* auf, schlüpfte abends zu ihr unter die Decken, um sie zu wärmen, und weckte sie morgens mit einem innigen Kuss. Sie teilten alles, verbrachten kaum eine halbe Stunde getrennt voneinander. Die Konturen ihrer selbst verschwammen, sie wurde eins mit Richard, eine Seele mit zwei Köpfen. Ihre gemeinsamen Zechgelage waren legendär, ihre Streitigkeiten heftig, die Beleidigungen, die sie sich an den Kopf schleuderten, gemein, die Versöhnungen zelebrierten sie wie andere Menschen eine Verlobungsfeier.

Michael, Christopher, Liza und Maria nahmen die neue Situation hin, wie sie bisher alles in ihrem Leben hingenommen hatten – Eddie war weg, und sie fragten kaum einmal nach, wo er steckte und ob sie ihn wiedersehen würden.

»Ich nenne dich ab jetzt Daddy, okay?«, fragte Liza eines Abends, als Richard mit einem Glas Whiskey auf der Terrasse in dem Korbstuhl saß, den Eddie immer benutzt hatte, wenn er in der Dämmerung in den Garten sah, in dem es geheimnisvoll raschelte und so herrlich nach den Düften des nahenden Sommers roch, nach frischer feuchter Erde und knospenden Blüten. »Mein richtiger Daddy ist nämlich tot, der von meinen Brüdern lebt aber noch.

Eddie war auch unser Daddy, aber er ist nicht mehr da«, plapperte sie, die Stirn vor lauter angestrengtem Nachdenken gekraust. »Ich glaube, du bist unser neuer Daddy.«

Ohne Scheu kletterte sie auf Richards Schoß, der die Hände unbeteiligt zu beiden Seiten herabbaumeln ließ. Elizabeth lehnte, unbeobachtet von den beiden, in der offenen Terrassentür und umklammerte ihr Glas. Wenn Sara ihre Enkelin hören könnte – sie würde ihr, Elizabeth, auf der Stelle wieder vorwerfen, den Kindern ein zu instabiles Leben zuzumuten, ihnen ständig die Bezugspersonen zu entreißen, die sie gerade lieb gewonnen hatten.

In ihr zog sich alles zusammen, als sie sah, wie unruhig Richards Füße wippten.

»Ich möchte nicht, dass du mich Daddy nennst. Ich bin nicht dein Vater, dein Vater war Mike Todd, und er ist, wie du eben richtig bemerkt hast, tot.«

Lizas kleines Gesicht verzog sich, als würde sie gleich anfangen zu weinen, aber wie alle Taylor-Kinder war sie beherrscht und stark wie ein junger Baum. Schweigend rutschte sie von Richards Knien und lief nach drinnen. Elizabeth wollte ihr hinterherrufen, dass sie auf sie warten solle, doch sie brauchte einen Moment, um sich zu fassen. Wut auf Richard kochte in ihr hoch, welche aber gleich darauf zu traurigem Mitgefühl zerfloss. Sie durfte ihm nicht böse sein, woher sollte er wissen, was in ihren Kindern vorging? Er kannte sie noch nicht, war erst vor Kurzem wie ein Blatt im Sturm in ihr Leben geweht worden.

Leise stellte sie ihr Glas ab, um sich durch das unbeleuchtete Treppenhaus nach oben zu tasten. Sie musste nach ihrer Tochter sehen und sie trösten, aber wahrscheinlich hatte sich diese Richards Affront gar nicht zu sehr zu Herzen genommen. Ihre Kinder hatten vor langer Zeit gelernt, dass ihre Mutter die einzige Konstante in ihrem Leben war.

Teil VI

Nimmerland
1984–1991

—•◆•—

Wozu ist Geld gut, wenn nicht,
um die Welt zu verbessern?
Elizabeth Taylor

25

Los Angeles, 1984

Ein Bodyguard führte sie zu einem Ehrenplatz auf einer der Tribünen des Dodger-Stadions, wo bereits andere Prominente und Lokalpolitiker saßen. Sie verspürte keine Lust, mit irgendjemandem zu reden, fast bereute sie es, überhaupt hergekommen zu sein. Was hatte sie auf einem Michael-Jackson-Konzert verloren? Doch der sechsundzwanzigjährige Künstler, der stets einen etwas verhuschten Eindruck machte, hatte ihr in den vergangenen Jahren so oft bewundernde Briefe geschrieben und ihr Freikarten für seine Auftritte geschickt, dass sie dieses Mal nachgegeben hatte. Wobei – das stimmte nicht ganz. Ihre Kinder hatten Elizabeth regelrecht genötigt, ihre Villa in Bel Air zu verlassen und wieder ein bisschen am gesellschaftlichen Leben teilzunehmen.

Eine Familie mit drei halbwüchsigen Söhnen, der Mann stellte eine wichtige Miene zur Schau, vielleicht hatte er einen Posten bei der Stadtverwaltung inne, pflanzte sich vor sie. Hoffentlich versperrten sie ihr nachher nicht die Sicht, das würde ihr gerade noch fehlen.

»Ist das nicht Liz Taylor hinter uns?«, tuschelte die Frau und drehte sich betont unauffällig zu ihr um.

»Keine Ahnung.« Einer der Söhne ließ eine große Kaugummiblase zerplatzen, die hinter ihm sitzende alternde Diva interessierte ihn offenbar wenig.

Elizabeth setzte sich ihre schwarze Sonnenbrille auf, obwohl es bereits dämmerte. Ach, sie hätte zu Hause bleiben sollen. Seit Richard im August gestorben war, igelte sie sich zu Hause ein, und das war auch gut so. Großartige Filmangebote bekam sie ohnehin nicht mehr – meine Güte, sie war zweiundfünfzig, im Filmgeschäft eine Mumie! –, aber das war ihr gerade recht.

Sicher, sie und Richard waren schon lange geschieden, zum zweiten Mal, um genau zu sein. Ihre erste Ehe hatte zehn Jahre gehalten, die zweite noch nicht mal ein Jahr. Trotz ihrer stürmischen Anfangszeit hatte es letztendlich nicht funktioniert. Vielleicht hatte die Leidenschaft zu sehr in ihnen gelodert, sie ausgebrannt. Dennoch war Richard ihr all die Jahre ein guter Freund geblieben, und sein Tod hatte ein gewaltiges Loch in ihr Leben gerissen. Wie so oft schweiften ihre Gedanken auch zu Montgomery Clift, der sie noch viel früher, bereits Mitte der Sechzigerjahre, verlassen hatte. Es schmerzte unglaublich, ohne die beiden weitermachen zu müssen.

Tausende von Scheinwerfern erhellten die Bühne, auf der es zu rumoren begann; Tontechniker und Beleuchter überprüften ein letztes Mal die technischen Geräte, während das Publikum, es mussten Zehntausende von Fans gekommen sein, es vor Aufregung und Vorfreude kaum noch auszuhalten schien. Die Menschenmasse vibrierte vor Energie und Spannung, die Luft knisterte.

Die Frau vor ihr wandte sich noch einmal verstohlen um, doch ihr Mann und die Söhne fieberten Michael Jackson derart sehnsüchtig entgegen, dass sie ihre geflüsterten Mutmaßungen ignorierten.

Elizabeth reckte das Kinn, gab vor, die Blicke nicht zu bemerken, und strich sich über ihr schwarzes, hochtoupiertes Haar, das sich in einer leichten Windbö hob. Ihre Töchter pflegten sich über ihre voluminöse Mähne lustig zu machen, aber die Achtziger waren nun einmal das Jahrzehnt der Superlative, nicht wahr? Auch ihr heutiges Outfit hatte nichts mehr von der Bescheidenheit ihrer Jugendzeit, es musste blinken und funkeln, damit sie sich wohlfühlte. Sie trug ein Jackett mit goldenen Pailletten, dazu opulenten Schmuck aus ihrer eigenen Kollektion. In den Siebzigern hatte sie ein eigenes Schmuckunternehmen geführt, um ihre Leidenschaft für alles, was schimmerte, zum zweiten Standbein zu machen.

Die Unruhe im Publikum war inzwischen fast mit den Händen greifbar, doch plötzlich rannte Michael Jackson wie aus dem Nichts auf die Bühne, ins grelle Licht der Scheinwerfer getaucht, während der Rest des Stadions in der zunehmenden Dunkelheit versank. Jubel brandete auf, Plakate mit Liebesbotschaften wurden geschwenkt, junge Mädchen schrien sich die Seele aus dem Leib, während der King of Pop begann, mit seiner unvergleichlichen Stimme *Wanna be startin' somethin'* zu singen. Elizabeth, die eben noch an Richard gedacht hatte, gefangen in ihrer üblichen Traurigkeit, betrachtete den Sänger fasziniert; sein Kostüm war apart, der uniformähnliche Anzug sah aus wie ein Haufen Lametta, und die goldenen Knöpfe gefielen ihr, entsprach dies ja durchaus ihrem eigenen Stil. Sie schmunzelte in sich hinein. Liza und Maria, die die Art und Weise, wie sie sich kleidete, schlichtweg grauenvoll fanden, hätten sich geschüttelt.

Obwohl die Musik und die euphorische Stimmung im Stadion Elizabeth mitrissen, bekam sie bald schlechte Laune. Die Halbstarken vor ihr hüpften trotz ihrer massigen Körper auf und ab, sodass sie ständig ihre Köpfe vor Augen hatte und lediglich Bruchstücke von Michaels Show erhaschen konnte.

»He, ihr drei! Ihr seid nicht allein da!« Ein ums andere Mal gab sie den Jungs einen Klaps auf die Schulter, doch sie schienen Elefantenhäute zu besitzen oder gaben vor, nichts zu bemerken. Angesäuert verschränkte sie die Arme vor der Brust und wartete, bis das Spektakel ein Ende nahm.

Nach unzähligen Zugaben verschwand Michael Jackson von der Bühne, und ein Securitymann tauchte auf, um Elizabeth hinauszueskortieren. Der King of Pop hatte ihr versprochen, einen Wagen für die Heimfahrt bereitzustellen, deshalb erstaunte es sie, als sie statt zum Hinterausgang in den Backstagebereich geführt wurde. Misstrauisch folgte sie dem muskelbepackten Mitarbeiter durch labyrinthartige, mit grellem Licht ausgeleuchtete Gänge.

»Was soll das werden?«, grummelte sie und drängte sich an einem Pulk Groupies vorbei, die kreischend darum baten, zu Michael vorgelassen zu werden, von einigen Angehörigen des Sicherheitspersonals jedoch rüde abgewiesen wurden.

»Mr Jackson hat Sie in seine Garderobe eingeladen, wussten Sie das nicht?«

Elizabeth stöhnte. Was sollte sie in der Garderobe dieses Jünglings? Er war nicht dafür bekannt, sehr aus sich herauszugehen, wahrscheinlich musste sie ihm alles aus der Nase ziehen, um ein – hoffentlich kurzes – Gespräch in Gang zu setzen.

»Elizabeth.« Michael saß breitbeinig auf einem Stuhl vor einem riesigen Schminkspiegel und aß eine mit Schokoladencreme bestrichene Banane, erhob sich aber sofort und umarmte sie so innig, als seien sie alte Freunde. »Ich bin so froh, dass Sie meiner Einladung gefolgt sind.«

Seine Stimme war leise und piepsig wie die eines Kindes, und sofort wallten in Elizabeth Mutterinstinkte hoch, so wie früher bei Monty, Rock Hudson, Michael Wilding oder Richard Burton, wenn er zu betrunken war, um morgens aus dem Bett zu kriechen. Nun, Michael Jackson wirkte nicht, als trinke er gelegentlich einen über den Durst; er machte einen so schüchternen Eindruck, dass man das Bedürfnis bekam, ihn an die Hand zu nehmen und ihn über die Straße zu begleiten, damit er nicht unter die Räder kam.

Elizabeth räusperte sich. »Nun ja, hier bin ich. Danke, dass Sie mir ein Ticket und den Chauffeur gesandt haben.«

Michael räumte hastig ein paar Kleidungsstücke von einem weiteren Stuhl und bedeutete ihr, sich zu setzen. Sein Teint war wächsern, die Haut unnatürlich über die Knochen gespannt.

»Hat … hat Ihnen das Konzert gefallen? Es war das letzte meiner Victory-Tour.«

»Na ja, die Hälfte der Zeit habe ich nichts gesehen, weil sich in der Reihe vor mir ein paar Proleten befanden, die auf und ab gesprungen sind wie Geistesgestörte«, konnte sie sich nicht verkneifen, zu bemerken. »Mein Vergnügen war also rein akustischer Art. Aber darauf kommt es bei einem Konzert wohl auch an.«

»Das tut mir so leid.« Michael wirkte schuldbewusst. »Das nächste Mal sorge ich dafür, dass Ihnen ein erstklassiger Platz zur Verfügung steht. Es gibt doch ein nächstes Mal?« Er klang ängstlich.

Elizabeth unterdrückte ein belustigtes Schmunzeln; der Arme war sehr unsicher, wie seltsam für einen Popgiganten, der von Millionen auf der ganzen Welt vergöttert wurde. Aber vielleicht war die Bühne der einzige Ort, an dem er aus sich herauszugehen vermochte.

»Ich war so neugierig darauf, Sie kennenzulernen«, stieß Michael kaum hörbar hervor. »Ich habe alle Ihre Filme gesehen und jeden Artikel über Sie gelesen.«

»Oh du lieber Gott«, entfuhr es Elizabeth trocken. »Hoffentlich haben Sie nicht alles geglaubt, mein Junge. Obwohl – vieles von dem, was das Journalistenpack über die Jahre geschrieben hat, stimmt auch.«

»Ich würde gern selbst herausfinden, was stimmt und was nicht. Auf jeden Fall finde ich, wir haben viele Gemeinsamkeiten.« Michael sah sie mit seinen dunklen, feucht glänzenden Augen intensiv an. Sie konnte sich nicht helfen, in gewisser Weise erinnerte er sie an ein waidwundes Reh. »Wir durften beide keine Kindheit erleben, wurden sehr früh ins Showbusiness geworfen, ob wir wollten oder nicht.«

Er sah so traurig aus, dass sich ihr Herz öffnete wie eine Blüte. Der Ärmste, er wirkte so verletzlich wie eine Schnecke ohne Haus, und sie war gerne bereit, sich seiner anzunehmen.

»Ich glaube, Sie waren noch jünger als ich, als man Sie auf die Bühne geschickt hat«, sagte sie mitfühlend.

»Ich war sechs, als ich mit den *Jackson Five* auftrat, und dreizehn, als ich erste Auftritte als Solokünstler hatte«, gestand Michael. Er kramte in der Schublade des Schminktisches und förderte eine große Tüte mit rosa Fruchtgummiflamingos zutage, die er ihr vertrauensvoll hinhielt. »Hier, Elizabeth, bedienen Sie sich. Mögen Sie die auch so gerne wie ich? Die Flamingos sind meine Lieblingssorte, aber die grünen Frösche mag ich auch ganz gerne.«

Elizabeth lachte. Er war wirklich bezaubernd, so frisch und kindlich und unverstellt, ganz anders als alle Menschen, die bisher ihren Weg gekreuzt hatten. Vielleicht war es doch keine schlechte Idee gewesen, auf ihre Kinder zu hören und das Konzert zu besuchen.

»Willst du meine Freundin sein, Elizabeth?«, fragte er sie nun.

Sie kaute bedächtig ihren zuckrigen Flamingo und schluckte ihn herunter, bemüht, das Glucksen zu unterdrücken, das in ihr hochsprudeln wollte. Der Junge war wirklich zu niedlich, aus welcher Welt kam er, wo man Erwachsenen in einer solch einfältigtreuherzigen Manier eine Freundschaft antrug? Doch er hatte ihr Herz bereits gewonnen. Sie beugte sich vor und strich ihm zärtlich eine geringelte schwarze Haarsträhne aus der bleichen Stirn, so wie sie es früher bei ihren Kindern getan hatte.

»Ja, Michael, ich möchte gerne deine Freundin sein.«

Los Angeles, 1985

Michael Jackson kauerte neben ihr auf dem Sofa, das wie alle anderen Möbelstücke ihrer Villa aus dem neunzehnten Jahrhundert stammte, hielt ihr die Hand und flüsterte ihr beruhigende Dinge zu, die ihre Ohren kaum erreichten. Auch sein Schimpanse Bubbles war zugegen, Michael tat kaum einen Schritt ohne ihn. Das Tier saß ihnen gegenüber auf einem chintzbezogenen Lehnsessel und lauschte jedem ihrer Worte, als verstünde es alles.

Elizabeth jedoch starrte in sich selbst versunken auf die impressionistischen Gemälde, die die Wände zierten, sie verschwammen zu himmelblauen, wolkenrosa und grauen Schlieren vor ihren Augen. Noch immer vermochte sie die Neuigkeit, die sie eben erfahren hatte, kaum zu glauben.

»Ich weiß, wie schrecklich du dich fühlen musst«, wisperte Michael und drängte ihr ein Stück des Schokoladenkuchens auf, den die Haushälterin ihnen serviert hatte. Wie Elizabeth wusste auch er um die tröstliche Wirkung von Zucker und Kakao; bei ihm schlug sich diese Neigung allerdings nicht auf die Figur nieder. Auch Bubbles bekam einen kleinen Brocken Kuchen, den er mit ausdrucksloser Miene mampfte.

Michael und sie waren seit der Victory-Tour eng befreundet, ja, sogar so eng, dass sie sich zuweilen an alte Zeiten mit Monty erinnert fühlte. Michael war ein allerliebster Schatz, mit seinem kindlich unbedarften Gemüt schaffte er es meistens, sie aufzuheitern, wenn sie niedergeschlagen war. Doch heute konnte auch er ihr nicht helfen, die Nachricht, die sie soeben erreicht hatte, war zu furchtbar. Zum Glück war ihr neuer Freund sofort zu ihr geeilt, als sie mit zitternden Fingern seine Nummer gewählt hatte. Normalerweise bestimmte er, wo sie sich trafen, häufig wünschte er sich, dass Elizabeth ihn auf eine Kirmes begleitete, in den Zoo oder in einen Spielzeugladen. Er war ein großer Junge in Mannesgestalt, und sie liebte ihn dafür.

Im Hintergrund lief der Fernseher, der immer und immer wieder die Meldung des Tages verkündete. Rock Hudson, ihr Gefährte aus jungen Jahren, ihr Filmpartner bei *Giganten*, war tot. Gestorben an Aids, dieser erschreckenden neuartigen Krankheit, die plötzlich über die Welt hereingebrochen war.

»Ich wusste noch nicht mal, dass er krank war!« Elizabeth schluchzte erstickt in ihr Taschentuch, das bereits völlig durchnässt war. »Er hat es vor jedermann verborgen, niemand wusste es! Er war so selbstlos, wollte keine Menschenseele damit belasten, dass er dieses tödliche Virus in sich trug.«

Auf dem Bildschirm verkündete der CNN-Sprecher mit ernster Miene, dass Rock Hudson der erste Prominente sei, der Aids zum Opfer gefallen sei.

»Mein armer Liebling«, murmelte Michael hilflos und streichelte ihre Hand. Bubbles hüpfte von der anderen Seite des Glastisches zu ihnen, kauerte neben Elizabeth und schlang seinen Arm um sie. Wie viel Liebe so ein Tier doch schenken konnte, sie verstand durchaus, was Michael an dem haarigen Gesellen fand.

»Es ist so ungerecht.« Elizabeth drückte sich das Taschentuch gegen die geschwollenen Augen. »Aids ist eine Epidemie, das kann niemand mehr leugnen. Aber was macht die Politik dagegen?«

Michael sah sie fragend an, wie ein Kind, das von seiner Lehrerin die richtige Antwort erwartet.

»Nichts!« Elizabeth schlug mit der geballten Faust auf die Sofafläche. »Aids wird ignoriert. Unser Präsident interessiert sich nicht die Bohne für die Menschen, die sich das Virus fangen, er scheint der Meinung, sich nicht darum kümmern zu müssen, da es vorrangig Schwule betrifft. Als ob sie es weniger wert wären, adäquat versorgt zu werden! Ach, wäre er doch nur Schauspieler geblieben, der gute Ronald!«

»Du kennst ihn bestimmt von früher, oder?«, fragte Michael ehrfürchtig und schob sich ein winziges Stück Schokoladenkuchen in den Mund.

»Ja.« Zerstreut ordnete Elizabeth einige ihrer mit auffälligen Edelsteinen besetzten Schmuckstücke neu an, die in einer Glasvitrine neben dem Sofa auslagen. Ihr gesamtes Wohnzimmer ähnelte einem Museum – überall blinkte und glänzte es auf blank polierten Flächen und in Vitrinen. Wäre es nicht langweilig gewesen, ihren Schmuck in einem Schmuckkästchen im Schlafzimmer aufzubewahren, so wie andere Leute es taten? Ihre Ringe, Ohrringe und Ketten waren ihr kostbarster Schatz, es war doch tausendmal besser, die Stücke sichtbar im Wohnzimmer zu präsentieren, sodass sich auch ihre Besucher daran erfreuen konnten, oder? Ihre Kinder nannten diese Geste prahlerisch, aber sie entstammten einer anderen Generation mit anderen Wertvorstellungen. »Als junges Ding traf ich ihn ein paar Mal auf Veranstaltungen. Damals war Ronald bereits ein miserabler Schauspieler, heute ist er ein noch schlechterer Präsident. Sollte ich ihm mal über den Weg laufen, geige ich ihm die Meinung, das kannst du mir glauben, Schätzchen! Jemand muss ihn zurechtstutzen – er muss endlich seinen verdammten Hintern hochbekommen, um etwas gegen diese Krankheit zu unternehmen!«

»Richtig«, flüsterte Michael, beeindruckt von der Energie, die trotz ihrer Trauer über den Verlust Rocks aus ihr heraussprudelte.

»Aids ist keine Strafe, die Gott sich für Schwule und Drogensüchtige ausgedacht hat.« Sie redete sich in Rage, hatte sie in Michael doch einen willigen Zuhörer gefunden. »Auch wenn viele Menschen das zu denken scheinen. In welchem Jahr leben wir denn, um Himmels willen?«

Doch bald schon übermannten sie die Erschöpfung und die unendliche Traurigkeit erneut, und sie sank in sich zusammen und weinte wieder in ihr Taschentuch. Michael schmiegte sich an sie, und sie verfolgten ein paar Minuten lang die CNN-Berichterstattung, die aufwühlende Bilder von Fans zeigte, die Blumen vor Rocks Haus niederlegten. Bubbles schien sich mittlerweile zu langweilen, denn er sprang durch das Wohnzimmer und betrachtete fasziniert die schimmernden Smaragde, Diamanten, Rubine und Saphire in den Vitrinen.

»Genug.« Sie griff nach der Fernbedienung und schaltete den Fernseher aus. »Ich kann es nicht mehr hören. Die Medien senden herzzerreißende Bilder, aber leider ist das alles, was für Rock getan wird. Oder für alle anderen Menschen, die an Aids erkrankt sind. So geht das nicht weiter.«

»Was meinst du?«, fragte Michael mit seiner hellen Stimme. Die ganze Sache nahm ihn so mit, dass auch in seinen Augen Tränen standen, der schwarze Lidstrich war bereits zerlaufen.

»Ich habe Geld, und ich habe Zeit.« Grimmig griff sie nach ihrem Kuchen und stach mit der Gabel in die weiche, schokoladige Masse. »Ich werde etwas auf die Beine stellen, um gegen Aids anzukämpfen. Was, muss ich mir noch durch den Kopf gehen lassen. Auf jeden Fall brauchen wir Forschung, und Hilfen für die Erkrankten.«

»Das öffentliche Bewusstsein muss sich verändern«, fügte Michael hinzu.

Dankbar sah sie ihn an. »Richtig. Zuallererst einmal muss sich in den Köpfen etwas ändern. Die Leute müssen begreifen, dass

Aids uns alle treffen kann, nicht nur die Homosexuellen. Von Tag zu Tag werden mehr Infizierte gemeldet. Weißt du, Michael ...« Trotz ihrer Niedergeschlagenheit blitzte etwas in ihren lavendelfarbenen Augen auf. »Vielleicht sollte ich anders als in jungen Jahren nicht durch Ehedramen von mir reden machen, sondern mithilfe meines Prominentenstatus dafür sorgen, dass diese Krankheit in die Öffentlichkeit getragen wird.«

»Ich unterstütze dich, Elizabeth.« Michael beugte sich zu ihr und drückte ihr mit seinen zuckrigen Lippen einen Kuss auf die Wange, während es in Elizabeth zu arbeiten begann.

...

Elizabeth hielt flammende Reden, im Rundfunk, im Fernsehen, vor Reportern. Die Zeiten, in denen sie in Talkshows über ihre Ehen und Scheidungen schwadroniert hatte, waren längst vergessen, nun gab es weitaus Wichtigeres: Es galt, Menschenleben zu retten.

Eines Abends, sie kam gerade von einem Auftritt bei Larry King zurück, bei dem sie leidenschaftlich dafür eingetreten war, Gelder in die Aids-Forschung zu stecken, erreichte sie ein Telefonanruf. Ein Mann namens Matt Redman erklärte ihr mit angenehmer, sanfter Stimme, dass er durch eine ihrer Ansprachen auf sie aufmerksam geworden war.

»Ich gehöre einer Gruppe an, die sich *AIDS Project Los Angeles* nennt, wir haben uns vor drei Jahren zusammengetan. Unser Ziel ist es, für Infizierte da zu sein und ihnen zu helfen, denn es gibt ja sonst niemanden, der es tut. Vor zwei Jahren organisierten wir hier in L.A. unseren ersten Aids-Spaziergang, auf dem wir Hunderttausende Dollar an Spendengeldern sammelten.«

»Beeindruckend.« Elizabeth setzte sich auf den antiken Lehnsessel neben ihrem Telefontischchen und starrte gedankenverloren in ihr Aquarium. Die geräuschlose, bunte Wasserwelt beruhigte wie immer, wenn sie aufgeregt war, ihren rasenden Herzschlag. »Wie kann ich Ihnen helfen?« Dass das Projekt es wert war, von ihr unterstützt zu werden, stand außer Frage.

»Möchten Sie als unsere Schirmherrin fungieren? Sie sind eine Berühmtheit, Elizabeth, was Sie sagen, hat Gewicht. Auf jeden Fall mehr, als wenn Unbekannte wie meine Kollegen und ich um Spenden bitten. Zusammen könnten wir wirklich Großartiges auf die Beine stellen, es muss so viel getan werden.«

Elizabeth schluckte einen Kloß der Rührung hinunter. Das Angebot schmeichelte ihr natürlich, doch sie war weit darüber hinaus, sich um ihre persönliche Eitelkeit zu kümmern. Es ging um die Sache, um den Kampf für die Versorgung aller Kranken, um den Kampf, die Infizierten aus der sozialen Isolation zu holen. »Ich bin einverstanden. Was soll ich tun, Matt?«

In der Stimme ihres Gesprächspartners klang Erleichterung darüber, dass sie so leicht zu überzeugen gewesen war, mit. »Wir planen eine Benefizveranstaltung im Bonaventure-Hotel, zu der wir so viele Berühmtheiten wie möglich einladen möchten, und …«

»Darum kümmere ich mich«, fiel sie ihm ungestüm ins Wort. Ihr Adressbuch enthielt die Telefonnummern unzähliger Stars und Sternchen, es wäre doch gelacht, wenn sie nicht einen Großteil von ihnen überzeugen konnte, an der Veranstaltung teilzunehmen und einen prall gefüllten Geldbeutel mitzubringen. »Ich habe viele Kontakte, ich sorge für die Gästeliste.«

Letztendlich war das leichter gesagt als getan. Gleich nachdem sie das Telefonat mit Matt Redman beendet hatte, bereitete sie sich zur Stärkung der Nerven einen Kakao mit Schokostreuseln zu –

die Auswirkungen auf ihre Figur waren nun wirklich zweitrangig! – und blätterte ihr Verzeichnis mit Telefonnummern durch.

Eine Stunde später war der Kakao ausgetrunken und ihre Stimmung am Boden.

»Ignorantes Pack«, stieß sie zwischen zusammengebissenen Zähnen hervor, als sie nach weiteren Nummern suchte, die sie anrufen konnte.

Kaum einer ihrer früheren Schauspielkollegen hatte sich dazu überreden lassen, an der Benefizveranstaltung teilzunehmen, ja, viele waren davor zurückgeschreckt, als handele es sich um etwas Anrüchiges, mit dem man auf keinen Fall in Verbindung gebracht werden wollte.

»Ich möchte mit dieser merkwürdigen Krankheit nichts zu tun haben«, offenbarte ihr eine Schauspielerin, mit der sie in den Sechzigerjahren gut bekannt gewesen war. »Das schadet doch dem Ruf, nicht wahr? Und ich rate dir, Elizabeth, dich auch von diesem Projekt zu distanzieren. Du musst doch nicht als Lobbyistin für alle warmen Brüder auftreten.«

»Wie homophob kann man sein?«, hatte Elizabeth ins Telefon gebrüllt, aber keine Antwort abgewartet, sondern verärgert den Hörer auf die Gabel geknallt.

Wenigstens ein paar Prominente sagten ihr ihre Unterstützung zu, unter ihnen Cher, Cyndi Lauper, Rod Stewart, Stevie Wonder und Sammy Davis Junior. »Die Welt wird euch das nicht vergessen«, beschwor sie jeden Einzelnen von ihnen am Telefon, »und kommt bloß nicht auf die Idee, im letzten Moment noch abzusagen, ich würde euch lynchen, verlasst euch drauf.«

Es gelang ihr, über zweitausend Gäste zu aktivieren, die in festlicher Abendgarderobe zu dem Galadinner im Bonaventure-Hotel erschienen, und am Ende des Abends war eine Million Dollar an Spendengeldern zusammengekommen.

»Mithilfe Ihrer Spenden wird es uns hoffentlich nach und nach gelingen, eine Heilung für diese schreckliche Krankheit zu finden«, sagte sie in ihrer Ansprache, als sie am Rednerpult stand und Tausende von Augen auf sie gerichtet waren. Sie hatte sich in Schale geworfen, trug ein schwarzes Abendkleid mit funkelnden Strasssteinen, das ihren Konturen schmeichelte, und ihre schönsten Schmuckstücke, in denen sich das Licht der Kronleuchter spiegelte. »Die Diskriminierung aller Infizierten sowie die Ächtung der Homosexuellen im Allgemeinen muss endlich ein Ende finden! Wie kann eine freie Nation so etwas dulden? Ohne diese ganzen wundervollen Menschen gäbe es keine Kunstszene in Amerika! Nun, jetzt bin ich am Start.« Gedämpftes Gelächter erklang aus dem aufmerksam lauschenden Publikum. »Mein Name, den die ganze Welt bisher mit Skandalen verbunden hat, wird mir sämtliche Türen öffnen, die nötig sind, um in den Köpfen der Politiker und der Bevölkerung etwas zu verändern. Ich werde mit meinem Ruhm erstmals etwas Sinnvolles leisten, und glauben Sie mir, meine Arbeit für die Aids-Hilfe bedeutet mir mehr, als es die Schauspielerei jemals getan hat.«

...

»Hast du ein neues Schmuckstück? Selbst gekauft?« Sara saß, auf vielerlei weiche Seidenkissen gestützt und mit einer Decke über den Knien, auf Elizabeths Sofa und nippte mit damenhaft abgespreiztem kleinen Finger an ihrem schwarzen Tee. Sie war neunzig Jahre alt, seit Ende der Sechzigerjahre verwitwet und, von der Tatsache abgesehen, dass sie ein wenig in sich zusammengeschrumpft schien, sich mit zierlichen Trippelschritten fortbewegte und ein bisschen zittrig war, noch recht agil und geistig rege. Sie beugte sich nach vorn, um Elizabeths Weißgoldring, an dem ein

Diamant in Größe einer Kaugummikugel prangte, durch ihre eulenhafte Brille zu betrachten. »Kannst du überhaupt noch mitzählen, bei den vielen Klunkern, die du besitzt?« Kichernd wies sie auf die Vitrinen an den Wohnzimmerwänden, in denen Elizabeths Schätze, von indirektem Licht sanft beschienen, auslagen. »Früher haben dich ja deine zahlreichen Ehegatten beschenkt, aber der letzte liegt ja bereits eine Weile zurück. Bei den Männern zähle ich übrigens nicht mehr mit.«

Elizabeth schmunzelte. Mit zunehmendem Alter erfreute sich ihre Mutter immer mehr an kindlichen Späßen und kleinen Ungezogenheiten.

»Du hast recht, Mutter, meine Ehe mit John Warner ist mittlerweile seit drei Jahren Geschichte.« Die Beziehung zu John erschien ihr im Nachhinein wie ein flüchtiger Nebel, der an ihr vorbeigezogen war, nicht greifbar, allzu rasch vorbei. John war ein durchaus netter und zuvorkommender Mensch gewesen, allerdings verdingte er sich als Politiker – als Senator von Virginia. Aufgrund seiner vielfältigen Verpflichtungen hatten sie sich selten gesehen, zu selten für Elizabeths Geschmack. Sie war es gewohnt, den Mann, den sie liebte, ständig an ihrer Seite zu haben, aber mit John war das nicht möglich gewesen. In der sechs Jahre andauernden Ehe hatte sie sich so einsam wie noch nie in ihrem Leben gefühlt, doch im Endeffekt war es eine lehrreiche Erfahrung gewesen, die sie auf ihr Dasein nach der Scheidung von John vorbereitet hatte. Sara hatte damals geunkt, dass sie es nie aushalten würde, ganz allein zu sein, doch seit immerhin drei Jahren schaffte sie es, ohne Gesellschaft in ihrer Villa in Bel Air zu wohnen. Und was sollte sie sagen? Wider Erwarten fand sie es ganz angenehm, auf niemanden Rücksicht nehmen zu müssen, zu tun und zu lassen, was ihr beliebte. Sie konnte nachts um drei mit Schlossbeleuchtung im Bett liegen und fernsehen oder bis mittags schlafen, und zum Dinner konnte sie sich Pfannkuchen mit Zimt und Zucker servieren lassen, ohne dafür Kritik einstecken zu müssen. Alleinsein war nicht so schlimm, wie sie stets befürchtet hatte. Hätte sie diese Erkenntnis früher gewonnen, wäre ihr vielleicht die Ehe mit Eddie Fisher erspart geblieben, aber es half wenig, Jahrzehnte später darüber zu grübeln.

Sie rutschte näher an ihre Mutter heran, um ihr den Ring aus der Nähe zu präsentieren. »Das kostbare Stück habe ich mir nicht selbst gekauft, ausnahmsweise nicht. Es war ein Geschenk von Michael, Michael Jackson.«

Sara fixierte sie über ihre riesige Brille hinweg. »In letzter Zeit bekomme ich von dir nichts anderes zu hören als Michael hier, Michael da. Was hat es mit deiner Freundschaft zu diesem seltsamen Geschöpf auf sich? Liza und Maria haben mich letztens besucht und mir berichtet, dass ihr beiden ständig zusammenklebt, wie siamesische Zwillinge.«

Elizabeth nahm sich einen Keks aus der goldenen Schale auf dem Tisch und zerbiss ihn krachend. Mit ihren dreiundfünfzig Jahren ärgerte sie sich längst nicht mehr darüber, dass Sara so neugierig jeden ihrer Schritte überwachte und mit ihrer Meinung nicht hinter dem Berg hielt, nein, sie war froh, ihre Mutter überhaupt noch zu haben. War es nicht ein Segen, in ihrem fortgeschrittenen Alter manchmal noch ein kleines Stückchen Kind sein zu dürfen? Wie hatte Mutters Einmischung sie einst verdrossen; heute ging sie mit einem liebevollen Spruch über Saras Ratschläge hinweg.

»Ganz recht, wir haben uns angefreundet, Michael und ich, er ist inzwischen einer meiner engsten Vertrauten.«

Sara gab ihr einen missbilligenden Klaps auf die Finger, als sie erneut in die Keksschale griff. »Auch in deinem Alter sollte man noch auf die Figur achten, Schätzchen.«

»Heute nicht. Morgen fange ich mit einer neuen Diät an.« Feixend steckte sie sich die letzten Krümel in den Mund und zog fürsorglich die Wolldecke hoch, die von Saras Knien geglitten war. Mutter fror ständig, aber das war kein Wunder, ähnelte sie doch immer mehr einem knochigen Vögelchen.

Sara schnalzte verdrossen. »Seit wie vielen Jahren erzählst du mir das schon? Aber noch mal zu deinem neuen Galan. Ich finde, er ist wahrhaftig kein passender Umgang für dich. Erstens ist er viel jünger als du, er könnte dein Sohn sein ...«

»Der Trend geht zum jüngeren Mann«, warf Elizabeth trocken ein. »Aber sei beruhigt, Mutter, unsere Freundschaft ist rein platonisch.«

» ... zweitens scheint er, wie ich vorhin bereits erwähnte, ein recht wunderlicher Zeitgenosse zu sein. Wie er ständig mit diesem riesigen Affen herumzieht!«

»Bubbles ist ein wunderbares Tier, so liebevoll und verständig, da könnten sich manche Menschen eine Scheibe davon abschneiden«, schwärmte Elizabeth.

»Und dann sein seltsames Aussehen ...« Sara schien so empört, dass ihre grauen, sorgfältig ondulierten Haare wippten. »In den Klatschzeitschriften liest man von ständig neuen Schönheits-OPs ... Neulich las ich im *People*-Magazin, dass der Zweck seiner Operationen sei, dir ähnlich zu sehen ... Schätzchen, wie gruselig ist das denn?«

Elizabeth wärmte sich die Hände an ihrem Tee. Saras Entsetzen amüsierte sie insgeheim. »Aber Mutter, seit wann glaubst du denn alles, was in den Zeitungen steht? Bereits in den Vierziger-, Fünfzigerjahren hat doch nur die Hälfte davon gestimmt, was die Paparazzi zusammenfabuliert haben.«

»Außerdem habe ich gelesen, dass Michaels Mutter inzwischen regelrecht eifersüchtig auf dich sein soll, Schätzchen, da er mit dir viel mehr Zeit verbringt als mit ihr.« Sara redete sich in Rage, ihr Tee und die Kekse blieben unangerührt.

Elizabeth zog eine Grimasse. »Mutter, Michael ist erwachsen. Er kann selbst entscheiden, mit wem er sich trifft und wen er zu seinen Freunden zählt. Die Gute soll sich mal nicht so haben. Hätte sie ihm als Kind mehr Freiraum gelassen, wäre ihr Verhältnis vielleicht besser.«

»Soll das ein Seitenhieb auf mich sein?«, fragte Sara verschnupft.

Erneut verdrehte Elizabeth die Augen. Herrje, Mutter neigte im hohen Alter wirklich dazu, jede harmlose Äußerung persönlich zu nehmen. »Natürlich nicht.«

»Wie auch immer.« Sara spielte an einem losen Faden der Wolldecke herum. »Auf jeden Fall würde ich es begrüßen, wenn du weniger oft mit Michael Jackson zusammen wärst und stattdessen mal wieder einen Film drehst.« In letzter Zeit war es typisch für Sara, sprunghaft das Thema zu wechseln, aber auch daran war Elizabeth gewöhnt.

»Mutter! Meine Zeit beim Film ist vorbei, das weißt du doch. Hollywood bietet Frauen ab vierzig, geschweige denn fünfzig, keine attraktiven Rollen mehr an. Außerdem habe ich in weit über fünfzig Filmen mitgespielt, noch dazu hatte ich Gastauftritte in Serien – einmal muss es auch gut sein. In den letzten Monaten habe ich meine wahre Bestimmung gefunden – das, was ich für die Aids-Hilfe tue, ist tausendmal wichtiger, als irgendein bangloses Filmchen zu drehen.«

»Belanglose Filmchen!« Sara schnaubte. »Ich bitte dich! Du hast zwei Oscars bekommen, und zumindest den zweiten hast du dir redlich verdient. Du warst immer eine hervorragende Schauspielerin, auch wenn du dich selbst nie ernst genommen hast.«

»Mag sein«, gab Elizabeth zu. Sicher, der Oscar für *Wer hat Angst vor Virginia Woolf?* hatte ihr wahrlich zugestanden, an Richards Seite hatte sie in dem Film brilliert und gezeigt, dass sie weitaus mehr konnte, als hübsch auszusehen.

»Und wieso musst ausgerechnet du diesen Kampf gegen Windmühlen führen, Schätzchen? Noch nicht mal Präsident Reagan hält es für nötig, Initiative zu ergreifen.«

»Gerade deshalb fühle ich mich verpflichtet, aktiv zu werden.« Elizabeth schnaubte, allmählich wurde ihr das Gespräch mit Mutter doch etwas anstrengend. Aber gut, Sara wurde im vorigen Jahrhundert geboren und hatte zwei Weltkriege mitbekommen, es war wohl nur natürlich, dass sie irgendwo zwischen den Zeiten hängen geblieben war und keinen Zugang mehr fand zu den Problemen von heute.

26

Los Angeles, 1989

»Schenk mir noch eine Bloody Mary ein, ja?« Elizabeth lag auf dem Sofa, die Füße auf ein Kissen gebettet, die Augen geschlossen. Es war einer der wenigen Tage in Kalifornien, die verregnet waren. Seit dem Morgen prasselten riesige Tropfen vom Himmel, rannen an den Glasscheiben hinab, die zum Garten hinausgingen. Die exotischen Pflanzen und Palmen darin erschienen wie ein düsterer Dschungel, in den kein Lichtstrahl zu dringen vermochte.

»Meinst du, das tut dir gut?« Es kam selten vor, dass Michael Jackson einen ihrer Wünsche infrage stellte, er äußerte seine Frage auch leise und verlegen, so als befürchte er, gleich dafür kritisiert zu werden. Natürlich würde sie ihn nie tadeln, er war ein so empfindsames und scheues Wesen, dass sie stets äußerst behutsam mit ihm umging.

»Ich brauche einfach noch einen Drink, Schätzchen. Sei so lieb und gieße mir einen ein.« Die Regentropfen, die gegen die Fenster schlugen, wirkten einlullend, was ihr heute gerade recht kam. Sie war so erschöpft, so unendlich erschöpft …

»Oh.« Aus einem leichten Dämmerschlaf hochschreckend, in den sie für wenige Sekunden gefallen war, nahm sie das Glas entgegen, das Michael ihr hinhielt, und nippte an der leuchtend roten

Flüssigkeit. Wie angenehm und kühl sie ihre Kehle herabrann! Im Moment waren Alkohol, Schokolade und Tabletten die einzigen Dinge, die ihr halfen, durch den Tag zu kommen. Natürlich war ihr klar, wie schädlich das war, aber was sollte sie tun?

»Du arbeitest zu viel.« Michael setzte sich zu ihr auf die Kante des Sofas; wie immer trug er eines seiner mit viel Gold und Pailletten verzierten Outfits, und auch sein Make-up mit dem schwarzen Lidstrich und der kräftigen Wimperntusche saß tadellos, obwohl er heute nichts anderes vorhatte, als Elizabeth Gesellschaft zu leisten. »Es ist kein Wunder, dass du vollkommen groggy bist. Die vielen Reisen für die Aids-Stiftung, deine zahlreichen leidenschaftlichen Reden … Das strengt doch alles sehr an. Du solltest kürzertreten.«

»Ich trete erst kürzer, wenn allen Aids-Kranken eine adäquate medizinische Behandlung ermöglicht wird und wenn die Gesellschaft sie nicht länger als Aussätzige betrachtet, sondern als das, was sie sind: Menschen wie du und ich, ungeachtet ihrer Sexualität. Wobei inzwischen auch der Dümmste kapiert haben müsste, dass dieses Virus jeden treffen kann, wirklich jeden.«

»Du verausgabst dich zu sehr. Sicher, deine Reden sind umwerfend, du brennst für die Sache, aber …« Michael verstummte, offenbar traute er sich nicht, weiterzusprechen, doch Elizabeth wusste ohnehin, was ihm auf der Seele lag. Auch sie hatte am Vortag jenen großen Artikel in der *Los Angeles Times* gelesen, in dem man sie zwar ihres Engagements wegen rühmte, ihr aber gleichzeitig vorwarf, es am Respekt mangeln zu lassen und Politiker allzu oft rüde anzugehen.

»Ja, ich weiß. Die Leute regen sich darüber auf, dass ich die Wahrheit sage. Ich fasse niemanden mit Samthandschuhen an, auch nicht Präsident Bush. Seine Ignoranz ist unfassbar, ich glaube, er weiß noch nicht mal, wofür Aids steht.«

»Schon, aber du darfst trotzdem nicht ...«, wandte Michael zaghaft ein, doch sie schnitt ihm rigoros das Wort ab.

»Hör zu, Schätzchen, es interessiert mich einen Dreck, ob die Leute mich gut finden oder nicht. Es geht um die Sache. Hauptsache, sie hören, was ich zu sagen habe, alles andere ist nebensächlich.«

Michael gab sich geschlagen, und Elizabeth trank in kleinen Schlucken ihre Bloody Mary. Da es bereits ihre dritte war, empfand sie allmählich diesen angenehmen Schwindel, der alles viel leichter wirken ließ. Gedankenversunken starrte sie in die Finsternis des im Regen verschwimmenden Gartens.

»Wirklich, du solltest alles ruhiger angehen lassen.« Michael unternahm einen letzten Versuch, auf sie einzuwirken. Er lehnte seinen Kopf gegen ihre Schulter, und sie schlang liebevoll den Arm um ihn. »Du führst ja nicht nur diesen Kampf gegen Aids. Nebenbei leitest du noch dein Parfumunternehmen ...«

»Sag nichts gegen mein Parfum. Es duftet wundervoll.« Ihr erstes Parfum, *Passion*, war bereits seit zwei Jahren auf dem Markt und verkaufte sich hervorragend. Wie hatte sie nur so viele Jahre ihres Lebens an die Schauspielerei vergeuden können? Es gab so viele andere Aufgaben, die sie so wunderbar zu erfüllen vermochten.

Als sie Michael auffordernd ihr leeres Glas hinstreckte, biss er sich verlegen auf die Lippen. »Du solltest zu einem Arzt gehen ...«

Freudlos lachte sie auf. »Reine Zeitverschwendung. Was kann er mir schon sagen? Dass ich übergewichtig bin, zu viel trinke, zu viele Pillen schlucke und an unzähligen Wehwehchen leide? Ich bin siebenundfünfzig, ich glaube, da ist es ganz normal, dass man Abnutzungserscheinungen zeigt.«

Natürlich war ihr klar, dass ihre Gewohnheiten und ihre Beschwerden nicht normal waren, doch sie fand keinen Ausweg aus ihrem Sumpf. Erst als ihre Kinder am Wochenende zu Besuch kamen und sie inmitten einer Vielzahl leerer Gläser und Süßigkeitenverpackungen auf dem Sofa liegen sahen, zitternd und müde, das Gesicht aufgedunsen und bleich, ließ sie sich überreden, sich helfen zu lassen. Wie bereits vor sechs Jahren fuhr Michael, ihr Ältester, sie nach Rancho Mirage in die Betty-Ford-Klinik. Sie musste von allem loskommen, was sie so mühsam am Leben hielt, vom Alkohol und den Tabletten, die sie gegen ihre Schmerzen und die Schlaflosigkeit nahm. Aber sie war so unendlich müde ... Sie fühlte sich benebelt, ja, wie eine leblose Hülle, in Auflösung begriffen. Wie hatte es so weit kommen können, dass sie wieder einmal die Kontrolle über ihr Leben verloren hatte? Lag es daran, dass sie niemals, selbst als Kind nicht, gelernt hatte, sich Ruhepausen zu gönnen?

Betty-Ford-Klinik, 1989

Allmählich kam sie wieder zu sich. Von der Flasche und den Medikamenten loszukommen war wie bei ihrem letzten Aufenthalt die Hölle, überstieg alles an Qualen, was sie jemals erlebt hatte. Sie schaffte es nicht, gänzlich ohne Ersatzbefriedigung auszukommen, und rauchte stattdessen wie ein Schlot. Zwar verabscheute sie den beißenden Nikotingestank, der in ihren Haaren und Kleidern hing und den Duft ihres Parfums überlagerte, doch brauchte sie das Gefühl, etwas zu sich zu nehmen, das sich wie ein beruhigender Balsam über ihre Seele legte. Zeitgleich zu ihrem Aufenthalt in der Betty-Ford-Klinik wurde Sara aufgrund von blutenden Geschwüren in die Eisenhower-Klinik eingeliefert. Der Drang, ihre Angst um Mutter mit Bourbon zu betäuben, war fast übermächtig. Was, wenn sie starb? Was sollte aus ihr werden, wenn Sara sie allein ließe, ein Leben lang hatte sie doch über sie gewacht und sie beschützt, zumindest so weit, wie sie, Elizabeth, es zugelassen hatte. Sie wusste, sie sollte dankbar sein, dass Sara ein so hohes Alter erreichen durfte, aber blieb man nicht immer Kind, auf den warmen Flügel der Mutter angewiesen, unter dem man sich notfalls verkriechen durfte?

Zu ihrer grenzenlosen Erleichterung erholte Sara sich rasch. Elizabeth genoss die Ausflüge in die Eisenhower-Klinik, die sie mit Erlaubnis ihrer Therapeuten jeden Nachmittag unternehmen durfte, und genauso befriedigend waren die Stippvisiten in die dortige Cafeteria, wo sie sich mit Süßigkeiten und Kuchen aller Art eindeckte. Der Zucker war ein weiterer Ersatz für den Alkohol und die Tabletten, und natürlich sah man ihr bald an, dass sie diesem Laster mehr denn je frönte. Doch sie musste Entscheidungen treffen, Prioritäten setzen – war es nicht besser, dick und trocken zu sein, als eine alternde Alkoholikerin? In den Klatschzeitungen betitelte man sie gehässig als Walfisch, doch die Paparazzi konnten ihr den Buckel herunterrutschen. Herrje, wieso musste sie ihr ganzes Leben lang im Kreuzfeuer der Kritik stehen, warum gönnte man ihr nicht endlich ein Privatleben? Auf der anderen Seite – wieso sollte sie ihre Popularität nicht nutzen und in der Öffentlichkeit endlich das Bild geraderücken, das man von Alkoholikern hatte? Sie waren keine schwachen, willenlosen Geschöpfe, die sich gehen ließen, sondern einfach nur Opfer einer bösen Krankheit. Bei ihrem nächsten Interview würde sie das zur Sprache bringen. Doch bis dahin wartete noch viel Arbeit auf sie, Arbeit an sich selbst.

Ihre gedrückte Stimmung hellte sich auf, als ein neuer Patient zur Gruppentherapie stieß.

• • •

Er hieß Lawrence Fortensky, und er wollte so rein gar nicht zu der gehobenen Klientel der Betty-Ford-Klinik passen. Anders als die übrigen Patienten, die einer geldschweren Elite angehörten, wirkte er bodenständig und einfach. Er trug ein blau kariertes Flanellhemd mit hochgekrempelten Ärmeln und ausgewaschene Jeans, dazu grobe Arbeitsstiefel.

»Ich bin Larry«, begann er, die Handflächen nervös auf die Knie gelegt.

Elizabeth schenkte ihm wie die anderen Teilnehmer der Gesprächsrunde ein warmes Lächeln, um ihn willkommen zu heißen. Das war das Schöne an den Gruppensitzungen in der Klinik: Ein jeder wurde herzlich aufgenommen, niemand wurde kritisiert. Sie alle steckten bis zu den Schultern in Problemen, doch sie halfen und unterstützten sich gegenseitig, sei es auch nur durch verständnisvolles Zuhören und liebe Worte.

»Erzähl uns deine Geschichte, Lawrence«, forderte Anna, die Therapeutin, eine bunt gekleidete Frau mit einem Schopf wild springender roter Locken, die ihren Kopf umgaben wie eine Feuerwolke, ihn sanft auf. Über den Rand ihrer Brille hinweg sah sie ihn aufmunternd an, ein Kugelschreiber schwebte einsatzbereit über ihrem Notizblock. »Warum bist du hier?«

»Na ja ...« Lawrence räusperte sich und grinste unbehaglich. »Als Erstes, nennen Sie mich Larry. Alle meine Kumpels nennen mich Larry.«

Elizabeth musterte ihn neugierig. Larry schien viel jünger als sie, er mochte vielleicht wie die Therapeutin Mitte dreißig sein. Er trug eine goldene Creole im Ohr – das fand sie sympathisch, wie sie schien er ein Faible für Schmuck zu haben –, das blonde Haar war nach Achtzigerjahre-Manier in halblange Stufen geschnitten, die seinen Kopf fransig umgaben.

»Also ... ich ...« Larry druckste herum, anscheinend war er

kein Mann der großen Worte. »Ich bin hier wegen Drogen und Alk.«

Elizabeth schmunzelte in sich hinein. Sehr eloquent war dieser Larry nicht, die übrigen Teilnehmer der Sitzung, die vor ihm zu Wort gekommen waren, hatten allesamt längere Monologe gehalten, in denen sie den Grund ihres Aufenthaltes in der Klinik ausführlich geschildert hatten. Selbst Elizabeth hatte sich alles von der Seele geredet, was sie belastete, ihre lebenslange Jagd nach Liebe, der Druck und die Einsamkeit, die sie immer begleitet hatten, die Erschöpfung, das Gefühl, dieser Spirale nur durch Tabletten und Alkohol zu entkommen.

»Erzähl uns mehr davon«, bat Anna, aufmerksam vorgebeugt. Ihre Stimme war so weich wie Honig und machte es leicht, sich zu öffnen.

»Ich weiß nicht ...« Larry strich sich ratlos durch sein blondes Haar. Sein Körper war breit und stämmig, doch recht muskulös. »Bei uns auf dem Bau redet man nicht so viel, wissen Sie ... Also ... Manchmal kokse ich ein bisschen, und ich häng an der Flasche.«

Unter seiner unbeholfenen, wenig weltgewandten Schale schien sich ein verletzliches Gemüt zu verstecken, das man in seinen blaugrauen Augen, in denen deutlich der Schmerz stand, erahnen konnte. Er berührte eine Saite in Elizabeth, die seit Langem verschüttet war; vielleicht erinnerte Larry sie an Monty, den jungen Mann von damals, der gegen so viele Dämonen zu kämpfen hatte, oder an Michael Wilding, den sie während seiner Epilepsieanfälle unter ihre Fittiche genommen hatte, womöglich auch an Richard, den sie morgens auf dem Weg ins Badezimmer gestützt hatte, wenn er in der Nacht zuvor allzu tief ins Glas geschaut hatte.

»Erzählen Sie weiter.« Anna schrieb sich ein paar Stichpunkte in ihr Büchlein, dann nickte sie Larry zu. Alle Augen im Raum waren auf den Bauarbeiter gerichtet, alle Ohren aufmerksam. Goldenes Oktoberlicht fiel durch die hohen Fenster herein, malte warme Kringel auf den Holzboden. Niemand drängte Larry, endlich zu reden, alle warteten geduldig, bis er bereit war. Auch das liebte Elizabeth an der Klinik – sie war eine Oase der Ruhe und Gemächlichkeit, hier tickten die Uhren langsamer.

»Ich … ich bin auf Bewährung für drei Jahre. Wurde von der Polente erwischt. Wegen … wegen Drogenbesitz und so. Und weil ich mit Koks im Blut Auto gefahren bin. Ich hab 'ne Menge Scheiße gebaut, ich bin nicht stolz drauf.«

Wie erfrischend er sich ausdrückte! Interessiert hingen ihre Augen an ihm, sie war neugierig, wie seine Geschichte weiterging.

»Na ja, und … die Kumpels vom Bau haben mich bekniet, mit dem Mist aufzuhören, und sie haben gesammelt …«

»Was haben sie gesammelt?« Anna klang nach wie vor sanft, jedoch schien sie Larry nicht mehr ganz folgen zu können.

»Die Jungs von der Gewerkschaft haben Geld gesammelt, um meinen Aufenthalt hier zu finanzieren. Ich selbst könnte die Reha in diesem schnieken Laden ja nie bezahlen.« Er lachte verlegen.

»Es ist schön, dass Sie hier sind, Larry.« Anna schenkte ihm ein herzliches Lächeln, und die anderen Patienten pflichteten ihr murmelnd bei, dass Larry am richtigen Ort sei, um gesund zu werden.

Am Ende der Gruppentherapie strömten die Besucher in Zweier- oder Dreiergrüppchen plaudernd dem Ausgang entgegen, nur Elizabeth hielt sich noch ein bisschen länger im Raum auf, genoss die Herbstsonne, die ihr wie eine Liebkosung ins Gesicht schien, und bediente sich an dem an der Seitenwand aufgebauten Buffet. Larry gesellte sich zu ihr, offenbar unschlüssig, was er nach Beendigung der Sitzung tun sollte, und goss sich aus einer der großen Thermoskannen einen Kaffee ein.

»Hallo, Larry.« Elizabeth wischte sich einen Kekskrümel aus

dem Mundwinkel und betrachtete den neuen Patienten wohlwollend. »Ich bin Elizabeth. Wollen wir ein wenig spazieren gehen?«

27

Neverland Ranch, Kalifornien, 1991

Den ganzen Tag bereits waren Menschen um sie herumgewuselt, Stylisten, Friseure, Schneider, ihre Kinder und natürlich auch Larry, ihr Zukünftiger. Nun fand sie endlich einen Moment der Ruhe und schloss die Augen, um das luxuriöse Interieur des Ankleidezimmers auszublenden und sich ganz auf die vor ihr liegenden Feierlichkeiten einzustimmen.

Wie war es möglich, dass man sich mit neunundfünfzig Jahren so beschwingt und aufgeregt fühlte wie ein Teenager, der seinem ersten Rendezvous entgegenfieberte? Leise kicherte sie in sich hinein, öffnete die Augen wieder und griff nach der Himbeerlimonade, die auf dem Frisiertisch stand. Früher hätte sie wahllos Alkohol in sich hineingeschüttet, am liebsten natürlich Champagner oder Bourbon, doch nach zwei Entzugskuren in der Betty-Ford-Klinik war sie trocken, hoffentlich ein für alle Mal. Die Furcht, irgendwann wieder die Kontrolle über sich zu verlieren, sich dem Alkohol und den betäubenden Tabletten hinzugeben, legte wie so oft in stillen Momenten eine eiserne Klammer um ihr Herz, doch sie schüttelte sie rasch ab.

Heute war ein Tag, an dem sie optimistisch sein wollte. Ein Tag, an dem die Liebe über alle Niederlagen, alle Rückschläge, jegliche Verluste, die sie im Leben erlitten hatte, siegen sollte.

Die rosa Limonade floss ihr süß und zuckrig die Kehle hinunter, und das prunkvolle Ambiente – ihre Kinder hatten es gar kitschig genannt – tat sein Übriges, um sie zu beruhigen. Die Kronleuchter, die ein schmeichelndes Licht verbreiteten, stellten sämtliche Lichtquellen in französischen Schlössern in den Schatten, die lilafarbenen Teppiche, der King of Pop hatte sie eigens in ihren Lieblingsfarben gekauft, waren so dick und plüschig, dass sie alle Schritte schluckten. Die Sofas waren so weich, dass man den Eindruck gewann, sich in lavendelfarbene Wolken fallen zu lassen, und die hohen Fenster gaben einen beeindruckenden Blick über das riesige Ranchgelände frei. *Neverland* hatte Michael Jackson sein Domizil, das er vor drei Jahren gekauft hatte, genannt, eine Mischung aus gigantischem Freizeitpark mit Fahrgeschäften, einem Zoo, einem Kino und Museen; für ihn selbst war es einfach nur sein Zuhause.

Die Tür öffnete sich, und Michael schlüpfte lautlos herein, begleitet von Bubbles. Er bewegte sich stets auf leisen Sohlen, fast wie ein Geist, der hereinschwebte, um keine Aufmerksamkeit zu erregen. Egal, wie er auf der Bühne wirkte, im echten Leben war er ein ruhiges, in sich zurückgezogenes Wesen. Bubbles wuchtete sich auf einen Stuhl und griff nach einer von Elizabeths Haarbürsten, um sie interessiert zu inspizieren.

»Wie weit bist du?«, fragte Michael mit seiner gedämpften Stimme, setzte sich neben sie vor den Frisiertisch und ergriff ihre Hand. Seine Lippen waren hellrot geschminkt, seine Augen mit schwarzem Kajal umrandet; sein Make-up glich dem, das sie für die Dreharbeiten von *Cleopatra* getragen hatte. Er steckte bereits in einem dunklen, geometrisch gemusterten Anzug mit einem großflächig glitzernden Diamantanstecker am Hals, der eher zu seiner

Bühnenshow passte als zu einer Hochzeit. Ihr Kleid hingegen hing noch auf einem Kleiderbügel, sorgfältig in Folie gepackt, schließlich hatte es 25 000 Dollar gekostet.

»Na ja, mein Gesicht ist schon mal so hergerichtet, dass ich mich unter die Leute wagen kann, und meine Kinder helfen mir nachher, in den edlen Fummel zu steigen.« Elizabeth betrachtete sich im Spiegel. Die Visagistin hatte auf ihre Anweisung hin mit Schminke nicht gegeizt; ihre Töchter machten sich immer lustig darüber und erinnerten sie spöttisch daran, dass die Achtziger vorbei waren, aber was kümmerte sie das? Auch ihre Haare trug sie noch so voluminös auftoupiert, wie es vor einigen Jahren Mode gewesen war. Sie war noch nie eine graue Maus gewesen, und mit zunehmendem Alter griff sie immer tiefer in den Farbkasten und kleidete sich immer auffälliger. Her mit den Pailletten und Glitzerpartikeln und Strasssteinen, sie hatte den Ruf einer spleenigen Diva, und dem durfte sie doch gerecht werden, oder?

»Du siehst bezaubernd aus.« Michaels Blick schweifte liebevoll über sie. Noch immer schrieben böse Zungen in der Presse, er tue alles, um seiner mütterlichen Freundin Elizabeth zu ähneln, und oberflächlich betrachtet entsprach dies auch der Wahrheit, zumindest was die Frisur, das Make-up und die Vorliebe für glamouröse Outfits betraf.

»Danke, Schätzchen.« Elizabeth wandte sich vom Spiegel ab und lächelte ihn an. Bubbles hatte mittlerweile das Interesse an ihrer Bürste verloren und versuchte, an Michael hochzuklettern. Der schlang liebevoll den Arm um den Affen.

»Und noch einmal danke schön, dass du Larry und mir dein großartiges Anwesen für unsere Hochzeit zur Verfügung stellst. Das bedeutet mir viel, das weißt du.«

»Ich möchte, dass du dich hier genauso zu Hause fühlst wie ich.

Deine Hochzeit auszurichten ist das Mindeste, was ich für dich tun kann, Elizabeth. Du sollst einen märchenhaften Tag haben.«

Märchen spielten in Michaels Welt eine große Rolle, er schien wie ein etwas zu groß geratenes Kind, das gedanklich immer in einer Disney-Geschichte gefangen war; daher auch der Name der Ranch – Neverland, Nimmerland. Glich Michael nicht Peter Pan, dem Jungen, der nie erwachsen werden wollte?

»Hoffentlich schleichen sich keine verdammten Paparazzi ein.« Elizabeth griff nach einem kleinen Schwämmchen und puderte sich die Stirn nach. »Es dürfen auf keinen Fall unerlaubte Bilder geschossen werden. Sonst löst sich mein Plan, Fotos an das *People*-Magazin zu verkaufen und den Erlös der Aids-Stiftung zu spenden, in Luft auf.«

»Keine Sorge. Zwölf Helikopter sind startbereit. Sie werden die Zeremonie von der Luft aus überwachen, damit es nicht zu Zwischenfällen kommt.«

»Danke, Schätzchen, wie ich sehe, hast du dich um alles gekümmert.«

»Bist du nervös?«

Elizabeth schüttelte belustigt den Kopf. »Ich bitte dich, Michael. Es ist mein achtes Mal. So langsam sollte ich Übung darin haben, meinst du nicht?«

»Hoffentlich hält es diesmal.« Michael seufzte aus tiefstem Herzen. Elizabeth nahm ihm seine etwas unsensible Äußerung nicht krumm; ihre Freundschaft war so innig, dass er alles, was ihm durch den Kopf ging, aussprechen durfte. »Larry ist ja so ganz anders als deine vorherigen Männer.«

»Darum besteht Hoffnung, dass es dieses Mal von Dauer ist«, sagte Elizabeth mit blitzenden Augen. »Glaub mir, Michael, Larry ist ein feiner Kerl. Natürlich kennt er sich auf dem gesellschaftlichen Parkett überhaupt nicht aus, woher sollte er auch? Er ist Bauarbeiter.«

...

Später ließ Michael sie allein – Bubbles begleitete ihn mit großen Hüpfsprüngen –, er wollte noch eine letzte Rücksprache mit dem hundert Mann umfassenden Sicherheitsteam halten, das er angeheuert hatte. Doch bald klopften ihre Kinder an, bereits allesamt herausgeputzt, in ihrer Mitte Sara, von ihren Enkeln gestützt. Sie war sechsundneunzig Jahre alt, und trotz der verhutzelten Gestalt noch immer eine Dame, das graue Haar sorgfältig frisiert, das Kleid aus blauer Seide makellos. Durch den offenen Türspalt sah Elizabeth ihren Bruder Howard, auch mit zweiundsechzig Jahren noch eine stattliche Erscheinung. Er lief so nervös auf und ab, als handelte es sich um seine eigene Feier.

Elizabeth musste einen Kloß der Rührung herunterschlucken, als sie ihre vier Sprösslinge sah. Es kam selten vor, dass sich alle zusammen am selben Ort einfanden. Doch es freute sie immer wieder, dass sie ihren Einsatz in der Aids-Forschung begeistert unterstützten und sich aktiv daran beteiligten.

»Wie sieht's aus, Mom?« Michael als der Älteste der Geschwister nahm vorsichtig das Brautkleid vom Haken. »Zeit, dich in Schale zu werfen, oder?«

»Mein Gott, Mom.« Liza, eine elegante dunkelhaarige Frau von vierunddreißig Jahren, die ein dezentes silberfarbenes Kleid trug, betrachtete sie mit liebevoller Nachsicht. »Beim Make-up hast du wieder aus dem Vollen geschöpft, was? Und die Frisur ... Kann man die nicht ein wenig flacher drücken?«

»Dem kann ich nur zustimmen.« Sara, die auf dem lila Sofa thronte, da sie zu gebrechlich war, um zu stehen, schürzte missbilligend die Lippen. »Ich muss schon sagen, in den letzten Jahren wirkt dein Erscheinungsbild immer etwas, verzeih mir, billig. Ich weiß, diese schrillen Farben und diese Haare, die vor Haarspray ganz steif sind, sind en vogue, aber ab einem gewissen Alter muss man nicht mehr jeden Trend mitmachen.«

»Ich fühle mich wohl, so wie ich bin«, antwortete Elizabeth gelassen. Die Zeiten, in denen Mutters Mäkelei sie getroffen hatte, waren lange vorbei.

Maria versuchte währenddessen, mit den Händen Elizabeths Haare zu formen, doch sie entzog ihr rasch den Kopf.

»Untersteh dich, Schätzchen. Meine Frisur ist mein Markenzeichen, auch wenn sie euch jungen Dingern zu aufgeplustert ist.«

»Wir sollten keine Zeit verlieren.« Christopher schaute ungeduldig auf die Uhr, Frisurfragen interessierten ihn wenig. »Draußen tummeln sich bereits die Gäste, ich habe Nancy Reagan, Eddie Murphy, Macaulay Culkin und Liza Minnelli gesehen.«

»Dann rein in die Klamotte.« Elizabeth warf den Bademantel ab und schlüpfte vorsichtig in das Brautkleid aus goldschimmernder Spitze mit bogenförmigem Ausschnitt, das den Blick auf ihr üppiges Dekolleté freigab. Valentino hatte die Robe eigens für sie entworfen.

»Du siehst wunderschön aus«, sagte Michael nach einem Moment des Schweigens, in dem die Geschwister ihre Mutter lediglich zärtlich betrachtet hatten. »Larry wird hingerissen sein.«

»Darf man bei der achten Hochzeit noch in Weiß gehen?« Sara kicherte in sich hinein, glücklicherweise hatte sie in den letzten Jahren doch noch etwas wie Humor entwickelt.

Liza und Maria halfen Elizabeth, ihren Schmuck anzulegen – natürlich handelte es sich dabei um Stücke ihrer eigenen Schmuckkollektion, auch wenn sie die Firma bereits vor Jahren verkauft hatte.

»Und nun noch das Parfum.« Fast andächtig besprühte Liza sie mit *Passion*, das so herrlich nach Zedernholz, Magnolien und Tuberosen roch. *Passion* war noch immer ihr Lieblingsduft, auch wenn das gerade neu auf den Markt gekommene *White Diamonds* sich ebenfalls sehr erfolgreich verkaufte.

In diesem Moment pochte es gedämpft an die Tür, und Michael Jackson trat wieder ein. Er schien so eingeschüchtert von der Präsenz ihrer Kinder und Mutter, dass er es kaum schaffte, Blickkontakt zu ihnen herzustellen. »Bist du so weit? Es ist alles bereit. Die Helikopter kreisen, und alle hundertsechzig Gäste sind anwesend.«

»Ich bin so weit.« Lächelnd reichte sie ihm die Hand und ließ sich aus dem Ankleidezimmer führen, gefolgt von ihren Kindern. Michael Jackson trat als Brautvater auf – wer sonst sollte sie ihrem künftigen Ehemann übergeben, wenn nicht er? Sowohl ihr Vater als auch Montgomery, ihr lebenslanger Vertrauter, waren tot, und Howard hatte nichts dagegen gehabt, dass Michael als ihr engster Freund diese wichtige Aufgabe übernahm.

Sie gingen gemessenen Schrittes, alle waren sich der Feierlichkeit des Augenblicks bewusst. *Liz traut sich zum achten Mal!*, hatten die Magazine gejubelt, und ja, sie traute sich, trotz ihrer Scheidungen, trotz aller Enttäuschungen. Sie hatte keinerlei Bedenken, diesen Weg zu beschreiten, denn was blieb übrig von einem Menschen, wenn er den Glauben an die Liebe verlor? War die Liebe nicht alles, was zählte im Leben?

All ihre Lieben waren an ihrer Seite, als sie an Michaels Hand das Gebäude verließ und den Garten betrat, in dem die Zeremonie stattfinden sollte. Tausende von Gardenien verbreiteten einen betörenden Duft, die Luft knisterte vor Energie. Lächelnd schritt sie ihrem Bräutigam entgegen, der sie, mit einem weißen Jackett bekleidet, aufgeregt erwartete. Bubbles hüpfte an den Gästen vorbei und ließ sich neben Michael auf den Boden plumpsen, woraufhin helles Gelächter ertönte, sich wie eine Blumengirlande in die Luft schwang. Hoch über ihnen brummten die Motoren der Helikopter.

Plötzlich stemmte Elizabeth wenig damenhaft die Hände in die Hüften. »Was zum Teufel …« Wie aus dem Nichts heraus stürzte ein Fallschirmspringer aus einem der Hubschrauber, trudelte durch die Luft und landete mit beiden Füßen auf der Erde. Nur um Haaresbreite verfehlte er Gregory Pecks Kopf. Die Gäste zogen die Köpfe ein und schrien, Michael Jackson schlug sich ängstlich die Hände vor das Gesicht. Larry hielt Elizabeth fest umschlungen, um sie zu beschützen, doch der Fallschirm breitete sich ein Stück weiter weg aus wie eine große blaue Pfütze.

»Mein Gott, ein Überfall!«

»Ist das ein Terrorist?«

»Unsinn, es ist ein verdammter Fotograf!«

Die Gäste redeten wild durcheinander, die Stimmen erschrocken und laut.

Elizabeth machte sich aus Larrys Umarmung frei. »Lass mich los, Schätzchen, ich muss nach Gregory sehen.«

Auf unsicheren Beinen stakste sie durch das Gras zu dem Schauspieler. Er war in die Knie gegangen, als der Fallschirm ihn gestreift hatte.

»Lebst du noch, altes Haus?« Fürsorglich zupfte Elizabeth ihm einen Grashalm vom schwarzen Frack.

Gregory Peck grinste schief, während er sein in Unordnung geratenes Haar mit den Fingern ordnete. »Aber ja doch. Unkraut verdirbt nicht, meine Liebe.«

Howard gab dem Sicherheitspersonal Anweisungen, den dreisten Fallschirmspringer, der eine Kamera umklammert hielt und verbissen versuchte, ein Bild zu schießen, wegzubringen. In

Windeseile raffte ein halbes Dutzend muskelbepackter Männer den Fallschirm zusammen.

»Dieser verdammte Schweinehund«, fluchte Elizabeth. »Zur Hölle mit ihm und allen Paparazzi! Nun lasst uns aber endlich anfangen, ich kann es kaum erwarten, wieder verheiratet zu sein.«

Erheiterter Beifall erklang ringsum, und sie lächelte Larry zu. Dieses Mal würde die Ehe halten, sie spürte es tief im Innern. Larry war anders als all seine Vorgänger.

Warm lag ihre Hand in seiner, als die Predigerin lächelnd das Wort ergriff. Kurz darauf steckte Larry Elizabeth den Ring an den Finger, und sie flüsterten unisono ihren Trauspruch, den sie gemeinsam ausgewählt hatten: »Mögen wir tiefer lieben als jemals zuvor.«

Dann erklärte die Predigerin sie zu Mann und Frau, während gleichzeitig Dutzende von gelben und lavendellila Luftballons in den Himmel schwebten, sich wie Zeugen ihrer Liebe in alle Richtungen verbreiteten. Champagnerkorken knallten wie Kanonenschüsse.

»Und jetzt ran ans Buffet«, erklärte Elizabeth nach einem langen, innigen Kuss mit Larry, wofür sie erneut wohlwollendes Gelächter erntete. »Diese Schokoladentorte sieht köstlich aus!«

War das Leben nicht herrlich, konnte man je genug bekommen von dem berauschenden Gefühl, zu lieben?

Epilog

Los Angeles, 2003

Dunkelheit senkte sich über das Haus in Bel Air, hüllte den Swimmingpool, der von exotischen Pflanzen umwuchert war, in den schwarzen Mantel der Nacht. Von Elizabeths Schlafzimmer aus vermochte man tagsüber den Ausblick auf den wilden, tropischen Garten zu genießen, der sich hinter dem Becken erstreckte. Elizabeth liebte die samtenen und doch so betörenden Düfte, die den purpurfarbenen Blüten, die hier wuchsen, anhafteten, hatten sie sie doch für so manches ihrer Parfums inspiriert. Wie hatte sich ihr Leben in den vergangenen Jahrzehnten doch gewandelt! Vergessen waren die Zeiten, in denen sie als Schauspielerin Furore machte, nun war sie eine erfolgreiche Geschäftsfrau.

»Hier, Omi, deine heiße Schokolade mit Marshmallows.« Ihre Enkelin Eliza, die wie sie einen pastellfarbenen Pyjama trug, reichte ihr die dampfende Tasse und schlüpfte zu ihr ins Bett.

»Danke, Schätzchen.« Elizabeth, behaglich in die Decke eingewickelt, nippte zufrieden an der Schokolade. Zum Glück musste sie mit ihren einundsiebzig Jahren nicht mehr auf ihr Gewicht achten, diese Zeiten lagen hinter ihr. Wie anstrengend es in jüngeren Jahren gewesen war, sich ihre geliebten Leckereien zu verkneifen und auf welken Salatblättern herumzukauen, um ihre schlanke Figur zu bewahren! Nun, allzu oft war ihr dies ja nicht gelungen, jahrelang war sie von der Presse verspottet worden, da sie abwechselnd in die Breite ging wie eine Dampfnudel, dann wieder strenge Diät hielt. »Komm unter die Decke, der Film beginnt gleich«, sagte sie nun zu Eliza.

Der riesengroße Fernsehapparat, der ein wenig die Harmonie des ganz in Lilaschattierungen gehaltenen Schlafzimmers und den zierlichen Liebreiz der Möbel, die aus dem England des achtzehnten Jahrhunderts stammten, störte, leuchtete auf, als sie ihn per Fernbedienung einschaltete. Eliza schlüpfte zu ihr, nachdem sie vorsichtig ihre Tasse auf dem Nachttisch abgestellt hatte.

Wie sehr Elizabeth diese legendären Filmnächte mit ihren Enkeln liebte! Es war wunderbar, von den jungen Leuten – sie brachte es immerhin auf zehn Enkelkinder und drei Urenkel! – besucht zu werden und sie zu verwöhnen. Und auch diese vergötterten ihre Oma, war sie doch stets etwas unkonventioneller, Eliza nannte es gar *ausgeflippter*, als die Eltern gewesen. Ihr Verhalten passte auch im höheren Alter nicht zu dem Titel einer Dame; tatsächlich hatte die Queen sie aufgrund ihres sozialen Engagements vor drei Jahren in den Adelsstand erhoben. Sara wäre überglücklich gewesen, hätte sie dies noch miterleben dürfen. Während Elizabeths Kindheit in England hatte sie sich ja nur allzu gern mit adeligen Bekannten geschmückt.

»Gleich rettet Bruce Willis wieder die Welt«, kicherte sie. »Zum wievielten Mal sehen wir *Armageddon* eigentlich?«

»Keine Ahnung.« Eliza lachte. »Ich habe aufgehört, mitzuzählen. Aber so einen tollen Mann wie Bruce kann man sich nicht oft genug ansehen.«

Eliza lehnte ihren Kopf mit den dunklen, seidigen Haaren, die denen ihrer Mutter Maria glichen, gegen ihre Schulter, und Elizabeth strich ihr zärtlich über den Schopf.

»Ich bin so glücklich, dass du mich zum vierten Mal zur Urgroßmutter machst, Schätzchen«, raunte sie, während der Bildschirm noch von schriller Werbung ausgefüllt war. »Aber möchtest du dich nicht doch entschließen, den jungen Mann zu heiraten, bevor das Baby zur Welt kommt?«

Eliza verzog mit der jugendlichen Genervtheit, auf die sich Einundzwanzigjährige so hervorragend verstanden, das Gesicht. »Ach, Omi, sei doch nicht so altbacken. Mutter geht mir schon gehörig auf den Keks mit ihrem Lamento, ich solle Ben ehelichen. Wozu? Heutzutage kann man genauso gut ohne Trauschein glücklich sein.«

»Ich weiß.« Elizabeth nahm nachdenklich einen Schluck von ihrer Schokolade. »Trotzdem – es würde mich beruhigen, dich in … nennen wir es, dich in stabilen Verhältnissen zu wissen.«

Amüsiert prustete Eliza los. »Das sagt die Richtige. Du warst doch achtmal verheiratet, Omi, und hast sieben Scheidungen hinter dir. Wieso bist du solch eine glühende Verfechterin der Ehe? Das verstehe ich einfach nicht.«

»Du hast recht, ich mag altmodisch sein.« Elizabeth lächelte fein. »Aber ich habe mich mein Leben lang an das Prinzip gehalten, dass man einen Mann, mit dem man schläft, auch heiratet. Das gehört sich einfach so. Deine Urgroßmutter Sara, Gott hab sie selig, hätte dir dasselbe gesagt.«

Da noch immer Werbung über den Bildschirm flimmerte, sah Eliza ihre Oma neugierig an. »Mit deinen acht Ehen hast du den Vogel ja wirklich abgeschossen, das muss ich sagen. Hast du jemals eine dieser Ehen bereut?«

Elizabeth schüttelte das Kissen auf, klopfte es zurecht und ließ sich dann behaglich mit dem Rücken hineinsinken. »Aber nein, Schätzchen. Keine einzige. Auch wenn ich des Öfteren unglücklich war – jede Heirat trug etwas Gutes in sich.«

»Was denn?« Ihre Enkelin kuschelte sich in die Decke ein. »Dein erster Mann zum Beispiel war doch ein richtiger Kotzbrocken, oder?«

Um Elizabeths Mundwinkel zuckte es; Eliza stand ihr auch in puncto Vokabular in nichts nach. »Ja, das kann man so sagen. Trotzdem bereue ich die Heirat im Nachhinein nicht, denn Nicky Hilton verhalf mir dazu, mich aus meinem strengen Elternhaus zu lösen. Du weißt, deine Urgroßmutter Sara konnte ein wahrer Dragoner sein, auch wenn sie bis zu ihrem letzten Atemzug einer der wichtigsten Menschen für mich war.«

»Und der zweite Ehemann?«

»Michael. Er ist der Vater meiner Söhne – deiner Onkel. Auch wenn er ein Langweiler war, wie er im Buche stand, ich werde ihn immer im Herzen tragen, allein dafür, dass er mich zur Mutter machte. Nach ihm kam Mike …« Ein so wehmütiger Zug erschien auf ihrem Gesicht, dass Eliza tröstend ihre Hand ergriff. »Mike war meine erste große Liebe und der Vater deiner Tante Liza. Ich habe ihn geliebt wie verrückt, und glaub mir, Schätzchen, ein Teil von ihm steckt noch immer in mir, wird mich nie verlassen.«

»Es muss furchtbar gewesen sein, als er gestorben ist«, flüsterte Eliza mitfühlend.

»Das war es. Zu meinem Glück – oder Unglück, nenn es, wie du willst – war Mikes Freund Eddie sofort zur Stelle, um sich meiner anzunehmen. Natürlich habe ich ihn aus den falschen Gründen geheiratet, es wäre besser gewesen, wenn wir einfach gute Freunde geblieben wären. Gemeinsam mit Eddie habe ich mich um die Adoption deiner Mom Maria bemüht, allerdings wurde diese erst rechtskräftig, als ich bereits mit …«

»Richard«, half Eliza schmunzelnd aus.

»Ja, als ich mit Richard verheiratet war. Deine Mutter war stets Richards Lieblingskind, die beiden waren ein Herz und eine Seele.«

Es war seltsam mit all den Erinnerungen, die sie in vergangene Jahrzehnte zurückführten – sie waren voller Traurigkeit und Schmerz, trotzdem füllten sie sie bis in die hinterste Kammer ihrer Seele mit einer leisen Euphorie aus, einem Glücksgefühl, das niemand zerstören konnte.

»Und Richard war dein Lieblingsmann, nicht wahr?« Eliza grinste sie anzüglich an.

»Meine zweite große Liebe, wenn du es so ausdrücken willst. Weißt du, ich durfte zweimal im Leben einen Seelenverwandten lieben, das ist mehr, als den meisten Menschen vergönnt ist.«

»Dennoch ging es nicht gut mit euch.«

»Nein.« Elizabeth schüttelte nachdenklich den Kopf. Die Schokolade war fast ausgetrunken, der Rest nur noch lauwarm; Eliza würde rasch Nachschub zubereiten müssen, bevor der Film endlich losging. »Wir liebten uns bis zum Himmel – und zur Hölle – und zurück, aber wir waren nicht füreinander geschaffen. Unsere Leidenschaften zerstörten uns.«

»Aber du hast ihn so sehr geliebt, dass du ihn nach eurer Scheidung ein zweites Mal geheiratet hast«, erinnerte Eliza sie sanft.

»Auch diese zweite Ehe war nicht von Erfolg gekrönt. Danach kam John Warner, ein wahres Kontrastprogramm. Ruhig, zielstrebig, gelassen ... Leider war er als Politiker mehr mit dem Senat verheiratet als mit mir, und du weißt, Schätzchen, ich bin keine Frau, die sich mit einer Nebenrolle begnügt.« Sie zwinkerte ihrer Enkelin zu.

»Und dann war da noch Larry Fortensky.«

Elizabeth stöhnte auf. »Hör mir auf mit Larry. Mit ihm hatte ich nichts, wirklich gar nichts gemeinsam. Ein Bauarbeiter und eine verwelkende Diva – ich bitte dich! Wir lebten in verschiedenen Universen! Unsere einzige Gemeinsamkeit bestand in unserem zwanghaften Bestreben, von der Flasche wegzukommen!«

Der Vorspann von *Armageddon* flimmerte über den Bildschirm, eine weitere Tasse heißer Schokolade würde bis zur Werbepause warten müssen. Stattdessen griff Elizabeth nach einer Packung Kekse, die sie einträchtig mit Eliza teilte. Wen scherte es, dass sie das Bett vollkrümelten, Hauptsache, es war gemütlich und behaglich.

»Bist du nicht einsam?«, fragte Eliza, die dem Anfang des Filmes gar nicht zu folgen schien. »Du warst immer verheiratet, nie ohne Mann…«

»Wie könnte ich einsam sein?« Elizabeth legte den Arm um die Schulter ihrer Enkelin und drückte sie liebevoll an sich. »Ich habe vier Kinder, zehn Enkel und bald vier Urenkel! Die Arbeit für mein Parfumunternehmen füllt mich genauso wie mein Kampf gegen Aids vollkommen aus. Die Popularität, die ich durch meine Schauspielerei gewonnen habe, gegen diese zerstörerische Krankheit einzusetzen, an der so viele meiner Freunde gestorben sind, ist meine Bestimmung. Mein Lebenszweck.«

»Du vollbringst so viel Gutes, Omi.« Eliza knabberte an ihrem Keks und schmiegte sich an sie. »Ich wollte immer so werden wie du.«

»Dann solltest du es dir noch mal mit dem Heiraten überlegen.« Schmunzelnd sah Elizabeth zu ihrer Enkelin und küsste sie auf das dunkelbraune Haar. »Es gibt nichts Wundervolleres, als zu heiraten, Schätzchen.«

Die dramatische Geschichte einer jungen Frau, die für das Überleben ihrer Kinder kämpft

Berlin, Westsektor, 1948. Nora schafft es kaum noch, ihre Kinder mit genügend Lebensmitteln zu versorgen, geschweige denn sich selbst. Westberlin ist abgeriegelt. Ihr Ehemann gilt seit Jahren als vermisst. Wird er je zu ihr zurückkommen? Noras Verzweiflung wächst mit jedem Tag, den ihre hungernden Kinder schwächer werden. Sie hört nicht auf zu kämpfen, bis sie endlich Arbeit als Übersetzerin bei den US-Alliierten am Flughafen Tempelhof findet. Dort trifft sie auf den amerikanischen Piloten Matthew, in den sie sich unerwartet und heftig verliebt. Hin- und hergerissen zwischen Schuldgefühlen gegenüber ihrem verschollenen Ehemann und der Hoffnung, ein besseres Leben für ihre Kinder zu ermöglichen, stellt sie sich ihren Gefühlen. Bevor sie Matthew ihre Entscheidung mitteilen kann, stürzt dieser mit seinem Rosinenbomber vom Himmel …

Juliana Weinberg
Die Kinder der Luftbrücke
Roman

Klappenbroschur
Auch als E-Book erhältlich
www.ullstein.de

ullstein

Endlose Tage an der Riviera und die Freundschaft mit den Fitzgeralds

Die aufgeweckte Mylène arbeitet in einem kleinen, aber feinen Hotel an der südfranzösischen Riviera. Dort lernt sie nicht nur den Medizinstudenten Sébastien kennen, zu dem sie sich sofort hingezogen fühlt, sondern auch das glamouröse Schriftsteller-Ehepaar Zelda und F. Scott Fitzgerald. Mylène und Zelda freunden sich an, Mylène wird in den Strudel des glamourösen Lebens der Fitzgeralds gezogen. Doch immer wieder gerät sie zwischen die Fronten des sich streitenden Ehepaars, und ihre Freundschaft zu Zelda wird auf eine harte Probe gestellt. Und dann ist da noch Sébastien, der Mylènes rauschendes Leben an der Seite der Fitzgeralds mit Argwohn betrachtet …

Juliana Weinberg
Mein Sommer mit Zelda - Mit den Fitzgeralds an der Riviera
Roman

Taschenbuch
Auch als E-Book erhältlich
www.ullstein.de